누구나 꿈꾸는 나라

영국 앵글로색슨인의 역사와 문화를 찾아서

누구나 꿈꾸는 나라

영 국

앵글로색슨인의
역사와 문화를 찾아서

한일동 지음

도서출판 ┃동인

이 책을 영국을 사랑하는 모든 분께 바칩니다.

책을 열며

역사란 과거와 현재의 대화요, 장구한 세월 동안 파란만장한 삶을 살아온 사람들에 관한 대하드라마이다. 거기에는 생존을 향한 처절한 몸부림이 있고, 국가와 민족을 위한 치열한 투쟁이 있으며, 삶의 향기와 궤적이라 할 수 있는 문화와 예술이 있다.

서유럽 변방의 작은 섬나라 영국은 일찍이 의회 민주주의를 꽃피웠고, 산업혁명을 주도하여 시장경제를 이끌었으며, 50여 식민지를 개척하여 세계 땅덩어리의 4분의 1을 호령하는 '해가 지지 않는 제국'으로 군림했다. 비록 20세기에 제1·2차 세계대전과 냉전체제를 겪으면서 초강대국의 지위는 잃었지만, 후세에 남긴 영국인의 유산은 오늘날에도 지구촌 곳곳에서 빛을 발하고 있다. 한때는 '작지만 강한 나라'로, 지금은 '하이테크문화와 전통문화의 공존'으로 누구나 꿈꾸는 나라 영국. 필자는 이 나라의 역사와 문화를 알리고 싶은 작은 소망에서 이 책을 썼다.

오늘날 우리는 이질 문화들이 융합하고 충돌하는 다문화 시대에 살고 있다. 따라서 다양한 선진 문화를 체계적으로 이해하고 체험하는 것이 그 어느 때보다 중요하다. 왜냐하면 타 문화에 대한 올바른 식견과 건전한 수용이 전제되어야 자민족중심주의와 문화적 편견에서 벗어나 지구촌 시대에 걸맞은 진정한 세계 시민으로 온전한 삶을 영위할 수 있기 때문이다.

오래전에 유럽 대륙으로부터 떨어져 나온 섬나라 영국은 대륙의 여러 민족과 섞이고 융합하는 과정에서 독특한 문화를 빚어냈으며, 광대한 식민 영토의 지배를 통해 세계 문화 전반에 큰 영향을 미쳤다. 오늘날 지구촌 곳곳에서 누리고 있는 문물의 혜택들은 거의 모두가 영국이 전수해준 것들이다. 뿐만 아니라 영국은 유구한 역사, 전통, 문화, 그리고 아름다운 경관까지도 겸비하고 있어 지구촌 그 어느 나라와도 견줄 수 없는 매력이 있다. 영국의 진정한 힘은 바로 여기, 즉 지구촌 문화의 뿌리에 있다.

대학 강단에서 30여 년 동안 영국의 역사와 문화에 대해 가르치다보니 이제 제법 영국과 친해졌다. 오래전부터, 무한한 잠재력을 지닌 이 나라에 관해 뭔가를 쓰고 싶었지만, 차일피일 미루다가 이제야 용기를 냈다. 하지만 부족한 점이 많아 부끄러울 뿐이다. 독자 여러분의 따가운 질책을 달게 받을 마음의 준비가 단단히 되어 있다.

이 책은 깊이가 있는 전공 서적이 아니다. 그저 영국에 관심이 있는 독자들을 위한 입문서일 뿐이다. 따라서 필자는 영국의 역사, 정치, 교육, 문학, 문화 등에 관해 가급적 쉽고 간결하게 서술하고자 했다. 그리고 연합왕국을 구성하는 잉글랜드, 북아일랜드, 스코틀랜드, 웨일스의 역사와 문화를 따로 분리해서 다루었기 때문에, 각 지역의 역사와 문화를 보다 쉽게 이해할 수 있는 장점이 있다. 우리 사회의 각 부문에서 영국에 대한 관심이 다시 일고 있는 요즈음, 이 책이 영국과 친해질 수 있는 길라잡이 역할을 해주길 바란다.

시원찮은 이 책을 쓰는데 네 번의 방학을 꼬박 연구실에서 보냈다. 그동안 많은 시간을 함께하지 못해도 아무런 불평 없이 내조해준 아내 혜경이, 아들 성환이, 며늘아기 선영이, 그리고 무엇보다도 이 세상에 태어나서 귀여운 재롱과 해맑은 웃음으로 우리 가족에게 행복을 듬뿍 안겨준 손자 재영이에게 사랑과 함께 고마운 마음을 전한다. 또한, 무더위에도 교정의 수고를 아끼지 않은 김은영·염혜원 박사와 바쁜 와중에도 정성껏 이 책을 만들어 주신 도서출판 동인의 이성모 사장님 및 편집진 여러분께 깊은 감사를 드린다.

2019년 9월
부아산자락 연구실에서
한일동

차
례

영국과 아일랜드 지도

영국의 일반 현황

공식 명칭	영국(The United Kingdom of Great Britain and Northern Ireland) 국제적 지위: NATO, EU, G7, G8, OECD, 　　　　　　유엔 안전보장 이사회(The United Nations Security Council) 회원국
수도(首都)	런던(London) 주도(主都): 에든버러(Edinburgh), 카디프(Cardiff), 벨파스트(Belfast)
주요 도시	잉글랜드: 버밍엄(Birmingham), 맨체스터(Manchester), 리버풀(Liverpool) 스코틀랜드: 글래스고(Glasgow), 애버딘(Aberdeen) 웨일스: 스완지(Swansea), 렉섬(Wrexham), 뉴포트(Newport) 북아일랜드: 런던데리(Londonderry)
면적	전체 면적: 243,025km² 잉글랜드(130,324km²), 스코틀랜드(78,469km²), 웨일스(20,774km²), 북아일랜드(13,458km²)
인구	전체 인구: 6,090만 명 잉글랜드(5,080만), 스코틀랜드(530만), 웨일스(300만), 북아일랜드(180만)
인구 밀도	1km² 당 248명
기후	온화함(런던의 1월 기온: 2~6℃, 런던의 7월 기온: 13~32℃)
화폐	파운드 스털링(Pound Sterling)
가족 규모	가구당 평균 2.4명
종교	영국 국교회(The Church of England), 스코틀랜드 국교회(The Church of Scotland), 로마 가톨릭(Roman Catholic), 감리교(Methodist Church), 침례교(Baptist Church), 이슬람교(Islam), 힌두교(Hinduism), 유대교(Judaism), 시크교(Sikhism)
인종	백인 88.6%, 기타 계열 백인 2.4%, 아시아계 인도인 1.8%, 아시아계 파키스탄인 1.3%, 혼합 인종 1.2%, 아일랜드인 1.1%, 흑인 계열 카리브인 1.0%, 흑인 계열 아프리카인 0.8%, 흑인 계열 방글라데시인 0.5%, 중국인 0.4%, 기타 계열 아시아인 0.4%
언어	영어(English), 아일랜드어(Irish Gaelic), 스코틀랜드-게일어(Scottish Gaelic), 웨일스어(Welsh)
정부 형태	입헌군주제(Constitutional Monarchy), 의원내각제(Parliamentary Cabinet System), 상원(The House of Lords)과 하원(The House of Commons) 양원제
국기(國旗)	유니언 잭(The Union Jack)
시차	우리나라보다 9시간 늦음
국제전화 코드	44
주요 신문	*The Times, The Guardian, The Independent, The Daily Telegraph, The Observer*
주요 방송	BBC-TV 방송(2개의 주요 채널과 6개의 디지털 채널), BBC 라디오 방송
전기	240볼트
비디오/TV	PAL 시스템

제1장 영국은 어떤 나라인가?

국가의 명칭

유럽 대륙의 북서해안에서 떨어져 나온 5,000여 개의 섬들을 총칭해서 브리티시 제도(諸島, The British Isles)라 부른다. 이들 중 가장 큰 섬인 그레이트 브리튼(Great Britain, GB) 섬은 잉글랜드(England), 스코틀랜드(Scotland), 웨일스(Wales)로 구성되며, 다음으로 큰 섬인 아일랜드(Ireland) 섬은 아일랜드 공화국(The Republic of Ireland)과 북아일랜드(Northern Ireland, Ulster)로 구성된다. 아일랜드 공화국은 1949년 영국으로부터 완전히 독립했지만, 북아일랜드는 여전히 영국령(領)으로 남아있다. 채널 제도(The Channel Islands)와 맨 섬(The Isle of Man)은 오늘날 영국령이 아닌 자치령이지만, 여전히 영국의 국왕(여왕)에게 충성을 서약하고 있다. 따라서 영국의 영토는 그레이트 브리튼 섬과 북아일랜드, 그리고 작은 부속 섬들로 구성되며, 영국의 공식 명칭은 그레이트 브리튼과 북아일랜드 연합왕국(The United Kingdom of Great Britain and Northern Ireland, 보통 줄여서 UK라고 씀)이다.

한편, 로마인들은 도버 해협(The Strait of Dover) 남쪽 해안가의 하얀 석회석 절벽에서 힌트를 얻어 그레이트 브리튼 섬을 '앨비언(Albion: 'white land'라는 뜻)' 또는 '브리타니아(Britannia: 로마인들이 잉글랜드에 붙인 명칭이며, 영국의 수호 여신을 뜻하기도 함)'라고 부르기도 했는데, 이 또한 영국을 지칭하는 명칭들이다.

'영연방(The British Commonwealth of Nations)'은 영국과 함께 캐나다(Canada), 호주(Australia), 뉴질랜드(New Zealand), 인도(India) 등 과거에 영국의 식민지였던 53개 국가와 비록 영국의 식민지는 아니었지만 영연방에 가입한 모잠비크(Mozambique)로 구성된 국제기구로 1931년에 설립되었다. 모든 회원국은 완전 독립국이며 영국의 국왕(여왕)을 섬겨야 할 의무는 없다. 영연방은 민주주의, 인권, 세계평화, 교육과 보건, 법질서, 자유무역의 증진을 공동의 가치로 추구하며, 영국 국왕을 비롯한 영연방 국가의 정상들이 2년에 한 번씩 모여 영연방정상회의(The Commonwealth Heads of Government Meeting, CHOGM)를 갖는다.

영연방의 출발점은 식민지 총독들이 모여 회의를 가졌던 1887년이다. 피식민지 국가들은 훗날 모두 독립했지만, 자발적으로 영연방에 가입했다. 강대국이었던 영국의 도움을 받기 위해서였다. 하지만 영연방은 오늘날 국제사회에서 별다른 영향력을 행사하지 못하고 있다.

그레이트 브리튼(Great Britain, GB)

프랑스의 브르타뉴(Bretagne, Brittany) 지역에 살던 켈트족(Celts)이 자기들이 사는 지역과 브리튼(Britain) 섬을 구별하기 위해 'Grande(Great)'이라는 형용사를 붙여 'Grande Bretagne(Great Britain)'으로 부른 데서 유래한 명칭이다.

아일랜드(Ireland)

아일랜드는 영국 바로 옆에 위치한 섬나라로, 1949년 영국으로부터 완전히 독립했다. 하지만 북아일랜드는 지금도 여전히 영국령으로 남아 있다. 우리가 '아일랜드', '아일랜드 공화국', '에이레', '애란', '에메랄드 섬(Emerald Isle)' 등으로 부르는 나라의 정식 영어 명칭은 'The Republic of Ireland'이며, 보통 줄여서

'Ireland' 또는 'The Republic'이라고 한다. 한편, 로마인들이 부른 라틴어 명칭은 '하이버니아(Hibernia: 'The Land of Winter'라는 뜻)'이고, 아일랜드의 옛 영어 명칭은 '투아하 데 다난(Tuatha de Danaan: Danu 여신의 부족)'의 여왕이었던 '에리우(Eriu)'에서 유래한 '에이레(Eire)' 또는 '에린(Erin)'이다.

앨비언(Albion)

유럽 대륙에서 바다를 건너 영국으로 들어올 때 맨 처음 보게 되는 것은 도버 해협(The Strait of Dover) 남쪽 해안가의 하얀 석회석 절벽(white chalk cliffs)이다. 영국의 옛 명칭 '앨비언'은 '희다'라는 의미의 라틴어 'albus'에서 유래한 말로 '흰색의 나라(white land)'라는 뜻이다.

브리타니아(Britannia)

로마인들이 오늘날의 잉글랜드와 웨일스 지역에 붙였던 명칭으로, 그리스어 'Prettani 또는 Pritani'와 라틴어 'Brittani'에서 유래한다. '브리튼(Britons)'은 이 지역에 살았던 사람들을 지칭하던 말로, '문신을 한 사람들(the tattooed people)'이라는 뜻이다. 한편, 브리타니아는 영국을 상징하는 여신의 명칭으로 사용되기도 한다. 브리타니아는 투구를 쓰고 방패와 삼지창(trident)을 들고 있는 여신의 모습으로 영국의 동전이나 기념주화 등에서 흔히 볼 수 있다. 오늘날에는 '지혜의 여신', '용기의 여신' 등으로 그 상징성을 확장해가고 있다.

국가(國歌)

영국의 국가(National Anthem) 〈하느님, 국왕(여왕) 폐하를 지켜주소서[God Save the King(Queen)]〉는 16세기 민요에 그 뿌리를 두고 있으며, 1745년 처음으로 런던에서 공개적으로 연주되었다. 1745년 9월 스코틀랜드의 찰스 에드워드 스튜어트 왕자(Prince Charles Edward Stewart)는 왕위계승을 요구하며 싸우다가, 에든버러(Edinburgh) 인근 프레스톤팬스(Prestonpans)에서 조지 2세(George II)의 군대에게 패하자, 이를 계기로 애국심의 물결이 런던에까지 미치게 되었다. 당시 로열 극장(Theatre Royal) 소속의 악단 단장이었던 드루리 레인(Drury Lane)이 공연을 마친 후, 〈하느님, 국왕 폐하를 지켜주소서〉를 연주하여 큰 호응을 얻자, 다른 극장들도 앞 다투어 이 곡을 연주하게 되었는데, 이때부터 국왕이 공식 석상에 등장할 때 〈하느님, 국왕 폐하를 지켜주소서〉를 연주하는 것이 관행으로 정착되었다. 하지만 공식적인 국가로 불리게 된 것은 19세기 초부터이며, 1946년 조지 6세(George VI)에 의해 가사 일부가 수정되어 오늘날까지 사용되고 있다. 보통 1절에서 3절까지 부르며, 국왕이 여왕일 경우에는 제목과 가사의 'King'을 'Queen'으로 바꾸어 부르는데, 가사의 내용은 다음과 같다.

God Save the Queen

God save our gracious Queen,
Long live our noble Queen,
God save the Queen!
Send her victorious,
Happy and glorious,
Long to reign over us:
God save the Queen!

O Lord our God arise,
Scatter her enemies,
And make them fall;
Confound their politics,
Frustrate their knavish tricks,
On Thee our hopes we fix,
God save us all!

Thy choicest gifts in store
On her be pleased to pour;
Long may she reign;
May she defend our laws,

And ever give us cause
To sing with heart and voice,
God save the Queen!

하느님, 여왕 폐하를 지켜주소서

하느님, 자비로우신 여왕 폐하를 지켜주소서.
고귀하신 여왕 폐하를 만수무강케 하소서.
하느님, 여왕 폐하를 지켜주소서.
여왕 폐하께 승리와 행복과 영광을 주소서.
저희 위에 오래도록 군림토록 하시고
여왕 폐하를 지켜주소서.

오, 지도자이신 주님, 일어나셔서
적들을 흩으시어
그들의 나라가 무너지게 하소서.
그들의 정책을 혼동케 하시고
그들의 간교한 계략을 좌절케 하소서.
당신께 저희의 희망을 거노니
저희 모두를 보우하소서.

하느님께서 지니신 최상의 선물을
여왕 폐하께 흔쾌히 쏟아 부어주시고
여왕 폐하를 오래도록 군림케 하소서.
여왕 폐하께 우리의 법을 수호케 하시고
우리의 마음과 목소리로 찬양할 수 있도록
늘 선정(善政)을 베풀게 하소서.
하느님, 여왕 폐하를 지켜주소서.

국기(國旗)

유니언 잭

'유니언 잭(The Union Jack, The Union Flag)'으로 널리 알려진 영국의 국기는 연합왕국을 형성하는 잉글랜드, 스코틀랜드, 아일랜드 3국의 국기가 조합되어 만들어진 것으로, '그레이트 브리튼과 북아일랜드 연합왕국(UK)' 전체를 표상하는 상징이다. 원래 잉글랜드의 국기는 잉글랜드의 수호성인 성(聖) 조지(St George)를 상징하는 흰색 바탕에 붉은색 십자가였다. 하지만 1603년 스코틀랜드의 국왕 제임스 6세(James VI)가 스코틀랜드와 잉글랜드의 공동 왕위를 물려받아 제임스 1세(James I)로 즉위하여 잉글랜드의 왕실과 스코틀랜드의 왕실이 하나가 되면서, 잉글랜드의 국기와 스코틀랜드의 수호성인 성(聖) 앤드루(St Andrew)를 상징하는 파란색 바탕에 흰색 대각선 십자가로 된 스코틀랜드의 국기가 합쳐져서 연합 영국의 국기가 되었다. 이후 1801년 아일랜드가 합병되면서 아일랜드의 수호성인 성(聖) 패트릭(St Patrick)을 상징하는 흰색 바탕에 붉은색 대각선 십자가의 아일랜드 국기가 추가되어 오늘날의 영국 국기로 완성된 것이다. 웨일스의 국기였던 '웨일스의 붉은 용(The Welsh Dragon, The Red Dragon of Cadwallader)'이 유니언 잭에 반영되지 않은 이유는, 잉글랜드의 국기가 처음 만들어질 당시, 웨일스는 이미 잉글랜드와 합병된(1536년) 상태였기 때문이다.

영국의 지형

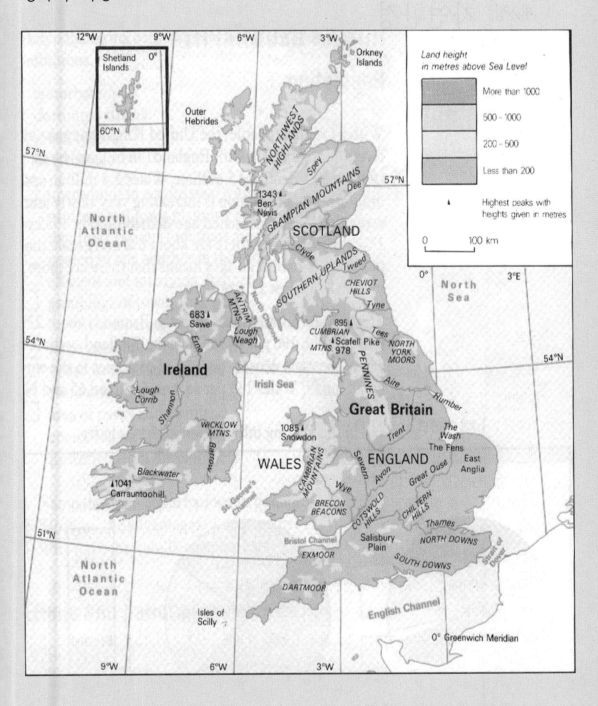

제2장 자연환경

국토

영국은 원래 유럽 대륙(Continental Europe)의 일부였지만, 지금으로부터 약 1만 년 전 대빙하기가 끝날 무렵, 빙하가 녹으면서 해수면이 상승하여 유럽 대륙으로부터 분리 되었다. 지금은 1994년 5월 6일 개통된 '채널 터널(Channel Tunnel, Euro Tunnel, Chunnel)' 에 의해 다시 연결되었다. 영국은 북대서양(The North Atlantic Ocean)과 북해(The North Sea) 사이에 위치하며, 도버 해협(The Strait of Dover)을 사이에 두고 유럽 대륙에 있는 프랑스(France) 및 벨기에(Belgium)와 인접해 있다. 영국의 위도는 북위 50도와 61도 사 이에 위치하며, 경도 0도의 '본초자오선(本初子午線)'이 런던의 그리니치(Greenwich) 천문 대를 통과한다. 영국은 잉글랜드, 스코틀랜드, 웨일스, 북아일랜드 그리고 기타 부속 섬들로 구성된다. 국토 면적은 24만 3,025제곱킬로미터로 우리나라 남북한 전체 면적 의 약 1.2배이다. 잉글랜드의 남쪽 해안에서 스코틀랜드의 가장 먼 북쪽까지의 거리는 970킬로미터이며, 동서의 길이는 잉글랜드의 동쪽 해안에서 웨일스의 서쪽 해안까지 가장 먼 거리가 464킬로미터이다. 가장 높은 산은 스코틀랜드의 벤네비스산(Ben Nevis)으로 해발 1,343미터이고, 가장 긴 강은 세번강(The Severn)으로 354킬로미터이다.

영국의 국토는 넓은 편은 아니지만, 다양한 풍경과 뚜렷이 대조를 이루는 지형들로 구성되어 있다. 높이 솟은 산이나 산맥, 거대한 강, 평원, 숲들이 별로 없어 얼핏 단조로워 보일지 모르나, 기후에 버금갈 정도의 변화무쌍한 다양성이 이를 보상해주고 있다. 전체적으로 남쪽과 동쪽은 저지대로 평원과 완만한 언덕으로 이루어져 있으며, 북쪽과 서쪽은 고지대로 산지가 많다. 스코틀랜드의 하일랜드(The Highlands) 지역, 그램피언 산맥(The Grampians), 남부 고지(The Southern Uplands) 지역, 그리고 잉글랜드 북부의 페나인 산맥(The Pennines: '잉글랜드의 척추'라 불림)과 웨일스의 대부분 지역은 대표적인 산지이다.

영국의 국토 대부분은 주거지로 이용되고 있다. 이는 인구 밀도가 높아서가 아니라 영국인의 전원생활에 대한 동경과 프라이버시(privacy)를 중시하는 경향 때문이다. 도시들도 고층화를 통해 효용의 극대화를 지향하기보다는 넓게 확산되는 경향이 있다. 한 예로, 런던의 인구는 아테네(Athens)의 약 3배 수준이지만, 도시 면적은 거의 10배를 차지하고 있다.

채널 터널(Channel Tunnel)

도버 해협(The Strait of Dover)을 육로로 건널 수 있도록, 영국의 포크스톤(Folkestone)과 프랑스의 칼레(Calais) 구간에 1994년 5월 6일 해저 터널이 완공되었다. 영국 사람들이 '도버 해협'이라고 부르고, 프랑스 사람들이 '칼레 해협'이라고 부르는 영불 해협의 정식 명칭이 '채널(Channel)'이기 때문에, 이 터널의 공식 명칭은 '채널 터널(Channel Tunnel)' 또는 채널과 터널을 합성한 신조어인 '처널(Chunnel)'로 명명된다. '유로 터널(Euro Tunnel)'이라는 명칭은 이 터널의 건설과 유지관리를 전담하는 민간회사의 이름에서 비롯되었다. 유로 터널의 총 길이는 50.45km이고, 이중 해저 구간은 38km이며, 이 구간을 건너는 데는 35분이 소요된다. 여객열차 전용 노선과 화물차와 승용차를 함께 실어 나르는 셔틀 열차 전용 노선이 각기 단선으로 설치되어 운용되고 있으며, 오늘날에는 프랑스 테제베(TGV)의 초특급 열차 유로스타(Euro-star)가 이 터널을 운행하고 있다. 런던과 파리 사이를 주파하는 데 걸리는 시간은 3시간이다.

기후

영국인이 타협(compromise)의 명수라는 사실은 어느 정도 기후와도 관련이 있다. 영국의 기후는 대서양으로부터 불어오는 남서풍과 멕시코 만류(The Gulf Stream)의 영향으로 대체로 온화하며, 극단적인 경우는 극히 드물다. 기온이 섭씨 32도 이상 올라가거나 영하 10도 이하로 떨어지는 경우는 거의 없다. 여름에는 위도로 인해 북쪽보다는 남쪽이 더 따뜻하고, 겨울에는 북대서양 해류의 영향으로 동쪽보다는 서쪽이 더 온화하다. 따라서 웨일스와 남서 반도가 가장 온화하고, 동부가 극단의 기후를 보이긴 하지만, 지역 편차가 그리 심한 편은 아니다. 겨울철의 평균 기온은 섭씨 4~6도이고, 여름철의 평균 기온은 섭씨 16~18도이지만, 지구 온난화와 기상 이변 등으로 인해 기후를 예측하는 것이 점차 어려워지고 있다.

일찍이 영국의 시인이자 문학 평론가였던 새뮤얼 존슨(Samuel Johnson, 1709~1784)은 "영국인 두 사람만 만나면 날씨에 관해 이야기한다"라고 했는데, 이처럼 영국인이 날씨에 관해 이야기 나누기를 좋아하는 것은 프라이버시를 중시하는 성향 때문이기도 하지만, 하루에도 4계절을 모두 체험할 수 있는 변화무쌍한 그들의 날씨와도 관련이 있다. 그러므로 '영국은 기후가 없고, 단지 날씨만 있다(Britain doesn't have a climate, it only has weather.)'라는 말은 전혀 틀린 말이 아니다. 7월에도 선선하거나 추운 날이 있는가 하면, 1월에도 따뜻한 날이 한동안 지속되기도 한다.

연평균 강수량은 서쪽과 북쪽 산간 지역이 1,600밀리미터 정도이고, 중부와 남동부 지역은 800밀리미터 정도이다. 비는 연중 고르게 내리지만 3월부터 6월까지가 가장 건조하고, 9월부터 1월까지는 강우량이 가장 많은 시기이다. 겨울은 비교적 따뜻하므로 저지대에서 눈을 볼 기회는 극히 드물며, 고지대에서만 볼 수 있다.

런던

새천년의 아이콘(Icon) '런던 아이(The London Eye, The Millennium Wheel)'와 '밀레니엄 돔(Millennium Dome: 런던의 그리니치반도에 있는 돔형 건축물로, 건축가 리처드 로저스 [Richard George Rogers, 1933~]가 설계한 전시 및 공연장)'으로 표상되고, 다양성과 역동성으로 세인(世人)들의 관심을 끌고 있는 런던(London)은, AD 43년 로마인에 의해 세워져, 다가오는 2043년이면 도시 건설 2,000주년을 맞게 된다.

로마의 클라우디우스(Claudius) 황제의 영도(領導) 아래 잉글랜드를 침략한 로마군은 43년 잉글랜드의 남동부 템스강(The Thames) 하구로부터 약 60킬로미터 떨어진 린딘(Llyn-dyn: 아일랜드어로 '습지'라는 뜻)에 보급 기지(基地)를 세우고 '론디니움(Londinium: '호수의 도시'라는 뜻)'이라 불렸는데, 이곳이 오늘날 영국의 수도(首都) 런던이다.

런던은 영국의 정치, 경제, 문화 그리고 교통의 요지일 뿐 아니라, 영연방의 본거지로서, 뉴욕, 상하이, 도쿄와 더불어 세계 최대 도시 중 하나이다. 1665년 발병한 대역병과 1666년 발생한 런던 대화재의 여파로 150킬로미터 이상 떨어진 교외로 확산된 '대런던(Greater London)'은 면적이 1,580제곱킬로미터(610제곱마일)을 넘어 계속 확장일로에 있으며, 32개 런던 버러(London Borough, 자치구)와 시티(The City of London, The Square Mile: 런던의 구 시내를 지칭하는 말)로 구성된다.

런던 아이(The London Eye)

'런던 아이'는 1999년 영국항공(British Airways)이 새천년을 기념하기 위해 런던 템스 강변에 세운 135m 높이의 거대한 원형 바퀴 모양의 대관람차로, '밀레니엄 휠(The Millennium Wheel)'이라고도 불린다. 한 개의 캡슐에 총 25명이 탑승 가능한 32개의 관람용 캡슐이 바퀴에 설치되어 있어, 바퀴가 회전하면서 다양한 방향에서 런던 시내를 관람할 수 있다. 한 바퀴 회전하는 데는 약 30분이 소요되며, '런던 아이'를 중심으로 반경 40km 이내의 도시 모습을 관람할 수 있다. '런던 아이'의 꼭대기에 오르면 탁 트인 런던 시내의 전경을 한눈에 내려다볼 수 있어 많은 관광객의 사랑을 듬뿍 받고 있다.

런던 아이(London Eye)와 런던 전경

지형은 남북 교외가 약간 높고 템스강을 사이에 두고 있는 시가지가 다소 낮은 편이나, 템스강의 하도(河道)가 자주 변경됨에 따라 평탄한 시가지에도 기복이 있다. 기온은 한서(寒暑)의 차이가 적어 연평균 약 10.5℃이다. 위도상으로 북위 51°5′에 위치하지만, 멕시코 만류의 영향으로 겨울에도 비교적 따뜻하며, 강설량도 적은 편이다. 1월 평균 기온은 4.2℃로 서울의 -4.9℃에 비해 9.1℃나 높다.

한편, 여름에도 기온이 그다지 높지 않으며, 7월의 평균 기온은 17.6℃로 서울보다 7.1℃나 낮다. 강수량도 적어 연간 약 750밀리미터로 서울의 50퍼센트 정도 수준이지만, 강수 일 수는 훨씬 많아 1년의 절반에 가까운 168일에 달한다. 겨울에는 강수량은 적지만 대체로 날씨가 흐려 어두침침하다. 또한, 런던은 안개로 유명해서, 11월부터 이듬해 2월까지 짙은 안개가 자주 낀다. 바람은 편서풍이지만 강풍은 거의 불지 않는다.

시티는 영국의 수도 런던의 발상지이고, 그 심장부에 해당하는 구역으로, 정식으로는 '시티 오브 런던(The City of London)'이라고 한다. 구체적으로는 영국의 중앙은행(Bank of England)을 비롯한 전 세계의 주요 금융회사(로펌, 회계법인, 컨설팅회사)가 모여 있는 런던의 특별행정구역을 뜻하지만, 런던 금융계를 통칭하는 의미로 더 많이 쓰인다. 면적(1제곱마일, 2.56제곱킬로미터)은 한국의 여의도와 비슷하다.

이곳은 로마와 중세가 남긴 유적들로 가득하고, 오랜 역사와 전통이 살아 숨 쉬는 곳으로, '올드 베일리(The Old Bailey, Central Criminal Court, 중앙형사재판소)'로 지칭되는 법조 단지와, 1980년대까지 영국 언론의 중심지였던 '플릿 스트리트(Fleet Street)'가 이곳에 있다. 또한, 중세의 상업 및 수공업 동업자 조직 길드(Guild)에서 유래한 시의회와 시민의회에 의해 런던의 다른 지역들과 별도로 통치된다. 따라서 독자적인 경찰력과 시장(市長)이 있다.

주요 볼거리로는 세인트 스테판 월브룩 교회(St Stephen Walbrook: 1670년대 세워진 시장[The Lord Mayor] 교구 교회), 세인트 폴 대성당(St Paul's Cathedral: 1666년 런던 대화재로 불탄 후 1675~1710년에 건축가 크리스토퍼 렌[Sir Christopher Wren, 1632~1723]에 의

해 현재의 모습으로 완성됨), 템플 교회(Temple Church: 플릿 스트리트와 템스강 사이에 있는 12세기 후반의 템플 기사단 교회이자 중세 분위기가 물씬 풍기는 공간으로, 영화 ≪다빈치 코드(The Da Vinci Code, 2006)≫에 등장함), 존 손 경(卿) 박물관(Sir John Soane's Museum: 존 손 경이 국가에 기증한 박물관으로, 자신이 직접 지은 건물에 세계 각지에서 수집한 소장품들을 전시하고 있음), 세인트 바르톨로뮤더그레이트(St Bartholomew-the-Great: 런던에서 가장 오래된 교회), 런던 박물관(Museum of London: 런던시의 역사 및 생활 박물관), 로이드 빌딩(Lloyd's Building: 로이드 보험의 본사 건물로 영국 모더니즘 건축의 대표작), 더 모뉴먼트(The Monument: 1666년에 있었던 런던 대화재를 기념하기 위한 도리스양식의 런던 대화재 기념비), 런던 타워(Tower of London: 온전한 모습으로 남아 있는 중세의 성채), 타워 브리지(Tower Bridge: 템스강 최남단에 있는 화려하고 우아한 도개교), 디자인 박물관(Design Museum: 1989년에 세워졌으며, 근현대 디자인들만 전시하고 있음), HMS 벨파스트(HMS Belfast: 1933년 건조된 영국 해군의 순양함으로, 현재는 타워 브리지 인근에서 군함 내부가 일반인에게 공개되고 있음), 런던 지하감옥(London Dungeon: 아이들에게 인기가 있는 박물관), 옛 수술실 박물관(The Old Operating Theatre Museum and Herb Garret: 영국에서 가장 오래된 수술실 도구와 약제들이 전시된 박물관), 조지 인(George Inn: 시티에 남아있는 전통적 갤러리를 보유한 여관의 본보기로, 현재는 레스토랑과 펍으로 사용되고 있음), 버러 마켓(Borough Market: '런던의 식품 저장고'라고 불리는 농산물 시장), 서더크 대성당(Southwark Cathedral: 런던 최초의 고딕 양식 성당), 글로브 극장(Shakespeare's Globe: 원래 1599년에 지어졌으나 근래에 재건되어 1997년 새로 개관함), 테이트 모던(Tate Modern: 뱅크사이드 화력 발전소[Bankside Power Station]를 개조한 근현대 미술관), 길드홀(Guildhall, 시 청사로서 시티 자치권의 상징), 맨션 하우스(Mansion House: 시장 관저), 세인트 메리르보 교회(St Mary-le-Bow's Church: 시티에 남아 있는 오래된 교회 중 하나로 옛 동요에 등장하는 친숙한 교회), 뱅크 오브 잉글랜드(Bank of England: 영국의 중앙은행), 구 왕립 증권거래소(The Old Royal Exchange: 런던 최초의 증권거래소로 현재는 고급 쇼핑센터로 사용되고 있음), 레든홀 마켓(Leadenhall Market: 로마 시대까지 거슬러 올라갈 정도로 오래된 마켓), 30 세인트 메리 액스(30 St Mary Axe, 스위스 리 타워: 스위스 리[Swiss Re] 보험회사의 본사 건물로, 건물이 위치한 거리명을 건물의 명칭으로 그대로 사용하고 있으며, 건물 모양이 오이지[gherkin]를 닮았다고 해서 '거킨 빌딩' 또는 '오이지 건물' 등으로 불림), 바비컨(The Barbican: 제2차 세계대전 때 전소된 터를 1960년대에 종합적으로 개발한 시티 속의 뉴타운), 서더크(Southwark: 템스강 건너편에 있는 연극의 거리) 등이 있다.

런던의 다문화 중심지 '이스트 엔드(The East End)'는 시티 동쪽으로 산업화가 진행되고 런던 부두가 성장하면서 생겨난 지역이다. 이곳은 해외 이민자나 난민(難民)들이 일자리를 찾기 위해 몰려드는 곳으로, 복식 산업(clothing industry)과 페티콧 레인 마켓(Petticoat Lane Market: 19세기에 'Middlesex Street'로 개칭됨)으로 지칭되는 다양한 시장(市場)과 펍(Pub)들로 널리 알려진 지역이다. 또한, 랜드마크인 퀸 엘리자베스 올림픽 공원(Queen Elizabeth Olympic Park)도 이곳에 있다. 전통적으로 이스트 엔드 지역에서 태어난 사람은 '런던내기'(cockney: 런던 토박이)로 불렸는데, 오늘날은 런던 사람(Londoner)처럼 말을 하는 모든 사람을 그렇게 부르는 경향이 있다.

'웨스트 엔드(The West End)'는 런던 중심부 북쪽의 더 몰(The Mall: 귀족적인 분위기를 풍기는 거리)에서 옥스퍼드 스트리트(Oxford Street: 백화점이 늘어서 있는 서민의 거리)까지 이르는 지역으로, 런던에서 가장 번화한 상업지구(런던 제일의 명소, 최고급 호텔, 상점, 극장, 영화관, 레스토랑 밀집 지역)이며, 런던의 서쪽 교외에 해당하기 때문에 붙여진 명칭이다.

대표적인 상점가는 중심부에서 동서 방향으로 뻗어 있는 옥스퍼드 스트리트와, 도중에 남쪽으로 갈라지는 본드 스트리트(Bond Street: 세계의 고급 브랜드가 모여 있는 거리) 및 리젠트 스트리트(Regent Street: 유서 깊은 상점이 늘어서 있는 쇼핑가)이며, 리젠트 스트리트가 동쪽으로 꺾여 4개의 도로와 교차하는 피커딜리 서커스(Piccadilly Circus: 시내 관광과 쇼핑의 중심지) 주변에는 레스토랑과 영화관들이 밀집해 있어 엔터테인먼트(entertainment)를 즐길 수 있는 곳이다. 옥스퍼드 거리의 동단(東端)에 가까운 소호(Soho: 낮과 밤이 즐거운 유흥가)는 16~17세기에 프랑스의 신교도들이 살기 시작한 이후로 외인 거주지구가 되었으며, 지금도 각국의 레스토랑들이 줄지어 있고, 이탈리아인·그리스인·키프로스인 등 많은 외국인이 즐겨 찾는 곳이다.

휘황찬란한 웨스트 엔드의 시어터랜드(Theatre Land: 동쪽의 올드위치[Aldwych]로부터 섀프츠베리 애비뉴[Shaftesbury Avenue]를 지나 서쪽의 리젠트 스트리트까지)는 40여 개이상의 극장이 밀집해 있어 브로드웨이(Broadway)에 필적할 만한 세계 연극의 중심지이기도 하다. 장르는 엄격한 전통에 따라 무대에 올리는 셰익스피어의 고전, 재기 넘치는 최신 작품, 신나는 뮤지컬, 몇몇 세계 최장기 상연작을 망라할 만큼 다채롭다.

또한, 웨스트 엔드에 있는 트래펄가 광장(Trafalgar Square: 넬슨 제독의 동상이 있는 광장)과 레스터 스퀘어(Leicester Square: 극장가에 있는 작은 광장)는 늘 관광객과 인파들로 붐비는 곳이다.

트래펄가 광장은 코벤트 가든(Covent Garden: 로열 오페라하우스[Royal Opera House]가 있어 오페라 팬들의 사랑을 받는 곳) 서쪽에 있는 광장으로, 1805년 트라팔가르 해전(The Battle of Trafalgar)을 기념하기 위해 만든 곳이다. 이곳은 여러 가지 의미에서 런던의 중심지이다. 집회와 행진이 열리고, 수만 명이 모여 흥겹게 새해를 맞이하며, 야외 영화 상영과 크리스마스 축하 행사부터 다양한 정치적 항의까지 온갖 목적으로 사람들이 이곳에 모인다. 높이 52미터의 넬슨 기념탑(Nelson's Column) 위에서 넬슨 제독(Admiral Lord Horatio Nelson, 1758~1805)의 동상이 광장을 내려다보고 있으며, 내셔널 갤러리(The National Gallery: 영국에서 제일가는 미술품 전시관)와 세인트 마틴 인 더 필즈(St Martin-in-the-Fields: 트래펄가 광장 북동쪽 끝에 있는 교회)를 포함해서 멋진 건물들이 주변을 에워싸고 있다.

유럽 최대의 차이나타운 남쪽에 있는 레스터 스퀘어는 영화관, 카페, 패스트푸드점으로 둘러싸여 늘 사람들로 북적인다. 광장에는 셰익스피어(William Shakespeare)와 채플린(Charlie Chaplin) 동상이 있고, 남쪽에는 극장의 당일 티켓을 할인 가격에 판매하는 'TKTS' 부스가 있다.

트래펄가 광장

　'웨스트민스터(Westminster) 지역'은 시티 다음으로 런던에서 가장 오래된 지역으로, 버킹엄 궁전(Buckingham Palace: 런던 중심가에 있는 영국 왕실의 궁전), 세인트 제임스 궁전(St James Palace: 세인트 제임스 공원 북쪽 끝에 있는 궁전으로 1530년 무렵 헨리 8세 때 건설되었으며, 1820년 빅토리아 여왕이 버킹엄 궁전으로 거처를 옮길 때까지 영국 왕실의 공식 궁전으로 이용되었음), 국회의사당(House of Parliament: 영국 의회정치의 상징), 웨스트민스터 사원(Westminster Abbey: 영국 왕실과 인연이 깊은 사원) 등이 있어, 영국 정치의 중심지 역할을 하고 있다.

　'화이트홀(Whitehall: 영국 총리 관저가 있는 런던의 관청가)'로 불리는 거리는 의회 광장(Parliament Square)에서 트래펄가 광장까지 이르는 곳으로, '다우닝가 10번지(No 10 Downing Street)'로 지칭되는 총리 관저를 비롯하여 정부 청사와 장관들의 거처가 밀집해 있어 영국 행정부의 중심을 이루는 지역이다.

버킹엄 궁전

켄싱턴(Kensington: 한적하고 우아한 주택가)과 나이츠 브리지(Knights Bridge: 고급 쇼핑 구역) 지역은 상류층의 고급 주거지로, 각국의 대사관저, 호화 백화점, 호텔, 쇼핑센터, 레스토랑, 박물관, 공원(Hyde Park) 등이 모여 있는 곳이다. '곳곳의 만인에게 모든 물건을 제공한다'는 슬로건(slogan)으로 널리 알려진 해러즈(Harrods Ltd.) 백화점, 매년 여름 '프롬(The Proms: Promenade Concert의 줄임말로 산책이나 춤을 추면서 듣는 축제 분위기의 음악회를 뜻함)'이라 불리는 클래식 음악 콘서트 축제가 열리는 로열 앨버트 홀(Royal Albert Hall: 앨버트를 기념하기 위한 음악 공연장), 런던에서 가장 흥미로운 빅토리아 앤 앨버트 박물관(Victoria and Albert Museum: 모든 장르의 미술 공예품을 소장하고 있음), 과학박물관(Science Museum: 과학기술의 발전사를 전시하고 있음), 자연사박물관(Natural History Museum: 대영박물관의 자연과학 분야를 전시하고 있음) 등도 이곳에 있다.

빅토리아 앤 앨버트 박물관

그 밖에 나이츠 브리지의 남쪽으로 템스강을 따라 펼쳐진 첼시(Chelsea)는 화가와 문인들이 사는 예술가들의 거리이고, 런던 북쪽의 교외에 있는 햄스테드(Hamstead)는 런던 시민들이 동경하는 아름다운 주택가이며, 호번(Holborn)은 법률가와 신문의 거리, 채링 크로스 로드(Charing Cross Road)는 서점의 거리, 블룸즈버리(Bloomsbury)는 학문의 거리이다.

한편, 런던 시내의 대표적인 공원으로는 하이드 파크(Hyde Park), 세인트 제임스 파크(St James's Park), 리젠트 파크(Regent's Park) 등이 있다. 하이드 파크는 80개 이상의 공원을 보유하고 있는 런던에서 가장 크고(약 160만 평방미터) 유명한 도심 공원이며, 영국 왕실 소유의 정원을 공원으로 조성한 곳으로 넓은 잔디밭, 숲, 호수 등이 어우러진 런던 시민들의 평온한 휴식처이다. 마블 아치(Marble Arch) 지하철역 인근에는 사람들이 다양한 주제에 관해 자유롭게 이야기를 하고 들을 수 있는 스피커즈 코너(Speaker's Corner)가 있다.

더 몰(The Mall)의 남쪽으로 펼쳐진 세인트 제임스 파크는 잘 손질된 화단, 아름다운 호수, 울창한 나무들로 인해 도심의 오아시스로 불린다. 공원의 북서쪽은 잔디가 펼쳐진 '그린 파크(Green Park)'로 이어지고, 남쪽에는 근위병 박물관(The Guards Museum)이 딸린 '웰링턴 병영(兵營)(Wellington Barracks)'이 있다.

왕실 사냥터로 이용되었던 리젠트 파크는 런던에서 손꼽히는 아름다움을 지닌 녹지공간이다. 축구장과 테니스 코트, 뱃놀이를 즐길 수 있는 호수 등이 갖춰진 이곳은 활력과 그윽한 분위기를 동시에 느낄 수가 있어 세계적이면서도 영국적인 특징을 느낄 수 있는 공원이다.

버킹엄 궁전(Buckingham Palace)

공원으로 둘러싸인 하얀색 궁전으로, 1703년 버킹엄 공작(Duke of Buckingham)의 저택으로 지어졌으며, 1762년 조지 3세가 왕비와 자녀들을 위해 구입한 이후부터 왕실 건물이 되었다. 1837년 빅토리아 여왕 즉위 시부터 세인트 제임스 궁전(St James's Palace)을 대신해서 총리, 대신, 외국 내빈 등을 접견하고 연회를 베푸는 정식 왕실 궁전이 되었으며, 현 엘리자베스 2세(Elizabeth II) 여왕도 주말에는 윈저성(Windsor Castle), 여름에는 스코틀랜드의 발모랄성(Balmoral Castle)에 가는 것 외에는 이곳에서 거주한다. 옥상에 왕실 기(노란색, 빨간색, 파란색으로 이루어진 기)가 걸려 있으면 여왕이 머무르고 있다는 신호이다.

안뜰을 둘러싸고 있는 궁전은 650개의 방이 있을 정도로 크고 널찍하다. 궁전의 정면 왼쪽에는 왕실의 미술 컬렉션을 전시하는 퀸스 갤러리(Queen's Gallery)와 마차 등을 전시하는 로열 뮤스(Royal Mews: 왕실 마구간)가 있으며, 호화롭게 치장된 19개의 접견실(State Room)은 여왕이 휴가를 떠나는 7월 말부터 9월까지 방문객에게 공개된다. 지금도 많은 관광객이 이곳을 찾아 '왕실 근위병 교대식(The Ceremony of Changing the Guard: 5~7월에는 매일, 나머지 달은 이틀에 한 번씩 날씨가 맑은 날에만 오전 11시 30분에 진행됨)'을 관람하고 있으며, 1993년부터는 궁전 내부의 일부가 일반인에게 공개되고 있다.

제3장 인구와 언어

인구와 인종

영국의 인구는 총 6,090만 명(잉글랜드 5,080만, 스코틀랜드 530만, 웨일스 300만, 북아일랜드 180만)으로 인구수로는 세계 15위이며, 인구 밀도는 1제곱킬로미터 당 250명이다.

영국은 미합중국과 마찬가지로 다인종·다민족 국가이다. 역사 초반에 침략을 통해 정착하게 된 다양한 민족들과 중세부터 현대까지 여러 경로를 통해 이민 온 여타의 민족들이 오늘날 영국의 인종적·민족적 다양성을 말해준다(박우룡 37).

사람들은 수세기 동안 세계 곳곳으로부터 정치·종교적 박해, 전쟁, 가난 등을 모면하거나 더 나은 삶을 찾아 영국으로 건너왔다. 켈트족, 로마인, 앵글로색슨족, 바이킹족, 노르만족들로 구성된 초기의 토착 사회는 이후로 유입된 다양한 민족들로 인해 다민족 국가로 변모하게 되었다. 아주 오래전부터는 아일랜드인이, 19세기 말에는 유대인이, 1930년대와 1945년 이후에는 유럽의 난민이, 1950년대와 1960년대에는 아시아인, 서인도제도인, 아프리카계 카리브인들이 차례로 정착을 했다.

최근 인구통계에 의하면, 백인 88.6%, 기타 계열 백인 2.4%, 아시아계 인도인 1.8%, 아시아계 파키스탄인 1.3%, 혼합 인종 1.2%, 아일랜드인 1.1%, 흑인 계열 카리브인 1.0%, 흑인 계열 아프리카인 0.8%, 흑인 계열 방글라데시인 0.5%, 중국인 0.4%, 그리고 기타 계열 아시아인이 0.4%인 것으로 나타났다.

이 같은 다인종·다민족 사회는 필연적으로 인종차별이나 문화충돌 등과 같은 사회문제를 일으키고 있다. 하지만 구성원들 모두가 타 문화의 정체성을 존중하면서 호혜의 정신으로 영국 사회에 적응하기 위해 노력하고 있다.

언어

영어는 지난 400여 년에 걸쳐 급속도로 보급되어, 세계 인구의 대략 1/4이 모국어(약 4억 명)나 제2외국어(약 4억 명 이상) 또는 외국어(수백만 명)로 사용함으로써, 명실공히 '세계어(World Language)'로 자리매김하고 있다. 영국의 경우, 전체 인구의 대략 95퍼센트(5천 8백만 명)가 영어를 사용하고 있다.

영어는 '인구어 조어(印歐語 祖語, Proto-Indo-European Language)' 계열의 '저지 게르만어군(Low-Germanic Group)'에 속하는 굴절어(屈折語, Inflectional Language)로, 5세기 중엽 앵글로색슨족(Anglo-Saxons)이 영국을 침략할 때 가지고 온 '잉글리시(Englisc)'라는 언어의 방언(方言)으로부터 발전했다. 5세기 말에 고대 영어(Old English, OE)로 자리잡은 '잉글리시'는, 1066년 노르만 정복(The Norman Conquest)의 영향으로 중기 영어(Middle English, ME)로 발전했고, 16세기 이후 등장한 현대 영어(Modern English)는 오늘날의 영어와 비슷한 수준으로 발전했다.

한편, '인구어 조어' 계열의 '켈트어군(Celtic Language Group)'에 속하는 언어로는 아일랜드어(Irish, Gaelic), 스코틀랜드-게일어(Scottish-Gaelic), 웨일스어(Welsh), 콘월어(Cornish), 맨섬어(Manx), 브르타뉴어(Breton) 등이 있다. 북아일랜드에서는 아일랜드어를, 스코틀랜드에서는 스코틀랜드-게일어와 스코트어(Scots, 스코틀랜드-영어)를, 웨일스에서는 웨일스어를, 콘월(Cornwall)과 데번(Devon) 주(州)에서는 콘월어를, 맨섬에서는 맨섬어를 영어와 함께 공용어로 쓰고 있으나, 이들 소수 언어 사용자들은 그리 많지 않은 편이다.

　　이들 외에도 소수 민족이 사용하는 언어로는 우르두어(Urdu), 힌디어(Hindi), 벵갈어(Bengali), 펀잡어(Punjabi), 구자라트어(Gujarati), 중국어(Chinese) 등이 있다.

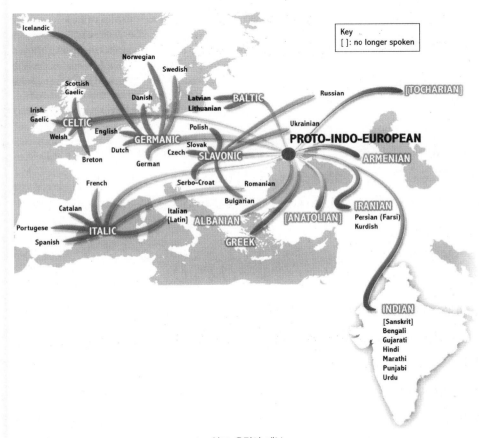

인도-유럽어 계보

제4장 종교

영국의 종교는 군주(왕이나 여왕) 또는 정치와 밀접한 관련이 있다. 영국은 전통적으로 기독교가 주 종교이며, 영국의 기독교 역사는 종교개혁 및 가톨릭과 신교의 갈등으로 특징지을 수 있다. 그러나 최근에는 종교적 관용으로 인해 다양한 종교들이 공존하고 있다.

영국과 아일랜드의 기독교 전파는 432년부터 아일랜드의 수호성인(守護聖人) 성(聖) 패트릭(St Patrick)에 의해 이루어졌다. 이후 성 골룸바(St Columba, Colmcille)와 성 니니언(St Ninian)을 위시한 패트릭의 추종자들은 기독교를 웨일스, 스코틀랜드, 그리고 북부 잉글랜드 등지로 전파했다. 한편, 로마의 그레고리 교황(Pope Gregory)이 파견한 선교사 성 아우구스티누스(St Augustinus)는 597년 캔터베리(Canterbury)에 본부를 세우고 본격적인 선교활동을 시작했다. 이후로 5세기 중엽에 영국을 침략한 앵글로색슨족은 기독교를 신봉했고, 이는 영국의 주 종교가 되었다. 6세기부터 본격적으로 전파된 영국의 기독교는 16세기 초 헨리 8세(Henry VIII)에 의해 종교개혁이 단행될 때까지 로마가톨릭이었다.

캔터베리 대성당

헨리 8세는 1534년 개인적 · 정치적 이유로 로마 교황청과 결별하고 '수장령(The Act of Supremacy)'을 선포한 뒤 '영국 국교회(The Church of England, The Anglican Church, 성공회)'를 세웠다. 영국 국교회는 로마가톨릭과 신교가 혼합된 중도적 성격의 종교이다. 즉, 교황의 권위를 부정하는 측면에서는 프로테스탄트(Protestant)적이지만, 계서적(階序的) 조직과 신앙의 형식적 측면에서는 로마가톨릭적인 특징이 있다. 영국 국교회는 오늘날까지도 영국에서 가장 많은 신자를 거느리며, 영국의 왕이나 여왕은 여전히 영국 국교회의 수장이다.

영국에서 법적으로 공인된 교회로는 영국 국교회와 스코틀랜드 국교회(The Church of Scotland, The Presbyterian Church, The Kirk, 장로교)가 있다. 스코틀랜드 국교회는 영국 국교회와 완전히 다른 종교이다. 스코틀랜드 국교회는 엄격한 신교의 한 형태로서, 프랑스의 종교개혁가였던 장 칼뱅(Jean Calvin)의 제자 존 녹스(John Knox)에 의해 처음으로 스코틀랜드에 설립되었다. 스코틀랜드 국교회는 영국 국교회와 상이한 조직과 체계를 갖추고 있으며, 주교가 없다. 또한, 스코틀랜드에서 가장 큰 종파이며, 잉글랜드와 북아일랜드에도 많은 신자가 있다.

이처럼 영국의 기독교가 로마가톨릭에서 신교로 탈바꿈하기는 했지만, 영국 국교회의 중도적 성격은 무수한 종교적 갈등과 분열을 초래했다. 16세기와 17세기에 다수의 프로테스탄트(Protestant)는 영국 국교회가 로마와 거리를 충분히 두지 않는다고 주장하며, 영국 국교회의 교리(敎理)와 의식(儀式)을 거부했다. 일명 비국교도(Non-conformists, Dissenters, Free Church-goers, 국교 반대자)로 불리는 교파 중 가장 큰 교파는 감리교(Methodism, Methodist Church)이다. 감리교는 1739년 존 웨슬리(John Wesley)에 의해 영국 국교회의 한 지파로 세워졌으며, 1795년 영국 국교회와 완전히 결별했다. 감리교는 의식(儀式) 중심의 기존 국교회의 관행에서 벗어나 신과 인간의 직접적 관계의 신앙 및 개인과 사회의 도덕적 측면에 중점을 둔다. 감리교에 이어 영국 청교도(Puritanism)의 한 분파로 생겨난 교회가 침례교(Baptist Church)이다. 오늘날 웨일스는 감리교파와 침례교파의 교세가 강한 지역이다.

북아일랜드는 원래 가톨릭이 주류를 형성했으나, 16세기와 17세기에 영국의 엘리자베스 1세(Elizabeth I)와 그녀의 뒤를 이은 제임스 1세(James I)의 주도로 행해진 식민정책(Plantation)의 영향으로 판도가 완전히 바뀌었다. 대부분이 스코틀랜드에서 건너온 신교(장로교) 정착민들로 인해 오늘날 북아일랜드의 종교는 신교 45퍼센트, 가톨릭 40퍼센트, 기타 15퍼센트로 구성된다. 영국에서는 종교의 자유가 완전히 허용되고 있지만, 북아일랜드에서는 아직도 가톨릭과 신교 사이에 갈등이 존재하며, 종교가 정치와 결탁함으로써 매우 복잡한 양상을 띠고 있다.

기독교 외에도 영국에는 다문화 사회의 속성으로 인해 다양한 종파의 종교가 공존하고 있다. 그중 몇몇 예를 들자면, 조합교회(Congregational Church), 크리스찬 사이언스교(Christian Scientism), 퀘이커교(Quakers, The Society of Friends), 모르몬교(The Mormon Church), 여호와의 증인(Jehovah's Witnesses), 제7일 안식일 예수재림교(The Seventh Day Adventists), 성령강림운동(Pentecostalism), 카리스마파 운동(Charismatic Movement), 오순절 교회(Pentecostal Churches), 구세군(The Salvation Army), 그리스 정교회(The Greek Orthodox Church), 이슬람교(Islam), 힌두교(Hinduism), 유대교(Judaism), 시크교(Sikhism), 불교(Buddhism), 드루이드교(Druidism), 뉴 에이지(The New Age), 라스타파리 운동(Rastafari Movement) 등이 그것이다.

또한, 종파별 비율은 신교 53.4%, 가톨릭 9.8%, 이슬람교 2.6%, 기타 기독교 1.7%, 그리스 정교회 1.0%, 힌두교 0.6%, 유대교 0.5%, 시크교 0.5%, 기타 혹은 무종교가 29.9%로 되어 있다.

20세기 후반 이후 영국인들의 교회 참석률은 꾸준히 감소하고 있다. 오늘날 영국에서는 소수의 사람만 정기적으로 교회에 다니고 있으며, 대부분 사람은 주일을 원예나 취미 생활 등을 하면서 가족과 함께 보내는 경향이 있다. 하지만 각종 종교 단체는 사회복지사업이나 자원봉사 등에 적극 참여하고 있다.

제5장 영국인의 특성

영국은 여러 나라로 구성된 연합왕국이기 때문에 영국인의 특성을 꼬집어서 말하기엔 다소 무리가 있을지 모른다. 왜냐하면, 우리가 영국인의 특성이라고 알고 있는 것은 어쩌면 영국인 전체에 해당되는 것이 아니라 잉글랜드인의 특성일 수가 있으며, 이 또한 오랜 세월을 거치면서 형성된 고정관념일지도 모르기 때문이다. 하지만 비록 피상적인 이해라 할지라도 한 나라의 국민성에 대한 이해는 그 나라를 온전히 파악하는 데 많은 도움이 될 것이다.

영국인은 과거에 집착하고 전통을 중시하는 경향이 있다

영국인은 역사와 전통에 강한 애착이 있다. 아마도 지나간 날들이 현재보다 더욱 영광스러웠기 때문인지도 모른다. 그들은 새로운 것보다는 세월의 도전을 견뎌낸 것들을 중시한다. 따라서 '옛것은 모두 좋은 것'이다. 과거와 전통을 중시하는 이러한 성향은 골동품에 대한 관심과 박물관의 발전과도 밀접한 관련이 있다. 영국인은 과거를 존중하기 때문에 그들의 전통은 오늘날까지도 여전히 유지되고 있다.

영국인은 보수적인 성향이 강하다

영국인은 변화(change)와 극단(extreme)을 싫어하고 온건(moderation)과 중용(golden mean)을 좋아하는 경향이 있다. '혁명적(revolutionary)'이거나 '급진적(radical)' 변화는 감히 상상할 수도 없는 일이다. 특히 '타협(compromise)'을 중시하는 그들의 성향은 '의회 민주주의'를 꽃피우는 원동력으로 작용했다. 또한, 상식(common sense)을 제일로 생각하는 그들의 보수적 성향은 경험주의(Empiricism)와 공리주의(Utilitarianism) 철학을 발전시켰다.

영국인은 과묵하고, 감정을 쉽게 드러내지 않으며, 프라이버시(privacy)를 중시하는 경향이 있다

영국인은 침착하고, 좀처럼 화를 내지 않고 잘 참으며, 감정을 거의 표출하지 않기 때문에, 냉정하고 감정이 없는 것처럼 보이거나, 인생의 희로애락(喜怒哀樂)에 대해 무관심한 것처럼 보인다. 또한, 영국인에게 '침묵은 금(Silence is gold.)'이며, '집은 성(城)(An Englishman's home is his castle.)'이다. 영국인은 사생활의 노출을 극도로 꺼리며, '너무 지나친 것(going to far)'을 금기(禁忌)시 하는 경향이 있다. 따라서 감정을 표현하되 너무 지나쳐서는 안 되며, 농담도 너무 노골적으로 해서는 안 된다. 인간관계에서도 아주 친숙한 사이가 아니라면 개인의 사생활에 관한 질문이나 성(sex)에 대한 언급은 될 수 있는 한 피하는 편이 좋다.

영국인은 우월의식(a sense of superiority)이 강하고 남과 다른 것(being different)을 좋아한다

영국인은 자기 민족이 지적 · 인종적 · 문화적으로 우월하다고 생각하는 자민족 우월의식을 가지고 있다. 즉, 자신들 외에 다른 사람들은 존재하지 않으며, 영국 외에 딴세상은 없다고 생각한다. 또한, 자신들이 세상에서 가장 우수한 민족이라는 우월의식 때문에 세계를 선도할 책임의식을 느낀다. 영국인은 자신들이 세계를 지배할 운명을 타고났기 때문에, 세계에서 '최고의 국가'를 선택하라고 한다면 당연히 영국을 택할 것이다. 반면에 영국 사회가 다인종·다문화 사회임에도 불구하고 타민족에 대해서는 지나칠 정도의 '타민족 혐오증(xenophobia)'을 가지고 있다. 영국인은 지구상의 여타 민족들에게 한결같이 예의 바르고 정중하면서도 이들을 단호히 무시하는 경향이 있다. 이러한 타민족 혐오증은 예나 지금이나 상존하는 영국인의 특성이다. 각종 사회제도나 일상생활에서 남과 다른 것을 좋아하는 것도 개인주의와 자민족 우월의식에 뿌리를 두고 있다. 성문(成文) 헌법이 존재하지 않는 것, 왼쪽에서 운전하는 습관, 다른 나라와 상이한 도량형(度量衡) 제도를 사용하는 것 등 모두는 그들 우월의식의 단적인 표현들이다.

영국인은 지성(intellect), 교육(education), 그리고 고급문화(high culture)에 대한 거부감이 강하다

영국인의 반지성주의(anti-intellectualism)는 영국적인 특성이라기보다는 잉글랜드적인 특성이라고 할 수 있다. 왜냐하면, 스코틀랜드인, 웨일스인, 북아일랜드인들에게는 해당되지 않기 때문이다. 잉글랜드인들은 엘리트의식(elitism)이나 프로의식(professionalism)을 경멸하고, 아마추어리즘(amateurism)을 선호하는 경향이 있다. 따라서 교수를 비롯한 지식인 계층이나 지나치게 현학적인 태도 등은 환영을 받지 못한다. '영국인은 실용적인 민족이다(The English are a practical people.)'라는 말도 여기에서 비롯된 것이며, 이는 경험주의 철학의 태동 및 발전과도 궤를 같이한다.

영국인은 질서의식, 정의감, 공명심(公明心, public spiritedness)이 강하다

'모든 것에는 할 수 있는 시간과 장소가 있다(There is a time and a place for everything.)'라는 말은 영국인의 질서의식을 간명하게 표현해주는 말이다. 영국인은 그 어떤 민족보다 질서의식이 강하다. 세계적으로 유명한 그들의 줄서기(queueing) 문화나 유니폼(uniform)에 대한 선호는 이와 관련이 있다. 정의감과 공명심은 영국에서 국제사면

위원회(Amnesty International: 언론과 종교 탄압행위 등을 세계 여론에 고발하고, 정치범의 구제를 위해 노력하는 세계 최고 권위의 인권기구), 아동 구호 기금(Save the Children Fund), 옥스팜(Oxfam: 전 세계 빈민구호를 위해 활동하는 국제 NGO 단체), 구세군(Salvation Army) 등과 같은 수많은 자선단체가 생겨나고 자원봉사가 성행하는 원천이다.

영국인은 자연과 동물에 대한 사랑이 강하다

영국인은 선천적으로 시골과 전원생활을 동경하는 경향이 있다. 이용 가능한 국토의 대부분이 주거지로 활용되고 있는 것도 이 때문이다. 영국인의 원예(gardening)에 대한 관심과 애완동물에 대한 사랑도 따지고 보면 전원생활에 대한 욕구충족의 한 표현이라 할 수 있다.

제6장 영국의 역사

영국은 유럽 대륙의 가장자리에 위치한 작은 섬나라에 불과하지만, 역사적 지위는 결코 주변부에 머문 적이 없다. 수천 년 동안 신석기 시대 사람들, 켈트족, 로마인, 바이킹족, 앵글로색슨족, 노르만족 등 수많은 침략자와 이주민이 이 땅에 건너와 정착해 살면서 자신들의 족적(足跡)을 남겼다. 그 결과 이 나라는 역사, 문화, 언어에서 매력적인 융합의 모습을 보인다. 또한, 영국이 세계의 주역으로 우뚝 서는데 일조했던 이러한 역동성(dynamism)은 오늘날에도 진화를 거듭하고 있다.

고대

🇬🇧 최초의 정착민들

오늘날 영국이라 불리는 그레이트 브리튼 섬은 유럽 대륙과 여러 차례 연결되었다가 다시 끊기곤 했다. 빙하시대에는 영국 해협(The English Channel)이나 북해가 모두 유럽 대륙과 연결되어 동물이나 사람들이 이 두 지역을 마음대로 넘나들 수가 있었다. 따라서 지금으로부터 대략 70만 년 전에 최초의 구석기시대 사람들이 사냥이나 고기

스톤헨지

잡이 또는 채집을 하면서 이 땅에 정착해서 살았던 것으로 추정된다. BC 4000년경에는 금속을 능수능란하게 다루었던 이베리아인들(Iberians)이 이베리아반도(The Iberian Peninsula)에서 건너와 최초의 문명을 일구었다. 이러한 선사시대 유물 중 가장 잘 알려진 것은 영국의 윌트셔(Wiltshire) 주(州) 에이브버리(Avebury)에 있는 실베리 힐(Silbury Hill)과 솔즈베리 평원(Salisbury Plain)에 우뚝 서 있는 스톤헨지(Stonehenge)이다.

실베리 힐은 BC 2400년경에 세워진 유럽에서 가장 큰 선사시대 고분(古墳)으로, 아래 면은 지름 167미터의 원형이며, 꼭대기는 지름 30미터의 크기로 평평하고, 높이는 40미터이며, 50만 톤의 백악토로 되어 있다. 이 거대하고 기술적으로 특출한 기념물이 과연 무슨 목적으로 세워졌는지는 아직도 확실치 않다.

고대 영어로 '공중에 매달린 돌'이란 의미의 스톤헨지는 신비로 가득 찬 고대의 거석주군(巨石柱群) 환상열석(環狀列石) 유적으로, 인간의 상상력이 유감없이 발휘된 상징물이다. 스톤헨지는 런던으로부터 서쪽으로 130킬로미터 정도 떨어진 윌트셔 주(州) 솔즈베리 평원에 있으며, BC 3000~1500년경에 만들어진 것으로 추정된다. 큰 돌덩어리 하나의 무게가 50톤(옮기는데 600여 명이 동원됨), 높이가 8미터에 이르는 이

환상열석군은 11헥타르에 달하는 넓은 평원에 세워져 있으며, 돌기둥들을 중심으로 직경 90미터 정도의 원형 도랑이 파여 있고, 도랑 안쪽에는 56개의 구덩이가 빙 둘러 배치되어 있다. 이렇게 거대한 유적을 누가, 어떻게, 왜 만들었는지는 확실치 않다. 하지만 종교의식을 거행하기 위한 이교도들의 신전이었거나, 천문 기상 관측을 위한 천문학적 시계 역할을 했던 것으로 추정된다.

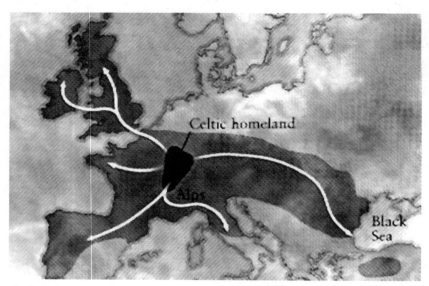

켈트족의 이동 경로

🏴 켈트족

켈트족(Celts)이 그레이트 브리튼 섬에 들어온 시기는 확실치 않지만, BC 6~BC 5세기경에 중유럽과 서유럽에서 건너와, 기존의 원주민을 흡수하면서 영국 전역에 정착해서 살았던 것으로 추정된다. '고대 영국인'으로 알려진 이들 켈트족은 인구어 조어의 한 어파(語派)인 켈트어(Celtic Languages)를 구사했으며, 20여 개 부족으로 나뉘어 생활했다. 켈트족은 용맹하고 호전적인 부족으로 정의감·명예욕·자존심이 투철했으며, 음주와 가무(歌舞)·시·웅변·말장난을 즐기는 호탕한 기질의 소유자였다. 비록 그들이 체계적인 조직을 갖추거나 합리적 사고를 하는 데는 다소 미숙했지만, 초자연적 존재와 영성(靈性)을 믿는 상상력이 풍부한 종족으로 드루이드교(Druidism)를 신봉했다. 또한, 그들은 언어와 문자(오검[Ogham]문자)를 가져왔고, 브레혼 법(Brehon Law: 입법자 또는 재판관을 게일어로 'brehon'이라고 함)과 화폐를 도입했으며, 사제(司祭, Druid) 제도를 시행하고, 도기 제조와 금속 세공에도 조예가 깊어 토착 영국인의 생활방식을 바꾸는 데 크게 일조했다.

🏴󠁧󠁢󠁥󠁮󠁧󠁿 로마인

영국 역사의 시작은 그다지 영광스럽지 못했다. BC 55년과 54년 두 차례에 걸쳐 로마 제국의 율리우스 카이사르(Gaius Julius Caesar, BC 100~BC 44)에 의한 그레이트 브리튼 섬의 침입은 영국사에서 로마인들(Romans)에 의한 최초의 정복 시도이며, 대규모 외부인의 침략이었다. 이후에도 몇 차례 원정이 있기는 했지만, 본격적인 로마의 그레이트 브리튼 섬의 정복은 그로부터 대략 1세기 뒤인 AD 43년 클라우디우스 황제(Emperor Claudius)에 의해서였다.

로마의 브리타니아(Britannia) 정복은 수월하게 진행되었다. 무자비했던 클라우디우스 황제의 군사작전 결과, AD 50년에는 그레이트 브리튼 섬의 대부분이 로마의 지배하에 놓이게 되었다. 일부 켈트족 왕들은 전쟁보다는 로마에 협조하는 것이 득이 된다고 생각했지만 강력하게 저항했던 사람들도 있었다. 그 중 이케니(Iceni) 부족의 여왕이자 전사(戰士)였던 부디카(Boudicca, Boadicea)는 AD 60/61년 그레이트 브리튼 섬의 9개 부족을 규합하여, "적들의 핏속에서 수영하게 하소서"라는 노래를 부르면서 로마군에게 대적했으나(론디니움으로 진격하면서) 결국 실패하고 말았다(AD 62년 세상을 떠남).

AD 80년 무렵 로마인들은 오늘날의 잉글랜드와 웨일스의 대부분 지역(브리타니아)을 점령하고 있었다. 그들은 날씨가 춥고 황량할 뿐 아니라 자원이 별로 없고 땅이 척박한 아일랜드 섬에는 전혀 관심을 두지 않았으며, 단지 스코틀랜드의 남쪽 지역까지만 영향력을 행사했다. 당시 스코트족(Scots)으로 불리던 켈트족이 북아일랜드로부터 스코틀랜드로 건너온 것도 바로 이 시기였는데, 이들은 당시 스코틀랜드의 원주민이었던 픽트족(Picts)과 합세하여 로마군에게 조직적으로 대항했다. 이를 보다 못한 로마의 하드리아누스 황제(Emperor Hadrianus)는 이들의 침략을 저지하기 위해 AD 122년 '하드리아누스 성벽(Hadrian's Wall)'의 축조를 지시했다. 높이 16피트(4.9미터), 길이 73마일(120킬로미터)에 달하는 이 성벽은 AD 122년부터 AD 127년까지 장장 6년에 걸쳐 완성되었다.

하드리아누스 성벽

하드리아누스 성벽(Hadrian's Wall)

로마의 하드리아누스 황제는 122년 스코틀랜드의 스코트족(Scots)과 픽트족(Picts)의 남침을 격퇴하고 북쪽의 국경 지역을 보호할 목적으로 '하드리아누스 성벽'의 축조를 지시했다. 높이 16피트(4.9m), 길이 73마일(120km)에 달하는 이 성벽은 동쪽의 뉴캐슬(Newcastle)로부터 서쪽의 솔웨이(Solway)만(灣)에 이르기까지 장장 6년(122~127년)에 걸쳐 완성되었는데, 지금도 상당 부분이 잉글랜드와 스코틀랜드의 경계역할을 하고 있다. 하드리아누스 시대가 끝난 후, 훨씬 더 북쪽 지점에 '안토니누스 성벽'이 세워졌으나, 이 성벽은 곧 버려진 채 남게 되었고, 로마 제국의 국경은 로마인들이 410년 브리튼 섬을 떠날 때까지, 하드리아누스 성벽이 있는 곳을 기준으로 유지되었다. 하드리아누스 성벽은 현존하는 로마 시대 유적 중 가장 장엄하며, 1987년에 유네스코 세계문화유산으로 지정되었다.

하드리아누스의 뒤를 이은 안토니누스 피우스 황제(Emperor Antoninus Pius)는 로마의 영토를 넓히고자 훨씬 더 북쪽 지점(포스강[River Forth]과 클라이드강[River Clyde] 사이)에 약 60킬로미터에 달하는 '안토니누스 성벽(The Antonine Wall)'을 축조했으나, 이 성벽은 곧 버려진 채 남게 되었고, 로마 제국의 국경은 로마인들이 410년 그레이트 브리튼 섬에서 물러날 때까지 하드리아누스 성벽이 있는 곳을 기준으로 유지되었다. 지금도 이 성벽의 상당 부분은 잉글랜드와 스코틀랜드의 경계 역할을 하고 있다.

로마인들은 오랜 통치 기간에도 불구하고 그레이트 브리튼 섬에 이렇다 할 것들을 별로 남기지 못했다. 로마의 문화에 동화되었던 켈트족이 앵글로색슨족에 의해 쫓겨났기 때문이다. 하지만 그들은 잉글랜드의 남동부에 있는 템스강(The Thames) 하구로부터 약 60킬로미터 떨어진 린딘(Llyn-dyn: 아일랜드어로 '습지'라는 뜻)이란 곳에 오늘날의 수도인 런던(당시에는 '론디니움[Londinium: '호수의 도시'라는 뜻]'으로 불림)을 비롯하여 요크(York: 중세의 문화유산이 풍부하여 오랜 역사와 문화를 자랑하는 도시), 바스(Bath: 온천 위에 들어선 도시로 전 세계에서 가장 잘 보존된 로마시대 목욕탕들이 있음) 등과 같은 주요 도시를 세웠을 뿐 아니라, 기독교·라틴어와 라틴문화·관습·법체계·도로망·광장·대중목욕탕·지하수로 등을 남겼다.

바스(Bath)

잉글랜드의 서머싯 카운티(Somerset County) 북동부에 있는 바스는 AD 43년에 로마인들이 세운 온천 도시로, '목욕'이라는 의미의 영어 단어 'Bath'는 이 도시의 명칭에서 유래했다. 이후 AD 65~AD 75년경에 로마인들은 바스에 있는 온천 위에 호화찬란한 로만 바스(The Roman Baths)를 건설했다. 치유의 여신 미네르바(Minerva)를 위한 신전과 함께 건설된 이 목욕탕 단지는 세계에서 가장 잘 보존된 로마 유산으로, 1987년 도시 전체가 유네스코 세계문화유산으로 지정되었다.

바스(Bath)에 있는 대중목욕탕

🇬🇧 잉글랜드의 출현

로마인들이 본토로 떠나자 잉글랜드의 남동부는 무방비 상태가 되어 이른바 일부 역사가들이 말하는 '암흑시대'가 시작되었다. 이때를 틈타 5세기 중엽 북유럽으로부터 게르만족 계열의 앵글족, 색슨족, 주트족이 대거 침입해 들어왔다. 이들은 잉글랜드의 남동부는 손쉽게 수중에 넣을 수 있었지만, 서쪽으로의 침입은 전설상의 영웅 아서 왕(King Arthur)의 저항으로 주춤할 수밖에 없었다.

하지만 6세기 말경에 앵글로색슨족은 거의 모든 잉글랜드를 지배하게 되었다. 침입자들이 토착 켈트족을 서쪽으로 몰아내면서 그들의 땅을 빼앗았기 때문에 켈트족은 웨일스와 콘월(Cornwall) 지역, 또는 바다 건너 프랑스의 브르타뉴(Bretagne, Brittany) 지방으로 건너가서 새로운 왕국을 세웠다. 이러한 이유로 켈트족은 오늘날까지도 스코틀랜드, 웨일스, 콘월 지역에서 그들 고유의 언어와 문화를 보존하고 있다.

그러나 잉글랜드에서는 앵글로색슨족의 세력이 확대되면서 앵글족은 노섬브리아(Northumbria: 잉글랜드의 북부 지역과 스코틀랜드의 남동 지역), 머시아(Mercia: 잉글랜드의 중부 지역), 이스트 앵글리아(East Anglia: 노포크[Norfolk]·서퍽[Suffolk] 지역과 케임브리지셔 늪지[Cambridgeshire Ferns] 동쪽 지역) 왕국을, 색슨족은 웨섹스(Wessex: 잉글랜드의 남서 지역), 서섹스(Sussex: 잉글랜드의 남동 지역), 에섹스(Essex: 이스트 앵글리아와 서섹스 사이에 있는 잉글랜드의 남동 지역) 왕국을, 그리고 주트족은 켄트(Kent: 에섹스와 서섹스 사이에 있는 잉글랜드의 남동단 지역) 왕국을 세웠다.

5세기 잉글랜드의 7 왕국

이후로 이들 7개 왕국은 패권을 둘러싸고 빈번히 싸웠다. 하지만 829년 당시 웨섹스의 왕이었던 에그버트(Egbert)가 모든 잉글랜드를 통일시켰다. 에그버트 왕은 기독교도였으며, 통일 국가를 이루기 위한 토대로서 로마인들로부터 이미 전파된 기독교를 잉글랜드 전역에 포교하기 시작했다. 따라서 통일 왕국은 정치적·종교적으로 확고한 토대를 마련할 수 있었다.

앵글로색슨족은 주로 시골에 정착해서 살았기 때문에 앵글로색슨 시대의 사회는 근본적으로 농촌사회였다. 경제는 전적으로 농업에 의존했으며, 모든 사회계층은 촌락이나 고립된 농가의 토지에 의존해서 생활했다. 이들이 도입한 새로운 농경 방식과 수천 개의 자급자족 마을 공동체는, 이후로 거의 1,000년 동안 영국 사회에 지대한 영향을 미쳤다. 그들은 또한 '저지 게르만어군(Low-Germanic Group)'의 한 방언인 구어체 '잉글리시(Englisc)'와 '룬 문자(Rune, Runic Alphabet)'를 사용했는데, 이는 오늘날 우리가 말하고 쓰는 영어로 발전했다.

앵글로색슨족이 영국에 들어올 당시 이들은 이교도였다. 따라서 597년 로마로부터 파견된 성(聖) 아우구스티누스(St Augustinus)는 캔터베리(Canterbury)에 본부를 세우고 잉글랜드의 남부지역에 기독교를 전파했다. 스코틀랜드를 비롯한 잉글랜드의 북부 지역과 서부 지역은 아일랜드로부터 파견된 선교사들에 의해 이미 150년 전에 기독교가 전파되었기 때문이다. 이후 기독교는 빠른 속도로 보급되어 난립한 왕국들의 통합에 일조했다.

앵글로색슨 시대의 고분(古墳) 서턴 후(The Sutton Hoo)
배를 이용해서 시신을 안장하는 일은 영국에서는 드물었으나, 1939년 여러 개의 고분에서 발견된 '서턴 후(잉글랜드 서펵[Suffolk] 카운티에 있는 배 무덤[Ship Burial])'는 그러한 방식을 보여주는 가장 훌륭한 본보기이다. 흙더미 아래에 묻혀 있던 선박은 이스트 앵글리아의 국왕 레드월드(Redwald, 599~624)가 영면(永眠)해 있던 공간으로, 내부에서는 앵글로색슨족의 엄청난 보물도 함께 발견되었다. 앵글로색슨족의 문화권과 교역권을 보여주는 이 '서턴 후' 유적은 1998년 내셔널 트러스트(National Trust)에 기증되었다.

룬 문자(Rune, Runic Alphabet)

영어가 사용하는 문자는 로마자이지만, 로마자가 처음부터 영어에 사용된 것은 아니었다. 로마자가 널리 사용되기 이전에 북부 유럽의 다양한 게르만어에서는 룬 문자를 사용했으며, 그레이트 브리튼 섬에서 현대영어의 옛 형태인 고대 영어를 사용했던 앵글로색슨족도 초기에는 룬 문자를 사용했다. 룬 문자는 페니키아 문자체계에서 발전한 것으로, 시기에 따라 문자 수가 다르며(대략 30여 개 정도로 이루어져 있었음), 일상생활에서 사용하기보다는 비석에 글을 새기는 데 적합한 문자였다. 오늘날과 비슷한 알파벳은 기독교가 전파된 이후에야 만들어졌고, 그제야 비로소 고대 영어로 기록을 남길 수 있게 되었다.

캔터베리(Canterbury)

영국 켄트(Kent) 지방은 인구 120,000명이 사는 도시로, 캔터베리 대성당(Canterbury Cathedral)을 비롯하여 오래된 건축물들이 많은 유서 깊은 곳이다. 지금으로부터 1,400여 년 전(AD 601년) 로마에서 건너온 성(聖) 아우구스티누스가 이곳에 수도원과 대성당을 세운 것이 영국 기독교의 시작이다. 오늘날 캔터베리 대성당은 영국의 국교인 성공회의 본부이자 대주교가 머무는 곳이다. 1170년 헨리 2세(Henry II)의 심복들에 의해 당시 대주교이자 헨리의 친구였던 토머스 베케트(Thomas Becket)가 성당 내에서 살해된 후, 성당은 12세기부터 15세기까지 성지순례의 명소가 되었다. 이 성당을 배경으로 14세기에 초서(Geoffrey Chaucer)는 『캔터베리 이야기(*The Canterbury Tales*)』라는 시를 썼으며, 20세기에 T. S. 엘리엇(T. S. Eliot)은 『대성당의 살인(*Murder in the Cathedral*)』을, 장 아누이(Jean Anouilh)는 『베켓(*Becket*)』이라는 작품을 썼다.

🏴 바이킹 시대

8세기부터 잉글랜드는 또 다른 게르만족의 침략을 받기 시작했다. 바이킹족(Vikings: 전사(戰士, warriors)라는 뜻), 노스족(Norsemen), 데인족(Danes)으로 알려진 이들은 스칸디나비아(Scandinavia) 반도(半島)에서 건너왔으며, 9세기에는 스코틀랜드 주변의 섬 지역과 아일랜드의 몇몇 해안 지역을 이미 점령한 후 정착을 시도했다. 그 후 9세기 중엽 잉글랜드의 중부와 남부로 세력을 확장하기 시작했지만, 웨섹스의 알프레드 대왕(Alfred the Great)이 지휘하는 앵글로색슨족의 군대는 886년 이들을 북쪽으로 몰아냈다. 그 결과 이들의 정착은 잉글랜드의 북부와 동부로 한정되었다. 이 일을 계기로 알프레드 대왕은 국민의 왕으로 추앙받았으며, 앵글로색슨족은 자신들을 단일 민족으로 여기기 시작했다.

알프레드 대왕(Alfred the Great)

알프레드 대왕(849~899)은 선왕이었던 세 명의 형을 이어 22세의 젊은 나이에 웨섹스 왕국의 왕위(재위 871~899)를 물려받았다. 그는 바이킹족의 침입으로부터 잉글랜드를 구하고, 앵글로색슨 왕국의 전통과 문화를 유지하는 데 크게 기여했다. 외세의 침입을 막아내는 일 외에도 알프레드 대왕은 공교육을 선포하고, 번역 작업을 권장하며, 법전을 편찬하는 등 국가적 차원의 문화 부흥 운동을 전개함으로써 국민 계몽에도 앞장섰다. 그는 유능한 군인이자 학자였으며 또한 현명한 통치자였기 때문에 역대 영국 군주들 가운데서 유일하게 '대왕(Great)'이라는 영예로운 칭호가 붙여진 왕이다.

바이킹족의 침략

알프레드 대왕은 이후로도 자신들을 끊임없이 괴롭히는 데인족과 강화조약을 맺고 '데인로 지역(Danelaw: 9~11세기경 데인족이 점령한 잉글랜드 북동부 지역에서 시행된 법률과 그 법률이 적용된 지역)'을 선포했다. 이에 따라 그는 데인족에게 잉글랜드의 북동부 '데인로 지역'에 한정해서 거주토록 했으며, 남쪽은 자신의 통치하에 두었다. 지금도 예전의 '데인로 지역'이었던 곳에는 스칸디나비아적 요소가 많이 남아 있다.

하지만 이들 데인족과 앵글로색슨족 사이에는 언어와 문화적인 측면에서 차이가 별로 없었을 뿐 아니라 새로이 받아들인 기독교도 쉽게 공유할 수 있었기 때문에 통합이 용이했다. 마침내 잉글랜드는 11세기 초에 당시 덴마크와 노르웨이의 군주였던 카뉴트 왕(King Canute,

1016~1035)에게 점령되어 하나의 통일 왕국을 형성하게 되었다.

7~11세기에 잉글랜드는 당시 귀족 회의였던 '위테나게모트(Witenagemot)'에서 왕을 선출했는데, 1035년 카뉴트 왕이 죽은 뒤 왕권은 그의 아들 해럴드 1세(Harold I, Harold Harefoot)가 물려받았으며, 이후 다시 색슨족이었던 참회 왕 에드워드(Edward the Confessor: 웨스트민스터 대성당을 지을 만큼 신앙심이 매우 깊었기 때문에 붙여진 별칭)가 왕위를 계승했다. 하지만 1066년 에드워드가 후사 없이 세상을 떠나자, 왕권은 그의 처남 해럴드 2세(Harold II)에게로 넘어갔다.

중세

🏴 정복왕 윌리엄 1세와 노르만 정복

해럴드 2세가 왕이 되자 당시 그와 친척 관계였던 노르망디 공작 윌리엄(William Duke of Normandy)은 에드워드로부터 왕위계승을 약조 받았다고 주장하면서, 1066년 잉글랜드를 침략하여 헤이스팅스 전투(Battle of Hastings)에서 승리를 거둔 뒤, 그해 성탄절에 곧바로 런던의 웨스트민스터 사원으로 건너가서 윌리엄 1세(William I, 재위 1066~1087)로 즉위하였다. 이렇게 해서 잉글랜드는 약 600년 동안 지속해온 앵글로색슨 왕조가 문을 닫고 유럽 대륙 세력인 노르만 왕조(1066~1154)가 들어서게 되었다.

노르망디(Normandy)는 원래 프랑스의 땅이었으나, 바이킹족이었던 노르만족(The Normans)의 침입이 거세지자, 프랑스 국왕이 이들의 충성서약에 대한 보답으로 911년 이 땅을 노르만

정복왕 윌리엄 1세

들에게 하사하면서부터 붙여진 명칭이다. 흔히 '노르만 정복(The Norman Conquest)'으로 알려진 이 사건은 노르만 왕조의 시작임과 동시에 영국사에서 하나의 획을 긋는 아주 중요한 사건이었다. 왜냐하면, 이후로 영국과 영어의 미래는 완전히 뒤바뀌게 되었기 때문이다.

노르만 정복자들은 바이킹의 후예(後裔)이긴 했지만, 이미 100년 동안 프랑스 문화에 동화되어 살았기 때문에, 프랑스 문화와 언어를 비롯한 대륙문화를 섬나라인 잉글랜드에 전파했다. 따라서 노르만 정복은 잉글랜드가 진정한 유럽 국가로 탄생하는 계기가 되었으며, 로마에 정복당한 이후 역사상 두 번째로 유럽 대륙문화(라틴문화)와 합류함으로써, 유럽 대륙문화를 유입하고 발전시키는 전환점이 되었다(송원문 9).

윌리엄을 도와 잉글랜드를 정복한 노르만 귀족들은 그들이 세운 공로의 대가로 땅을 하사받아 영지를 통치함으로써 잉글랜드에 봉건제도(feudal system)와 계급제도(class system)를 정착시켰다. 즉, 윌리엄은 봉토를 하사받은 영주는 물론 그의 가신(家臣)들과 종복(從僕)들까지도 국왕의 신하로 복종한다는 일종의 충성서약을 받아냈는데, 이것이 바로 '솔즈베리 서약(The Oath of Salisbury)'이다.

또한, 1086년 토지 조사와 조세 징수를 목적으로 일명 『둠즈데이 북(Domesday Book)』이라 불리는 두 권의 토지대장을 작성하여 잉글랜드의 전역에 있는 장원, 영

둠즈데이 북

주, 농노 등을 체계적으로 관리했다. 이 책에는 토지의 경작 면적, 토지의 가격, 토지 소유자의 이름, 노예와 자유민의 수, 토지에 들어선 건물의 수, 가축의 수, 연 수입, 수로(水路) 현황, 가족 구성원 등이 정확하게 기록되어 있어 11세기 잉글랜드의 사회상을 엿볼 수 있는 중요한 문서로 평가되고 있다. 솔즈베리 서약과 『둠즈데이 북』은 윌리엄 1세가 지방 권력을 약화시키고 왕권을 강화하면서 잉글랜드가 중앙집권적 봉건국가로 발전하는 토대가 되었다.

노르만 정복과 더불어 프랑스어와 라틴어가 행정과 학문 분야에서 광범위하게 쓰이는 언어로 부상했다. 반면에 영어는 농민과 하인 등 신분이 낮은 사람들의 구어 (口語)로 전락했는데, 이는 영어발달사에서 아주 중요한 사건이다. 왜냐하면, 고대 영어(Old English, OE)가 프랑스어의 영향으로 어휘가 풍부해지고(의회[parliament], 군주 [sovereign], 하인[servant], 판사[judge], 적[enemy] 등 대략 1만 개의 프랑스어 단어가 차용됨), 복잡한 어미(suffix) 굴절이 단순화된 중기 영어(Middle English; ME)로 발전하는 계기가 되었기 때문이다.

🇬🇧 플랜태저넷 왕조

윌리엄 1세는 네 아들을 두었는데, 셋째 아들(첫째 아들 로버트는 노르망디 공국을 통치하고, 둘째 아들 리사르는 일찍 세상을 떠남)로서 왕이 된 윌리엄 2세(William II, William Rufus)에 이어, 넷째 아들이 왕권을 물려받아 헨리 1세(Henry I)가 되었다. 그의 뒤를 이을 장자 윌리엄 애덜린(William Adelin)이 익사하자, 헨리의 딸 마틸다(Matilda)와 프랑스의 앙주 백작(Count Geoffrey of Anjou: Plantagenet은 Geoffrey의 별명이자 가문의 문장 표시인 금작화 가지에서 유래함) 사이에서 태어난 손자가 헨리 2세(Henry II)로 왕권을 승계 받았다. 이렇듯 플랜태저넷 왕조(The House of Plantagenets)는 노르만 핏줄과 프랑스 핏줄이 함께 섞여 만들어진 잉글랜드의 프랑스계 왕조이다(송원문 10-11).

헨리 2세는 잉글랜드 전역과 프랑스의 서부를 다스리던 대영주로, 중앙집권 체제를 확립하고 왕권을 강화했다. 하지만 그 와중에 세력이 비대해진 교회와 충돌을 빚기도 했다. 1162년 헨리는 심복으로 여기던 친구 토머스 베케트(Thomas Becket)를 캔터베리 대주교로 임명했으나, 그가 왕보다는 교회에 더 많은 충성심을 보이자, 1170년 캔터베리 대성당 내에서 베케트를 암살하는 참극을 벌였다. 이 사건 이후 베케트는 순교자로 추앙받았으며, 캔터베리 대성당은 영국인들이 즐겨 찾는 성지순례의 명소가 되었다.

또한, 헨리 2세는 통치권을 강화하고 혼란스러운 법질서를 바로잡고자 강력한 사법개혁을 추진했다. 즉, 오늘날 영국 헌법의 기초가 된 보통법(Common Law: 관습, 전통, 판례 등에 근거한 법)을 제정하고, 국왕 법정(Court of King's Bench)의 권위를 높이기 위해 배심원 제도를 도입했다.

헨리 2세의 뒤를 이은 리처드 1세(Richard I)는 전쟁터에서 용맹스럽고 무자비했으며, 강인한 사자의 심장을 가졌다 하여 '사자왕(The Lionheart)'으로 불렸던 중세 기사의 전형이었다. 그는 명성에 걸맞게 국정은 측근들에게 맡기고 십자군 원정(The Crusades: 11세기~14세기)을 떠났다. 그의 동생 존(John)은 형이 원정을 떠나자마자 배신을 했으며, 프랑스의 왕 필리프 2세(Philippe II, 1180~1223)와 비밀리에 손을 잡고 스스로 왕이 되고자 했다. 또한, 원조의 대가로 프랑스에 있는 가문의 노른자위 영지들을 필리프 왕에게 넘겨주기도 했다.

로빈 후드

1199년 리처드 왕이 급사하자 존이 왕위에 올랐다. 하지만 실지(失地) 회복을 위한 가혹한 정책과 실정은 국민을 큰 도탄에 빠트렸다. 따라서 존의 왕국은 의적(義賊) 로빈 후드(Robin Hood, Robert of Loxley)의 배경이 되었으며, 로빈 후드가 셔우드 숲(Sherwood Forest)에 숨어 지내면서 부자들의 재물을 털어 가난한 사람들을 구제한 것도 바로 이때였다.

로빈 후드(Robin Hood, Robert of Loxley)

리처드 1세(Richard I)가 십자군 전쟁에 몰두하여 국정을 제대로 돌보지 못하는 사이 동생 존(John)이 왕위에 올랐다. 그러나 존은 가혹한 정책과 실정(失政)으로 국민을 큰 도탄에 빠뜨렸다. 이때 전설적 영웅이자 의적(義賊) 로빈 후드가 등장하여, 그의 부하들(Merry Men)과 함께 노팅험(Nottingham) 근처의 광활한 셔우드 숲(Sherwood Forest)에 은거하면서, 포악한 관리와 욕심이 많은 귀족이나 성직자들의 재산을 빼앗아, 그들의 횡포를 응징하고 가난한 사람들을 도와주었다. 이후 로빈 후드의 이야기는 소설, 영화, 만화, 애니메이션 등 다양한 문화콘텐츠의 소재가 되고 있다.

한편, 실지왕(失地王)으로 불렸던 존 왕의 폭정과 자의적 권력에 불만을 품은 40명의 귀족이, 1215년 6월 15일 런던과 윈저성(城) 사이에 있는 러니미드(Runnymede) 평원에서 왕으로 하여금 왕권을 제한하는 63개 조항의 문서에 서명토록 했는데, 이것이 바로 법에 의한 자유의 상징인 「마그나 카르타(Magna Carta)」, 즉 「대헌장(Great Charter)」이다.

이는 유럽에서 군주의 권력을 제한한 최초의 사건으로 민주주의 역사에서 아주 중요한 사건이다. 군주의 권력을 제한하는 이러한 전통은 이후 청교도 혁명(The Puritan Revolution, The English Civil Wars, 내전 1642~1651)에서 좀 더 과격한 방식으로 실현되었으며, 이어 명예혁명(The Glorious Revolution of 1688)에서 완성됨으로써 영국의 입헌군주제가 확립되었다(김현숙 93).

본래 라틴어로 쓰인 「대헌장」은 처음에는 귀족들의 언어인 프랑스어로 번역되었고, 후에 영어로 번역되었다. 세금과 상속, 공정한 재판, 개인의 권리와 자유 등에 관한 내용 등을 담고 있는 이 「대헌장」은, 절대 왕권을 의회와 법률에 따라 행사할 수 있도록 명문화함으로써 왕권에 대한 견제의 기능을 했을 뿐 아니라, 미국 등 수많은 자유민주주의 국가의 헌법 제정에 지대한 영향을 미쳤다. 또한, 18세기 미국의 독립운동가들로부터 20세기 넬슨 만델라(Nelson Mandela, 1918~2013)에 이르기까지 수많은 사람이 「대헌장」에 의지하여 자신들의 행동을 정당화했다. 실로 「대헌장」은 근대법의 기초이자 위대한 문서라고 할 수 있다.

마그나 카르타

🇬🇧 에드워드 1세(Edward I, 재위 1272~1307)의 팽창주의

존 왕이 죽은 뒤 그의 아들 헨리 3세(Henry III)가 아홉 살의 어린 나이에 왕위를 계승했다. 헨리는 1227년부터 친정(親政)을 시작하면서 국고를 늘리기 위해 「대헌장」의 조항을 무시한 채 병역 면제세를 중복으로 과세했으며, 왕비의 친척인 프랑스인을 대거 불러들여 중요 관직에 임명하고 총애했다. 또한, 아버지 존 왕과 마찬가지로 왕권을 제한하는 「대헌장」을 인정하려 들지 않았다. 이는 귀족들의 불만을 샀다.

결국, 1258년 4월 옥스퍼드에서 '대자문회의(Oxford Parliament)'가 열렸다. 귀족들은 왕을 압박해서 왕권을 제약하는 각종 개혁안의 승인을 받아냈는데, 이것이 바로 「옥스퍼드 조례(Provisions of Oxford)」이다. 이는 「대헌장」을 이은 성문 헌법으로, 정기적인 의회 소집을 규정했다는 점에서 역사적으로 중요한 의의(意義)를 지닌다.

하지만 헨리는 왕권에 맞선 귀족들을 용서할 수 없었다. 아버지 존이 그랬듯이 귀족들 앞에서는 무릎을 꿇고, 뒤에서는 배신을 했다. 자신에게 맞선 귀족들을 처단하기 위해 헨리는 친위대를 결성했으며, 급기야 1262년에는 「옥스퍼드 조례」를 취소하는 명령을 내렸다. 이에 분노한 시몽 드 몽포르(Simon de Montfort: 헨리 3세의 여동생 엘레노어(Eleanor of England)의 남편으로 프랑스계 귀족)는 귀족들과 합세하여 반란을 일으켰다. 1264년 5월, 귀족 연합군은 루이스 전투(Battle of Lewes)에서 왕실 친위대를 격파하고 헨리 3세와 그의 아들 에드워드를 포로로 붙잡았다. 그리고 시몽 드 몽포르를 우두머리로 한 귀족 연합은 잉글랜드의 실질적인 통치자가 되었다.

1265년 1월, 시몽 드 몽포르는 국사를 논의하기 위해 국왕의 이름으로 런던에서 의회를 소집했다. 이 의회는 120명의 성직자와 23명의 귀족 대표 이외에도 각 주(shire)에서 선출된 2명의 기사 대표와 각 도시와 성읍(borough)에서 선출된 2명의 시민 대표가 참여했다. 이는 영국 최초의 의회로 훗날 '시몽 드 몽포르 의회'라 불렸다. 처음에 그들은 옵서버에 불과했다. 그러나 국민을 대표하는 사람들이 의회에 모여 정책에 대한 설명을 듣고 논의하는 관습이 생겨났다. 이 작은 출발이 세월과 함께 발전해 오늘날의 대의민주주의로 자리 잡게 되었다.

그러나 몽포르의 새 정치 실험 기간은 짧았다. 헨리 3세의 장남 때문이었다. 훗날 에드워드 1세로 즉위하게 될 왕자는 아버지와 달랐다. 왕자에게는 강철 같은 의지와 탁월한 재능이 있었다. 루이스 전투에서 포로로 사로잡혔던 에드워드는 마침내 탈출하여 새로운 왕당파 군대를 만들었다. 1265년 8월 4일, 왕당파 군대와 몽포르의 군대는 우스터셔(Worcestershire)의 이브샴(Evesham)에서 마주쳤다. 15개월 만에 승자와 패자가 바뀌었다. 에드워드 왕자는 고모부 몽포르의 주특기인 빠른 이동과 강한 압박 전술을 모방해 승리를 쟁취했다. 몽포르는 전사했고, 왕자는 권력을 되찾았다. 몽포르의 정치 실험은 조카 에드워드 1세에게 계승되었다.

에드워드 1세는 통치자의 자질과 무인(武人)의 기질을 동시에 갖추고 있었으며, 이전의 어떤 국왕보다도 왕권을 강화했다. 35년간의 통치 기간에 에드워드는 잉글랜드의 민족주의를 주창하고 팽창주의를 천명하면서 웨일스를 침략했다. 결국, 웨일스는 더 이상 왕이 존재할 수 없고 잉글랜드에게 충성을 바쳐야 하는 신세로 전락했다. 또한, 에드워드는 자기 아들을 '프린스 오브 웨일스(Prince of Wales, 웨일스 왕자)'로 칭함으로써 통치권자의 지위를 확고히 했는데, 이 사건 이후 영국의 왕세자는 오늘날까지도 '프린스 오브 웨일스'로 불리고 있다.

에드워드의 팽창정책은 스코틀랜드로까지 확산되었다. 에드워드는 스코틀랜드를 정복한 뒤, 정복의 상징으로 스코틀랜드의 역대 국왕들이 대관식을 거행할 때 사용하던 '스콘(운명)의 돌(The Stone of Scone, The Stone of Destiny)'을 강탈함으로써, 스코틀랜드인의 자존심에 치명적인 상처를 입혔다. 또한, 에드워드는 스코틀랜드인의 완강한 저항에도 결코 굴하지 않고 무자비하게 보복했기 때문에, 일명 '스코트족의 망치(The Hammer of Scots)'로 불렸다.

1295년 11월, 프랑스·스코틀랜드, 웨일스와의 전쟁을 위한 군비를 마련하기 위해 에드워드는 헨리 3세 때부터 시험적으로 운영되어오던 의회(Parliament: '말하다'라는 뜻의 프랑스어 'parler'에서 유래했으며, 처음에는 대화나 협상을 의미하는 단어였으나 훗날 정치가들의 담판이나 변론 또는 회의를 뜻하는 말로 바뀌었음)를 정식으로 소집했는데, 이는 '모범 의회(Model Parliament)'로 불렸으며, 이를 계기로 영국의 의회 제도가 정식으로 탄생하게 되었다. 당시 의회 제도의 주된 기능은 입법이었으며, 국왕은 세금을 징수하려면 반드시 의회의 동의를 얻어야만 했다. 의회의 탄생은 영국의 정치사에서 획기적인 일로, 이후 영국 정치의 양상을 완전히 바꾸어놓았다(맥세계사편찬위원회 57-60).

중세의 잉글랜드에서는 국가적인 재난도 여러 차례 발생하여 나라를 극도의 혼란에 빠트렸다. 1337년 잉글랜드와 프랑스 사이에 영토분쟁 문제로 시작해서 이후 근 100년 동안 지속된 '백년 전쟁(The Hundred Years War, 1337~1453)'은 잉글랜드의 경제에 치명적인 영향을 미쳤다. 그런가 하면 1348년에는 이른바 '흑사병(Black Death, Bubonic Plague)'으로 알려진 전염병이 창궐하여 잉글랜드 인구의 대략 1/3을 사망에 이르게 했으며, 1381년에는 '농민 봉기(Peasants' Revolt)'가 일어나서 농민의 지위 향상과 봉건제도 해체의 기폭제가 되었다.

백년 전쟁이 끝나고 얼마 지나지 않아 랭커스터 가문(The House of Lancaster)과 요크 가문(The House of York) 사이에 이른바 '장미전쟁(The Wars of the Roses, 1455~1485)'이라 불리는 권력투쟁이 시작되었다. '장미전쟁'이라는 명칭은 19세기 영국의 소설가 월터 스콧(Walter Scott)이 랭커스터 가문의 문장(紋章)이 붉은 장미이고, 요크 가문의 문장이 흰 장미인 점에 착안하여 부른 것으로부터 유래한다. 30년 동안 지속된 이 전쟁은, 랭커스터 가문의 헨리 튜더(Henry Tudor)가 요크 가문의 리처드 3세(Richard III)를 죽이고 요크 가문의 엘리자베스(Elizabeth)와 결혼함으로써 끝이 났다. 이어 헨리 튜더가 헨리 7세(Henry VII)로 왕위를 이으면서 '튜더왕조(The Tudor Dynasty, 1485~1603)'가 시작되었다.

백년 전쟁과 장미전쟁을 거치면서 잉글랜드 국민이 겪었던 고초는 이루 형언할 수 없었지만, 이 두 전쟁이 잉글랜드의 역사에서 중요한 변화의 계기를 몰고 온 것도 사실이다. 두 번의 전쟁을 치루면서 영주들은 자산 탕진으로 인해 세력이 약화된 반면, 상업의 발달로 인해 상인 계층이 새로이 부상하면서 세력을 과시하게 되었기 때문이다. 이들 신흥 상인 계층이 튜더왕조를 지지하기 시작하면서, 지방 영주가 득세하던 봉건주의 시대가 막을 내리고, 왕을 정점으로 권력이 집중되는 절대왕정의 시대가 막을 열었다.

프린스 오브 웨일스(Prince of Wales, 웨일스 왕자)

1301년 잉글랜드의 왕 에드워드 1세(Edward I)는 웨일스인에게 주어지는 '프린스 오브 웨일스'의 칭호를 웨일스의 카나번 성(Caernarfon Castle)에서 장남(에드워드 2세)에게 부여하고, 웨일스의 본토를 그의 영지(領地)로 하사했다. 왕이나 여왕의 왕세자가 '프린스 오브 웨일스'가 되는 이 전통은 오늘날까지도 이어져 오고 있으며, 영국의 현재 여왕인 엘리자베스 2세도 찰스(Charles) 왕세자를 1969년에 카나번 성에서 '프린스 오브 웨일스'로 봉한 바 있다. 하지만 오늘날은 웨일스에 대한 실질적인 권한은 없고 그저 명목상의 지위에 지나지 않는다.

스콘의 돌

스콘의 돌(The Stone of Scone)

'스콘의 돌' 또는 '운명의 돌'(The Stone of Destiny)로 알려진 이 돌은 스코틀랜드의 왕권, 정통성, 그리고 자부심의 상징이다. 직사각형 형태의 사암(砂巖)으로 붉은빛을 띠는 이 돌은 BC 시대에 성지(聖地, The Holy Land)로부터 이집트와 스페인을 거쳐 아일랜드로 옮겨져서 한동안 쓰이다가, 9세기경에는 스코틀랜드 스털링(Stirling) 인근의 스콘(Scone)으로 다시 옮겨져서 스코틀랜드 군주의 대관식에 사용되었다. 1296년 잉글랜드의 왕 에드워드 1세(Edward I)는 이 돌을 강탈해서 런던의 웨스트민스터 사원으로 가지고 갔다. 이후로 이 돌은 잉글랜드 왕의 즉위식 때 사용되다가, 1996년에 마침내 스코틀랜드로 반환되었다.

16세기

튜더왕조는 장미전쟁을 종식시킨 헨리 7세(Henry VII, 1485~1509)로부터 시작하여, 헨리 8세(Henry VIII, 1509~1547) · 에드워드 6세(Edward VI, 1547~1553) · 메리 1세(Mary I, 1553~1558)를 거쳐, 엘리자베스 1세(Elizabeth I, 1558~1603)의 사망과 더불어 끝이 난다. 흔히 튜더왕조 시대, 엘리자베스시대, 르네상스 시대 등의 다양한 명칭으로 불리는 영국의 16세기 역사는, 국운이 왕성하고 국민적 통합을 이룸으로써 향후 중앙집권적 근대국가로 발전할 수 있는 초석을 놓았던 황금기이자, 국민의식과 자신감이 충천하던 시기로 평가되고 있다.

▤▥ 헨리 7세의 치세

헨리 7세는 뛰어난 지도력으로 중앙집권체제를 확립함으로써 튜더왕조가 발전할 수 있는 토대를 닦았다. 헨리는 전쟁을 피하고 대양(大洋)으로의 진출과 식민지 개척에 눈을 돌림으로써 해외무역의 기회를 확대하는 한편, 항해법(Navigation Act, 1489)을 시행함으로써 잉글랜드를 해양국가로 부상시키는 데 일조했다. 내치(內治) 면에서는 새로운 정부 기구가 아니라 기존 기구의 효율을 극대화함으로써 왕권 강화를 도모했고, 튼튼한 재정확보를 통해 국가 안정의 기틀을 마련했다. 헨리의 이러한 정책은 잉글랜드가 유럽에서 제일 먼저 중앙집권적 근대국가로 발전할 수 있는 길을 예비하는 초석이 되었다.

또한, 헨리는 국가의 안정을 위해서는 법 제정과 운영이 중요하다고 여겨 플랜태저넷 왕조 시대의 '추밀원(Privy Council: 법률가, 성직자, 젠트리[gentry]들로 구성된 대자문회의)'을 새롭게 구성 및 운용하여 권력의 구심점인 왕권을 중심으로 정치적 안정을 도모했으며, '성실재판소(The Court of Star Chamber, 성실청: 웨스트민스터 궁전의 천장에 있는 별 모양의 장식이 있는 방의 이름으로부터 유래함)'의 설치, 중앙정부가 임명하는 치안판사 제도의 활성화 등과 같은 사법 기능의 강화와 개선을 통해 15세기 동안 혼란으로 인해 극도로 어지럽혀진 법질서를 확립했다. 뿐만 아니라 귀족들의 사병 소유를 금지했으며, 세법의 개정과 엄격한 세금 징수를 통해 왕실의 재정을 튼튼히 했다. 대외정책도 성공을 거둬 1541년에는 아일랜드 의회로부터 아일랜드의 왕으로 인정받는 조치를 취하고, 자신의 딸 마거릿(Margaret)을 스코틀랜드의 왕 제임스 4세(James IV)와 정략결혼을 시킴으로써 스코틀랜드와 협조 관계를 유지했다(김현숙 106).

🏴󠁧󠁢󠁥󠁮󠁧󠁿 헨리 8세의 종교개혁과 왕권 강화

헨리 7세의 뒤를 이은 헨리 8세는 관료제도를 확립하고, 교회 권력을 왕권에 복속시킴으로써 왕권을 강화했으며, 영국 해군(Royal Navy)의 창설과 증강을 통해 장차 다가올 황금기(엘리자베스 1세의 치세 기간)의 기틀을 마련했다.

헨리 8세는 튜더왕조를 시작한 헨리 7세의 둘째 아들로, 형이 요절하자 아버지의 뒤를 이어 잉글랜드의 왕으로 즉위했다. 그는 다혈질이자 호색한(好色漢)이었으며, 당당한 풍채를 자랑하는 만능 스포츠맨이었다. 치세 초반에는 가톨릭을 옹호하고, 14세기에 존 위클리프(John Wycliffe, 1320~1384) 이후 활력을 얻기 시작한 종교개혁을 강력히 억압했지만, 기독교 역사에서 로마 교황청과 대립한 왕으로 더 잘 알려져 있다. 또한, 강력한 절대 왕권을 휘두르고, 영국 기독교의 역사를 바꾸었으며, 여섯 명의 왕비(캐서린[Catherine of Aragon], 앤 불린[Anne Boleyn], 제인 시모어[Jane Seymour], 앤 클리브스[Anne of Cleves], 캐서린 하워드[Catherine Howard], 캐서린 파[Catherine Parr])를 맞이하는 등 영국사에서 무수한 화제를 남긴 군주이다.

헨리 8세의 형 아서(Arthur)는 죽기 전에 스페인의 공주였던 캐서린(Catherine of Aragon)과 결혼한 상태였는데, 헨리는 당시 강대국이었던 스페인과의 관계를 고려하여 과부가 된 형수 캐서린과 정략결혼을 했다. 캐서린이 딸 메리(Mary)의 출산 이후 아들을 낳지 못하던 중, 캐서린 왕비의 시녀였던 앤 불린이 임신을 하자, 헨리는 아들을 얻기 위한 명분으로 로마 교황에게 이혼을 청구했다. 하지만 로마 교황 클레멘트 7세(Clement VII)가 가톨릭 국가인 스페인의 눈치를 살피면서 이혼을 허락하지 않자, 헨리 8세는 의회의 권고에 따라 잉글랜드 교회를 로마 가톨릭교회에서 분리하는 종교개혁을 단행했다. 1534년 의회는 잉글랜드 교회에 대한 교황의 권리를 폐지하고, 헨리 8세를 잉글랜드 국교회(The Church of England, The Anglican Church, 성공회)의 수장으로 임명하는 이른바 '수장령(The Act of Supremacy)'을 통과시켰다. 이로써 종교개혁 시대의 막이 올랐으며, 헨리 8세는 종교개혁을 계기로 교권(敎權)을 왕권에 복속시켰다. 또한, 잉글랜드와 아일랜드에 있는 수많은 가톨릭 수도원을 해산한 뒤, 토지와 재산을 몰수하여 국가 재정을 튼튼히 하는 데 활용했다.

그는 종교정책 이외에도 웨일스, 스코틀랜드, 아일랜드의 지배와 방어를 강화하고 여러 차례 대륙에 출병하였다. 그 결과 1536년에는 '연합법(The Tudor Acts of Union)'의 제정을 통해 웨일스 의회를 잉글랜드 의회와 통합하고, 웨일스인이 영어를 공용어로 쓰도록 강요하는 데 성공했다.

헨리는 여섯 명의 왕비 중 두 명의 왕비(앤 불린, 캐서린 하워드)와 울지(Thomas Wolsey), 크롬웰(Thomas Cromwell), 모어(Thomas More) 등과 같은 시종과 공신들을 처형하고, 왕실에 대한 비판을 금지하는 등 잔인한 면도 있었으나, 중앙집권체제를 확립하고 부왕이 쌓은 절대왕정을 강화하는 데 크게 기여했다.

1547년 헨리 8세가 세상을 떠나자 그의 유일한 아들이었던 병약한 에드워드 (Edward VI, 1547~1533)가 즉위했다. 하지만 6년 뒤 에드워드 6세가 16세의 젊은 나이로 세상을 떠나자, 캐서린 왕비의 딸이자 가톨릭을 신봉했던 메리가 왕위에 올랐다.

독실한 가톨릭교도였던 메리 1세는 가톨릭을 부활시키고, 300여 명에 달하는 신교도를 이단자로 몰아 화형에 처하는 등 피비린내 나는 종교보복을 단행함으로써 '피의 메리(Bloody Mary)'라는 별명을 얻기도 했다. 그녀는 가톨릭의 수호국인 스페인의 국왕 펠리페 2세(Felipe II)와 정략결혼을 했지만, 후사를 남기지는 못했다. 따라서 왕위에 오른 지 겨우 5년 뒤인 1558년 메리 1세가 세상을 떠나자, 앤 불린의 딸이었던 엘리자베스가 왕위에 올라 잉글랜드의 황금시대를 열었다.

헨리 8세와 그의 여섯 부인

🇬🇧 엘리자베스 1세의 치세

엘리자베스 1세

엘리자베스 1세는 헨리 8세와 그의 두 번째 왕비 앤 불린 사이에서 태어난 딸로, 영국사에서 가장 위대한 군주들 가운데 하나로 평가되고 있다. 그녀는 음모와 암투가 난무하던 재위 기간, 지혜와 관용으로 어려운 정치적·종교적 현안들을 노련하게 처리하여 향후 대영제국의 기초를 튼튼히 다졌다. 한때 그녀는 전쟁에 직면하여 "나는 연약한 여자이지만, 강인한 잉글랜드 왕의 심장과 위(胃)를 가지고 있다"고 병사들에게 말한 바 있다. 그녀는 "짐은 영국과 결혼했다"라고 선언한 뒤, 평생 결혼을 하지 않았으며, 결혼의 가능성을 외교적 무기로 최대한 활용했다. 따라서 그녀는 '처녀 여왕(The Virgin Queen)'으로 불렸으며, 후일 미국의 '버지니아(Virginia)' 주(州)도 그녀의 별명을 본떠서 명명되었다.

엘리자베스 1세는 종교적 갈등과 정파 간의 정쟁을 유산으로 물려받았으나, 성공회가 잉글랜드의 국교임을 재확인하고 잉글랜드 교회의 수장이 되었다. 또한, 현실적으로는 관용적 종교정책을 취함으로써 국교회, 청교도(Puritanism), 로마가톨릭 세력 간의 균형을 맞추기 위해 노력했다(김현숙 107). 따라서 집권 초기에는 몇 차례의 위기와 반란이 있기는 했지만, 여왕의 치세 기간은 대내적으로 비교적 안정과 평온의 시기였다.

대외적으로는 실리적 외교 전략과 결혼을 외교적 무기로 최대한 활용하여 주변국 간의 갈등을 봉합함으로써 국가의 안정을 도모했다(김현숙 107). 또한, 막강한 해군력을 바탕으로 1588년 스페인의 무적함대(The Spanish Armada)를 격파하고, 해양 탐험과 교역로의 확대(월터 롤리 경[Sir Walter Raleigh]과 프랜시스 드레이크 경[Sir Francis Drake]의 공로가 컸음), 식민무역과 식민지 개척 등을 통해 정치적, 군사적, 경제적으로 대국의 지위를 확보함으로써, 향후 대영제국(The British Empire) 건설의 토대를 마련했다. 엘리자베스 1세의 치세 기간에 화려하게 꽃피웠던 문학과 문화는 이러한 정치적 안정과 경제적 번영의 결과였다.

17세기

🏴 스튜어트 왕조(The Stuart Dynasty)

종교개혁(Reformation), 인본주의(Humanism), 르네상스(Renaissance) 등으로 요약되는 영국의 16세기 역사는 처녀 왕 엘리자베스 1세가 1603년 후사 없이 세상을 떠나자 막을 내리고, 당시 스코틀랜드의 왕이었던 제임스 6세(James VI)가 잉글랜드의 왕으로 추대되어 제임스 1세(James I, 1603~1625)로 등극함으로써 스튜어트 왕조(The Stuart Dynasty)가 시작되었다. 따라서 제임스 1세는 웨일스가 포함된 잉글랜드와 스코틀랜드가 통합된 그레이트 브리튼 왕국의 맨 처음 왕이 됨으로써 연합왕국으로 가는 길을 열었다.

제임스 1세는 왕권신수설(The Divine Right of Kings)을 신봉하면서 왕권 강화정책을 추진했지만, 종교적 갈등에서 비롯된 정치적 불안으로 인해 내정이 어수선했다. 한편, 국교회 내의 혁신파인 청교도(Puritan)들은 형식적인 예배의식을 고수하는 잉글랜드 국교회의 개혁과 의회의 권한 확대를 계속 요구했다. 하지만 제임스 1세는 왕권신수설을 내세워 번번이 이를 거부했다.

스튜어트 왕조 치하에서 왕실과 의회 간의 불화는 끊이질 않았으며, 1625년 제임스 1세의 차남 찰스 1세(Charles I, 1625~1649)가 즉위하자 왕실과 의회의 대립은 더욱 격화되었다. 찰스 1세는 낭비벽이 심했으며, 스코틀랜드의 정벌 등에 국고를 탕진했고, 세금을 통해 이를 만회하고자 했다. 마침내 의회는 1628년 왕의 자의적인 권력 행사를 제한하는 내용의 권리청원(權利請願, The Petition of Right)을 승인토록 함으로써 의회의 권능을 강화시키고자 했다. 하지만 찰스 1세는 의회를 해산시킨 뒤, 1629년부터 1640년까지 장장 11년 동안 의회 없이 통치하면서 세금을 대폭 인상함으로써 의회와의 관계를 악화시켰다.

권리청원은 1628년 의회가 찰스 1세의 승인을 얻어 쟁취한 인권선언이다. 이는 「대헌장」의 재현이자 보다 발전된 문서로서, 의회의 동의 없는 과세, 정당한 이유 없는 구금, 병사의 민가 숙영 금지 등을 규정하고 있으며, 이후 내전(The English Civil Wars, The Puritan Revolution, 청교도 혁명)의 직접적인 원인이 되었다. 또한, 권리청원은 주권이 국왕으로부터 의회로 옮겨지는 첫걸음이 되었으며, 「대헌장」, 「권리장전」 등과 함께 영국 헌정사에서 중요한 의의를 지닌다.

🇬🇧 내전(The English Civil Wars, The Puritan Revolution, 1642~1651)과 공화정(The Republic, The Commonwealth)

왕과 의회의 갈등은 급기야 1642년 국왕을 지지하는 왕당파(Royalists, Cavaliers)와 국왕에 반대하는 의회파(Roundheads: 의회파 지지자들이 머리를 짧게 깎았기 때문에 경멸의 뜻으로 붙여진 명칭) 간에 내전을 유발시켰다. 내전 초반에 의회군은 패전을 거듭하며 왕당파 군대에 연이어 패했다. 왕당파 군대는 정예군인데 반해 의회군은 갑작스레 꾸려진 임시 군대였기 때문이다. 이러한 국면을 전환하기 위해 당시 의회파의 지도자였던 올리버 크롬웰(Oliver Cromwell)은 기병대를 조직했다. 그의 기병대는 규율이 엄하고, 용맹스러웠으며, 갑옷으로 무장했기 때문에 '신모범군(New Model Army)' 또는 '철기대(鐵騎隊, Ironsides)'라 불렸으며, 의회파는 신모범군의 활약에 힘입어 내전 중반부터는 승기를 잡기 시작했다.

1648년 12월, 크롬웰의 병사들은 의회를 기습하여 온건파 의원 약 2백 명을 내쫓거나 감옥에 가두었다. 따라서 크롬웰을 지지하는 1/3 정도의 의원들만 남아 의회를 운영했는데, 이를 '잔부의회(殘部 議會, Rump Parliament)'라 부른다. 잔부의회는 크롬웰의 꼭두각시로서, 포로로 잡아놓고 있던 찰스 1세의 재판을 주도했다. 말이 재판이었지 왕을 처형하기 위한 요식행위였다.

1649년 1월 30일, 찰스 1세의 목에 도끼가 내리쳐졌다. 그의 할머니인 메리 스튜어트(Mary Stuart)를 비롯하여 처형당한 군주는 이전에도 있었으나, 자국민의 손으로 적법하게 즉위한 국왕을 처형한 일은 역사상 처음이었다. 전 유럽의 왕실이 이 엄청난 사건에 전율했다. 내전은 결국 의회파의 승리로 끝이 났다.

이후 군대의 지지를 받은 크롬웰은 1653년 '공화정'을 세우고, 이른바 '통치장전(The Instrument of Government)'이라는 새로운 헌법을 공포한 뒤 '호국경(Lord Protector)'으로 취임했다. 이때부터 크롬웰은 잉글랜드의 내정, 외교, 국방, 입법을 모두 장악하는 최고 통치자가 되어 신권정치(神權政治, Theocracy)에 버금가는 군사 독재정치 체제를 구축했다.

올리버 크롬웰

이 시기에 크롬웰은 청교도적 율법에 따라 공화정을 엄하게 통치했기 때문에 당시 잉글랜드의 문화는 큰 변혁을 겪게 되었다. 모든 극장은 폐쇄되었으며, 공연과 오락, 음주와 가무는 철저히 금지되었다.

올리버 크롬웰(Oliver Cromwell, 1599~1658)

1599년 4월 25일 잉글랜드 동부 케임브리지셔(Cambridgeshire)의 헌팅던(Huntingdon)에서 신흥 중산층인 젠트리(gentry) 계층의 집안에서 태어났다. 헌팅던에서 그래머 스쿨(Grammar School)을 다니다가 케임브리지(Cambridge) 대학에서 역사와 법률을 공부했다. 이 시기에 청교도주의(Puritanism)에 크게 영향을 받아 독실한 청교도(Puritan)가 되었다. 1628년 헌팅던에서 하원 의원에 당선되어 정치에 입문했으며, 1642년 의회파(Roundheads)와 왕당파(Royalists, Cavaliers) 사이에 벌어진 잉글랜드 내전(The English Civil War)에서 의회군의 지도자로 활약했다. 1649년 왕권신수설(The Divine Right of Kings)을 신봉하는 찰스 1세를 공개 처형한 뒤 집권하여 공화정(The Republic, The Commonwealth)을 세웠다. 1653년 의회를 강제로 해산한 뒤, 잉글랜드, 스코틀랜드, 아일랜드를 통치하는 호국경(Lord Protector)의 자리에 올라

독재정치를 펼쳤다. 독실한 청교도였던 크롬웰은 지나친 탄압정책과 엄격한 도덕률을 강요해서 말년에는 국민의 원성을 샀다.

　　그는 1658년 말라리아 병으로 런던의 화이트홀(Whitehall)에서 59세의 나이로 사망했으며, 웨스트민스터 대성당(Westminster Abbey)에 묻혔다. 이후 그의 아들 리처드 크롬웰(Richard Cromwell, 1626~1712)이 잠시 호국경의 자리에 올랐으나, 1660년 조지 멍크(George Monck, 1608~1670)에 의해 왕정이 복고되어 찰스 2세가 즉위했다. 크롬웰에 대한 평가는 크게 엇갈린다. 일부 학자들은 그가 내전 이후 정치적 안정을 회복하는 데 이바지했으며, '통치장전(The Instrument of Government)'을 제정하여 입헌주의 정치 발전에도 기여했다고 평가한다. 하지만 시민혁명의 가치를 훼손한 군사독재자라는 비판도 여전히 제기되고 있다.

🏴 왕정복고(The Restoration)

1658년 크롬웰이 죽자 그의 아들 리처드 크롬웰(Richard Cromwell, 1658~1659)이 후계자가 되었다. 하지만 의회는 1660년 리처드를 실각시킨 후, 당시 프랑스로 망명해 있던 찰스 1세의 아들을 불러들여 찰스 2세(Charles II, 1660~1685)로 즉위케 함으로써 왕정을 복고했다. 그동안 크롬웰의 독재통치에 시달렸던 잉글랜드 국민은 새로운 왕이 전통적 질서를 회복시켜줄 것을 기대하며, 종소리와 축포, 꽃과 포도주로 축제를 벌이면서 새로운 왕을 열렬히 환영했다.

　　찰스 2세는 즉위하자마자 자유롭고 방종한 프랑스식 유흥 문화를 복원하고 경직된 사회 분위기를 일소했다. 폐쇄되었던 극장들이 속속 문을 다시 열고, 프랑스식 오페라를 포함한 다양한 연극들이 공연되었으며, 커피 하우스(Coffee House)가 처음으로 생기는 등, 수도 런던은 점차 활기를 띠면서 번잡한 도시로 변모했다.

　　하지만 왕정복고 이후 얼마 되지 않아 대역병(Great Plague, 1664~1665)이 창궐하여 하루에만 1,000여 명씩 런던 주민 총 7만여 명이 목숨을 잃었고, 1666년 9월 2일 오전 1시경에는 빵집에서 시작된 런던 대화재(The Great Fire of London)로 인해 나흘 동안 집과 상점 1만 3,200채, 세인트 폴 대성당(St Paul Cathedral)을 비롯한 교회 87곳 등 런던 도심의 80퍼센트가 잿더미로 변해버렸고, 10만여 명이 살 곳을 잃는 등 대참사가 발생했다. 아이러니하게도 청교도들은 이를 신이 진노한 징표로 여겼다.

🏴󠁧󠁢󠁥󠁮󠁧󠁿 명예혁명(The Glorious Revolution)과 권리장전(The Bill of Rights)

1685년 찰스 2세가 후사 없이 세상을 떠나자 그의 동생 제임스 2세(James II, 1685~1689)가 왕이 되었다. 제임스 2세는 의회를 무시하고 세금을 부과했으며, 절대군주제와 가톨릭의 복원을 시도하다 의회와 국민으로부터 지탄을 받게 되었다. 따라서 휘그당(The Whigs, Whig Party: 의회 쪽 의견을 옹호하는 파로 제임스 2세를 폐위시키고자 했음)과 토리당(The Tories, Tory Party: 국왕 쪽 의견을 옹호하는 파로 왕의 특권을 인정하고자 했음)이 연대하여 제임스 2세를 축출하고, 네덜란드로 출가한 제임스의 신교도 딸 메리(Mary)와 그녀의 남편 오렌지 공(公) 윌리엄(William, Prince of Orange)을 추대하여 메리 2세(Mary II, 1689~1694)와 윌리엄 3세(William III, 1689~1702)로 공동 왕위를 잇도록 했다. 이 사건은 피 한 방울 흘리지 않은 채 왕권교체를 이루었다 하여 '무혈혁명(The Bloodless Revolution)' 또는 '명예혁명(The Glorious Revolution)'이라 불린다.

메리와 윌리엄이 공동으로 왕위에 오르자 의회는 1689년 왕이 전횡(專橫)을 일삼지 못하도록 왕의 권한과 의무를 규정하는 법안을 만들었는데, 이 법안이 바로 영국 입헌군주제의 기초가 된 '권리장전(The Bill of Rights)'이다.

권리청원이 청교도 혁명과 관련된 인권선언인 데 비해, 권리장전은 명예혁명의

윌리엄과 메리의 공동 통치

권리장전

결과로 얻어진 인권선언이다. 권리장전은 제임스 2세의 불법행위를 12개 항목으로 열거하고, 의회의 동의 없는 법률의 제정이나 집행, 의회의 승인 없는 과세, 상비군의 징집과 군대의 유지, 지나친 보석금이나 벌금 및 형벌 등을 금지했으며, 국민의 자유로운 청원권, 선거 및 언론의 자유, 의회 소집의 정례화 등을 규정했다. 이러한 권리장전은 법률로 왕권을 제약하고, 정치적 논의와 활동의 축이 왕실에서 의회로 옮겨감으로써 의회가 중심이 되는 입헌군주제의 토대가 되었고, 절대주의를 종식시켰다는 점에서 큰 의의가 있다. 또한, 잉글랜드의 권리장전은 미국의 독립선언 및 프랑스 혁명 등에도 지대한 영향을 미쳤다.

1694년 공동 군주였던 메리가 세상을 떠나자 윌리엄이 유일한 왕이 되었다. 하지만 그 또한 몇 년 뒤에 죽음을 맞았고, 이어 제임스 2세의 차녀이자 윌리엄의 처제였던 앤(Anne, 1665~1714)이 여왕이 되었다. 그녀의 통치기(1702~1714)였던 1707년에는 '연합법(The Act of Union)'이 통과되어 스코틀랜드 의회가 종식을 고하고, 잉글랜드, 웨일스, 스코틀랜드 3국이 역사상 처음으로 런던에 있는 단일 의회의 통치를 받는 '그레이트 브리튼 연합왕국(The United Kingdom of Great Britain)'이 되었다. 이후 아일랜드와의 정식 합병은 또다시 한 세기를 기다려야만 했다.

18세기

🏴 하노버 왕조(The House of Hanover)

1714년 앤 여왕이 후사 없이 세상을 떠나자 그녀를 마지막으로 스튜어트 왕조도 끝이 났다. 앤 여왕은 총 4명의 자녀를 두었지만, 모두가 그녀보다 먼저 세상을 떠났기 때문에 직계자손으로는 후사를 이을 수가 없었다. 따라서 가톨릭교도가 아니면서 혈통이 가장 가까운 후손을 찾은 결과, 스튜어트 왕조를 열었던 제임스 1세의 외손녀 소피아(Sophia)가 독일 하노버 왕가의 선제후(Sophia Stuart, Electress of Hanover: 중세 독일에서 황제 선거권을 가진 제후)였는데, 소피아의 장남 게오르크(Georg Augustus, 1660~1727)가 영국의 왕으로 추대되어 하노버 왕조(The House of Hanover)를 열었다.

🏴 조지 1세~조지 3세의 치세

왕위에 오를 당시 54세였던 조지 1세(George I, 1714~1727)는 독일에서 태어나고 자란 연유로 영어를 잘 구사하지 못했기 때문에 수상(The Prime Minister, PM)과 수상이 이끄는 내각 정부(The Cabinet Government)에 통치를 위임했다. 즉, 하노버 왕조시대에는 통치 권력이 절대왕정으로부터 의회 중심으로 옮겨감으로써 사실상 입헌군주제(The Constitutional Monarchy)와 의원내각제(Parliamentary Cabinet System)가 시작되었다.

따라서 하노버 왕조는 이전의 왕조와는 달리 입헌군주제(군주의 권력이 헌법에 의해 일정한 제약을 받는 정치체제)의 시대로, 실질적인 통치는 수상과 의회를 통해서 이루어졌다. 즉, 왕의 전제적 권력 독점의 시대가 끝이 나고 권력이 의회 중심의 양당정치(토리[Tory]당, 휘그[Whig]당)로 옮겨갔다.

조지 1세의 통치 말기에 20여 년(1715~17, 1721~42)이나 수상을 역임한 월폴 경(Sir Robert Walpole, 1676~1745)은 전쟁을 배격하고 평화주의를 신봉했다. 그는 우선 과열된 투기로 주가가 폭등하거나 급락하는 혼란(남해회사[The South Sea Company] 투자거품 사건)을 수습하고, 상공업 진흥정책을 폈다. 농업 분야에서는 노퍽(Norfolk) 농법(18세기 영국 동부의 노퍽에서 크게 확산된 4년 주기의 돌려짓기 농법으로 농업혁명의 기초가

됨)을 보급하고, 제2차 인클로저(Enclosure) 운동을 권장함으로써 곡물 생산량을 증대시켰다. 그 결과 재정상태가 비약적으로 개선되었다.

　31세에 처음으로 영국 땅을 밟은 조지 2세(George II, 1727~1760)는 부친 조지 1세에 이어 1727년 하노버 왕가의 두 번째 국왕으로 즉위했다. 조지 2세는 33년의 긴 재위 기간에 유럽 및 해외 식민지에서 벌어진 여러 외교 전쟁(오스트리아계승전쟁 1740~1748: 오스트리아의 여왕 마리아 테레지아의 왕위계승을 둘러싼 전쟁, 7년 전쟁 1756~1763: 슐레지엔 영유권을 둘러싸고 유럽 대국들이 둘로 갈라져서 싸운 전쟁 등)에 적극 개입함으로써 실리를 챙겼고, 해외무역에서도 영국의 이권을 증대시켜 나갔다. 또한 영국 내에서 가장 큰 위협적 요소였던 '자코바이트 난(The Jacobite Rebellion, 1745: 명예혁명 이후 망명한 스튜어트가(家)의 제임스 2세와 그의 후손들이 스튜어트 왕조의 회복을 위해 일으킨 반란)'을 진압해서 스코틀랜드를 완전히 지배하에 두었다.

　조지 3세(George III, 1760~1820)는 조지 2세의 손자로 1760년에 즉위하여 앞선 2대의 왕들과는 달리 왕권회복을 도모함으로써 국정의 지도력을 강화하고자 했다. 그 결과 1756년에 시작된 7년 전쟁은 프랑스로부터 승리를 거둠으로써 종지부를 찍었고, 캐나다의 퀘백, 프랑스령 인도, 아메리카의 플로리다 등이 영국령이 되었다. 하지만 미국 독립 전쟁(The American War of Independence, American Revolutionary War, 1775~1783)의 여파로 식민지 미국을 잃게 되는 뼈아픈 실패를 겪기도 했다.

　조지 3세의 재위 기간에 24세의 어린 나이로 수상 자리에 오른 윌리엄 피트(William Pitt the Younger, 1759~1806)는 재정의 건전화, 의회제도의 개혁, 노예제도의 폐지, 자유무역협정의 체결, 밀수 단속, 국채 줄이기, 동인도회사의 감시와 통제, 캐나다에 대한 지배력 강화, 프랑스 혁명의 파급 방지 등을 위해 노력했다.

🏴󠁧󠁢󠁥󠁮󠁧󠁿 산업혁명, 인클로저 운동, 농업혁명

18세기 영국의 사회발전에 크게 기여한 것은 기술혁신과 기계화를 통해 일어난 산업혁명(The Industrial Revolution), 인클로저 운동, 그리고 농업혁명(The Agricultural Revolution)

이다.

산업혁명은 인류 역사상 사회적·경제적·정치적·지적 조건들을 근본적으로 변화시킨 사건으로, 가내공업을 공장산업으로 대체시킴으로써 경제가 급격히 팽창한 사건이었다(박지향 348-350).

산업혁명을 이룬 기술혁신과 발명을 구체적으로 살펴보면, 1712년 토머스 뉴커먼(Thomas Newcomen)의 증기기관(steam engine), 1733년 존 케이(John Kay)의 플라잉 셔틀(flying shuttle: 직조 기계의 씨실을 넣는 장치), 1767년 제임스 하그리브스(James Hargreaves)의 다축방적기(多軸紡績機, spinning Jenny), 1769년 리처드 아크라이트(Richard Arkwright)의 수력(水力) 방적기, 1775년 사무엘 크럼프턴(Samuel Crompton)의 뮬 방적기(spinning mule), 1781년 제임스 와트(James Watt)의 신 증기기관(new steam engine), 1814년 조지 스티븐슨(George Stephenson)의 증기기관차(locomotion) 등이다. 이러한 발명으로 인해 영국은 1830년 전후부터 세계 주요 공업 생산의 대략 50퍼센트 담당하는 '세계의 공장'이 되었고, 생산성 향상과 가내공업의 몰락으로 인해 전통적으로 농업사회였던 영국의 사회구조가 송두리째 바뀌게 되었다.

한편, 이 시기에 일부 노동자들은 자신들의 삶이 기계에 의해 위협받고 있다고

산업혁명

여기면서 기계나 공장을 마구 파괴하기도 했는데, 이러한 집단적 기계 파괴 운동을 일명 '러다이트(Luddite: 노동 방식의 변화나 새로운 기계와 기술의 도입을 반대하는 사람) 운동'이라고 한다(김현숙 117-118). 이 운동은 1811년에 절정에 달했는데, 정부는 주동자들을 교수형에 처하거나 호주로 보내는 등 아주 엄하게 처단했다.

또한, '인클로저(Enclosure) 운동'으로 인해 농촌에도 급격한 변화가 찾아왔다. 15세기 후반부터 17세기에 걸쳐 잉글랜드는 단순히 양모만을 공급하는 것이 아니라 모직물을 생산하는 공업국이 되었다. 따라서 봉건 영주, 귀족, 젠트리(잉글랜드에서 중세 후기에 생겨난 중산적[中産的] 토지 소유층) 등의 토지 소유자들은 양을 키우기 위해 농민들에게서 토지를 빼앗아 공유지(common land, 개방경지)와 더불어 울타리를 치고, 공유지에 살던 영세 농민들을 강제로 내쫓았는데, 이처럼 타인을 내쫓고 출입을 제한한다는 의미에서 '인클로저 운동(제1차)'으로 불리게 되었다. 일찍이 영국의 정치가이자 인문주의자였던 토머스 모어는 인클로저 운동을 일컬어 "양이 사람을 잡아먹는다"고 비난한 바 있다. 인클로저 운동으로 인해 농경지가 목장으로 바뀌면서 농민들이 토지로부터 내몰렸기 때문이다.

그렇다고 농업이 쇠퇴한 것만은 아니었다. 17세기에는 농업의 자본주의적 경영과 상업적 곡물 생산이 활발해지고, 18세기에는 '농업혁명(씨 뿌리는 드릴의 발명, 노퍽 농법 도입 등)'이 일어나 식량 생산이 비약적으로 증가했으며, 새로운 농법을 더욱 효율적으로 펼치기 위해 정부 주도로 제2차 인클로저 운동을 시행했기 때문이다. 이때는 제1차 때와는 달리 의회가 관련 법령을 통과시키면서 인클로저 운동을 전폭적으로 지원해 주었기 때문에 이는 일명 '의회 인클로저 운동'으로도 불렸다(맥세계사편찬위원회 77).

인클로저 운동은 일견 잔인한 측면도 있었으나, 이후 수많은 인클로저 관련 법안들이 통과되면서 영국 사회에 지대한 영향을 미쳤다. 인클로저 운동은 전통적 농업인구의 삶을 황폐케 하고, 도시의 인구집중과 같은 부작용을 초래한 것도 사실이지만, 과학적 영농기술과 자본주의 농경 방식의 도입으로 영국 농업의 근대화를 촉진하고 자본주의의 토대를 마련함으로써, 영국이 '세계의 공장'으로 부상할 수 있는 길을 열었다는 점에서는 평가를 받을 만하다.

　　18세기 동안에는 농촌의 몰락과 도시의 획기적인 발전에도 불구하고, 경제적 부를 거머쥔 소수의 부유층이 시골 지역에 광대한 토지가 딸린 1,000여 채 이상의 최고급 '컨트리 맨션(country mansion, 우아한 저택)'을 짓고·소유함으로써, 한껏 증대된 그들의 사회적 위세와 부를 과시하기도 했다.

컨트리 맨션

19세기

19세기 영국은 대표적인 선진 산업자본주의 국가이며, 의회 민주주의 국가임과 동시에 제국주의 국가였고, 국력에 있어 세계 최고의 국가임과 동시에 빈부 격차가 가장 심한 국가였다. 19세기 영국의 영광은 그 이면에 가려진 하층민과 약소국의 희생이 있었기에 가능했다. 이 시기에 러디어드 키플링(Rudyard Kipling, 1865~1936) 같은 제국주의 시인은 "야만인을 길들이고 교화시키는 것이 신이 부여한 백인의 임무(The White Man's Burden)"라고 주장하면서 제국주의를 옹호하는 시를 쓰기도 했다. 빛과 어둠의 시대, 영광의 이면에 잔혹한 착취를 숨기던 시대, 신사도(紳士道, gentlemanship) 란 미명(美名) 하에 위선과 속물근성 (snobbery)이 판을 치던 시대, 이 시대를 흔히 사람들은 '빅토리아 시대(The Victorian Age)'라고 부른다. 빅토리아 시대는 1837년부터 1901년까지 영국의 빅토리아 여왕(Queen Victoria, 1819~1901)이 통치하던 64년의 기간을 뜻한다.

빅토리아 여왕

![flag] 빅토리아 여왕(1819~1901)의 등극

빅토리아 여왕은 조지 3세(George III)의 손녀딸로, 큰아버지 윌리엄 4세(William IV)가 사망하자 18세의 나이에 왕위에 올랐으며, 1840년 작센코부르크고타(Sachsen-Coburg und Gotha) 가문(家門)의 동갑내기 외사촌 앨버트 공(公)(Prince Albert, 1819~1861)과 결혼했다.

그녀는 성실·근면하고 신앙심이 깊었으며, 남편 앨버트 공에게 헌신하며 9명의 자녀를 잘 키워낸 현모양처였다. 여왕과 앨버트 공의 모범적인 부부생활, 근엄한 가정교육, 종교와 도덕에 바탕을 둔 고결한 삶 등은 영국 국민의 본보기가 되었으며, 1980년대 대처 행정부(Thatcher Government)가 본받고자 했던 '빅토리아 시대 가치관 (Victorian Values)'으로 자리매김하게 되었다.

독일 왕족 출신인 앨버트 공(公)은 사업, 과학기술, 학예(學藝) 등에 조예가 깊었으며, 고결한 인격과 풍부한 학식으로 공사(公事)와 가정생활 등 여러 면에서 여왕을 보필했다. 앨버트 공은 때로는 여왕의 비서나 각료이기도 했으며, 어떤 때는 왕도(王道)를 가르치기도 하면서 '그림자 외조'에 힘썼다. 따라서 그녀가 국민의 여왕으로 추앙받을 수 있었던 것은 남편에게 힘입은 바가 크다.

1861년 앨버트 공이 지병으로 42세의 젊은 나이에 갑자기 세상을 떠나자, 여왕은 평생토록 그를 그리워하면서 독신으로 지냈다. 여왕은 슬픔에 잠긴 나머지 버킹엄 궁전에 칩거한 채 모든 국무(國務)에서 손을 떼는가 하면, 슬픔의 표시로 이후 40년 동안 검은 옷만 입었다. 하지만 그녀는 당시까지 영국의 군주들 가운데 가장 오랜 기간 재위하였고, '군림(君臨)은 하되 통치는 하지 않는다(Monarchs reign but they do not rule.)'는 원칙을 지켰다.

19세기의 2/3에 해당되는 빅토리아 여왕의 재위 기간 영국은 역사상 전무후무(前無後無)한 전성기를 누렸다. 이 시기에 영국은 그 어떤 나라도 감히 따라올 수 없

19세기 대영제국의 영토

는 세계 최고, 최대, 그리고 최선의 국가였다. 대내적으로는 산업혁명과 과학발전에 힘입어 세계에서 가장 부강한 나라가 되었으며, 오랫동안 시행착오를 겪어오던 의회 민주주의도 양당제가 뿌리를 내리면서 반석 위에 올랐다. 대외적으로는 전 세계 땅 덩어리의 1/4 지역(3,300만 제곱킬로미터)에 광대한 식민지를 개척하여 '해가 지지 않 는 제국(An Empire under the Sun)'으로 불렸다. 지구가 돌기 때문에 영국에 밤이 오더 라도 세계 어딘가의 식민지는 낮이라는 이유에서 이런 별명이 붙여진 것이다.

1851년 런던의 하이드 파크(Hyde Park)의 수정궁(The Crystal Palace)에서 개최된 '만국 박람회(Great Exhibition)'는 하루가 다르게 발전해가는 선진기술과 산업 문명을 대외적으로 과시함으로써 영국인의 민족적 자부심을 크게 고취한 행사였다. 이 박람 회에는 인류 문명의 발전을 보여주는 10만여 개의 물품들이 전시되었는데, 이는 세

런던 수정궁에서 개최된 만국 박람회

계 각지에서 약 1만 4천 명의 참가자들이 제공한 것으로 절반 이상이 영국 제품이었다. 이 박람회는 사통팔달로 뻗은 철도망 덕택에 141일 동안 무려 600만 명의 관람객이 방문하는 대기록을 세웠다. 행사 마감 날 저녁, 32세의 빅토리아 여왕은 자신의 일기에 "영국 역사상 가장 성대하고, 아름다우며, 영예로운 날이었다"라고 기록했다(CCTV 다큐멘터리 대국굴기 제작진 265-266).

🏴󠁧󠁢󠁥󠁮󠁧󠁿 19세기 영국 사회의 변화

우선, 19세기 초인 1800년에는 '연합법(The Act of Union)'에 의해 아일랜드 의회가 영국 의회에 합병됨으로써 '그레이트 브리튼과 아일랜드 연합왕국(The United Kingdom of Great Britain and Ireland)'이 정식으로 출범했다.

영국의 넬슨 제독(Admiral Horatio Nelson)과 웰링턴 공작(Duke of Wellington)은 나폴레옹 전쟁(Napoleonic Wars, 1802~1815)의 진정한 영웅으로, 넬슨 제독은 1805년 '트라팔가르 해전(The Battle of Trafalgar)'에서 프랑스의 나폴레옹 함대를 격파했고, 1815년 웰링턴 공작이 이끄는 연합군은 '워털루 전투(The Battle of Waterloo)'에서 나폴레옹 군대를 물리치고 최후의 승리를 거둠으로써 국가의 자긍심을 한껏 드높였다. 전쟁 중 영국은 군수물자를 제공하는 방식으로 전쟁에 개입했기 때문에, 전쟁이 끝나자 경제는 엄청나게 발전하여 유일무이한 산업 대국이 되었다.

1829년에는 로버트 필(Robert Peele)이 경찰 제도의 창설을 통해 근대적 경찰 제도의 토대를 마련했다. 당시 로버트 필이 창설한 경찰력은 범죄를 줄이는 데 일조했으며, 이러한 연유로 경찰의 명칭도 로버트의 이름을 본떠서 '보비즈(Bobbies: Robert의 애칭)'로 불리게 되었다. 또한, 1828년에는 정부 관직 보유를 국교도에게만 국한하는 '심사법(The Test Act)'이 폐지되고, 1829년에는 '가톨릭교도 해방법(The Catholic Emancipation Act)'이 통과됨으로써 비국교도와 가톨릭교도가 정부 관직에 발탁되거나 하원 의원(Member of Parliament, MP)이 되는 길이 열렸다.

이 시기에는 사회제도의 개혁도 착착 진행되었다. 투표권 확대를 위해 1832년부터 시작된 '선거법 개정 운동(The Great Reform Bill: 1차 1832년, 2차 1867년, 3차 1884년)'은 이후로도 지속되어, 1840년대에는 런던의 근로자 200만 명 이상이 서명한 보통선거 청원운동인 '인민헌장 운동(The Chartist Movement)'으로 발전했다. '인민헌장(People's Charter)'은 만 21세 이상 성인 남자의 보통투표권, 평등한 선거구, 의회의 매년 선거시행, 비밀투표, 하원 의원 세비의 지급, 의원 출마자의 보유재산에 따른 자격 제한의 철폐 등 총 6개 조항으로 이루어져 있다. 인민헌장 운동은 대중의 광범위한 지지를 받은 빅토리아 시대 최대 규모의 대중 정치 운동이자, 선거권 쟁취운동으로 오늘날까지도 영국인의 가슴속에 소중히 기억되고 있다(박지향 374).

1833년에는 9세 미만 아동의 고용을 금지하고 18세 미만 연소자의 노동시간을 제한하는 '공장법(The Factory Acts)'이 제정되었고, '노예제도 폐지법안(The Slavery Abolition Act)'의 통과로 비인간적인 노예제도가 폐지되었다. 1834년에는 엘리자베스 시대에 제정된 '구빈법(Poor Law)'이 새로운 산업사회 가치인 자조(自助)의 원칙에 따라 '신 구빈법'으로 갱신되었다.

1846년에는 중세 때부터 시행되어오던 '곡물법(The Corn Laws)'이 '반곡물법연맹(Anti-Corn Law League)'의 압력에 의해 폐지되었으며, 1851년에는 로이터(Julius Reuter)에 의해 로이터 통신사가 설립되었고, 1863년에는 런던 지하철(London Underground)이 최초로 개통되었다. 이어 1868년에는 '노동자조합회의(The Trades Union Congress, TUC)'가 결성되었고, 1870년에는 의무교육제도가, 그리고 1872년에는 비밀선거 제도가 도입되었다.

칼 마르크스(Karl Marx, 1818~1883)가 런던에 체류하면서 왕성한 작품 활동을 하고, 그가 주창한 사회주의(Socialism) 운동이 큰 효력을 발한 것도 이 시기였다. 그 결과 1893년에는 최초의 사회주의자였던 키어 하디(James Keir Hardie)가 하원 의원에 당선됨으로써 향후 노동당(The Labour Party) 창당의 토대를 마련했다.

종교적으로도 큰 변화가 있었다. 1830년대부터 1840년대에 걸쳐 뉴먼(John Henry Newman)과 매닝(Henry Edward Manning)이 주도한 '옥스퍼드 운동(The Oxford

Movement)'은 옥스퍼드를 중심으로 일어난 영국 국교회 개혁 운동으로, 국교회의 가톨릭주의 전통(가톨릭의 교리, 의식, 형식)을 강조한 신학운동이었다. 이는 향후 '고교회파(High Church)' 국교회 개혁 운동으로 발전했다.

또 하나의 국교회 개혁 운동은 '저교회파(Low Church)'로 불리던 복음주의자들이 존 웨슬리(John Wesley)의 가르침에 따라 실천하고자 했던 복음주의(Evangelicalism)였다. 복음주의자들은 질서, 인내, 금주, 검약, 순종 등의 덕목을 중시하고, 형식보다는 개인의 믿음과 감정을 강조하는 방향으로 개혁 운동을 전개했다(영미문학의 길잡이 1, 257-258).

한편, 과학의 발달과 찰스 다윈(Charles Darwin)의 『종의 기원(*On the Origin of Species*, 1859)』 및 『인간의 기원(*The Descent of Man and Selection in Relation to Sex*, 1871)』 등의 출판은 인간의 존재에 대한 믿음을 송두리째 흔들어 놓음으로써 빅토리아인들이 이제껏 지켜온 신앙에 대해 회의(懷疑)를 품게 했다. 당대의 시인 매슈 아놀드(Matthew Arnold, 1822~1888)는 신앙심의 퇴조(退潮)에서 오는 불안과 회의를 「도버 해변(Dover Beach)」이란 시에서 다음처럼 담담하게 노래하고 있다.

The Sea of Faith

Was once, too, at the full, and round earth's shore

Lay like the folds of a bright girdle furled.

But now I only hear

Its melancholy, long, withdrawing roar,

Retreating, to the breath

Of the night wind, down the vast edges drear

And naked shingles of the world.

신앙의 바다는

한때 꽉 들어차서 지구의 해변을

겹겹이 접힌 찬란한 띠 모양으로 감쌌지.

하지만 지금 들려오는 것은 다만

그것의 우울하고, 긴, 퇴조하는 포효 소리가

밤바람의 숨결을 타고

황량하고 드넓은 가장자리와

세상의 벌거벗은 조약돌 해변으로 물러가는 소리뿐이다.

20세기 · 21세기

🏴 윈저 왕조

1901년 빅토리아 여왕이 서거하자 그녀의 아들 에드워드 7세(Edward VII, 1901~1910)가
왕위를 계승했으며, 앨버트 공(公)의 성(性)을 따서 에드워드 7세부터는 작센코부르크
고타 왕조가 되었다. 하지만 그의 뒤를 이은 조지 5세(George V, 1910~1936)의 치세기
인 1914년 제1차 세계대전이 발발하자, 조지 5세는 국민의 반독일 정서를 고려하여
왕조의 명칭을 윈저 왕조(The House of Windsor, 1917)로 개칭하였다(김현숙 120).

🏴 제1차 세계대전(World War I, 1914~1918)

19세기 동안 세계의 초강대국이었고, 20세기 초까지만 해도 세계의 지도자 역할을
자임하던 영국이, 미국과 독일의 약진, 제1차 세계대전(World War I, 1914~1918), 세계
대공황, 식민지 독립운동 등을 겪으면서 점차 세력이 기울기 시작하더니, 급기야 영
광의 자리를 미국에 내어주어야만 했다. 또한, 19세기 말에서 20세기 초까지 유럽의
복잡한 정치 상황 속에서도 '영광스러운 고립(splendid isolation)'을 주장하며 해외 식
민지 경영에만 주력하던 영국이, 남아프리카에서 '보어전쟁(The Boer War)'을 치르면
서 결국 고립정책을 포기하게 되었다.

'보어전쟁'은 1899년부터 1902년까지 영국과 보어인들(The Boers: 대항해 시대 이
후 아프리카 남부로 이주해 온 네덜란드인들의 후예이며, '보어[boer]'란 네덜란드어로 '농민'

이란 뜻임) 사이에 벌어진 전쟁으로 '남아프리카전쟁'이라고도 한다. 19세기 후반 영국은 남아프리카에서 케이프타운 식민지(Cape Town Colony)를 전초기지로 삼아 세력을 확장했고, 보어인들은 남아프리카의 북방에 트란스발 공화국(The Republic of Transvaal)과 오렌지 자유국(Orange Free State)을 세웠다. 영국과 보어인들 사이에 금광 등 이권 문제로 마찰이 생기자, 마침내 1899년 10월 양측 간에 전쟁이 시작되었다. 장기간의 치열한 전투 끝에 보어인들은 1902년 영국에 항복했고, 영국은 두 나라를 영국령 식민지로 쟁취함으로써 남아프리카를 완전히 정복했다. 하지만 영국의 희생도 매우 컸다. 영국은 이 전쟁을 통해 세계 여론의 집중적인 공격을 받았고, 대영제국의 위상도 바닥으로 떨어졌다. 이제 영국인은 유럽 대륙에서 벌어지는 일들에 대해 더 이상 무관할 수가 없게 되었다.

20세기로 접어들자, 영국은 제국을 거느린 유일한 국가가 아니었다. 프랑스, 독일, 오스트리아-헝가리, 러시아, 터키, 벨기에, 이탈리아 등이 제국에 버금갈만한 세력을 키워오고 있었기 때문이다. 따라서 영국은 19세기에 그랬던 것처럼 이제는 세계시장을 마음대로 주무를 수 있는 위치가 아니었으며, 독일이 경제 대국으로 빠르게 부상하고 있었다.

유럽 강대국 간에 경쟁은 급기야 1914년 세계 역사에서 가장 참혹한 제1차 세계대전을 유발했다. 1914년 6월 28일 사라예보(Sarajev)에서 세르비아의 한 민족주의자에 의해 오스트리아-헝가리 제국 왕위 계승자인 프란츠 페르디난트 대공(Archduke Franz Ferdinand)이 암살되면서 제1차 세계대전의 불꽃이 튀었다.

전쟁이 발발하자 영국은 연합군(The Allies: 영국, 프랑스, 러시아, 이탈리아, 미국)의 일원으로 참전하여 동맹국(The Central Powers: 독일, 오스트리아-헝가리 제국, 터키)에 대항하여 싸웠다. 이 기간에 가장 악명이 높았던 곳은 대량 살육이 벌어진 플랑드르(Flanders) 벌판과, 갈리폴리(Gallipoli: 이곳을 배경으로 ≪갈리폴리: 최악의 상륙작전(Gallipoli 1915)≫ 등 여러 편의 전쟁영화가 제작되었음) 해변이었다. 특히 영국군과 연합군이 전장(戰場)의 참혹한 학살로 희생이 컸다.

하지만 영국은 전쟁이 끝난 뒤 파리 강화 회의(Paris Peace Conference, 1919)와 베르사유 조약(The Treaty of Versailles, 1919)에 따라 '국제연맹(The League of Nations)'의 창설에 주도적인 역할을 했다(김현숙 123).

국제연맹(The League of Nations)

'국제연맹'은 제1차 세계대전에서 승리한 연합국을 주축으로 국제 평화와 안전을 유지하고, 경제적 · 사회적 국제협력을 증진한다는 목적으로 1920년에 결성된 국제단체이다. 설립 구상은 대전 중에 영국과 프랑스에서 이미 진행되었으나, 미국 대통령 토머스 윌슨(Thomas Woodrow Wilson)이 1918년 1월 〈평화를 위한 14개 조항〉을 제창하면서 표면화되었다. 1919년 1월에 개최된 파리 강화회의(파리 평화회의)에서 집단안보와 국제분쟁의 중재, 무기감축, 개방외교를 원칙으로 하는 연맹의 규약을 정하고, 본부를 스위스의 제네바에 두었다. 하지만 미국이 가입하지 않았고, 독일, 이탈리아, 일본에서 대두된 파시즘(Fascism)의 발흥을 막을 수가 없어서 결국 와해되었다. 그럼에도 불구하고 1946년 국제연합(The United Nations, UN) 결성의 토대 역할을 했다.

1914년부터 1918년까지 5년 동안 지속된 제1차 세계대전은 참호전, 기관총, 화학무기, 야간 포격, 탱크 등의 출현으로 이전에 미처 겪어보지 못했던 가장 참혹한 전쟁이었으며, 대량살상으로 인해 수많은 희생자가 발생했다. 영국군만 해도 100만 명 이상의 사상자를 냈고, 영연방 전체의 희생자 수는 수백만 명에 달했으며, 피해를 면한 지역은 거의 없었다. 철도와 광산에서는 연이어 파업이 발생했고, 정치 불안으로 인해 불과 5년 만에 네 번의 총선이 치러졌으며, 영국 정치사에서 처음으로 권력이 노동당으로 넘어감(1924년)으로써 영국의 정치권에 일대 지각 변동이 일게 되었다. 1926년에는 총파업(The

참호전

General Strike)으로 인해 전국이 마비 상태에까지 이르렀으나 노동자의 요구사항은 관철되지 못했고, 이들은 전보다 더욱 열악한 노동환경으로 복귀해야만 했다.

1929년부터 시작된 뉴욕 증권시장 폭락의 여파가 유럽으로 확산되자, 영국에서도 1930년대에 대공황(The Great Depression)이 시작되었다. 300만 명 이상이 일자리를 잃고 한정된 실업수당만으로 궁핍하고 비참한 생활을 영위해야만 했으며, 사회적 불안과 불신이 팽배했다. 1936년에는 에드워드 8세(Edward VIII)가 이혼 경력이 있는 미국인 여성 심슨 부인(Wallis Simpson, 1896~1886)과 결혼하기 위해 왕위를 포기하는 사태(1936년 12월 3일 에드워드가 라디오 방송에서 밝힌 자신의 심경: "나는 사랑하는 여인의 도움과 지지 없이는 왕의 의무를 다할 수가 없고, 또한 그 무거운 책무를 짊어질 수도 없다.")가 벌어져 왕실이 큰 충격에 빠졌으며, 왕위는 에드워드의 동생 조지 6세(George VI, 재위 1936~1952)에게로 넘어갔다. 당시 노동당과 제휴한 보수당 연립정부(The National Coalition Government)도 당면한 사회·경제적 문제를 해결하지 못했다. 하지만 이 시기에 한 가지 다행스러운 점은, 전쟁 중 여성들이 쏟았던 노력과 공로가 십분 인정되어 유럽 최초로 여성에게 참정권이 부여되었다는 사실이다(1918년에는 30세 이상의 여성에게, 1928년에는 21세 이상의 여성에게 선거권이 부여됨).

🇬🇧 제2차 세계대전(World War II, 1939~1945)

1930년대 후반 유럽에서는 극우파인 파시즘과 나치즘(Nazism)이 팽배해 있었고, 독일에서는 아돌프 히틀러(Adolf Hitler, 1889~1945)가 가장 위협적인 존재로 주목받고 있었다. 많은 이들은 또 다른 대규모 전쟁이 일어날 것으로 예측했지만, 영국 수상 체임벌린(Neville Chamberlain, 1869~1940)은 1938년 히틀러와의 회담을 통해 '유화정책(Appeasement Policy)'을 취했다. 하지만 이듬해 3월 독일이 체코슬로바키아를 점령하고, 9월에는 폴란드를 침공하자, 영국은 프랑스와 함께 독일에 선전포고함으로써 제2차 세계대전(World War II, 1939~1945)이 발발했다. 독일에 대한 초기의 유화적 태도로 인해 큰 비난에 직면했던 체임벌린은 결국 사임했고, 1940년 5월 10일 윈스턴 처칠(Winston Churchill, 1874~1965) 수상이 연정(聯政)을 이끌게 되었다.

　같은 날 독일은 벨기에, 룩셈부르크, 네덜란드를 공격했고, 6월에는 프랑스를 점령한 뒤 영국군을 됭케르크(Dunkirk: 프랑스 북부에 있는 도시)까지 밀어붙였다. 하지만 '됭케르크 철수 작전(1940년 5월 26일부터 6월 4일까지 유럽 파견 영국군 22만 6,000명과 프랑스 · 벨기에 연합군 11만 2,000명을 프랑스 북부해안에서 영국 본토로 최소한의 희생을 치르면서 철수를 감행했던 작전)'에서 구조선들로 이루어진 소함대의 놀라운 활약 덕분에 아이러니하게도 대재앙은 용감한 패배가 될 수 있었다(지금도 영국인들은 이 사건을 자부심과 슬픔 속에서 매년 기리고 있음).

　이어 1940년 9월 7일부터 1941년 5월 21일까지 독일의 영국 공습이 시작되었다. 267일 동안 수백 대의 독일 비행기가 밤마다 상공에서 폭탄을 투하했고, 독일의 잠수함은 영국으로 식량과 보급품을 운송하는 선박들을 공격했다. 런던은 71차례나 집중적인 공중 폭격(blitz: 전격적인 공격)을 받았고, 런던 이외의 15개 도시는 1회~8회의 폭격을 받았다. 하지만 영국인들은 흔들리지 않았고(제2차 세계대전 당시 정부 포스터 문구: 'Keep Calm and Carry On', '평정심을 갖고 하던 일을 계속하라.'), 처칠의 정기적인 라디오 방송도 큰 역할을 했다.

　피해는 참혹했다. 이로 인해 런던에서만 3만 명이 죽고, 5만 명이 부상했으며, 런던 시민의 1/6인 140만 명이 집을 잃었다. 그러나 영국인들의 사기는 꺾이지 않았고, 시련을 이겨내고자 하는 강인한 의지가 있었다. "내가 국민에게 줄 수 있는 것은 피와 수고와 눈물과 땀밖에 없다(I have nothing to offer but blood, toil, tears, and sweat.)"라는 처칠 수상의 호소에, 영국 국민은 "런던은 견딜 수 있다(London can take it.)"라고 답했다. 결국, 영국은 처칠의 강력한 지도력에 힘입어 독일의 침공을 저지하면서 전쟁을 성공적으로 이끌었다(김현숙 124). 독일 폭격기가 영국의 도시를 공습할 때, 폐허가 된 피폭 지역을 시찰하면서 처칠이 보여준 'V'자 사인(승리의 상징), 라디오 방송, 의회 연설, 커다란 시가(cigar)를 입에 문 모습 등은 아직도 영국인들의 가슴속에 생생하다.

다음은 1940년 5월 13일 하원에서 행해진 처칠의 의회 연설문 중 일부이다.

I would say to the House, as I have said to those who joined this Government: I have nothing to offer but blood, toil, tears, and sweat.

We have before us an ordeal of the most grievous kind. We have before us many, many long months of struggle and of suffering. You ask: "What is our policy?" I will say: it is to wage war by sea, land and air, with all our might and with all the strength that God can give us; to wage war against a monstrous tyranny, never surpassed in the dark, lamentable catalogue of human crime. This is our policy. You ask: "What is our aim?" I can answer it in one word: Victory — victory at all costs, victory in spite of all terror, victory, however long and hard the road may be; for without victory there is no survival.

나는 행정부에 입각(入閣)한 각료들에게 말한 것을 의원 여러분들에게도 말하고 싶습니다. 나는 피, 수고, 눈물, 땀을 제외하고는 여러분에게 바칠 것이 아무것도 없습니다.

우리 앞에는 가장 쓰라린 종류의 시련이 놓여 있습니다. 우리 앞에는 오랜 기간의 투쟁과 고통의 날들이 가로놓여 있습니다. 여러분은 묻습니다, "우리의 정책이 무엇이냐?"고. 나는 이렇게 대답합니다: "우리의 모든 힘과 하느님께서 부여해주신 모든 힘을 합쳐서 바다에서, 육지에서, 그리고 하늘에서 전쟁을 치르는 것"이라고. "어둡고 비통한 인간 범죄의 목록에서 일찍이 그 유례를 찾아볼 수 없었던 악마와 같은 독재와 전쟁을 벌이는 것"이라고. 이것이 우리의 정책입니다. 여러분은 또한 묻습니다. "우리의 목표가 무엇이냐?"고. 나는 한 마디로 대답합니다: "승리"라고. "그 어떤 대가를 치르더라도 승리, 그 어떤 두려움에도 불구하고 승리. 그 길이 아무리 멀고 험하다 해도 승리. 왜냐하면, 승리 없이는 우리의 생존이 불가능하기 때문입니다."

윈스턴 처칠(Winston Churchill, 1874~1965)

영국의 위대한 정치가, 저술가, 웅변가였던 처칠은 1874년 11월 30일 옥스퍼드셔(Oxfordshire) 주(州)에 있는 블레넘 궁전(Blenheim Palace: 바로크 양식의 장엄한 건축물)에서 태어났으며, 1895년 샌드허스트(Sandhurst) 육군사관학교(Royal Military College)를 졸업하고, 1900년 보어전쟁(The Boer War, 1899~1902) 영웅으로 하원 의원에 당선되어, 1920년대 4년간을 제외하고 숨지기 1년 전인 1964년까지 60년 동안 하원 의원을 지냈다. 1940~1945년과 1951~1955년 동안 두 차례 수상을 역임했으며, 제2차 세계대전 중에는 전투를 성공적으로 지휘했다. 독일 폭격기가 영국의 도시들을 공습할 때 피폭 지역을 시찰하면서 연설할 때 그가 보여준 승리의 'V'자 사인(sign)과 커다란 시가(cigar)를 입에 문 모습 등은 유명하다.

1953년 기사(knight) 작위를 받았고, 같은 해 『제2차 세계대전 회고록(*The Second World War*)』으로 노벨문학상을 받았으며, 화가로도 널리 알려져 있다. 1963년 미국 의회의 결의로 명예 미국 시민이 되었으며, 1965년 1월 24일 세상을 떠났을 때는 왕족(王族)이 아닌 사람으로 금세기 최초로 국장(國葬, state funeral)이 거행되었다.

윈스턴 처칠

1941년이 되자 전쟁의 양상이 완전히 바뀌기 시작했다. 1941년 12월 7일 일본이 함재기(艦載機, carrier-based fighter) 400여 대로 진주만(Pearl Harbor)을 공격하여 미국의 태평양 함대가 전멸했다. 이 공격이 있고 나서 곧바로 미국이 참전했고, 미국이 참전하면서 전세(戰勢: 전쟁의 흐름)가 역전되었다.

한편, 독일은 동부 전선에서 러시아와 싸우느라고 허우적대고 있었다. 1944년 6월 6일 노르망디 상륙 작전(D-Day 상륙작전)은 서부전선으로부터 유럽의 해방을 알리는 출발점이었다. 처칠의 말에 의하면, 이는 "전쟁의 종식을 위한 서막"이기도 했다. 1945년 4월 30일 드디어 히틀러가 자살하고, 5월 7일에는 독일이 무조건 항복을 선언했다. 독일의 동맹국이었던 일본도 2발의 원자탄 폭격을 받고 1945년 8월 15일 항복했다. 이로써 제2차 세계대전은 독일, 이탈리아, 일본의 패배로 막을 내리게 되었다. 그러나 전쟁의 승리에도 불구하고 영국은 전체 국부(國富)의 1/4을 잃는 비극적 결과를 초래했다.

하지만 제2차 세계대전 중 인류는 세 가지 중대한 발명을 했다. 바로 원자탄, 레이더, 페니실린이었다. 원자탄은 인명 살상의 무기로 사용되었고, 레이더는 인명 살상 무기의 위협에서 벗어나는 데 주로 사용되었다. 반면에 페니실린은 인류의 질병 치료에 크게 기여했으므로 이 세 가지 가운데 가장 위대한 발명이라 할 수 있다. 페니실린을 최초로 발견한 사람은 바로 영국의 의학자 알렉산더 플레밍(Alexander Fleming)이었다(맥세계사편찬위원회 299).

▨ 전후(戰後)의 재건 노력과 대영제국의 쇠퇴

제2차 세계대전의 승리에도 불구하고 1945년 정치 전선에서는 전혀 예상치 못한 이변이 일어났다. 1945년 총선거에서 전쟁에 지치고 변화에 목마른 유권자들이 처칠의 보수당을 버리고 클레멘트 애틀리(Clement Attlee, 1883~1967)가 이끄는 노동당에 압도적인 지지를 보낸 것이다. 애틀리 수상이 이끄는 노동당 행정부는 향후 6년 동안 석탄, 철광, 철도, 조선, 가스, 전기 등의 국가 기간산업을 국유화하고, 사회보장 제도를 널리 시행했을 뿐 아니라, 세계 최초로 '국민의료서비스(The National Health Service, NHS)'를 확립했다. 흔히 '요람에서 무덤까지(From the Cradle to the Grave)'로 알려진 이러한 복지정책은 '복지국가(Welfare State)'의 서막을 알리는 신호탄이었다. 그러나 전후의 재건사업은 더디게 진행되었고, 전후 베이비 붐 세대는 1950년대까지 식량 배급에 의존해서 생활해야만 했다.

국력 소진(消盡)의 여파는 해외에도 영향을 미쳐 대영제국의 일부였던 많은 지역이 속속 독립했다. 1947년에는 인도와 파키스탄이 독립했고, 1957년에는 말레이시아가 독립했으며, 미얀마, 쿠웨이트, 바레인 등의 아시아 지역과 아프리카와 카리브해(海)의 여러 나라도 그 뒤를 따랐다.

1956년에는 당시 이집트의 지도자였던 나세르 대령(Colonel Nasser)이 수에즈 운하(The Suez Canal)의 국유화를 선언하자, 당시 수에즈 운하의 소유권을 갖고 있던 영국과 프랑스가 무력으로 이집트를 공격하여 '수에즈 위기(The Suez Crisis)'를 일으켰고, 운하는 몇 개월 동안 운항이 중단되었다. 이와 같은 군사작전은 곧바로 전 세계적인 비난 여론을 불러일으켰다. 결국, 두 달도 채 지나지 않아 영국과 프랑스는 군대를 철수했다. 영국이 국제 여론에 직면하여 이처럼 국가의 위신을 크게 실추시킨 적은 일찍이 없었다. 이 사건은 이후로 벌어진 1962년의 '쿠바 미사일 위기(The Cuban Missile Crisis: 1962년 10월 22일부터 11월 2일까지 11일 동안 소련의 중거리 핵미사일을 쿠바에 배치하려는 시도를 둘러싸고 미국과 소련이 대치하여 핵전쟁 직전까지 갔던 국제적 위기)' 사태 등과 함께 세계 일등 국가로서의 영국의 지위가 끝나가고 있음을 여실히 보여주는 사건이었다.

이처럼 대영제국의 태양이 지고 있었음에도 영국 왕실의 위상은 굳건했다. 1952년에는 조지 6세(George Ⅵ)의 뒤를 이어 그의 딸 엘리자베스 2세(Elizabeth Ⅱ, 애칭 릴리벳[Lilibet], 1952~현재)가 영국의 40번째 군주로 즉위했다. 이후 그녀는 근·현대사 격변의 시기에 중심을 잃지 않는 신중한 처신과, 국민과 정치를 중재하는 완충의 역할로 국민의 존경과 사랑을 받으면서 영국의 역대 군주들 가운데 가장 오랜 기간 왕위를 유지해오고 있다(2019년 9월 10일 기준으로 67년 7개월 3일).

엘리자베스 2세

1950년대 말에는 전후의 노력에 힘입어 실업자 수가 현저히 줄어들고, 생활수준도 크게 향상되었다. 당시 수상이었던 보수당의 해럴드 맥밀런(Harold Macmillan, 1957~1963)은 "영국인의 생활수준이 이렇게 높았던 적은 일찍이 없었다"라고 말한 바 있다.

엘리자베스 2세(Elizabeth II, 애칭 릴리벳[Lilibet], 1926~)

아버지 조지 6세(George VI)의 사망 후, 1952년 여왕으로 즉위하여 영국 역사상 최장기 재임 중(2019년 9월 10일 기준으로 67년 7개월 3일)인 군주이다. 1947년 그리스 왕자 필립(Philip) 공과 결혼하여 슬하에 찰스(Charles), 앤드루(Andrew), 에드워드(Edward) 왕자와 앤(Anne) 공주 등 4명의 자녀를 두고 있다.

긴 재위 기간 그녀는 어려운 고비마다 영국 사회의 구심점 역할을 했으며, 사회 및 경제의 격변을 지켜봐 오고 있다. 2011년에는 왕실 인사로는 두 번째(첫 번째는 1911년 조지 5세)로 100년 만에 앙숙 관계였던 아일랜드를 국빈 방문하여 양국 간 화해의 역사를 새로 썼으며, 스코틀랜드 분리 독립운동이 한창이던 2014년에는 국민에게 '신중한 판단'을 당부함으로써 국가의 분열을 막아냈다. 그녀는 현재에도 영국뿐만 아니라 영연방 국가들로부터 사랑과 존경을 받고 있다.

다음은 엘리자베스 2세 영국 여왕이 2011년 5월 17~18일 아일랜드를 방문하여 더블린 캐슬 (Dublin Castle)에서 행한 연설문 중 일부이다.

"경제적으로나 문화적으로 영국과 아일랜드는 서로 믿을만한 친구였습니다. 그러나 두 나라가 항상 다정한 이웃으로 지내온 것은 아닙니다. 일어나지 말았어야만 할 일들이 너무나도 많이 일어났습니다. 이 슬픈 유산 때문에 두 나라 국민이 모두 크나큰 고통과 상실감에 시달려 왔습니다. 문제가 많았던 역사로 인해 상처받은 모든 이들에게 저의 온 마음을 담아 위로의 뜻을 전합니다. 앞으로는 늘 사이좋은 이웃으로 지내길 바랍니다."

활기찬 60년대(The Swinging Sixties)

1960년대가 시작될 무렵, 암울했던 분위기가 사라진 영국에는 그 어느 시대보다도 생기와 기쁨이 넘쳤다. 1960년대는 풍요의 시대였으며, 젊은이들에게는 새로운 에너지가 폭발하는 자유와 반항의 시기였다. 이들은 기성세대의 부르주아적이고 위선적인 속물근성에 염증을 느낀 나머지 새롭고 자극적인 것을 추구했다. 1960년대에는 사회 전반에 걸쳐 요란하고 반항적이며 무언가 새로운 것을 추구하는 사회 분위기가 풍미(風靡)했으며, 로큰롤(rock'n'roll)에 흠뻑 빠진 반항 청소년들이나 재즈에 열광하는 히피들이 청년문화를 주도했다. 이때 등장한 비틀스(The Beatles, The Fab Four)와 롤링 스톤스(The Rolling Stones) 그룹은 엄청난 인파의 팬을 끌어 모으면서 전 세계 10대 젊

비틀즈 그룹

은이들의 우상으로 자리매김했다.

비틀스는 존 레논(John Lennon), 폴 매카트니(Paul McCarteny), 조지 해리슨(George Harrison), 링고 스타(Ringo Starr)로 구성된 4인조 팝 그룹으로, 영국의 리버풀(Liverpool: 비틀스가 탄생한 항구도시)에서 음악을 시작하여 1960년대 세계 최고의 인기를 누리면서 사회·문화 전반에 엄청난 영향을 미쳤다. 특히 1964년부터 북미 활동을 시작한 비틀스는 미국에서도 최고의 인기를 누려 소위 '브리티시 인베이전(British Invasion: 영국의 침략)'이라 불렸다. 비틀스의 잘 알려진 노래로는 〈Love Me Do〉〈Yesterday〉〈I Want to Hold Your Hand〉〈Let It Be〉〈From Me to You〉 등이 있다.

다음은 비틀스 그룹의 멤버로 활약했던 존 레논(John Lennon)이 부른 〈상상(Imagine)〉의 일부이다.

Imagine there's no heaven
It's easy if you try
No hell below us
Above us only sky
Imagine all the people
Living for today

Imagine there's no countries
It isn't hard to do
Nothing to kill or die for

And no religion too
Imagine all the people
Living life in peace

You may say I'm a dreamer
But I'm not the only one
I hope someday you'll join us
And the world will be as one

천국도 없고,
우리 아래 지옥도 없으며,
우리 위에는 오직 하늘만 있다고 상상해 봐요.
마음만 먹으면 쉬운 일이에요.
오늘을 살아가는
모든 사람을 상상해 봐요.

국가라는 구별이 없다고
상상해 봐요.
그러면 남을 죽이지도 않고, 죽을 일도 없으며,
종교 또한 없을 거예요.
마음만 먹으면 쉬운 일이에요.
평화롭게 살아가는
모든 사람을 상상해 봐요.

당신은 저를 몽상가라고 생각할지도 몰라요
하지만 저만 이런 상상을 하는 건 아니에요
언젠간 당신도 우리와 같은 상상을 하겠지요.
그러면 온 세상은 하나가 될 거에요.

롤링 스톤스는 1962년 런던에서 결성된 록 밴드로, 믹 재거(Mick Jagger), 브라이언 존스(Brian Jones), 키스 리처즈(Keith Richards), 빌 와이먼(Bill Wyman), 찰리 와츠(Charlie Watts), 믹 테일러(Mick Taylor), 론 우드(Ron Wood) 등이 주 멤버들이다. '롤링 스톤스'라는 명칭은 시카고 블루스(Chicago Blues)의 거장 머디 워터즈(Muddy Waters)의 〈Rollin' Stone〉을 기념하여 브라이언 존스가 지었으며, 〈Beggars Banquet〉 〈Let It Bleed〉 〈Sticky Fingers〉 〈Exile on Main Street〉 등의 앨범으로 1960년대 말과 1970년대 초에 최고의 인기를 누렸다.

롤링 스톤스 음악의 뿌리는 흑인 블루스(Blues)에 있다. 1970년대 전성기에는 블루스를 기반으로 한 독자적인 스타일을 확립하면서 서던 록(southern rock)이나 소울 뮤직(soul music), 글램 록(glam rock), 댄스(dance), 뉴 웨이브(new wave) 등의 요소가 가미된 작품이 많았다. 20세기 말까지 연주 활동을 계속했으며, 힘 있는 비트, 풍자적인 가사, 단순하면서도 표현이 풍부한 기악 반주, 블루스의 영향을 받은 창법 등이 특징이다.

🇬🇧 1970년대 경기침체기

1970년대에 접어들자 저성장, 악성 인플레이션, 무역적자, 고임금, 파업, 석유 파동, 국제 경쟁 등의 악재로 영국은 또다시 경제침체기를 겪게 되었으며, 파업과 분쟁 등 각종 사회적 병폐가 적나라하게 드러남으로써 암울한 분위기가 한동안 지속되었다. 급기야 1973년 겨울에는 석유수출국기구(OPEC)의 석유금수 조치와 탄광 노동자들의 대규모 파업으로 인해 국가가 부도 사태에 빠지는 위기에 직면했다. 그나마 다행스러운 것은 1973년 1월 1일에 유럽경제공동체(The European Economic Community, EU의 전신)의 회원국이 된 것이다.

보수당에 이어 1974년 집권한 노동당 행정부는 국방비 지출의 대규모 삭감을 통해 국가 경제를 회복시키고자 했으나 역부족이었고, 1976년에 국제통화기금(The International Monetary Fund, IMF)으로부터 구제 금융을 지원받은 이후에야 극적인 회복이 가능했다. 그럼에도 불구하고 1979년경에는 실업자 수가 350만 명에 달했으며,

연쇄적인 파업으로 인해 국가가 또다시 부도 사태에 직면했다. 결국, 1979년 5월 당시 별로 알려진 바가 없던 마거릿 대처(Margaret Thatcher, 애칭 Maggie, 1925~2013)가 이끄는 보수당이 다시 정권을 잡았다.

마거릿 대처 수상

마거릿 대처는 영국의 옥스퍼드대학을 졸업하고, 1959년 보수당 소속으로 하원 의원에 당선되어 정계에 입문한 뒤 장·차관을 지내다가, 1975년 영국 최초로 여성 당수(보수당)가 되었다. 이어 1979년 총선거에서 보수당이 승리하면서 영국 최초 여성 총리의 자리에 올랐다. 집권 후에는 소위 '대처리즘(Thatcherism: 영국의 경제 회생을 위한 대처 총리의 사회·경제 정책의 총칭)'의 지속적인 시행으로 영국의 경제부흥을 이끌었고, 1982년에는 포클랜드 전쟁(The Falklands War)에서 뛰어난 정치적 역량을 발휘함으로써 영국인의 자존심을 되찾아주기도 했다

포클랜드 제도(諸島)(The Falkland Islands, The Falklands)는 남아메리카 동쪽 남대서양에 있는 여러 개의 작은 섬들을 일컫는다. 이 제도에서는 오래전부터 소수의 영국인이 양을 키우면서 생활해왔다. 그러나 19세기 초 이래로 아르헨티나와 영유권 문제로 분쟁이 끊이질 않았다. 그러다가 1982년 아르헨티나 군대가 이 제도에 상륙하자 대처 총리가 이끄는 영국 정부는 아르헨티나에 선전포고하고 74일 만에 이 제도를 다시 점령했다. 이 전쟁으로 인해 영국 국민은 크게 고무되었고, 이듬해 대처 총리의 총선 승리에도 크게 기여했다.

대처는 1979년 처음 집권한 후, 1983년과 1987년에 실시 된 총선거에서 잇달아 승리를 거둬 3차례나 총리를 연임하면서, '강경하다'라고 비판을 받았던 여러 가지 정책에도 불구하고 영국 역대 총리 중 최장기(11년 209일) 재임 기간을 지냈다. 하지만 1990년 유럽통합 반대 견해를 고수하다 당 지도부의 반발을 초래하여 자진 사임

하였고, 1991년에는 정계를 은퇴했으며, 1992년 여남작(baroness, 종신 귀족)의 작위를 받은 이후 상원 의원으로 활동했다. 유럽에서 혈통, 재산, 결혼의 도움 없이 강대국의 지도자이자 역사상 최초의 여성 정치인을 지낸 대처는, 보수적이고 온화하면서도 강경한 성품 등으로 인해 '철의 여인(The Iron Lady: 소련의 스탈린이 호칭한 명칭)'으로 불렸다. 지금도 사람들은 '철의 여인'이라는 단어를 접할 때면 강인한 미소를 짓고 있는 대처 총리의 모습을 떠올린다(맥 세계사 편찬위원회 366).

🏴 대처의 통치기

철의 여인으로 불렸던 대처는 1970년대 혼돈의 시대를 정리하고 이른바 '대처리즘'으로 1980년대를 새롭게 연 서유럽 최초의 여성 수상이다. 그녀는 노동당 정부가 이제껏 고수해온 각종 국유화와 복지정책 등을 과감히 포기하고, 민간의 자율적 경제활동을 중시하는 머니터리즘(Monetarism: 통화주의)에 입각한 강력한 경제개혁을 추진했다. 뿐만 아니라 당시 영국 사회의 침체되고 무기력한 상황을 '영국병(British Disease)'으로 진단하고, 이를 극복하기 위해 전 사회적 의식개혁 운동을 펼쳤는데, 이러한 대처의 정책을 일명 '대처리즘'이라고 한다.

그녀가 추진한 세부적인 경제개혁의 내용으로는 ① 복지를 위한 공공지출의 삭감과 세금인하 ② 국영기업의 민영화 ③ 노동조합의 활동규제 ④ 철저한 통화정책에 입각한 인플레이션 억제 ⑤ 기업과 민간의 자유로운 경제활동 보장 ⑥ 외환관리의 전폐(全廢)와 빅뱅(Big Bang: 영국의 증권거래소가 실시한 일련의 증권 제도의 대개혁) 등을 통한 금융시장의 활성화 등이 있으며, 그 외에도 작은 정부의 실현, 산학협동 중심의 교육정책과 인재양성, 유럽통합 반대 등이 있다. 이러한 그녀의 강력한 정책에 힘입어 영국의 경제는 점차 빠른 속도로 회복되기 시작했다.

하지만 1990년대가 시작되면서 영국의 번영은 더 이상 지속되지 않았다. 그녀의 정책은 인플레이션을 억제하고 경기를 회복시키는 데는 성과가 있었으나, 불경기가 다시 시작되고 실업률이 치솟자, 영국 국민은 대처가 정권을 잡은 지 11년 만에

'철의 여인'의 강경한 통치 스타일에 염증을 느끼기 시작했다. 뿐만 아니라 인두세(人頭稅, 주민세)의 도입과 유럽통합에 대한 비타협적인 자세 등으로 당 지도부의 반발을 초래하여 결국 그녀는 1990년 11월 총리직에서 물러나야만 했다. 따라서 그녀의 뒤를 이어 보수당의 존 메이저(John Major, 1990~1997) 총리가 대처의 총리직을 승계했다 (김현숙 129).

21세기 관점에서 볼 때, 그녀가 추진한 정책이 경제적인 면에서는 어느 정도 성공을 거둔 것이 사실이지만, 사회적 부분에서는 실패하여 양극화를 초래했다는 것도 부인할 수 없는 사실이다. 새로운 산업 분야에서 기회를 얻어 번영의 물결에 편승한 이들이 있는가 하면, 석탄이나 철광 같은 전통 산업이 쇠퇴하면서 일자리와 재산을 잃게 된 계층도 공존했기 때문이다.

🇬🇧 노동당 정부와 새로운 밀레니엄(New Millennium)

대처에서 메이저로 이어지는 18년간의 보수당 통치는 젊고 활달한 토니 블레어(Tony Blair, Anthony Charles Lynton Blair, 1997~2007)가 이끄는 노동당이 1997년 선거에서 압승을 거둠으로써 끝이 났다. 블레어는 1536년과 1707년 이후 웨일스와 스코틀랜드로부터 박탈했던 권한 일부를 웨일스와 스코틀랜드 의회를 통해 되돌려 주는 등 일련의 개혁정책에 힘입어 2001년과 2005년에 연이어 집권의 계기를 마련했다. 보수당은 계속 분투했지만, 노동당이 2005년 역사적인 3선을 거두는 모습을 지켜봐야만 했다. 이로써 블레어는 영국 역사상 최장기 집권에 성공한 노동당 총리가 되었으나, 점차 그의 지도력이 약화되면서 결국 2007년 사임했다.

🇬🇧 새로운 연립정권과 2015년 총선

블레어의 뒤를 이어 2007년 고든 브라운(James Gordon Brown, 2007~2010) 노동당 당수가 총리가 되었다. 취임 초에는 매우 순탄했지만 얼마 지나지 않아 곳곳에서 문제가 발생했다. 악화된 여론 조사 결과, 신중하지 못한 조기 총선거 논란, 보궐선거에서의

데이비드 캐머런 총리

참패, 점차 거세지는 지도력에 대한 비판 여론 등과 맞물리면서 급기야 2008년 말에는 세계 금융위기 사태까지 터졌다. 이어진 경기 하락, 치솟는 연료비와 식료품 물가, 이자율과 주택 가격의 급락 등으로 브라운 행정부에 대한 불만의 수위가 점차 높아졌다. 이와 비례해서 데이비드 캐머런(David Cameron, 1966~)이 이끄는 보수당에 대한 지지도도 급상승했다. 결국, 2010년에 치러진 총선거에서 보수당이 승리를 거둠에 따라 14년 만에 노동당 정권이 끝이 나고, 캐머런 당수가 총리가 되어(2010~2016) 보수당-자민당 연립정부를 구성하게 되었다.

이후 캐머런 연립정부는 재정적자 규모 축소, 법인세 인하, 각종 규제의 철폐 및 완화, 일자리 창출 등 일련의 경제 호전 정책에 힘입어, 2015년 5월 7일 치러진 총선거에서 전체 650개 의석 중 331석을 얻어 단독으로 과반 의석을 차지함으로써 재집권에 성공했다.

하지만 정체성, 유럽연합(EU)의 규제, 난민(難民), 세계화(유럽화)에 따른 부작용 등의 문제 해결을 위한 방편으로 2016년 6월 23일 시행된 국민투표에서 영국 국민의 51.9퍼센트가 '브렉시트'에 찬성표를 던지면서 영국의 유럽연합 탈퇴가 결정되었다. 이로써 영국은 1973년 이후 43년 만에 유럽연합에서 탈퇴하게 되었으며, 캐머런 총리도 이에 책임을 지고 사임했다.

🇬🇧 노 딜(No Deal) 브렉시트의 위기

'브렉시트(Brexit: 영국의 유럽연합(EU) 탈퇴를 의미하는 용어)'는 영국을 뜻하는 'Britain'의 'Br'과 탈퇴를 뜻하는 'exit'가 합쳐져서 만들어진 신조어이다. 2010년 40대에 총리에 오른 데이비드 캐머런은 2015년 총선에서 승리할 경우 영국의 유럽연합 잔류를 국민투표에 부치겠다는 공약을 내걸었다. 유럽연합과의 경제적 연계 때문에 결국 잔류할 것으로 예상했지만, 국민투표는 예측할 수 없는 결과를 낳았다. 캐머런의 정치적 도박은 브렉시트라는 판도라의 상자를 열게 했고, 영국의 정체성과 경제·정치의 민낯을 드러내게 했다. 2016년 6월 23일, 영국은 유럽연합 탈퇴 여부를 묻는 국민투표에서 51.9퍼센트의 지지를 얻어 유럽연합 탈퇴가 결정되었다.

2016년 6월 24일, 충격적인 소식이 영국을 뒤흔들었다. 국민투표에서 근소한 표차로, 43년 만에 영국의 유럽연합 탈퇴가 결정된 것이다. 브렉시트가 결정된 지 몇 시간 만에 총리가 사임하고, 파운드화는 31년 만에 최악의 수준으로 폭락했으며, FTSE 100(Financial Times Stock Exchange 100 Share Index: 파이낸셜타임스 주식 거래 100사 주가 지수) 지수가 8년 만에 최저로 떨어졌다. 이 결과가 중요했던 이유는 영국과 유럽연합의 법에 깊은 연관성이 있었기 때문이다. 영국인들의 호불호는 극명했다. 잔류 지지자들은 유럽연합 시민권이 자신을 보호해줄 것으로 여겼지만, 탈퇴 지지자들은 스스로 운명을 개척할 영국의 권리가 위기에 처했다고 생각했다(론리플래닛 베스트: 영국 278-279).

브렉시트는 완벽히 준비된 프로젝트가 아니었다. 이는 지난 40여 년간의 미지근한 유럽통합에의 참여와 캐머런의 정치적 도박, 독일에 밀린다는 피해의식, 그리고 때마침 부각된 난민 위기가 만들어낸 완벽한 폭풍이자 역사적 우연이었다. 브렉시트는 단순히 유럽에 대한 선호를 넘어 도시와 지방, 화이트칼라와 블루칼라, 친이민과 반이민 진영에 이르기까지 복합적 대립 구도를 반영한다.

산지에서는 70퍼센트에 가까운 탈퇴 지지가 나왔고, 중소도시에서도 예상이 뒤집혔다. 브렉시트의 초기 논의에서 크게 부각되지 않았던 북아일랜드 문제가 핵심적 의제로 부상했고, 결국 꼬리가 몸통을 흔들게 됐다. 엘리트들은, 그리고 런던은 늘 이긴다는 고정관념이 붕괴되고 말았다(장모네).

영국이 유럽연합으로부터 탈퇴를 결정한 배경에는 다음과 같은 두 가지 이유가 있다.

하나는, 경제적 이유이다. 유럽연합에 가입된 국가는 국가별로 분담금을 내고 있는데, 국가의 경제 규모가 클수록 더 많은 분담금을 내야만 한다. 영국은 그동안 독일, 프랑스 등과 함께 유럽연합에서 가장 많은 분담금을 지출해 왔다. 하지만 많은 돈을 내는데도 불구하고 경제적으로 얻는 이득은 실제 그리 크지 않다는 주장이 제기돼 왔다.

또 다른 하나는, 난민 유입을 막기 위해서이다. 근래 북아프리카, 중동 지역에서 발생하는 수많은 난민이 유럽으로 유입되고 있다. 유럽연합은 인도적 차원에서 이들 난민을 보호 및 받아들이도록 하고 있으나 범죄율과 실업률 증가, 일자리 위협 등의 이유로 이에 반대하는 여론도 만만치 않았다. 특히 난민 유입과 거주 자유법에 따른 수백만의 이동 인구에 대한 두려움과 부담이 브렉시트에 찬성표를 던지게 한 원인으로 여겨진다.

브렉시트는 리스본 조약 제50조에 따라 2019년 3월 24일까지 2년간 협상이 진행되는데(이후 협상 기간은 유동적인 것으로 바뀌었음), 만약 영국과 유럽연합 사이에 협상이 불발될 경우 영국은 2019년 10월 31일(3월 29일에서 6월 30일로, 그리고 또다시 10월 31일로 연기됨)에 어떠한 협의도 없이(No Deal Brexit, 노 딜 브렉시트) 유럽연합을 떠나야만 한다. 최근 들어 영국과 유럽연합 사이에 협상이 난항을 거듭하자 '노 딜 브렉시트'에 대한 우려가 점차 커지면서 영국 내 혼란이 가중되고 있다.

🏴󠁧󠁢 테레사 메이 총리의 취임과 사임 결정

2016년 6월 데이비드 캐머런 총리가 브렉시트 국민투표 결과에 책임을 지고 사임함에 따라, 같은 해 7월 13일(현지시간) 캐머런 전 총리의 뒤를 이어 테레사 메이 (Theresa May, 1956~)가 보수당 당 대표 겸 총리직에 올랐다. 그녀는 '철의 여인' 마거릿 대처가 1990년 물러난 뒤 26년 만의 두 번째 여성 총리이자, 21세기 첫 번째 여성 총리로 기대를 모았다. 그녀는 총리로 임명된 직후 행한 연설에서 연합주의를 강조하면서, "잉글랜드, 스코틀랜드, 웨일스, 북아일랜드 사이에 맺어진 소중하고도 소중한 연대를 되새기자"고 했다.

메이의 총리 재임은 한마디로 브렉시트의 진창에서 동분서주하며 헤맨 시간이었다. 그녀는 취임 직후 유럽연합과 브렉시트 협상에 나선 뒤 2018년 11월 합의에 도달했으나, 유럽연합과 완전한 단절을 요구하는 보수당 내 강경 브렉시트 세력과 유럽연합 잔류를 원하는 야당(노동당) 모두의 반대에 부딪혔다. 게다가 유럽연합과 합의한 브렉시트 방안을 2019년에 들어서도 하원에서 세 차례나 표결에 부쳤지만, 모두 보수당 내 강경파의 반대에 막혀 좌절되었다. 이 과정에서 브렉시트는 애초 2019년 3월 29일에서 6월 30일로, 그리고 또다시 10월 31일로 연기되었다.

메이 총리는 2019년 6월 초에 유럽연합 탈퇴협정 법안을 상정해 의회에서 통과시킨 뒤 브렉시트를 단행한다는 계획이었지만, 야당은 물론 여당 내부의 반발에 부딪혀 어려움을 겪었다. 또한, 그녀는 야당이 주장한 제2 국민투표 실시방안을 수용하여 돌파구를 여는 시도를 했지만, 이것이 보수당 내에서 더 큰 반발을 불러일으키자 결국 2019년 6월 7일(현지시간) 사임했다. 그녀는 사임에 앞서 "하원이 브렉시트 합의안을 지지하도록 내가 할 수 있는 일은 다 했다. 그러나 지지를 끌어내지는 못했다"라고 말했다. 아울러 메이 총리는 "영국의 두 번째 여성 총리가 된 것이 인생의 영광이었다"면서, "자신이 마지막 여성 총리는 아닐 것"이라고 강조했다.

🇬🇧 보리스 존슨 총리의 취임과 브렉시트의 앞날

트레이드마크인 헝클어진 머리에 돌직구 언행으로 '영국의 트럼프(Donald John Trump)'로 불리는 보리스 존슨(Boris Johnson, 1964~) 전 외무장관이, 테레사 메이 총리의 뒤를 이어 보수당 대표 겸 새 총리로 2019년 7월 24일(현지시간) 공식 취임했다.

그는 총리 관저 앞에서 행한 취임연설에서 "의심론자, 회의론자, 비판론자들이 영국을 끌어내리고 있다"면서, "10월 31일로 예정된 브렉시트는 예외 없이 무조건(no ifs and buts) 단행될 것"이라고, '조건 없는 브렉시트'를 강조했다. 또한, 연설이 끝난 지 몇 시간 되지 않아 존슨 총리는 강경 브렉시트 지지자들을 주요 보직에 배치하는 대대적인 내각 인사를 단행했다.

이어서 보리스 존슨 신임 총리는 '노딜 브렉시트'에 대비하는 전시(戰時) 내각

보리스 존슨 총리

(War Cabinet: 전쟁과 그에 준하는 국가적 비상사태에 대비하는 정부 체제를 일컬음)을 구성하고, 대규모 예산 확보에 나섰다. 이처럼 존슨 정부가 노딜을 불사하겠다며 의지를 불태우고 있지만, 민간 부문에서는 현실로 다가온 노딜 공포에 떨고 있다. 노딜 브렉시트가 되면 영국과 유럽연합 사이에 관세 부과와 국경 검문은 부활하지만, 아무런 규정도 마련되지 않은 상태에서 인력과 물자의 이동이 이루어지면 대혼란이 발생할 가능성이 크기 때문이다.

미국 CNN 방송은 "존슨 총리는 메이 전 총리가 3년 동안 해내지 못한 브렉시트를 석 달 안에 완료하겠다고 공언하며, 영국의 안과 밖에서 혼란을 초래하고 있다"라고 분석했으며, 영국 「파이낸셜타임스(Financial Times, FT)」는 "노딜은 영국뿐 아니라 유럽연합에도 매우 위험한 상황"이라고 했다. 따라서 현 상태에서는 브렉시트의 앞날이 예사롭지 않아 보인다.

제7장 영국의 정치

헌법(The Constitution)

영국의 헌법은 다른 나라의 헌법과 달리 하나의 문서로 되어있는 성문헌법(成文憲法, written constitution)이 아니라 불문헌법(不文憲法, unwritten constitution)이다. 즉, 의회를 통과한 법령, 중요한 역사적 문서(1215년의 마그나 카르타[大憲章], 1628년의 권리청원[The Petition of Right], 1679년의 인신보호법[Habeas Corpus], 1689년의 권리장전[The Bill of Rights] 등), 법원의 판례, 관습법 등으로 구성된다.

이와 같은 영국의 헌법에는 두 가지 원칙이 적용된다. 하나는 누구든 신분과 관계없이 법을 지켜야 한다는 '법의 지배(The Rule of Law) 원리'이고, 다른 하나는 의회는 어떠한 법률이라도 제정하고 폐지할 수 있으며, 그 누구도 의회가 행한 것을 위헌이라 할 수 없다는 '의회 우월주의(The Supremacy of Parliament)'이다. 그러므로 대부분 민주국가에서 지켜지고 있는 삼권분립(입법부, 행정부, 사법부)의 원칙은 그저 명목에 불과할 뿐이다.

인신보호법(人身保護法, Habeas Corpus)

1679년 부당한 구금에 의한 인권의 침해를 막기 위해 제정된 영국의 법률을 일컫는다. 'Habeas Corpus (법원 출두)'는 라틴어 문구 'Habeas Corpus ad Subjiciendum(You should have the body brought before the Judge.)'의 일부로, 구속된 피의자를 구속적부심사를 받도록 법원에 출두시키는 영장(令狀, writ)을 말한다. 영국에서는 일찍이 이유 없는 구금이나 장기간의 구류를 막기 위해 피구금자의 신병(身柄)을 재판소에 출두시켜 신속하게 재판을 받게 하는 인신보호(人身保護) 영장제도가 있었다. 그런데 17세기에는 국왕의 특권재판소가 이 영장이 미치지 않는 지역에서 구금 하는 등 인권을 침해하였으므로, 그와 같은 폐단을 없애기 위해 이 법이 제정되었다. 이후 부당한 체포나 구금이 금지되어 인권의 신장에 큰 진전을 보게 되었으며, 미국 헌법 제1조 내용의 일부도 영국의 인신보호법에 기초하고 있다.

군주제(The Monarchy)

영국은 가장 오래된 정부 제도인 '입헌군주제(The Constitutional Monarchy)'를 채택하고 있다. 이와 같은 전통은 웨섹스(Wessex) 왕국의 왕이었던 에그버트(Egbert)로부터 유래한다. 현재는 엘리자베스 2세(Elizabeth II) 여왕이 국가의 원수이다.

영국의 국왕(여왕)은 행정부와 사법부의 수장이자 입법부의 필수적인 일원이며, 군의 최고 통수권자이다. 또한, 신앙의 수호자(fidei defensor, Defender of the Faith, FD)로서 국교회의 우두머리이지만 오랜 시간이 흐르면서 절대 권력이 점차 축소되어, 오늘날 국왕은 '군림은 하되 통치는 하지 않는다(Monarchs reign but they do not rule.).' 한편, 국왕은 법령과 관례에 따라 로마 가톨릭을 신봉할 수 없으며, 로마 가톨릭을 믿는 사람과 결혼을 해서도 안 된다. 왕권의 승계는 장자 우선의 원칙에 따라 출생 순으로 정해지며, 왕자가 없을 때는 공주의 출생 순으로 정해진다.

영국의 국왕은 국가, 국민 통합, 연속성, 국가 자존심의 상징으로 헌법상 모든 권력을 가진 것처럼 보이지만, 실제로는 독단적으로 할 수 있는 권한이 거의 없으며, 의회의 지원을 통해서만 상징적으로 군림할 수 있다. 즉, 헌법상 군주일 뿐 권력은 거의 없고, 정치적 역할도 단지 의례적일 뿐이다. 하지만 영국의 정부는 국민의 정부가 아니라 국왕의 정부이며, 행정부나 입법부가 독재적 전횡에 빠질 위험이 있으면, 이를 막고 견제할 수 있는 권한이 있다.

행정부(The Executive)

총리(Prime Minister, PM)는 영국 행정부의 수장으로 내각(Cabinet)을 이끌고, 장관들을 임명하며, 국왕(여왕)에게 정부의 업무를 보고한다. 총리는 하원에서 가장 많은 의석을 차지한 정당의 당수가 맡으며, 국왕이 형식적으로 임명한다. 총리 공관은 '다우닝가 10번지'에 있어, '10번지'는 정치적으로 널리 알려진 주소이다.

총리는 국왕의 요청으로 자기 당 소속 위원 중에서 20여 명의 장관을 선출하여 내각을 구성한다. 내각을 구성하는 장관들은 정부의 정책에 관해 한목소리를 내야하고, 그러지 못할 경우는 사임해야만 한다. 주요 야당은 향후 집권에 대비하여 '예비 내각(Shadow Cabinet, 그림자 내각)'을 구성하여 운영한다.

정부의 주요부서는 트래펄가 광장(Trafalgar Square)에서 국회의사당(The Houses of Parliament)까지 이어지는 화이트홀(Whitehall) 거리에 모여 있다. 따라서 화이트홀은 영국 행정부를 지칭하는 대명사로 쓰이고 있다.

다우닝가 10번지(No 10 Downing Street)
다우닝가는 외무부와 내무부를 비롯한 영국 정부의 청사와 관저들이 모여 있는 런던의 유명한 거리를 지칭하며, 다우닝가 10번지에는 영국 총리(Prime Minister, PM)의 관저가, 그리고 11번지에는 재무장관(Chancellor of the Exchequer)의 관저가 있다. 의원 내각제가 확립된 18세기부터 총리 관저가 이곳에 있었으므로 다우닝가는 영국 행정부의 대명사로 쓰이고 있다. 1680년 외교관이자 장군이었던 조지 다우닝(George Downing)에 의해 지어진 이 건물은, 1732년 조지 2세(George II)가 로버트 월폴 경(Sir Robert Walpole)에게 하사한 이후부터 총리 관저로 사용되고 있다. 내부에는 다양한 회의실, 연회실, 화이트 다우닝 룸, 테라코타 룸 등이 있고, 계단에는 역대 총리들의 사진이 걸려 있다.

다우닝가 10번지

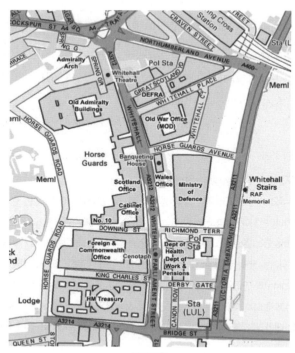

화이트홀

입법부(The Legislature)

헨리 3세(Henry III) 때 처음 언급된 '의회(Parliament)'라는 명칭은 불어의 동사 '말하다 (parler)'에서 유래했으며, 유력 인사들이 중요한 문제들을 논의하기 위해 가졌던 모임 을 일컫는다(박우룡 73). 오늘날 영국의 의회는 최고의 입법기관으로 군주(The Sovereign), 상원(The House of Lords), 하원(The House of Commons)으로 구성되지만, 군 주의 권한은 명목에 불과하고, 유권자의 투표로 선출된 하원이 주도권을 갖는다.

영국 국회의사당 전경

하원은 각 선거구에서 5년마다 직접선거로 선출되는 650명(잉글랜드 533명, 스코 틀랜드 59명, 웨일스 40명, 북아일랜드 18명)의 의회 의원(Member of Parliament, MP)들로 구성된다. 현직 의원의 사망 또는 사퇴로 인한 유고 시에는 보궐선거(by-election)를 통해 다시 뽑는다.

하원의 주요 역할은 입법 활동, 각종 안건 심의, 위원회 활동 등이다. 의원들은 개별적으로도 법안을 발의할 수 있지만, 대부분 법안은 정부에 의해 발의된다. 흔히 'Speaker'로 대변되는 하원의 의장은 토론의 주재 및 조정 등과 같은 의사 진행 업무를 맡는다.

상원은 성직 관련 상원 의원(the Lords of Spiritual: 주로 성공회 주교) 24명, 세습 귀족 상원 의원(hereditary peers and peeresses) 92명, 성직 관련 이외의 상원 의원(the Lords Temporal: 임명직 종신 상원 의원) 683명 등 총 799명의 비선출 임명직 상원 의원으로 구성되며, 국왕이 총리나 상원 임명위원회의 제안으로 임명한다. 하지만 이들 중 250명 정도만 활발한 원내 활동을 하고 있으며, 무보수이지만 하루 300파운드 범위에서 의정 활동비를 받을 수 있다. 상원의 역할은 하원에서 제정된 법안을 심의하여 통과시키는 것과 최종 항소법원(Court of Appeal)으로서의 법적 기능 등이다.

국왕(여왕)의 역할은 하원과 상원을 통과한 법안을 최종적으로 재가하여 효력을 발하게 하는 것이다. 하지만 법안에 중대한 문제가 있으면 재가를 거부할 수 있다.

정당제도(The Political Party System)

선거제도로 인해 영국의 정당은 전통적으로 양당제로 운영되고 있다. 토리당(The Tory Party)과 휘그당(The Whig Party), 보수당(The Conservative Party)과 자유당(The Liberal Party), 보수당과 노동당(The Labour Party) 등이 그것이다.

영국에서 가장 큰 정당은 보수당, 노동당, 자유민주당(The Liberal Democratic Party)이다. 1830년대 생긴 보수당은 1670년대 창당된 토리당으로부터 발전했으며, 늘 주요 정당 가운데 하나였다.

노동당은 노동자들의 권익을 보호하기 위해 1892년 키어 하디(Keir Hardie)에 의해 창당되었으며, 1924년 처음으로 다수당이 되어 총리를 낸 후 지금까지 가장 오랜 기간 집권하면서 영향력이 큰 정당이 되었다.

19세기 중엽에 생긴 자유당은 17세기 후반에 창당된 휘그당으로부터 발전했다.

스코틀랜드의 분리 독립을 위해 1934년 창당된 스코틀랜드 독립당(The Scottish National Party, SNP)은 2015년 5월 7일 치러진 총선에서 59개의 의석 중 56석을 차지함으로써 스코틀랜드 민족주의의 돌풍을 예고했다. 이들 외에도 환경보호와 원자력의 사용을 막기 위해 1973년에 창당된 녹색당(The Green Party)이 있으나 아직은 의석을 내지 못하고 있다.

자유민주당(The Liberal Democratic Party)은 1987년 9월부터 합당을 추진한 자유당과 사회민주당(The Social Democratic Party, SDP) 당원이 전체 투표를 거쳐 합당을 최종적으로 결정하고 1988년 3월에 정식으로 출범한 정당으로, 오늘날 영국에서 세 번째로 큰 정당이다.

영국독립당(The UK Independence Party, UKIP)은 1993년 창당된 영국의 유럽회의주의(Euroscepticism) 우익 포퓰리즘(Populism) 정당이다. 이 정당은 2014년 5월 유럽 의회 선거에서 27.5%의 득표율로 1위를 차지해, 108년 만에 노동당, 보수당, 자유당, 자유민주당이 아닌 정당이 전국단위 선거에서 1위를 차지했다.

최근 들어 영국의 전통적 양당제가 흔들리고 있다. 1950년대 영국 총선에서 보수당과 노동당의 득표율 합계는 90%대였다. 윈스턴 처칠(Winston Churchill)의 보수당과 클레멘트 애틀리(Clement Attlee)의 노동당이 맞붙은 1951년 총선에서 두 당을 선택하지 않은 유권자는 전체 투표자 중 3.2%에 불과했다. 명실상부한 양당제였던 셈이다. 하지만 보수당·노동당의 총선 합계 득표율이 1980년대에 70%로 떨어지더니, 2000년대 들어서는 60%까지 추락했다. 투표자 10명 중 3~4명은 두 개의 정당이 아닌 다른 정당에 표를 던졌다. 이러한 작금의 현상은 영국의 양당제가 사실상 끝나가고 있다는 것을 방증한다.

사법부(The Judiciary)

영국의 사법제도를 일목요연하게 설명한다는 것은 결코 쉬운 일이 아니다. 우선 영국에 포함된 네 나라에 공통으로 적용되는 사법제도가 없다. 잉글랜드와 웨일스는 비슷한 사법제도를 운용하는 한편, 스코틀랜드와 북아일랜드는 각기 다른 사법제도를 채택하고 있기 때문이다. 또한, 별도의 형사 법전이나 민사 법전이 없다. 법원의 판례와 관습법으로 이루어진 보통법(common law), 의회가 제정한 법령(statute law), 유럽 연합법(European Law) 등이 통용되고 있을 뿐이다. 법원의 조직도 1심 법원은 법률가가 아닌 지역 주민들이 담당하고 있으며, 상원이 대법원의 역할을 대신한다. 변호사나 법관 임용 제도도 독특하다. 시민 중에 선발된 12명의 배심원으로 구성된 배심원 제도는 형사 재판과 상급 법원에만 적용된다. 전국적인 경찰제도가 없는 것도 특징이다(박우룡 119).

선거(Elections)

영국에서 투표할 수 있는 선거권은 점진적으로 확대되어 오늘날에는 18세 이상의 국민이라면 누구나 투표권이 있으며, 21세 이상이면 피선거권이 있다. 총선거는 5년마다 실시되며, 총리의 재량에 의해 기간을 앞당길 수도 있다. 총선에서는 '비교다수 득표주의(first past the post system)'가 적용된다. 즉, 각 선거구에서 가장 많이 득표한 입후보자가 당선된다. 지역구별로 최다 득표자 한 명만 당선되는 소선거구제를 채택하고 있기 때문이다. 전체 하원 의원 650명 전원을 소선거구제로만 뽑는다. 이 제도는 주요 정당들에게 유리하게 작용하며 사표(死票)의 여지가 많아서 오늘날 개선의 목소리가 높다. 또한, 소수당의 의회 진입을 막는 한계가 있다.

영국이 소선거구제를 고수하는 이유는 군소 정당의 난립을 막고, 비례대표제로 다양성을 갖추는 것보다는 국정을 안정적으로 운영할 집권당, 즉 일하는 다수를 만들어내기에 더 적합하기 때문이다. 게다가 영국은 소선거구제를 최초로 도입한 나라라는 자부심도 강하기 때문에, 비례대표제의 도입은 앞으로도 쉽지 않아 보인다.

다만 영국은 유럽연합(EU) 의회나 지방의회 의원 선출 때는 소선거구제를 고집

하지 않는다. 유럽연합 의회 의원은 한 선거구당 3~10명씩을 뽑는다. 1990년대 후반, 당시 토니 블레어 총리가 지방 정부에 자치권을 확대하자, 스코틀랜드 의회는 비례 대표제를 도입한 바 있다.

지방 정부(Local Government)

국가의 주요 정책 결정은 의회가 책임을 지지만, 공공 서비스나 지역 문제의 해결은 지방 정부가 떠맡는다. 영국은 '카운티(county)'라는 행정구역으로 나뉘며, 각 카운티에는 지방 정부 청사(county town)가 있다. 지방 정부는 교육, 도서관, 경찰, 소방, 도로 건설 등을 비롯한 여타의 일들을 책임진다.

공무원(Civil Servants)

영국은 공무원 제도가 모범적으로 운영되고 있는 나라이다. 공무원은 'Civil Servants'라 불리는데, 이는 '국민에게 군림하지 않으며 봉사하는 사람들'이란 의미가 강하다. 정권이 바뀌어도 자신의 자리를 위협받거나 교체되지 않기 때문에, 공무원은 늘 중립적인 입장에서 정부의 정책을 일관되게 추진할 수 있다.

제8장 영국의 교육

영국의 교육제도는 한국이나 미국처럼 단일 학제가 아니라, 개인의 선택이나 지역적 특성에 따라 다소의 차이가 있다. 교육의 목표는 개인의 자율성과 창의성을 최대한 발휘하여 사회에 이바지하도록 하자는 것이다.

영국의 초등교육과 중등교육 시스템은 잉글랜드, 웨일스, 스코틀랜드, 북아일랜드 사이에 약간의 차이가 있으며, 잉글랜드 지역 내에서도 지역에 따라 다소의 편차가 있다. 여기서는 잉글랜드를 중심으로 보편적인 내용만을 다룬다.

잉글랜드의 교육을 관장하는 곳은 '교육기술부(The Department for Education and Skills)'이다. 지역적 차원의 공립학교 교육정책은 각 주(州)에 있는 지방교육청(Local Education Authority, LEA)이 관장하며, 재정은 정부와 지방의 세금으로 충당된다. 지방교육청은 각각의 실정에 따라 독립적인 교육정책을 운용할 수도 있지만, 1988년 '국가교육과정(National Curriculum)'이 도입된 이후 단계별 학업성취도 설정 등과 같은 중앙정부의 통제력이 점차 강화되고 있다.

영국의 초·중등 교육은 공립교육(state education)과 사립교육(private education)으로 나뉜다. 정부나 지방교육청의 재정지원을 받는 공립학교(state school)를 중심으로 이루어지는 교육이 공립교육이고, 독립학교(independent school)를 중심으로 이루어지는 교육이 사립교육이다. 사립학교(public school)는 공립학교와는 다른 이름으로 불린다.

종종 '프렙(Prep)'이라 불리는 사립예비학교(Preparatory School)는 13세까지의 아동들을 위한 곳이고, 독립학교 중에 기숙사 제도를 갖춘 학교로서 13세부터 18세까지의 학생들을 위한 학교를 퍼블릭 스쿨(Public School)이라고 한다. 사립 중·고등학교격인 퍼블릭 스쿨은 상류층 자제들을 위한 대학 예비학교로서 등록금이 매우 비싸므로, 전체 학생 중 약 8퍼센트 정도만이 이곳에 다닌다. 퍼블릭 스쿨은 학문적 성취보다는 인격 형성과 공동체 의식의 함양을 주목적으로 한다. 영국에는 2,500여 개의 사립학교가 있는데, 지역, 시설, 학비 정도에 따라 매우 다양하게 운영된다. 유명한 퍼블릭 스쿨로는 이튼(Eton), 윈체스터(Winchester), 해로우(Harrow), 럭비(Rugby) 등을 꼽을 수가 있다.

영국의 학교 교육은 1년을 3개 학기로 나누어 운영하며, 학기마다 짧은 기간의 '학기 중 방학(half-term break)'이 있고, 크리스마스, 부활절, 그리고 여름 동안에는 비교적 긴 방학이 있다.

취학 전 교육(Pre-school Education, Nursery Education, 2년 과정, 3세~5세)

5세 미만의 어린이 교육이 의무적인 것은 아니지만, 영국의 학부모들은 공립으로 운영되는 유치원(State Nursery Schools), 초등학교에 부속된 취학 전 준비반(Nursery Classes Attached to Primary Schools), 교회 등과 같은 비영리기관에 의해 운영되는 놀이 학교(Playgroups in the Voluntary Sector), 개인이 운영하는 유치원(Privately Run Nurseries) 등에 2년 동안 자녀를 보낸다. 이것은 한국의 유치원과 같은 단계의 교육이다.

초등교육(Primary Education, 5～7년 과정, 5세～11세)

영국에서 의무교육은 5세부터 시작된다. 5세부터 11세까지의 초등교육은 5세에서 7세의 아동들이 다니는 유아 학교(Infant Schools)와 8세에서 11세까지의 아동들이 다니는 주니어 스쿨(Junior Schools)에서 이루어진다. 어떤 지방교육청에서는 중등학교가 주니어 스쿨을 대신하여 9세부터 12세까지의 아동교육 시스템을 운영하기도 한다. 초등학교는 대부분 남녀 공학이며, '국가교육과정'을 따른다. 사립 초등학교는 일반적으로 사립예비학교로 불리며, 학생들은 이곳에서 '사립 중등학교 입학시험(Common Entrance Examination)'을 준비한다.

중등교육(Secondary Education, 5년 과정, 11세～18세)

영국의 중등교육은 5년 과정으로 11세부터 18세까지 행해지며, 모든 아이에게 무료로 제공된다. 중등교육은 초등교육보다 상위 수준의 교육으로 85퍼센트 정도의 아이들이 11세부터 종합중등학교(Comprehensive Schools)에 다닌다. 종합중등학교는 특정의 선발시험 없이 모든 학생을 받아들이며, 학문적 성격의 교과목을 위시한 다양한 교육을 한다. 수익자 부담 원칙으로 운영되는 사립중등학교는 선발 고사를 통해 입학하는 8퍼센트 정도의 학생들을 위해 학교 고유의 육영철학에 따라 운영된다. 기타의 학생은 '신(新) 중등학교(Secondary Modern Schools)' 등과 같은 다양한 종류의 학교에 다닌다.

16세가 되면 학생들은 대학 진학을 위한 'A-Level 시험' 준비를 목적으로 하는 'Sixth-form 과정'으로 진급할 것인지, 아니면 직업 중심의 교육을 받고 취직을 할 것인지를 결정한다. 17세는 12학년이지만 특별히 '6학년 하급반(Lower Sixth-form)'이라 지칭되며, 18세는 13학년이지만 '6학년 상급반(Upper Sixth-form)'으로 불린다. 16세 때 학교를 떠나기로 한 학생들은 취업준비를 위해 '에프이 칼리지(FE, Further Education College)'라고 불리는 '추후 교육대학'에 들어가서 실무 중심의 직업교육을 받는다.

학생들은 중등교육과정이 끝나가는 15세~16세경에 '중등교육수료자격시험 (General Certificate of Secondary Education, GCSE)'을 치러야 한다. Sixth-form 과정에서 2년간 교육을 더 받은 학생들은 대학 진학을 위해 18세경에 A-Level(Advanced Level) 시험을 치거나 '인터내셔널 바칼로레아(International Baccalaureate, IB)' 같은 기타 시험을 친다. 'A-Level 시험'에는 A1과 A2 두 가지가 있는데, A1(Advanced Subsidiary Level, AS-Level)은 A2(full A-Level)의 1/2 자격에 해당하며, 2개의 A1은 1개의 A2와 동등한 자격으로 인정된다. 대학 진학을 위해서는 A-Level 시험에서 2과목 이상을 통과하면 입학자격이 주어지지만, 옥스퍼드대학이나 케임브리지대학에 진학하기 위해서는 독자적인 선발 고사를 치러야 한다.

고등교육(Higher Education)

영국의 고등교육 역시 잉글랜드, 웨일스, 스코틀랜드, 북아일랜드에서 각기 다른 시스템으로 운영되고 있으며, 잉글랜드 지역 내에서도 대학 간에 다소의 편차를 보인다. 여기서는 잉글랜드를 중심으로 보편적인 요소들만 다룬다.

18세 이후가 되면 영국 학생들은 자신이 원하는 대학에 진학하여 고등교육을 받는다. 대학에 입학하기 위해서는 학생 본인이 대학에 직접 지원하는 것이 아니라 '대학중앙입학사무소(The University Central Admission Service, UCAS)'를 통해 지원하는데, UCAS는 대학 입학을 결정하는 사정 기관이 아니라 단지 학생과 대학 간의 중개자 역할만을 담당하는 기관이다. 대학 입학의 선결 요건으로는 A-Level '일반교육자격시험(General Certificate of Education, GCE)'에서 각 대학이 지정한 두세 과목 이상의 성적이 우수해야 한다. 대부분 대학은 별도의 입학시험이 없지만, 옥스퍼드와 케임브리지대학만은 단과대학별로 필기시험을 치른다.

영국에는 고등교육을 제공하는 140여 개의 종합대학교와 단과대학들이 있다. 이들 중 유일한 사립대학인 버킹엄대학(University of Buckingham)을 제외하고 모든 대학이 국가의 재정지원을 받고 있다. 하지만 정부의 간섭은 전혀 없으며, 모든 대학이 자율적인 학사운영·관리 시스템과 학위(학사, 석사, 박사) 수여 권한을 갖고 있다.

대학에서 일정 기간을 수학하고 난 뒤에 받는 것이 학위(Degree)인데, 영국에서는 국왕의 허가(Royal Charter)를 받은 대학만이 학위를 수여할 수 있다. 학위 과정은 단계별로 학사 학위 과정 3년, 석사 학위 과정 1년, 박사 학위 과정이 3년이며, 학기(Term)는 통상 3학기제로 운영된다. 매 학기는 10주씩으로, 첫 학기는 10월부터 12월, 두 번째 학기는 1월부터 3월, 세 번째 학기는 4월부터 6월까지 운영된다.

대학 학부과정을 마치고 받는 학사 학위(Bachelor's Degree)에는 인문계 졸업생들이 받는 '문학사(B.A., Bachelor of Arts)'와 이공계 학생들이 받는 '이학사(B.Sc., Bachelor of Science)'가 있으며, 대학이 아닌 2차 교육기관에서 받는 증서로는 '자격증(Certificate)'과 '수료증(Diploma)'이 있다. 학사 학위를 받은 뒤에 대학원(Graduate School)에 진학해서 소정의 과정을 마치고 받는 석사 학위에는 수업 석사(1년 과정)와 연구 석사(2년 과정)가 있으며, 수업 석사 학위는 인문계의 경우 'M.A.(Master of Arts)'로, 이공계는 'M.Sc.(Master of Science)'로, 연구 석사는 'MPhil(M.Phil, Ph.M., Master of Phiosophy)'로 구분하여 표기한다. 석사 학위를 받고 다시 소정의 과정을 거친 뒤 학위논문을 제출하면 최고 학위라 할 수 있는 박사 학위(Doctorate)를 받게 되며, 일반적으로 'Ph.D.(Doctor of Philosophy, 철학 박사)'로 지칭된다. 오늘날에는 박사 학위를 받은 이후에도 연구를 계속하기 위해 '박사 후 과정(Post-doctorate Course)'을 거치기도 한다.

영국에는 고등교육을 담당하는 다양한 종류의 대학들이 있다. '고대 대학교(Ancient Universities)'는 19세기 이전에 설립된 유서 깊은 전통적 의미의 대학들을 지칭하며, 옥스퍼드대학이나 케임브리지대학 등이 이에 속한다. 한편, '옥스브리지(Oxbridge)'는 Oxford와 Cambridge를 합친 명칭이다. '붉은 벽돌 대학(Red Brick Universities)'은 19세기의 산업화 수요에 대처하기 위해 주요 산업도시에 설립된 시립대학들(Civic Universities)의 별칭으로, 맨체스터대학(University of Manchester), 리버풀대학(University of Liverpool) 등이 이에 속한다. '캠퍼스 대학(Campus Universities)'은 도시

근교의 넓은 부지에 교육과 학생의 편의를 위해 다양한 시설을 갖춰놓고 모든 사람에게 문호를 개방함으로써 대학의 대중화에 이바지하는 대학으로서, 이스트앵글리아대학(University of East Anglia), 워릭대학(University of Warwick) 등이 이에 속한다. '개방대학(Open Universities)'은 정상적으로 학교에 다닐 수 없는 사람들을 위해 원거리교육(Distance Education) 차원에서 설립된 대학이며, '근대 대학(Modern Universities)'은 기술 인력과 전문직업인 양성을 위해 1960년대에 설립된 '폴리테크닉(Polytechnics)'이 승격된 대학(1992년에 41개 폴리테크닉이 University로 승격됨)이다.

옥스퍼드대학 전경

옥스퍼드(Oxford)

풍요로운 역사와 웅장한 건축물을 곳곳에 품고 있으며, 학구적인 분위기가 물씬 풍기는 옥스퍼드는 세계 최고의 대학도시이다. 13세기에 처음 세워진 칼리지를 포함해 40여 개의 대학이 자리한 옥스퍼드는 케임브리지와 함께 학문의 중심지로 명성을 떨쳐왔다. 흔히 옥스퍼드대학이라고 부르지만, 대학 하나만 있는 것이 아니라 교수와 학생이 같은 기숙사에서 생활하면서 전문적인 학문을 공부하는 여러 칼리지의 총칭이다.

케임브리지(Cambridge)

케임브리지는 화려한 건축물, 유구한 역사, 대학생 특유의 활기찬 분위기가 매력적인 대학도시이다. 1284년 일리(Ely) 주교에 의해 최초의 칼리지가 설립된 이래 14~16세기에 칼리지가 잇따라 생겨나서 지금은 31개 단과대학이 이곳에 있다. 캠강(River Cam) 주변의 풍요로운 녹지에 품격 있는 칼리지들이 늘어서 있고, 자갈길에는 무거운 책을 가득 실은 자전거가 오고 가며, 아름답게 펼쳐진 잔디밭은 휴식을 즐기는 학생들로 가득하다.

케임브리지대학 전경

제9장 영국의 문학

영국 문학의 특징

영문학은 두 개의 거대한 뿌리에 기초하고 있다. 이 두 뿌리는 영국 역사에 많은 영향을 끼친 두 차례 이민족의 침략에서 비롯된다. 첫 번째는 5세기 중엽 북유럽에 거주하던 앵글로색슨족(Anglo-Saxons)의 침략이고, 두 번째는 1066년 프랑스 서북부의 노르망디(Normandy)에 거주하던 노르만족(Normans)의 침략이다. 따라서 영문학은 앵글로색슨족에 의해 유입된 북유럽의 비기독교적 게르만 문화와 노르만족에 의해 유입된 유럽 중남부의 그리스·로마 문화, 그리고 6세기 말경에 기독교를 통해 들어온 헤브라이 문화(Hebraism)가 결합된 산물이라고 할 수 있다(문희경 1).

앵글로색슨시대 영문학(Anglo-Saxon Literature, 고대 영문학)

5세기 중엽부터 영국으로 건너와 정착한 앵글로색슨족은 이교도로서 북유럽의 신화나 전설 등을 구전문학(oral literature)의 형태로 갖고 있었다. 하지만 597년 이후 유럽의 기독교 문명에 합류하면서 구전문학이 고대 영어로 기록되기 시작했다.

고대 영문학은 영시가 주류를 이루는데, 이는 크게 세 가지 유형으로 분류할 수 있다. 우선, 기독교적 주제를 표방하는 종교시로는 『십자가의 꿈(*The Dream of the Rood*)』 『캐드몬의 찬미가(*Caedmon's Hymn*)』 등이 있고, 둘째, 애가(哀歌, elegy) 형식으로 세속적 혹은 기독교적 삶의 지혜를 전달하는 시로는 『바다 나그네(*The Seafarer*)』 『방랑자(*The Wanderer*)』 등이 있다. 이들은 주로 잃어버린 영광과 행복, 고독과 방랑, 삶의 유한성 등을 '우비 순트 모티프(ubi sunt motif: *Ubi sunt qui ante nos fuerent?*에서 유래한 말로, 영어로는 Where are those who were before us?라는 뜻임)'로 다루고 있으며, 우울하고 어두운 분위기가 특징이다. 마지막으로, 영웅 서사시로 분류되는 작품으로는 『몰던 전투(*The Battle of Maldon*)』 『베오울프(*Beowulf*)』 등이 있다(영미문학의 길잡이 1, 31).

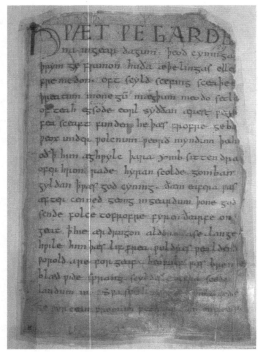

『베오울프』의 첫 페이지

『베오울프』는 7세기 후반 혹은 8세기 초엽에 고대 영어로 기록된 앵글로색슨시대 영문학의 대표적인 작품이다. 이 작품은 베오울프라는 영웅의 업적을 3,182행의 긴 설화시(narrative poem) 형태로 묘사한 앵글로색슨족의 영웅 서사시이자 민족 서사시(national epic)로, 앵글로색슨족의 문화, 전통, 민족성, 기질, 덕목 등을 보여주고 있다. 또한 『베오울프』는 앵글로색슨족의 방언인 고대 영어로 쓰여 있어서 고대 영시의 특징, 주제, 형식, 내용 등을 엿볼 수 있음은 물론, 고대 영어 연구의 귀중한 언어·문화적 자료가 되고 있다.

한편, 고대 영시의 특징으로는 이교적(異敎的) 요소(pagan element)와 기독교적 요소(Christian element)의 혼용, 두운(頭韻, alliteration: the sad sight of the sea), 복합어로 된 비유적 표현(kenning, [sea: whale-road, human body: bone-house]), 동의어(synonym, [king: giver of rings, giver of treasure])의 빈번한 사용 등을 들 수 있다.

중세 영문학(Medieval English Literature)

🇬🇧 시와 산문

중세 영문학은 1066년 노르만 정복 이후부터 르네상스 시대(1500년) 사이에 중기 영어로 쓰인 작품들을 말하며, 중세 영문학의 특징으로는 로맨스 문학의 개화, 초서의 활약, 성서 번역, 인쇄술의 발달 등을 들 수 있다.

영국을 정복한 노르만들은 영국의 정치·경제·사회·문화 등 모든 면에 엄청난 변화를 가져와서 영국 문화를 새롭게 변모 및 발전시켰다. 이들 중 가장 큰 변화는 지배층의 언어가 영어에서 '앵글로-노르만어(Anglo-Norman: 노르만 정복 이후 영국에서 쓰였던 프랑스어로, 프랑스 서북부 지역의 방언)'로 교체되어 궁정, 학교, 법정 등에서 상류층의 공식 언어로 자리 잡게 되었다는 사실이다. 그 결과 영어는 하층민과 비교육층의 언어로 전락하여 멸시를 받다가, 14세기 후반에 들어서야 비로소 공식적인 언어로서의 위상을 되찾게 되었다.

노르만 정복 이후 나타난 영어의 전락은 앵글로색슨시대 문학의 전통을 단절시켰다. 노르만 정복 이후 근 100년 동안 영국의 문학 작품들은 대륙에서 유입된 문학적 취향과 형식에 따라 주로 프랑스어나 라틴어로 쓰였다. 따라서 중세 영문학은 앵글로색슨시대 문학의 암울한 분위기에서 탈피하여 더욱 밝고, 경쾌하고, 세련된 맛을 풍기게 되었으며, 주제 면에서도 남성적 모티프(motif)인 전쟁, 투쟁, 복수 등에서 벗어나 쾌락, 사랑, 문화와 예절 등으로 바뀌게 되었다. 이처럼 중세 영문학은 대륙의 문학과 교류하면서 14세기에 제프리 초서(Geoffrey Chaucer), 윌리엄 랭랜드(William Langland), 가웨인 시인(Gawain-poet) 등과 같은 훌륭한 작가들을 배출하고, 고도의 세련미와 깊이를 갖추면서 전성기를 맞이하였다(문희경 12-13).

중세 영문학의 대표적인 장르는 로맨스(romance)라고 할 수 있다. 로맨스는 원래 11세기 무렵부터 프랑스에서 유행하던 이야기 문학으로, 귀족층의 이상인 '기사도(chivalry: 아서왕과 원탁의 기사들 이야기 등에 나타나는 덕목)', 귀부인에 대한 연모의 감정인 '궁정풍의 사랑(courtly love: 란슬롯[Lancelot]과 아서 왕의 왕비 귀네비어[Guinevere]가 나눈 것과 같은 부류의 사랑)', 무용담, 모험담, 전쟁 등의 내용을 담은 이야기이다. 중세의 대표적 로맨스 작품으로는 가웨인 시인이 썼다고 알려진 『가웨인 경과 녹색의 기사(Sir Gawain and the Green Knight)』와 토마스 말로리경(Sir Thomas Malory)의 『아서왕의 죽음(Le Morte D'arthur, The Death of Arthur)』 등이 있다.

중세에는 몽상(dream-vision)과 알레고리(allegory, 우화) 수법을 활용한 문학도 유행했는데, 작자 미상의 『진주(The Pearl)』와 랭랜드의 『농부 피어스의 환상(The Vision of Piers Plowman)』 등이 이에 속한다. 또한, 중세의 대표적 여성 작가이자 신비주의 작가였던 노리치의 줄리언(Julian of Norwich)과 머저리 켐프(Margery Kempe)도 이러한 부류의 작품을 썼다.

중세 후반에 들어 중기 영어의 발달과 정착 과정에 크게 이바지한 것은 유럽대륙으로부터 전파된 인쇄술이다. 윌리엄 캑스턴(William Caxton, 1422~1491)은 유럽에서 도입된 금속활자를 이용하여 세상을 떠나기 직전까지 100여 종이 넘는 책을 출판했다. 이처럼 새로운 인쇄술에 의한 책들이 출판되면서 문어(文語)로서의 영어가 서서히 표준화되기 시작했다.

한편, 옥스퍼드(Oxford)의 신학자였던 존 위클리프(John Wycliffe, 1320~1384)는 교황과 주교를 비롯한 성직자들의 타락과 부패에 환멸을 느낀 나머지, 성서의 권위와 복음을 중시하는 방향으로 영국 교회 개혁 운동을 주도하면서 성경을 영어로 번역하였다. 그가 세상을 떠난 후 그의 추종자들이 일으킨 '롤러드 운동(Lollard: 중세 네덜란드어로 '중얼거리다'라는 뜻의 'lollen'에서 유래함)'은 교회의 권위를 대체하려 한 일종의 대중적 이단 운동으로, 당대에는 많은 박해를 받았지만 종교 개혁 운동이 한창 일기 시작할 무렵에는 빛을 보게 되었다.

중세 영문학의 대표적인 작품은 '영시의 아버지(the father of English poetry)'로 불렸던 초서(1340~1400)가 쓴 『캔터베리 이야기(*The Canterbury Tales*)』이다. 르네상스의 물결이 한창이던 유럽대륙을 자주 왕래하면서 갖게 된 폭넓은 안목과 당대 이탈리아 문학의 거장 페트라르카(Petrarch), 보카치오(Boccaccio), 단테(Dante) 등의 영향을 받은 초서는 일종의 '액자구조(Frame Construction)' 또는 '휠 구조(Wheel Construction)'의 형태로 이야기를 전개했다. 순례(pilgrimage)와 이야기 놀이(story play)라는 2개의 서사적 구조로 짜인 이 작품은, 중세 사람들의 다양한 삶의 모습을 여러 가지 문학 형식으로 응축하여 담아낸 초서 시대의 '인간 코미디(human comedy)'라고 할 수 있다. 특히, 초서는 프랑스어의 영향으로 영어의 위세가 약화되던 시기에 이스트 미들랜즈 방언(East Midlands Dialect)으로 작품을 써서 중기 영어의 확립에 지대한 공헌을 했다.

『캔터베리 이야기』에 등장하는 순례자들의 모습

🇬🇧 연극

중세 교회는 성서의 내용을 무지한 대중에게 전파하고, 교회가 원하는 바람직한 삶을 일깨우기 위해 연극을 효율적으로 이용했다. 중세 교회에서 공연된 대표적 연극 형식으로는 신비극(mystery play), 기적극(miracle play), 도덕극(morality play) 등이 있다 (송원문 21).

신비극은 예수에 관한 이야기나 성서를 바탕으로 쓰인 극으로, 천지창조, 에덴 동산과 인간의 타락, 노아의 홍수, 예수의 수난과 부활 등의 소재를 다루고 있다.

기적극은 성서적 이야기 대신 성자(성현)들의 생애를 그린 작품이다. 비록 신비 극이 성서적 이야기를 다루고 있고 기적극은 그렇지 않지만, 이 두 가지 형태의 극 은 매우 흡사하여 구별이 쉽지 않다. 또한, 이 두 가지 형태의 작품은 당대에 수백 편이 공연되었지만 현존하는 것은 단지 소수에 불과하다.

도덕극은 인간의 내면에서 일어나는 선과 악의 투쟁이나 윤리 · 도덕적 요소를 우 화(allegory)나 의인화(personification)를 통해 극적으로 보여줌으로써 기독교적 가르침이 나 도덕적 교훈을 전달하고자 했다. 도덕극에서 등장인물들은 종종 여행을 떠나며, 여 정(旅程)을 통해 도덕적 교훈을 배운다는 점에서 '여정극(station drama)'이라고도 한다.

중세의 도덕극 중에 가장 훌륭한 작품으로는 「만인(Everyman)」이 있다. 「만인」 은 인간의 삶에서 가장 가치 있는 인간적 행동과 삶의 방식이 과연 무엇인가 하는 점을 우화적 등장인물들(allegorical characters)을 통해 보여준다.

16세기(튜더왕조시대, 르네상스시대, 엘리자베스시대) 영문학

르네상스(Renaissance)는 프랑스어로 '재생(rebirth)'을 의미하는 말로, 선대(先代)의 문화 를 재발견하고, 인간의 존재와 가능성에 대해 새로운 시야를 갖는다는 뜻이다. 즉, 중세의 인간은 신과 신성(神性)을 정점에 두는 신 중심의 우주관에서는 한낱 미물에 지나지 않았다. 그러나 르네상스 시대에 들어서면서 사람들은 점차 개인의 중요성을 인식하기 시작했으며, 인간을 무한한 가능성을 지닌 존재로 생각하였다.

르네상스의 중요한 특징으로는, 우선, 찬란했던 그리스와 로마 문화의 재발견이다. 수세기 이래 처음으로 지금까지 묻혀 있던 고대 작가들의 문헌이나 작품 등의 발굴을 통해 고대 문화가 재발견되었다. 그러면서 철학·신학·문학·예술 등 다양한 분야에서 새로운 지적 운동인 '인문주의(Humanism)'가 확산되고, 인문주의자(Humanist)가 양산되었다.

둘째, 종교개혁(Reformation)은 중세 교회의 쇠퇴와 함께 사회의 세속화를 가속했는데, 이는 종교의 영향으로부터 벗어나는 것을 의미했다. 따라서 르네상스 사회가 사후(死後)의 천국을 의미하는 '내세(the next world)'보다는 '현세(this world)'의 삶에 더 많은 관심을 갖게 됨에 따라 로마 가톨릭의 위세는 점차 위축되었다.

셋째, 과학기술과 항해술의 발전에 힘입은 지리상의 발견이다. 르네상스는 유럽이 신대륙으로 팽창해 나가면서 식민지 시대의 장(章)을 연 시대였다. 식민지 개척은 무역의 증진과 약탈을 통해 부의 원천이 되었을 뿐 아니라, 유럽인에게 타문화와 문명을 접할 기회를 제공함으로써 엄청난 사상적 변화를 초래했다. 점차 넓어지는 지리적, 사상적, 지적 지평선은 전례 없는 낙관주의를 낳으면서 인간의 가능성에 대한 신뢰, 지상에서의 삶에 대한 새로운 인식과 삶의 질을 향상시키고자 하는 욕구를 불러일으켰다(문희경 47).

넷째, 지리상의 발견을 통해 지구에 대한 새로운 이해가 가능해지자, 우주에 대한 생각도 바뀌게 되었다. 즉, 지구가 우주의 중심이라는 중세적 우주관이 코페르니쿠스(N. Copernicus), 케플러(J. Kepler), 갈릴레이(G. Galilei) 등의 과학자들에 의해 도전받게 되면서, 초자연적 원리에 의해 천체가 운행된다는 신화적 우주관이 이성에 근거한 물리학적 우주관으로 대체되었다(영미문학의 길잡이 1, 75).

영국 르네상스시대의 인간에 대한 관심과 인간 중심의 새로운 세계관은 그 이전에 결코 볼 수 없었던 새로운 내용과 형식의 문학 작품들을 양산시켰다. 르네상스시대의 작가들은 그리스와 로마 시대의 문학과 문화에 관심을 가지면서, 동시에 인간성 자체에도 애정을 갖고 세상과 인간이라는 주제를 문학적 양식으로 풀어나갔다 (송원문 31).

따라서 이 시기에는 프랜시스 베이컨(Francis Bacon, 1561~1626), 토머스 모어 (Thomas More, 1478~1535), 필립 시드니(Sir Philip Sidney, 1554~1586), 에드먼드 스펜서 (Edmund Spenser, 1552~1599), 크리스토퍼 말로우(Christopher Marlowe, 1564~1593), 윌리 엄 셰익스피어(William Shakespeare, 1564~1616), 벤 존슨(Ben Jonson, 1572~1637) 등 수많 은 작가, 시인, 극작가들이 혜성처럼 등장해서 활약했다.

🇬🇧 소네트(Sonnet)와 시 문학

16세기 영국 시가(詩歌)의 특징 중 하나는 소네트라고 하는 특이한 시 형식이 번창했 다는 사실이다. 소네트는 영국에서 16세기부터 쓰이기 시작하여 이후 시인들이 계속 애용하였고, 심지어 20세기 들어서도 쓰이긴 했지만, 그것이 16세기만큼 큰 성과를 거둔 적은 한 번도 없었다.

소네트는 와트(Thomas Wyatt, 1503~1542)와 서리(Henry Howard Surrey, 1517~1547)가 이탈리아의 소네트 작가 단테(Dante)나 페트라르카(Petrarch)를 모방하여 처음으로 영 국에 도입했다. 그들은 페트라르카로부터 소네트의 시 형식뿐 아니라 기법까지도 도 입하여 침체된 16세기 영국 시단에 새로운 활력과 가능성을 제공했다.

소네트는 일정한 행수(行數)·운율(韻律) 구조·시연(詩聯)의 구분에 의한 주제의 전개방식을 가진다는 점에서 정형시 중에서도 가장 전형적이고 널리 알려진 시의 한 형식이다. 소네트의 이러한 정형성은 그것이 우리나라의 시조(時調)와 흡사하여 자주 비교되기도 한다. 우리나라의 시조도 행(行)마다 일정한 자수(字數)가 정해져 있어서, 정해진 장(章)의 구분에 의해 시상(詩想)이 전개된다.

본래 단테나 페트라르카가 쓴 소네토(sonetto)는 기악의 반주에 맞춰 노래로 부 르던 18행으로 된 연가(戀歌)의 한 형식이었으나, 와트와 서리가 영국으로 도입할 때 아엠빅 펜타미터(iambic pentameter, 약강오보격)의 14행으로 변형시켰으며, 이후 그런 형식으로 굳어져서 14행 시(a 14-line poem)로 불리게 되었다.

영국의 소네트는 아엠빅 펜타미터의 14행이라고 하는 정형성 이외에도 일정한 행말(行末)의 음운(音韻) 구조(rhyme scheme)에 의해 다음 세 종류로 나뉜다. 하지만 압운법(押韻法)에는 다소의 변용이 허용된다.

① 이탈리아 소네트(Italian Sonnet or Petrarchan Sonnet): abba abba / cde cde
② 스펜서 소네트(Spenserian Sonnet): abab bcbc cdcd / ee
③ 영국 소네트(English Sonnet or Shakespearian Sonnet): abab cdcd efef / gg

16세기 영국의 소네트 작가들은 소네트를 한 편, 혹은 몇 편씩의 개별적 작품으로 쓴 것이 아니라, 소위 소네트 사이클(Sonnet Cycle, Sonnet Sequence)이라고 하는 연작(連作) 소네트를 써서 불후의 작품을 남겼다. 말하자면 많은 연(聯)이 모여 한편의 장시(長詩)를 이루는 것과 같은데, 다만 일반적인 장시(長詩)와 다른 점은 소네트 사이클에 속해 있는 각 편의 소네트

윌리엄 셰익스피어

는 그것만으로도 독자적인 시편을 이룬다는 점이다. 유명한 소네트 사이클로는 시드니 경(卿)의 『아스트로펠과 스텔라(Astrophel and Stella), 108편』, 스펜서(Edmund Spenser)의 『아모레티(Amoretti), 88편』, 셰익스피어의 『소네트집(Sonnets), 154편』이 있다.

다음은 셰익스피어의 『소네트집』에 수록된 18번 소네트 작품이다.

Shall I compare thee to a summer's day?
Thou art more lovely and more temperate:
Rough winds do shake the darling buds of May,
And summer's lease hath all too short a date:

Sometimes too hot the eye of heaven shines,

And often is his gold complexion dimmed;

And every fair from fair sometimes declines,

By chance or nature's changing course untrimmed;

But thy eternal summer shall not fade,

Nor lose possession of that fair thou ow'st;

Nor shall death brag thou wander'st in his shade,

When in eternal lines to time thou grow'st:

So long as men can breathe, or eyes can see,

So long lives this, and this gives life to thee.

내가 그대를 여름날에 비유해 볼까?

그대가 훨씬 더 아름답고 상냥해.

거센 바람은 5월의 귀여운 꽃봉오리를 흔들고,

여름날은 너무나도 짧도다.

때때로 태양은 너무나 뜨겁게 빛나고,

종종 그의 황금빛 피부도 흐려지도다.

모든 미인도 때때로 아름다움이 시들고,

우연이나 자연의 변하는 순리에 따라 고운 치장 빼앗기도다.

그러나 그대의 영원한 여름은 결코 시들지 않고,

그대가 지닌 아름다움도 잃지 않을 것이며,

죽음도 그대가 죽음의 그늘 속에서 헤맨다고 허풍떨지 않으리,

그대가 영원한 시 속에서 시간에 동화된다면.

그리고 인간이 숨 쉬고, 볼 수 있는 한,

이 시는 살아남아 그대에게 생명을 주리라.

소네트의 전통은 단테가 베아트리체(Beatrice)에게, 그리고 페트라르카가 로라 (Laura)에게 바치는 연애시(戀詩)의 전통을 수입한 것으로, 영국의 소네트는 연애시로

시작하여 연애시로 성공했다. 엘리자베스 시대의 소네트 작가들은 애인의 환심을 사기 위해 미사여구(美辭麗句)를 총동원하여 사랑의 괴로움과 고뇌를 미화(美化)한 글을 최상의 시라고 생각했다. 따라서 시의 화자(話者)는 종이 주인에게 은총을 바라듯, 하인(servant)이나 죄수(prisoner)를 자처하며, 교만하고 잔인한 귀부인(미인) 앞에서 무릎을 꿇고, 눈물을 흘리며, 은혜와 자애(慈愛)를 구한다. 이는 중세 이래로 오랫동안 전수된 유럽의 감정 풍습으로 일명 '궁정풍의 사랑'이라고도 하는데, 이 풍습이 영국의 연애시에 그대로 도입된 것이다.

필립 시드니 경은 엘리자베스 시대의 대표적인 궁정인, 시인, 문학 비평가, 학자, 귀족, 무사, 외교관, 문학의 후원자였다. 다양한 능력과 재능을 갖춘 전인(全人, whole man)을 이상적 인간으로 여기던 르네상스 시대에 그는 이에 가장 잘 부합하는 인물이었다. 그의 소네트 사이클 『아스트로펠과 스텔라』는 셰익스피어의 『소네트집』과 견줄만한 작품이며, 산문 로맨스 『아르카디아(Arcadia)』는 16세기 산문 중에 가장 뛰어난 작품으로 꼽힌다. 또한 『시를 위한 변론(The Defence of Poesy, An Apology for Poetry)』은 영문학 최초의 문학비평서이다.

에드먼드 스펜서는 초서, 셰익스피어에 버금가는 최고의 시인일 뿐 아니라 르네상스시대를 대표하는 시인이다. 그의 대표작 중 하나인 『목자의 달력(The Shepheardes Calendar)』은 12개의 목가시(牧歌詩, pastoral, eclogue)로 구성된 장시(長詩)로서 각 편은 각각 열두 달에 상응한다. 이 시는 당대의 상황을 잘 반영하는 주제와 함께, 이에 어울리는 다양한 문체와 운율을 사용하고 있어 스펜서 시의 실험적 특성을 잘 보여주고 있으며, 영시에서 목가시(전원시)의 형식을 유행시키는 계기가 되었다 (문희경 57-64).

『선녀여왕(The Faerie Queen)』은 스펜서 최대의 걸작으로 중세의 로맨스적 요소와 고대의 서사시적 요소들이 융합된 '로맨스적 서사시(romantic epic)'의 장르에 속한다. 스펜서는 이 작품에서 이탈리아와 프랑스 등지에서 자국어로 행해지던 여러 가지 문학적 실험들, 인문주의 운동을 통해 발굴된 그리스·로마 문학적 요소, 청교도적 이상주의, 신플라톤주의(neo-Platonism), 중세로부터 이어져 온 전통 등을 한데 녹여 르네상스 시대의 영광을 완벽하게 표현하였다(영미문학의 길잡이 1, 116).

　　한마디로 스펜서는 고대·중세·근대를 종합하고, 인문주의·기독교 신앙·애국심을 결합하여 유럽의 전통적 문학형식을 실험했을 뿐 아니라, 영국 특유의 시 전통을 확립함으로써 이후 밀턴(John Milton, 1608~1674), 키츠(John Keats, 1795~1821), 테니슨(Alfred Lord Tennyson, 1809~1892) 등과 같은 후대의 시인들에게 지대한 영향을 미쳤다.

🇬🇧 산문과 극 문학

라틴어본 『유토피아』

헨리 8세의 치하에서 대법관(Lord Chancellor)을 지내다가 영국의 종교개혁을 반대했다는 이유로 처형당한 토머스 모어는, 르네상스 시대의 대표적 인문주의자였던 에라스무스(Erasmus, 1466~1536)의 영향을 받은 대학자이자 자신의 신앙을 위해 목숨을 바친 순교자로서, 1516년 그의 대작 『유토피아(Utopia: '유토피아[utopia]'는 '이 세상 그 어디에도 없는 곳[no place or nowhere in the physical world]'이라는 뜻)』를 썼다.

　　이 작품은 '인간을 행복하게 하는 진정한 공공성과 정의란 무엇인가?'라는 질문에 대한 깊은 고뇌의 산물이자, 부조리한 현실을 고발하고 새로운 희망을 담은 공상소설(空想小說, fantasy)로서, 당대는 물론, 후대의 많은 정치가와 사회주의 사상가들에게 지대한 영향을 미쳤다. 그리고 이때부터, 어디에도 없지만 누구나 꿈꾸는 나라 유토피아는 모든 이들의 이상향(理想鄕), 즉 희망의 상징으로 자리매김했다.

크리스토퍼 말로우는 대학 출신의 재사들(The University Wits) 가운데 가장 유명한 극작가로, 탁월한 극작술, 무운시(無韻詩)로 된 극시(dramatic poetry)의 개척, 새로운 유형의 등장인물 창조 등으로 동시대의 셰익스피어에게 큰 영향을 미쳤다.

그의 대표작 『파우스트 박사의 비극적 인생(*The Tragic History of Doctor Faustus*)』은 괴테(Goethe)의 『파우스트(*Faust*)』와 같이 독일 고대의 전통에서 소재를 취해서, 무한한 호기심과 지식욕을 만족시키기 위해 24년 동안 악마에게 영혼을 파는 학자의 비극을 극화한 작품이다. 이 극은 지식욕에 불타는 인간의 정열과 의지력에 대한 긍정, 영혼을 희생시키면서까지도 새로운 것을 알기 위해 집념하는 르네상스적 인간의 모습을 보여주었다는 점에서 큰 의의가 있다.

윌리엄 셰익스피어는 말로우, 스펜서, 시드니, 벤 존슨 등 수많은 거장이 활약하던 영문학의 전성기인 르네상스시대에 홀로 우뚝 선 영문학의 대문호이다. 그는 평생을 배우이자 극작가로 활약하면서 37편의 희곡과 한 권의 『소네트집』을 남겼다. 칼 마르크스(Karl Marx)는 셰익스피어를 일컬어 "인류의 가장 위대한 천재 가운데 한 사람"이라고 극찬했으며, 영국인들은 "셰익스피어를 식민지 인도와도 바꿀 수 없다"라고 할 정도로 중히 여겼다. 그는 희극(comedy), 비극(tragedy), 사극(historical play), 문제극(problem play), 로맨스(romance) 등 다양한 종류의 희곡 장르에 손을 대면서 탁월한 걸작들을 남겼고, 햄릿(Hamlet), 오셀로(Othello), 맥베스(Macbeth), 폴스타프(Falstaff) 등 다양한 유형의 개성적 인물들을 창조했다. 이러한 다양성은 셰익스피어의 상상력과 재능이 천부적으로 무궁무진했으며, 인간과 삶에 대한 통찰력 또한 그 폭과 깊이에 있어서 타의 추종을 불허했고, 시어(詩語)의 풍요로움도 전무후무(前無後無)했다는 점을 입증한다. 그런 연유로 그가 창조한 극중 인물들은 400여 년이 지난 오늘날까지도 나이, 성별, 직업, 신분과 관계없이 살아있는 인물들로 여전히 숨 쉬고 있다(문희경 83). 또한, 그의 작품들은 오늘날에도 런던 사우스 뱅크(South Bank)에 재건된 글로브 극장(Globe Theatre, 1997년 개관)과 셰익스피어의 고향 스트랫퍼드 어폰 에이번(Stratford-upon-Avon)에 있는 로열 셰익스피어 극장(Royal Shakespeare Theatre)에서 여전히 공연되고 있다.

다음은 셰익스피어의 『맥베스』(*Macbeth*)에 나오는 유명한 구절이다.

Tomorrow, and tomorrow, and tomorrow

Creeps in this petty pace from day to day

To the last syllable of recorded time,

And all our yesterdays have lighted fools

The way to dusty death. Out, out, brief candle!

Life's but a walking shadow, a poor player

That struts and frets his hour upon the stage

And then is heard no more; it is a tale

Told by an idiot, full of sound and fury,

Signifying nothing.

내일이 오고, 또 내일이 오고, 또 내일이 와서,

삶의 마지막 순간을 향해 하루하루

종종걸음으로 기어가고,

우리의 모든 과거는 어리석은 자들이

티끌로 돌아가는 죽음의 길을 가르쳐준다.

꺼져라, 꺼져, 단명한 촛불아!

인생은 단지 걸어 다니는 그림자, 가련한 연극배우,

주어진 시간 동안 무대에서 뽐내고 안달하지만

그 시간이 지나고 나면 더 이상 아무 소리도 들을 수 없어.

그것은 백치가 떠들어대는 이야기,

소음과 분노로 가득하지만

아무런 의미도 없어.

셰익스피어 생가

셰익스피어 문학의 고향 스트랫퍼드 어폰 에이번(Stratford-upon-Avon)

중세 분위기가 물씬 풍기는 작은 도시 스트랫퍼드 어폰 에이번은 문학의 거장 셰익스피어가 탄생하고 영면(永眠)한 곳이며, 그의 희곡을 공연하는 세계적인 극단들의 활동 무대이다.

버밍엄으로부터 남쪽으로 약 34km 떨어진 에이번 강가에 위치한 이 도시는, 1564년에 태어난 셰익스피어가 1616년 눈을 감을 때까지 남긴 일생의 흔적들이, 풍요로운 튜더왕조 시대의 유산들(나무 구조에 석회를 바른 건물들)과 함께 도시 곳곳에 어려 있다.

시내에는 그가 태어나서 청년기까지 살았던 집(현재는 박물관), 만년에 6년간 지낸 집터(뉴 플레이스 [New Place]: 18세기에 허물어져 현재는 초석과 우물만 남아 있는 공원), 그의 아내 앤 해서웨이(Anne Hathaway)와 함께 묻혀 있는 홀리 트리니티 교회(Holy Trinity Church: 교회 내에 그의 유명한 흉상이 있음) 묘지 등이 있으며, 스트랫퍼드 외곽에는 셰익스피어의 어머니와 아내가 처녀 시절에 살았던 '메리 아덴의 집(Mary Arden's House)'과 '앤 해서웨이의 코티지(Anne Hathaway's Cottage)'가 있다.

해마다 셰익스피어축제가 열리는 '로열 셰익스피어 극장(Royal Shakespeare Theatre)'은 로열 셰익스피어 극단(Royal Shakespeare Company, RSC)의 본거지로, 원래 1875년에 건립되었으나 1926년에 부속 건물(도서관, 미술관, 박물관)만 남기고 모두 타버렸기 때문에, 1932년 에이번 강변에 아르데코(art deco)풍으로 재건되었다. 인접한 '스완 극장(Swan Theatre)'은 목조 극장을 1986년에 개축해서 튜더왕조 시대의 극장으로 꾸민 것이다. 이 두 극장은 2010년에 대대적인 공사를 마치고 2011년 초에 정식으로 개관했다. 또한, 남쪽으로 5분 정도의 도보 거리에 있는 '코트야드 극장(Courtyard Theatre)'은 실험적인 연극을 포함하여 신작들을 공연하는 극장이다.

글로브 극장(Globe Theatre)

글로브 극장은 1599년 버비지 형제(Richard and Cuthbart Burbage)가 런던의 템스강 남쪽 사우스워크(Southwark)에 세운 극장이다. 이 극장은 셰익스피어 극단의 주 공연장이었으며, 셰익스피어의 많은 작품이 초연된 극장으로 알려져 있다. 1613년 공연 도중 화재로 소실되어 1614년 재건되었으나, 1642년 청교도 정부의 압력으로 폐쇄되었다가 1644년 철거되었다. 1997년 원래의 극장 자리 인근에 현재의 셰익스피어 글로브 극장(객석: 857석)이 17세기 원형대로 재건되어 다시 문을 열었다.

극작가이자, 문학 비평가요, 시인이었던 벤 존슨은 신고전주의의 원칙을 옹호한 영국 최초의 작가 중 한 사람이다. 셰익스피어가 고전극의 '3 일치의 법칙(3 unities: unity of action, unity of time, unity of place)'을 타파한 데 반해, 존슨은 오히려 그리스 · 로마 고전극을 장려하고, 이성과 교양의 중요성을 주장하며, '3 일치의 법칙'에 충실한 작품들을 썼다. 그는 한두 편의 비극 작품에도 손을 댔지만, 그의 진가는 역시 희극에서 발견된다.

벤 존슨은 그의 대표작 『각인각색(*Every Man in His Humour*)』이나 『볼포네(*Volpone*)』 등에서 볼 수 있듯이, '기질 희극(Comedy of Humours)'이라는 새로운 장르를 창안한 선구자로 알려져 있다. 기질 이론은 인체가 네 가지 체액(피는 쾌활한 성격, 점액은 냉담한 성격, 담즙은 화를 잘 내는 성격, 흑담은 우울한 성격)으로 이루어져 있다는 고대와 중세의 생리학 이론에 바탕을 둔 것으로, 기질 희극의 주요 등장인물들은 모두 한 가지 기질 또는 체액이 과다한 사람들이다. 따라서 이들은 특정한 강박관념에 사로잡히거나 혹은 성격상의 문제로 균형 잡힌 인간이 되지 못하고 늘 우스꽝스러운 행동을 일삼는 풍자의 대상들이다. 존슨은 이러한 인물들을 철두철미하게 풍자 및 공격하며 인간의 우둔함을 신랄하게 꼬집었다. 이렇듯 그의 작품은 언제나 뚜렷한 목적 하에 쓰였기 때문에 일명 '교정(矯正) 희극(corrective comedy)'이라고도 불리며, 교훈적 경향이 강한 것이 특징이다.

17세기 영문학

내전(The English Civil War, 1642~1651)의 결과로 올리버 크롬웰(Oliver Cromwell)이 세운 공화정(The Republic, The Commonwealth)이 그의 죽음과 함께 끝나고, 프랑스에서 망명 중이던 찰스 2세(Charles II)가 왕위에 오른(왕정복고, Restoration) 1660년부터 존 드라이든(John Dryden, 1631~1700)이 죽은 1700년까지를 흔히 '왕정복고 시대(Restoration Age)' 또는 '드라이든의 시대(Age of Dryden)'라고 부른다. 이 시기는 영국인의 관심과 활동이 대외문제보다는 주로 정치와 종교 등 국내 문제로 치중되던 혼돈과 불안, 변혁과 도덕적 자각(청교도 운동)의 시대였다. 따라서 이 시대의 문학은 전 시대의 낙관적 분위기 대신 암울함과 비관적 슬픔, 엄숙함과 진지함 등으로 대변된다.

🏴󠁧󠁢󠁥󠁮󠁧󠁿 시 문학

17세기에는 엘리자베스 시대의 시인들과는 전혀 다른 부류의 시를 쓰는 이른바 '형이상학파 시인들(Metaphysical Poets: John Donne, George Herbert, Henry Vaughan, Richard Crashaw, Andrew Marvell)'이 등장하여, 기발한 비유(conceit), 아이러니(irony), 역설 (paradox), 잡다한 시어(詩語), 극적 수법 등을 동원해서 지적, 논리적, 분석적, 구어체적, 산문적 경향의 독특한 시를 썼기 때문에, 이들이 쓴 시는 이후 '형이상학파 시 (Metaphysical Poetry: 18세기에 새뮤얼 존슨[Samuel Johnson]이 비난의 의미로 처음 붙인 명칭)'로 불리게 되었다. 그러다가 20세기 들어 그리어슨(Herbert J. C. Grierson) 교수가 편집한 『17세기 형이상학파 시와 기타 시편들(*Metaphysical Lyrics and Poems of the*

Seventeenth Century), 1921』의 출판과 엘리엇(T. S. Eliot, 1888~1965)에 의한 새로운 조명 등으로 재평가되었다.

이들과는 대조적으로, 로버트 헤릭(Robert Herrick, 1591~1674) 등과 같은 '왕당파 시인들(Cavalier Poets)'은 내전의 여파로 '현재를 즐기자(Carpe Diem: Enjoy the Present.)' 는 주제의 시들을 썼고, 크롬웰의 외국어 담당 비서관이자 독실한 청교도였던 존 밀턴(John Milton, 1608~1674)은 삼부작 『실낙원(*Paradise Lost*)』 『복낙원(*Paradise Regained*)』 『투사 삼손(*Samson Agonistes*)』을 비롯하여 기타의 시들을 썼다.

1667년 출판된 『실낙원』은 밀턴 스스로가 "인간에 대한 신의 섭리를 정당화하기 위해(to justify the ways of God to men)" 쓴 것이라고 밝히고 있듯이, 신의 섭리를 온전히 이해하고 그 의미를 되찾고자 하는 인간적 노력의 결실이다. 고전주의와 기독교적 사상이 적절히 가미된 이 작품은 거대한 주제, 방대한 구조, 장엄한 언어, 그리고 사상의 폭과 깊이에 있어서 서구 문학사에 길이 빛나는 위대한 서사시(epic)라고 할 수 있다(문희경 141).

🇬🇧 산문과 극 문학

존 드라이든은 산문, 시, 희곡, 비평 등 다양한 분야에서 우수한 작품을 남겨 당대에 문학계의 거장으로 불렸다. 그의 작품에는 동시대의 정치적, 종교적, 철학적, 예술적 문제들이 반영되어 있다. 그는 내면의 목소리에만 귀를 기울이고 개인적 경험이나 다루는 주관적 작가가 아니라, 공공의 문제를 공적(公的)으로 다루었던 시사적(時事的) 작가였다. 따라서 그의 작품들은 동시대 및 사회적 사건들과 밀접한 관련이 있으며, 그가 보여준 세련되고, 장중하고, 위엄 있고, 음악적인 '영웅시(heroic couplet, closed couplet)'풍의 스타일과 풍자 정신은 후일 알렉산더 포프(Alexander Pope, 1668~1744)에게 많은 영향을 미쳤다.

존 번연(John Bunyan, 1628~1688)은 자신의 독실한 종교적 신앙을 작품으로 승화시킨 작가이다. 그가 옥중에서 집필한 『천로역정(*The Pilgrim's Progress*)』은 우화적 인물들을 등장시켜, 구원의 길을 떠나는 영혼의 여정을 다룬 일종의 알레고리로서 그의 기독교적 인생관을 다루고 있다.

대니얼 디포(Daniel Defoe, 1660~1731)는 새로 형성된 독자층을 의식하고, 그들의 기호에 걸맞은 이야기를 쓴 작가이다. 그는 당대의 정치적·경제적·사회적 현상들을 세밀하고 구체적으로 묘사함으로써 사실주의(寫實主義, realism)를 갈구하던 독자들의 관심을 끌어내는 데 성공했을 뿐 아니라, 그가 구사했던 사실주의 수법은 근대소설의 형성에도 지대한 영향을 미쳤다. 그의 대표작 『로빈슨 크루소(*Robinson Crusoe*)』는 무인도에 난파해서 28년 동안 생존하다 구출된 한 영국 선원의 이야기이다. 이 작품은 성서를 제외하고 전 세계에서 가장 많이 읽힌 아동문학의 고전으로, 낯설고 신기한 세상을 동경하는 전 세계 어린이들의 모험심과 상상력을 자극했다.

풍자문학가로 알려진 조너선 스위프트(Jonathan Swift, 1667~1745)는 산문 분야에서 특출난 재질(才質)을 보여준 작가이다. 그는 영국인 부모에 의해 더블린(Dublin)에서 태어나 트리니티대학(Trinity College Dublin, TCD)을 다녔으며, 영국과 아일랜드를 오가며 작품 활동을 했다. 그는 영국의 식민정책으로 인해 착취당하는 비참한 아일랜드의 현실을 목격하고, 일련의 글을 통해 이를 고발하고자 했다. 그는 아일랜드를 위해 투쟁함으로써 애국자로 추앙받긴 했지만, 앵글로-아이리시로서 늘 정체성의 혼란을 겪었다. 따라서 스위프트는 영국과 아일랜드 사이에서 그리고 희망과 절망 사이에서 분열된 자신의 삶처럼, 작품에서도 서로 통합되지 않는 다중의 의미를 통해 총체성(wholeness)을 추구하고자 했던 작가이다(영미문학의 길잡이 1, 194).

그의 대표작 『걸리버 여행기(*Gulliver's Travels*)』는 모

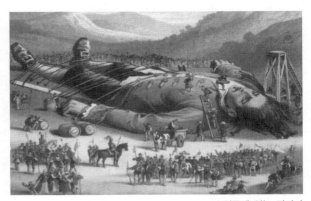

소인국에 있는 걸리버

험담으로서의 설화적 매력과 신랄한 인간비평 때문에 영문학사에서 하나의 걸작으로 평가된다. 스위프트는 이 작품에서 당대의 인물과 사건들을 소재로 환상적인 이야기를 창조함으로써, 시대와 장소를 초월하여 인간성에 깊은 비평을 가하고, 궁극적으로는 인간성의 선과 악의 면면을 탐구하여 독자들에게 보여주고자 했다.

왕정복고기에 영국 연극은 기억될 만한 극작가들을 별로 길러내지 못했다. 연극이 더 이상 예술이나 사회 교화의 수단이 아닌 귀족과 서민들의 오락거리로 전락했기 때문이다. 따라서 이 시기에 주종을 이루었던 연극은 비범한 행동을 수행하는 등장인물들을 다루는 영웅비극(heroic tragedy)이라기보다는 소극(farce), 모반희극(comedy of intrigue), 악습희극(comedy of evil manners), 풍습희극(comedy of manners) 등이었다.

프랑스의 극작가 몰리에르(Moliere, Jean Baptiste Poquelin, 1622~1673)의 영향을 받은 풍습희극은, 극중 인물이나 사건에 역점을 두기보다는 상류층의 유행, 결점, 쑥덕공론, 간통, 성적 탈선 등에 초점을 맞추어 당대의 사회적 관습과 규범에 일침을 가하고, 상류층의 위선, 인정, 풍속 등을 풍자하는 희극이다. 이러한 희극의 대표적 작가로는 조지 에더리지(Sir, George Etherege, 1635~91), 윌리엄 콩그리브(William Congreve, 1670~1729), 윌리엄 위철리(William Wycherley, 1640~1716) 등이 있다.

18세기 영문학

'이성의 시대(The Age of Reason),' '상식의 시대(The Age of Common Sense)'로 통용되던 18세기는 존 로크(John Locke, 1632~1704)의 자연법사상, 뉴턴(Isaac Newton, 1641~1727)의 기계론적 우주관, 데이비드 흄(David Hume, 1711~1776)의 인식론(認識論), 루소(Jean Jacques Rousseau, 1712~1778)의 사회계약론, 토머스 페인(Thomas Paine, 1737~1809)의 상식론 등에 영향을 받아 이성의 힘과 인간의 무한한 진보를 믿고, 현존 질서의 타파로 사회개혁을 꿈꾸던 합리주의와 계몽주의 사상이 흥행하던 시기였다. 이러한 사상은 문학에도 영향을 미쳐 그리스와 로마 시대의 작가, 고전(古典) 작품, 전통과 법칙,

내용과 형식의 일치, 조화와 질서, 균형과 절제, 우아함과 품위, 간결성, 완성도, 정확성, 기교, 적정(適正, decorum) 등을 중시하는 신고전주의(neo-Classicism) 문예사조를 등장시켰다. 신고전주의는 존 드라이든의 죽음으로부터 낭만주의(Romanticism)의 태동에 이르기까지 근 1세기 동안 지속되었다.

🏴 시 문학

알렉산더 포프(Alexander Pope, 1668~1744)는 18세기 신고전주의 시를 대표하는 시인이다. 포프는 존 드라이든의 영웅시풍을 추종하여 시어(詩語)의 규칙성과 절제미를 중시하는 '영웅시체 2행연구(二行聯句, heroic couplet, closed couplet: 시행의 끝을 같은 운으로 압운한[각운, end rhyme] 약강오보격[iambic pentametre]으로 된 2행)로 된 시를 썼다.

> True wit is Nature to advantage dressed,
> What oft was thought, but ne'er so well expressed:
>
> 참된 기지(진리의 표현)은 잘 표현된 자연이다.
> 흔히 통용되는 생각이지만, 제대로 표현된 적이 없는.
> 『비평론(*An Essay on Criticism*)』

포프는 뛰어난 기교, 정밀성, 번뜩이는 기지(機智), 세련된 운율, 다양하고 조화로운 언어 구사 능력 등을 바탕으로, 그리스·로마 시대 대시인들의 고전 시학과 미적 기준에 따라 완벽성을 집요하게 추구했기 때문에, 19세기 낭만주의 시인들로부터 그의 시가 자연스럽지 못하고 너무 인위적이라는 비난을 받아왔다. 하지만 포프는 18세기를 대표하는 시인으로 여전히 우뚝 서 있다(문희경 167). 그의 대표작으로는 『머리타래의 강탈(*The Rape of the Lock*)』 『비평론(*An Essay on Criticism*)』 『인간론(*An Essay on Man*)』 등이 있다.

18세기로부터 낭만주의로 들어서기 이전에 나타난 감성적이고 낭만적 경향의 문예사조를 일명 '전(前) 낭만주의(pre-Romanticism)'라고 부른다. 이러한 특징은 '초기 낭만주의자들(pre-Romantics)'로 일컬어지는 윌리엄 콜린스(William Collins, 1721~1759), 에드워드 영(Edward Young, 1683~1765), 토머스 그레이(Thomas Gray, 1716~1771), 로버트 번스(Robert Burns, 1759~1796), 윌리엄 블레이크(William Blake, 1757~1827) 등의 시에서 주로 나타난다. 이들 중 일부는 일명 '분묘파(墳墓派) 시인들(Graveyard School, Graveyard Poets)'이라 불리기도 하는데, 그 이유는 이들이 밤과 죽음에 관한 명상적 시를 즐겨 썼기 때문이다. 또한, 이들의 시에서는 자연에 대한 애정, 침울하면서도 사색적인 분위기, 명상에 잠긴 고독한 시인의 모습 등 낭만주의를 예고하는 여러 가지 특징이 나타난다(문희경 231).

다음은 토머스 그레이의 「시골 교회 묘지에서 쓰인 애가(哀歌)(An Elegy Written in a Country Churchyard)」의 일부이다.

The curfew tolls the knell of parting day,
The lowing herd wind slowly o'er the lea,
The plowman homeward plods his weary way,
And leaves the world to darkness and to me.

만종(晩鐘)은 사라져가는 날의 조종(弔鐘)을 울리고,
낮은 소리로 우는 소 떼는 풀밭 위를 천천히 지나간다.
농부는 지친 발걸음으로 터벅터벅 집을 향하고,
온 세상에는 오직 어둠과 나뿐이다.

로버트 번스는 스코틀랜드 민중들의 소박한 삶과 정서, 자연에 대한 애정, 생활경험에서 우러나오는 시정(詩情) 등을 스코틀랜드 방언(dialect)을 사용해서 솔직하고 생기 있게 표현했기 때문에 오늘날까지도 스코틀랜드의 국민 시인으로 추앙받고 있다.

윌리엄 블레이크는 새롭고 독특한 문학세계를 구축하여 낭만주의자들의 선구자적 역할을 한 천재 시인이자 신비주의자였다. 그는 어떤 도그마(dogma)나 자의식에 구애됨이 없이 영적(靈的)인 것만이 본질적인 실재(實在)라고 믿었으며, 상상력(imagination)과 직관(intuition)이야말로 실재에 이르는 유일한 매개체라고 여겼다. 그의 시는 미묘한 상징에 의해 독특한 기교로 표현되고, 그의 사상은 직관력에 의해 절대의 세계로 비약하여 인간의 표현과 사고력의 극단에까지 도달했다. 따라서 그는 낭만주의 시의 새로운 시경(詩境)을 개척한 특출난 시인이라고 할 수 있다. 그의 작품으로는 『순수의 노래(Songs of Innocence)』 『경험의 노래(Songs of Experience)』 『천국과 지옥의 결혼(The Marriage of Heaven and Hell)』 등이 있다.

소설 문학

18세기는 중산층의 소득 증가와 교육의 확대로 인한 독자층(Reading Public)의 형성, 인쇄술 및 출판문화의 발달과 정기간행물의 영향, 직업 작가의 등장 등으로 소설이라는 문학 장르가 태생하여 확고하게 자리 잡은 시기이다. 특히 18세기 후반에는 감성(sensibility)을 긍정하고 찬양하는 감상주의(sentimentalism)의 영향으로 '감상소설(Sentimental Novel, Novel of Sensibility)'을 비롯하여 천한 신분의 악한(惡漢)을 주인공으로 내세워 궁핍, 범죄, 부패 등이 만연한 사회상을 그리는 '피카레스크 소설(Picaresque Novel, 악한소설, 건달소설)'이 유행했고, 18세기 말엽에는 꿈의 세계, 비합리적인 세계, 상상의 세계에 관심을 갖고 공포심과 신비감을 자극하는 '고딕소설(Gothic Novel)'이 높은 인기를 누렸다(문희경 195-229).

이 시대에 활약한 소설가로는 『파멜라(Pamela)』를 쓴 사무엘 리처드슨(Samuel Richardson, 1689~1761), 『조셉 앤드루스(Joseph Andrews)』와 『톰 존스(Tom Jones)』를 쓴 헨리 필딩(Henry Fielding, 1707~1754), 『로드릭 랜덤(Roderick Random)』을 쓴 토비아스 스몰렛(Tobias Smollett, 1721~1771), 제임스 조이스(James Joyce, 1882~1941) 등과 같은 모더니스트(Modernist) 작가들에게 지대한 영향을 끼친 '의식의 흐름(Stream of

Consciousness)'의 수법을 최초로 개척한 『트리스트럼 섄디(*Tristram Shandy*)』의 저자 로렌스 스턴(Laurence Sterne, 1713~1768), 최초의 고딕소설로 불리는 『오트란토성(*The Castle of Otranto*)』을 쓴 호레이스 월폴(Horace Walpole, 1717~97) 등이 있다.

🇬🇧 극 문학

18세기의 영국 연극은 '감상희극(Sentimental Comedy)'으로 대변된다. 중산층의 부상과 함께 풍자성이 강했던 풍습희극의 시대가 감상희극의 시대로 바뀐 것이다. 감상희극은 해피 엔딩으로 구성된 희극(comedy)이지만, 그 과정에 주인공의 불행이 있고, 그 불행에 대해 관객들의 동정을 불러일으키는 이야기 구조로 되어있다. 감상희극에서는 셰익스피어의 연극처럼 철학적인 질문도 없고, 풍습희극처럼 사회적 문제점을 지적하고 조롱하는 문제의식도 찾아보기 힘들다. 단지 감성적인 눈물샘을 자극하여 동정심과 감상적 몰입만을 유도할 뿐 궁극적으로는 희극적 해피 엔딩으로 끝을 맺음으로써 관객들이 지적·감성적 부담 없이 연극을 가볍게 즐기도록 한다. 리처드 스틸(Richard Steel, 1672~1729)은 18세기 초엽을 대표하는 감상희극의 작가로, 대표작으로는 「지각 있는 연인들(*The Conscious Lovers*)」 등이 있다.

　18세기 초엽에 풍미했던 감상희극은 오랫동안 관객들의 사랑을 받기에는 그 내용이 너무나 작위적이고 깊이가 없었다. 따라서 자연스럽게 18세기 중·후반부터는 희극의 전통적 형식에 충실을 기함으로써 풍자와 해학이 만들어내는 웃음이 가득한 본연의 희극을 만들고자 하는 '반감상주의 연극(anti-Sentimental Play)' 풍조가 생겨났다. 이러한 움직임을 대표했던 작가로는 올리버 골드스미스(Oliver Goldsmith, 1730~1774)와 리처드 셰리든(Richard Sheridan, 1751~1816)이 있는데, 특히 셰리든은 풍습희극(Comedy of Manners: 세태를 풍자하는 희극)의 대가였던 윌리엄 콩그리브(William Congreve, 1670~1729)를 잇는 희극작가로 평가되고 있다. 셰리든의 대표작으로는 「스캔들 학교(*The School of Scandal*)」 등이 있다(송원문 83-84).

19세기 낭만주의와 빅토리아 시대 영문학

초기 낭만주의자들에 의해 거의 반세기 동안 이어져 온 시는 1798년 워즈워스(William Wordsworth, 1770~1850)와 콜리지(Samuel Taylor Coleridge, 1772~1834)의 합작품『서정민요 시집(The Lyrical Ballads)』의 출판과 함께 낭만주의 시문학이 화려하게 개화하기 시작했다.

낭만주의 시문학의 특징은 이성에 대한 반항, 보편보다는 개성, 규칙보다는 자유, 형식보다는 내용, 세련된 것보다는 신기한 것에 대한 추구, 자연에서의 영감, 감각과 감성, 직관과 상상력의 중시 등이다. 또한, 초자연적 정서(supernaturalism), 중세 취미(medievalism), 이국정취(exoticism), 경이감(sense of wonder), 반항 정신(spirit of revolt) 등도 낭만주의 시문학의 중요한 요소들이다. 낭만주의 시문학은 19세기 후반의 빅토리아 시대에 이르러 더욱 원숙해졌으며, 세기말에는 다소 퇴색하였다.

주요 낭만주의 시인들로는 자연을 예찬하고 범신론(Pantheism)을 신봉한 워즈워스, 초자연적(supernaturalistic) 신비성을 추구한 콜리지, 자유와 반항 정신을 기치로 내건 바이런(Lord George Gordon Byron, 1788~1824), 이상사회(ideal society)를 열망한 셸리(Percy Bysshe Shelley, 1792~1882), 미(美)의 세계에 천착한 키츠(John Keats, 1795~1821) 등이 있다.

다음은 워즈워스의 시「수선화(Daffodils)」의 일부이다.

I wandered lonely as a cloud
That floats on high o'er vales and hills,
When all at once I saw a crowd,
A host, of golden daffodils;
Beside the lake, beneath the trees,
Fluttering and dancing in the breeze.

Continuous as the stars that shine
And twinkle on the milky way,
They stretched in never-ending line

Along the margin of a bay:
Ten thousand saw I at a glance,
Tossing their heads in sprightly dance.

골짜기와 언덕 위에 높이 떠도는
구름장처럼 나는 외로이 배회하고 있었네.
그때 문득 보았지.
한 무리의 황금빛 수선화가
호숫가 나무 아래서
미풍에 하늘거리며 춤추고 있는 것을.

은하수에서 반짝이며 빛나는 별들처럼
그들은 호수의 가장자리를 따라
끝없이 줄지어 늘어서 있었네.
나는 한눈에 보았지.
무수한 수선화들이
머리를 흔들면서 흥겹게 춤추고 있는 것을.

호수와 문학의 고향 레이크 디스트릭트(Lake District)

레이크 디스트릭트(잉글랜드 북서부의 쿰브리아[Cumbria] 주[州]에 있는 동서 50킬로미터 남북 40킬로미터의 국립공원)는 잉글랜드의 심장과 영혼으로 불리는 지역으로, 잉글랜드에 있는 그 어떤 곳도 이에 필적하지 못한다. 잉글랜드에서 가장 큰 호수인 윈더미어(Windermere)를 비롯하여 산을 넘을 때마다 새로운 모습을 드러내는 열여섯 개의 크고 작은 호수와 늪, 깎아지른 듯한 계곡과 초원이 만들어내는 장엄한 경관 등은 수백 년 동안 시인과 화가들에게 영감을 주었다.

세계적으로 유명한 낭만주의 시인 워즈워스, 셸리, 키츠, 문학 평론가 러스킨(John Ruskin), 동화 작가 아서 랜섬(Arthur Ransome)과 비어트릭스 포터(Beatrix Potter) 등이 이곳의 풍광을 배경으로 걸작들을 창작했다. 이곳은 또한 도보 여행의 성지답게 수 없이 많은 산길, 물길, 능선길, 계곡길, 마을길, 들길들이 전방위로 펼쳐져 있어, 걸으면서 사색하기 좋아하는 이들을 행복한 고민에 빠지게 한다.

레이크 디스트릭트(Lake District)

　이곳의 명소로는 워즈워스 하우스(Wordsworth House: 워즈워스가 태어난 곳), 도브 코티지와 워즈워스 박물관(Dove Cottage & The Wordsworth Museum: 1799년부터 1808년까지 워즈워스가 거주했던 곳으로, 박물관에는 그의 원고와 유품 등이 전시되고 있음), 라이덜 마운트(Rydal Mount: 1813년부터 1850년 세상을 떠날 때까지 워즈워스와 그의 가족이 살았던 곳), 그래스미어(Grasmere: 워즈워스가 살았던 시골 마을), 혹스헤드 그래머 스쿨(Hawkshead Grammar School: 워즈워스가 다녔던 학교), 엠블사이드(Ambleside: 윈드미어 호수의 북단으로 워즈워스의 연고지), 윈드미어와 보네스(Windermere & Bowness: 호수 지방 관광의 기점이 되는 호반의 도시), 케즈윅(Keswick: 호수 지방의 북쪽 관문), 혹스헤드(Hawkshead: 골짜기에 위치한 아름다운 도시로 하얀 집들이 죽 늘어서 있음), 베아트릭스 포터의 세계(The World of Beatrix Potter Attraction: 포터가 쓴 그림책의 주인공들이 맞아주는 즐거운 놀이 시설), 베아트릭스 포터 갤러리(Beatrix Potter Gallery: 포터의 그림책 원화들을 전시한 작은 갤러리), 힐 톱(Hill Top: 베아트릭스 포터의 명작이 탄생한 농가) 등이 있다.

도브 코티지

빅토리아 시대는 월터 스콧(Sir Walter Scott, 1771~1832)이 별세한 1832년부터 알프레드 테니슨(Alfred Lord Tennyson, 1809~1892)이 세상을 떠난 1892년까지 60여 년에 걸치는 기간이며, '빅토리아 시대(The Victorian Age)'로 불리는 이유는 빅토리아 여왕(Queen Victoria)이 1837년부터 1901년까지 재위했기 때문이다.

이 시기는 영국의 국운이 절정에 달하고 해가 지지 않는 제국의 권위가 전 세계에 미쳤던 영국 역사상 전무후무(前無後無)했던 약진과 도약의 시기였다. 이 시대 영국 사회의 특징으로는 과학의 발달과 산업혁명의 성숙에서 오는 산업화·도시화·집중화 현상, 제국주의의 팽창, 민주주의 제도와 사상의 발전, 민권의 신장, 물질만능주의와 실용주의 사상, 낙관주의, 속물근성(snobbery), 신앙의 퇴조에서 오는 불안·회의(懷疑)·갈등·번민 등을 들 수 있다. 또한, 이 시기는 낡은 것과 새로운 것이 조화를 이룬 시대였으며, 종교와 과학, 자유와 절제, 전통과 진보가 낭만주의 시대와 같이 허황되지 않고 온건과 중용의 길을 걷던 시대였고, 현실에 입각하여 미래에 대한 희망과 낙관을 견지했던 시대였다. 이 시대의 문학은 이러한 모든 현상을 가감 없이 담아냈지만, 세기말에 이르러서는 유미주의(唯美主義)와 관능미(官能美)만을 추구하는 퇴폐주의(Decadence)로 다소 변질되었다.

🏴󠁧󠁢󠁥󠁮󠁧󠁿 시 문학

테니슨은 빅토리아 시대를 대표하는 시인이다. 그는 워즈워스의 시 전통을 보다 원숙하게 만든 계관시인(poet laureate)으로 빅토리아 시대라는 과도기적 시대를 증언한 시인이다. 그에게는 과거에 대한 눈물 어린 집착이 있는가 하면, 미래에 대한 희망이 있고, 신의 존재와 영혼의 불멸에 대한 호소가 있다. 그는 과거를 예찬하고 전통적인 전원취미에 심취한 시인이면서도 새로이 전개되는 물질문명의 경이와 위력을 찬탄할 수밖에 없었던 전형적인 빅토리아 시대의 시인이었다.

로버트 브라우닝(Robert Browning, 1812~1889)은 여러 가지 면에서 테니슨과 대조적인 시인이다. 테니슨이 낭만주의 자연 시인의 체질을 이어받아 과거를 동경하고,

이별을 서러워하며, 전원의 자연 풍경을 예찬한, 다분히 감상적이고 허약한 기질의 시인이었던 반면, 브라우닝은 낙천적이고 정열적인 시인이다. 또한, 브라우닝은 스펜서, 밀턴, 키츠 등이 이어온 전통적인 시어(詩語, poetic diction)에서 벗어나 존 던 (John Donne, 1572~1631)이 구사했던 구어체(口語體) 스타일을 더욱 발전시켰고, '극적 독백(dramatic monologue)'이라는 수법을 활용하여 시의 새로운 표현 양식을 확립했다. 브라우닝의 이러한 표현 양식은 시에서 자신의 감정을 직접 토로하는 워즈워스 부류의 시학에서 벗어나 자신의 감정을 객관적으로 관찰·분석·조정한다는 점에서 T. S. 엘리엇을 비롯한 현대 시인들에게 많은 영향을 미쳤다.

매슈 아놀드(Matthew Arnold, 1822~1888)는 '빅토리아니즘(Victorianism: 뻐기는 태도, 잘난 체하기, 피상적 낙관론, 무사 안일주의, 공리주의, 위선적 도덕주의 등을 뜻하는 부정적 용어)'과 과감하게 대결했던 한 시대의 교사이자 비평가였다. 그는 자기가 사는 산업시대를 세속화 시대, 병든 사회(sick society)로 진단하고, 이러한 사회에서 치유자 (healer)로서 해야 할 역할을 자임했다는 점에서 1930년대의 오든(W. H. Auden, 1907~1973)과 견줄만한 시인이다. 그는 병든 사회와 병든 인간을 치유하는 하나의 방식으로 교양(culture)의 필요성을 역설했고, 문학의 목적을 인생비평(criticism of life)이라고 주창했다. 그의 평론집『교양과 무질서(*Culture and Anarchy*)』는 이러한 생각과 철학의 결정체이다.

🏴󠁧󠁢󠁥󠁮󠁧󠁿 소설 문학

빅토리아 시대의 문학은 특히 소설 문학에서 눈부신 성취를 보이며, 이 시대의 소설은 당대에 일어난 정치적, 경제적, 사회적, 문화적 변화의 기록이자, 그에 관한 반응이라고 할 수 있다. 즉, 산업과 민주주의의 발전은 이 시대의 소설가들에게 사회적, 인도주의적 문제에 관심을 기울이게 했고, 과학의 발달은 사실주의적, 해부학적 수법으로 눈을 돌리게 했다.

월터 스콧(Walter Scott, 1771~1832)은 19세기 스코틀랜드 계몽운동(Scottish Enlightenment)

을 주도한 사람 중 하나로, 당대에 유행했던 고딕소설이나 낭만주의적 문학 경향에서 벗어나 역사소설을 세상에 최초로 선보였다. 그리하여 스콧 이후부터는 역사적 배경과 가상 인물이 결합된 재미있고 역사적 사실이 풍부한 소설들이 등장했다. 그는 작품에서 자신의 본명 대신 '웨이벌리(Waverley)'라는 필명을 사용했기 때문에, 그의 소설은 일명 '웨이벌리 소설(The Waverley Novels)'로 불린다. 그의 대표작으로는 『웨이벌리(*Waverley*)』와 『아이반호(*Ivanhoe*)』가 있다.

디킨스(Charles Dickens, 1812~1870)는 19세기 영문학사에서 가장 뛰어난 리얼리스트로서, 당대의 사회적 음영(陰影)과 상류층 및 자본가 계급의 위선적이고, 탐욕스럽고, 추한 면들을 사실주의적 필치로 여과 없이 폭로하는 한편, 가난하고 힘없는 빈민층의 비참한 생활상을 세밀하게 묘사했다. 『올리버 트위스트(*Oliver Twist*)』는 디킨스가 어린 시절에 겪었던 하층민의 비참한 삶과 중산층의 부도덕한 탐욕을 다루고 있으며, 『어려운 시절(*Hard Times*)』은 과도한 자본주의를 비판하고, 『데이비드 코퍼필드(*David Copperfield*)』는 어린 시절에 디킨스의 눈에 비친 어른들의 세계를 묘사한 걸작이다.

브론테 자매들(Brontë Sisters: Charlotte Brontë, Emily Brontë, Anne Brontë)은 요크셔(Yorkshire)에서 목사의 딸로 태어나, 황무지로 둘러싸인 하워스(Haworth: 돌이 깔린 언덕의 마을로 '영문학의 성지'로 불림) 마을의 목사관에서 단조롭고 고독한 삶을 살면서, 그들의 공상과 상상의 세계를 소설로 승화시켜 불후의 명작들을 남겼다. 샬롯 브론테(1816~1855)의 『제인 에어(*Jane Eyre*)』는 고아(孤兒) 제인(Jane)이 외삼촌 내외로부터 학대를, 자선 학교에서는 비참한 생활을 겪으면서, 사랑을 통해 자아를 실현해가는 과정을 여성적 입장에서 그린 소설이다. 에밀리 브론테(1818~1848)의 『폭풍의 언덕(*Wuthering Heights*)』은 설화적 요소와 고딕적(gothic) 요소가 가미된 사실주의 소설로, 내용과 기교면에서 한편의 서정시 같은 아름다움을 보여주는 작품이다.

제인 오스틴(Jane Austen, 1775~1817)은 중산층의 가정생활을 소재로 일상에서 일어나는 소소한 일들을 여성의 관점에서 정교하고 세밀하게 그려냄으로써 영국 소설에서 사실주의(Realism)를 확립시킨 작가이다. 대표작으로는 『분별과 감성(*Sense and Sensibility*)』『오만과 편견(*Pride and Prejudice*)』 등이 있다.

조지 엘리엇(George Eliot: Mary Anne Evans의 필명, 1819~1880)은 평범하고 소박한 시골 사람들과 그들의 삶을 유머와 연민으로 묘사했다는 점에서 일견 오스틴과 유사한 면이 있다. 그러나 평온한 삶의 이면에 도사리고 있는 욕정, 갈등, 불행 등에 천착하여 등장인물들의 행위와 심리를 분석하고 비평한다는 점에서는 남성적 담론에 특출난 자질을 보여준 작가로 평가된다. 대표작으로는 『애덤 비드(*Adam Bede*)』『플로스 강변의 물방앗간(*Mill on the Floss*)』『싸일러스 마녀(*Silas Marner*)』『미들마치(*Middlemarch*)』 등이 있다.

토머스 하디(Thomas Hardy, 1840~1928)는 인간의 운명이 성격과 환경에 의해 결정된다는 자연주의(Naturalism)적 수법으로 인간의 삶과 운명을 비관적 태도로 다루었기 때문에 일명 비관론적 운명주의 작가로 불린다. 하디는 우주에는 맹목적 '내재 의지(Immanent Will)'가 있어서 인간은 의지, 이상, 순결, 선의를 지니고 있음에도 불구하고 이 힘에 부딪히게 되면 여지없이 불행한 비극을 맞이한다고 여겼다. 그는 오랜 창작 활동을 통해 많은 양의 시와 소설을 남겼지만, 모든 작품의 밑바닥에 흐르는 주제는 바로 이 힘을 보여주고자 했던 것에 다름 아니다. 따라서 그의 작품에서는 빅토리아 시대적인 낙관주의나 기독교 신앙의 위안 등은 전혀 찾아볼 수 없고 암울과 절망만이 존재할 뿐이다. 대표작으로는 『귀향(*The Return of the Native*)』『더버빌가(家)의 테스(*Tess of the d'Urbervilles*)』『수석 나팔수(*The Trumpet Major*)』『무명의 주드(*Jude the Obscure*)』 등이 있다.

🇬🇧 극 문학

19세기 영국의 연극은 내로라하는 명배우들은 배출했지만, 유럽 각국의 신진 극작가들과 어깨를 견줄만한 극작가들은 길러내지 못했다. 따라서 이 시기에는 많은 아일랜드 출신의 극작가들이 영국으로 자리를 옮겼으며, 영국인들은 와일드(Oscar Wilde,

오스카 와일드 동상

1854~1900)와 버나드 쇼(George Bernard Shaw, 1856~1950)에게 1890년대 영국의 연극을 대표하는 극작가라는 자랑스러운 이름을 부여했다. 영국의 문학 전통에 새로운 지평을 여는 중대한 공헌을 했기 때문이다.

세기말에 '예술을 위한 예술(art for art's sake)'을 기치로 내걸고 유미주의(唯美主義)를 주창한 오스카 와일드는 왕정복고기의 희극 형식을 살려 경쾌하고 기지가 넘치는 '기지(機智) 희극(Comedy of Wit)'을 썼다. 그는 자신의 극에서 독특한 풍자와 기지에 찬 대사를 구사하면서, 유형적(類型的) 인물들을 등장시켜 당대 상류층의 허영과 무지, 그리고 권태를 통렬히 비꼬았다. 그의 역설적이고 경구(警句)로 가득 찬 대사는 당대는 물론 오늘날까지도 독자들에게도 여전히 즐거움을 주고 있다. 대표작으로는 「윈더미어 부인의 부채(Lady Windermere's Fan)」「중요하지 않은 여자(A Woman of No Importance)」「이상적인 남편(An Ideal Husband)」「진지함의 중요성(The Importance of Being Earnest)」「살로메(Salome)」등이 있다.

기독교 사회에서 자유사상가, 자본주의 체제에 대항하는 사회주의자, 1890년대 감상극 일변도의 영국 극단에서 입센풍의 사실주의 문제 극작가, 그리고 여권 신장을 주창한 남성 페미니스트 작가였던 조지 버나드 쇼는 칼 마르크스(1818~1883)의 영향을 받아 늘 당대의 사회문제에 관심을 갖고, 문제의 해결을 위한 대책을 제시하는 데도 인색하지 않았다. 그는 사실주의 연극, 특히 노르웨이의 극작가 입센(Henrik Ibsen, 1828~1906)의 작품들을 옹호했으며, 당대의 진부한 상업극을 비난했다. 그는 사회와 정치 개혁에 관한 자신의 견해와 사상을 전달하기 위해 극 작품을 썼다. 사회 개혁 사상을 보급하는 데는 웃음을 수단으로 하는 편이 보다 유리하다고 여겨, 그는 이른바 '사상 희극(思想喜劇, Comedy of Idea)'이라는 새로운 극 분야를 개척했다.

즉, 쇼는 기존의 사상적 토대 위에 과학적 사고와 사회주의 이론을 접목시켜 자신의 사상 체계를 정립했다. 그는 쇼펜하우어로부터는 의지와 표상을, 베르그송에게는 창조적 생명력을, 다윈과 버틀러에게는 생물학적 진화론을, 마르크스에게는 유물론에 입각한 사회주의 경제 이론을, 니체에게는 초인관을 흡수했으며, 프로이트의 심리학과 헤겔의 변증법도 자신의 사고 체계 속으로 끌어들여 창조적 진화사상을 완성했다(아일랜드 드라마연구회 226).

또한, 기존의 극 형식을 타파하고 도입부, 상황 설정, 토론이라는 세 단계로 극작술을 구사했다. 대표작으로는 『인간과 초인(*Man and Superman*)』『바바라 소령(*Major Barbara*)』『세인트 존(*Saint Joan*)』 등이 있다.

20 · 21세기 영문학

1901년 빅토리아 여왕의 서거와 함께 시작된 20세기에 영국은 전대미문(前代未聞)의 정신적, 문화적, 사회적, 사상적 혼란을 겪었다.

19세기 후반 『종의 기원(*On the Origin of Species*), 1859』의 출판에 의해 촉발된 찰스 다윈(Charles Darwin, 1809~82)의 진화론과 결정론(Determinism)은 신의 존재에 대한 종교적 믿음을 송두리째 흔들어 놓았으며, 변증법적 유물론에 기초한 칼 마르크스의 마르크스주의(Marxism)는 서구의 정치 · 경제 · 사회 · 사상 전반에 대변혁을 초래했다. 이러한 현대인의 혼란과 불안은 급기야 계급투쟁의 양상과 전체주의적 민족주의로 치달으면서 국가 간의 무자비한 전쟁을 유발하게 되었다(이근섭 335).

5년에 걸친 제1차 세계대전(1914~1918)과 1939년에 발발한 제2차 세계대전(1939~1945)은 단순히 전쟁의 차원을 넘어 서구의 정신문화에 엄청난 충격과 상처를 남겼을 뿐 아니라 기존의 사회 질서 및 가치체계에 환멸을 느끼게 했다. 따라서 '불안의 시대(The Age of Anxiety)'로 특징 지워지는 20세기의 혼란스러운 시대 상황은 인간의 존재의미에 대한 회의, 인간성과 도덕의 문제, 허무주의(Nihilism), 사회제도의 부조리 등과 같은 다양한 주제로 당대의 문학(War Literature, 전쟁 문학)에 고스란히 반영되었다(송원문 85).

루퍼트 브루크

이 시기에 활약한 전쟁 문학 작가로는 하우스만(A. E. Housman, 1859~1936), 에드워드 토머스(Edward Thomas, 1878~1917), 시그프리드 서순(Sigfried Sassoon, 1886~1967), 루퍼트 브루크(Rupert Brooke, 1887~1915), 아이버 거니(Ivor Gurney, 1890~1937), 아이작 로젠버그(Issac Rosenberg, 1890~1918), 윌프레드 오웬(Wilfred Owen, 1893~1918) 등이 있다.

다음은 브루크의 시 「병사(The Soldier)」의 일부이다.

If I should die, think only this of me:
　　That there's some corner of a foreign field
That is for ever England. There shall be
　　In that rich earth a richer dust concealed;
A dust whom England bore, shaped, made aware,
　　Gave, once her flowers to love, her ways to roam,
A body of England's, breathing English air,
　　Washed by the rivers, blessed by the suns of home.

내가 만일 죽는다면 이것만은 기억해 주오.
이국땅 어느 한구석에
영원한 영국의 땅이 있다는 것을.
그 비옥한 땅에 한 줌의 더 비옥한 흙이 묻혀 있다는 것을.
영국이 낳고, 형태를 부여하고, 인정해주었으며,
한때 사랑할 꽃과 배회할 길을 주었던 한 줌의 흙이.
영국의 공기를 숨 쉬고, 영국의 강물에 목욕하고,
영국의 햇빛을 흠뻑 받았던 영국의 한 몸이 있다는 것을.

🇬🇧 시 문학

서구의 지성사에서 1910년대는 큰 변혁의 조짐이 두드러지게 감지되던 시기였다. 시 분야에서도 새로운 움직임이 있었는데, 이러한 움직임은 흄(T. E. Hulme, 1883~1917), 파운드(Ezra Pound, 1885~1972), 엘리엇(T. S. Eliot, 1888~1965) 등이 주도한 낭만주의 시에 대한 반동으로부터 시작되었다.

현대 영시의 직접적인 배경 철학이 된 것은 흄의 『사색록(*Speculations*)』에 수록된 에세이들이다. 흄은 현대를 '앤티 휴머니즘(anti-Humanism)'의 시대라고 진단하는데, 앤티 휴머니즘이란 글자 그대로 인간에 대한 불신이고, 인간적 가치의 부정이며, 인간 중심적 사고방식을 송두리째 뒤엎는 것을 의미한다. 또한, 그것은 새로운 우주관에 의한 인간관의 재조정이고, 인간과 인간관계, 인간과 사회관계, 인간과 자연 관계의 재인식을 의미한다. 흄은 르네상스 이후 종교적 절대가치를 대체한 인간 중심적 가치관이 현대에 와서 무너지고, 반인본주의적(anti-humanistic) 사조가 예술 전반에서 감지되는 것을 "고전 시대의 부활"이라고 언급하면서, 새로운 시는 "시각적·구체적 언어"로 쓰는 "고답한(dry, hard) 고전시"가 되어야 한다고 했으며, 엘리엇도 시와 인간관계의 차단을 요구하며 '탈개성 시론(The Impersonal Theory of Poetry)'을 주장하였다.

이처럼 신시(新詩) 운동의 기수들은 낭만주의자들의 모호함과 안이한 감정주의를 배격하고, 단단하고 명료하며 정확한 이미지와 자유로운 운율의 사용을 주창하였다. 모더니즘(Modernism) 시학은 이러한 이미지즘(Imagism)을 흡수하고, 17세기 형이상학파 시인들과 프랑스 상징주의자들(Symbolists)의 다양한 시론과 기법들을 받아들이면서 완성되었다.

제럴드 맨리 홉킨스(Gerald Manley Hopkins, 1844~89)는 빅토리아 시대에 태어나서 활동했지만, 그의 시집은 20세기 초에 출판되어 주목을 받았기 때문에 20세기 시인들 그룹에 포함되어 논의된다. 홉킨스는 훌륭한 종교 시인이자 자연 시인이고, 시의 희귀한 개혁가이자 독특한 예술적 인격자였다. 그는 말의 음악성과 이미지의 적확성을 위해 끊임없이 독창적인 실험을 했으며, '스프렁 리듬(sprung rhythm: 정형시의 기본

틀을 변형한 리듬으로, 음절의 수가 아닌 순전히 강세에만 의존하는 리듬)'이라는 독특한 리듬을 창안했다.

예이츠(William Butler Yeats, 1865~1939)는 1865년 6월 13일 더블린 근교에 있는 샌디마운트(Sandymount)에서 5남매 중 장남으로 태어났다. 기독교 집안에서 태어났으나 평생을 '사적 종교(private religion)'의 사유체계에만 탐닉했던 예이츠는 대부분 유년시절을 그의 '마음의 고향' 슬라이고(Sligo)에서 보냈다.

예이츠는 자기 어머니가 이 세상에서 가장 아름다운 곳으로 생각한 슬라이고에서 가까운 친척들과 이웃들로부터 귀신과 요정에 관한 이야기와 신화 및 전설 등을 들으면서 성장했다. 따라서 그는 자연스럽게 조상의 과거와 아일랜드의 역사 및 문화유산에 접하게 되었으며, 이것이 곧바로 그의 시적 상상력의 원천과 시의 배경이 되었다. 예이츠가 나중에 "참으로 내 생애에 깊은 영향을 미친 곳은 슬라이고이다"라고 술회하고 있듯이, 그의 많은 시에는 「이니스프리 호수 섬(The Lake Isle of Innisfree)」을 비롯하여 「불밴 산기슭에서(Under Ben Bulben)」에 이르기까지 슬라이고 지방의 호수와 산과 풍물에 대한 추억과 향수가 짙게 배어 있다. 참으로 슬라이고는 그의 시 창작에 원초적 영향을 미친 곳이다.

The Lake Isle of Innisfree

I will arise and go now, and go to Innisfree,
And a small cabin build there, of clay and wattles made:
Nine bean-rows will I have there, a hive for the honey-bee,
And live alone in the bee-loud glade.

And I shall have some peace there, for peace comes dropping slow,
Dropping from the veils of the morning to where the cricket sings;
There midnight's all a glimmer, and noon a purple glow,
And evening full of linnet's wings.

I will arise and go now, for always night and day

I hear lake water lapping with low sounds by the shore;

While I stand on the roadway, or on the pavements gray,

I hear it in the deep heart's core.

이니스프리 호수 섬

나 이제 일어나 가련다 이니스프리로,

그곳에 흙과 욋가지 엮어

작은 오두막집 하나 짓고,

아홉이랑 콩밭 갈고 꿀벌 치면서,

꿀벌 소리 요란한 골짜기에 홀로 살리라.

그러면 다소간의 평화를 누리겠지,

평화가 아침의 장막으로부터

귀뚜라미 울어대는 곳까지

살포시 방울져 내릴 테니까.

그곳의 한낮은 자줏빛 광채,

저녁엔 홍방울새 날갯짓 소리 그득하고,

밤에는 온통 희미한 빛이어라.

나 이제 일어나 가련다,

밤이나 낮이나

호숫가에 찰싹이는

물결 소리 들리는 곳으로.

지금도 한길가나 포도 위에 서 있노라면,

내 마음 깊은 곳에

그 소리 들리나니.

길 호수(Lough Gill)에 있는 이니스프리 호수 섬 전경

또한, 예이츠의 삶에는 수많은 여성이 등장하여 그의 삶뿐만 아니라 작품 세계에도 크나큰 영향을 미쳤다. 예이츠에게 여성은 늘 시의 중요한 모티프(motif)이자 영감의 원천이었다. 예이츠는 수많은 여성과 때로는 친구로, 때

예이츠와 모드 곤

로는 연인으로, 그리고 때로는 협력자로 지내면서 시 창작의 폭과 깊이를 더해갔다. 이들 중 근 30여 년 동안 예이츠와 회한(悔恨)의 사랑을 나누고, 수많은 연애시를 탄생하게 만든 모드 곤(Maud Gonne, 1866~1953)이라는 여인이 있다. 실로 모드 곤이 그의 삶과 문학에 미친 영향은 지대하며, 그녀의 이미지 또한 예이츠의 시에서 다양한 모습으로 등장하고 있다. "당신은 나와 결혼하면 아름다운 시를 쓸 수 없을 거예요"라는 모드 곤의 충고대로 그가 끝내 그녀와 결혼은 못했지만, 모드 곤은 늘 그에게 뮤즈(Muse)로 살며시 다가와서 그의 사색과 시 세계에 폭과 깊이를 더해주었다.

예이츠의 시는 후기에 이르러 주지적인 경향과 철학적 깊이를 더해가면서 보다 원숙해졌다. 예이츠의 후기 시 중에 문학사의 고전이 될 만한 훌륭한 시편이 많은 까닭은 그가 초기의 낭만적 자세에서 벗어나 인간과 사회와 역사를 보는 철학이 견실해졌기 때문이다. 예이츠는 자신의 경험을 시의 소재로 삼은 시인이었지만 그의 시가 위대한 것은, 개인의 경험을 자신의 작품 속에 용해하여 인류 보편의 정서로 승화시켰기 때문이다.

한마디로, 예이츠는 이성(理性) 만능의 합리주의와 물질주의의 거센 파도에 직면하여, 켈트족(Celts)의 위대한 정신적·문화적 유산의 거대한 지하수와 교통(交通)하고 합류할 수 있는 시학(詩學)을 정립하여 유럽 정신문명의 바이블이 될 새로운 『바가바

드 기타(*Bhagavad-Gita*: 힌두교 경전)』를 쓰고자 했다. 이는 아일랜드가 유럽의 인도로 거듭나서 유럽 정신문명의 저류로서 주도적 역할을 해주길 염원하는 그의 문학적 이상의 표현이었다. 그의 대표적 시집으로는『갈대밭의 바람(*The Wind among the Reeds*)』『탑(*The Tower*)』『최후의 시편들(*Last Poems*)』등이 있다.

한국의 김소월 시인이 「진달래꽃」을 쓸 때 영향을 받은 예이츠의 시

He Wishes for the Cloths of Heaven

Had I the heavens' embroidered cloths,
Enwrought with golden and silver light,
The blue and the dim and the dark cloths
Of night and light and half—light,
I would spread the cloths under your feet:
But I, being poor, have only my dreams;
I have spread my dreams under your feet;
Tread softly because you tread on my dreams.

그는 하늘나라의 천을 원한다

금빛 은빛으로 아로새겨진
하늘나라의 수놓은 천이 있다면,
밤과 낮과 어스름의
푸르고 희미하고 어두운 천이 있다면
그대 발아래 깔아드릴 텐데.
나 가난하여 꿈밖에 없어
꿈을 깔아드리오니
사뿐히 밟으소서 내 꿈이오니.

에즈라 파운드는 중국의 한시(漢詩), 일본의 하이쿠, 단가(短歌), 고대 그리스와 프로방스(Provence) 지방 음유시인(troubadour, minstrel)들의 서정시의 기법, 문체, 형식 등을 수용하여 이미지즘(Imagism) 시학을 정립하고, '이미지즘 시운동'의 확산에 앞장 섰다.

파운드에게 이미지(image)란 지적·정서적 복합체를 의미하는데, 엘리엇이 주장하는 '통합된 감수성(Unified Sensibility)'이 바로 그것이다. 따라서 파운드는 사물을 직접 다룰 것, 표현에 도움이 되지 않는 장식적인 말은 피할 것, 자연스럽고 음악적인 리듬을 사용할 것, 상투적인 표현이나 인습적인 관행을 떨쳐버릴 것 등을 주장하면서 '이미지스트 운동(Imagist Movement)'을 전개했다.

또한, 파운드는 시인이자 당시 런던 문단의 좌장으로서 다수의 후배 문인들(엘리엇, 예이츠, 조이스 등)을 후원하고 이끌어 주었다. 간단히 말해, 파운드는 20세기 영시 개혁의 선도적 역할을 담당했을 뿐 아니라 동서양 문학의 융합까지도 과감하게 시도했던 20세기 최고의 시인 중 한 사람이다. 대표작으로는 『캔토스(The Cantos)』 『피산 캔토스(The Pisan Cantos)』 등이 있다(김양수 420-21).

T. S. 엘리엇은 현대 영시에서 사고와 감수성에 하나의 새로운 지평을 연 독보적인 시인이자 비평가이다. 그러므로 영시의 현대성을 생각할 때마다 늘 그의 이름이 맨 먼저 떠오를 정도로 그의 시는 현대적이다. 그의 문학에 큰 영향을 미친 것들로는 파운드의 문학적 충고, 프랑스의 상징주의 시인들(보들레르[Charles Pierre Baudelaire], 발레리[Paul Valéry], 라포르그 [Jules Laforgue]), 단테, 16세기 영국의 극작가들, 17세기 영국의 형이상학파 시인들, 브래들리(F. H. Bradley) 철학, 고전 철학, 인도 철학, 불교, 성(聖) 오거스틴(St Augustine), 십자가의 성(聖) 요한(St John of the Cross), 브라우닝의 '극적 독백(dramatic monologue)', 『흠정판 영어 성경(Authorized Version of the Bible)』 등 이루 다 헤아릴 수가 없다. 이러한 모든 것들이 현대적 상황과 어우러져 새로운 시학과 언어로 그의 시가 만들어진 것이다.

요약하면, 엘리엇은 상징주의(Symbolism)와 이미지즘을 기조로 한 모더니즘 시학과 기독교 사상을 적절히 통합하여 새로운 현대시의 고전(古典)을 만들어냈다. 그리하여 그는 한 시대의 시와 시극과 비평계에 탁월한 업적을 남겨 20세기 최고봉으로 우뚝 선 것이다. 그의 대표작으로는 전후 유럽인들의 정서적, 정신적 불모와 서구 문명의 황폐상을 다룬 「황무지(The Waste Land)」와 시간과 영원의 의미를 탐색한 철학적 명상시 「사중주(Four Quartets)」 등이 있다.

오든(W. H. Auden, 1907~1973)은 경기 침체와 전쟁 등으로 혼란했던 1930년대 사회에 대한 비판적 입장을 견지하고, 현대사회 제반 문제의 해결을 마르크스의 사회주의 이론에서 찾으려고 했던 소위 '오든 그룹(Auden Group)'의 중심인물이었다. 그러나 성숙기에 접어들수록 그는 사회의 병리 현상에 대한 진단보다는 치유책을 찾으려는 자세를 취했고, 말년에는 대담한 상상력, 예민한 지적 감수성, 뛰어난 시적 기교들을 사용하여 형이상학적, 종교적 사상을 넘나들면서 사랑의 비전에까지 이르게 되었다(김양수 467-68).

한마디로, 그는 다양한 작품 활동과 현대적인 감각으로 당면한 문제들을 진단하고 해결하려는 진지한 모색과 작시법상의 다양한 실험 등으로 엘리엇 이후 최고의 시인으로 자리매김했다고 볼 수 있다. 대표적인 시집으로는 『웅변가들(The Orators)』 『다른 때(Another Time)』 『불안의 시대(The Age of Anxiety)』 등이 있다.

노벨문학상 수상자로서 '페이머스 히니(Famous Heaney)'라는 별명을 가진 셰이머스 히니(Seamus Heaney, 1939~2013)는 1939년 북아일랜드의 런던데리(Londonderry) 주(州)에 있는 모스본(Mossbawn) 농장에서 가톨릭 집안의 9남매 중 장남으로 태어났다. 히니의 시 세계에 결정적 영향을 미친 것은 그가 어린 시절에 몸소 체험했던 농촌 생활이다.

1940년대와 1950년대의 아일랜드는 땅을 파서 감자를 심고, 소를 키워 젖을 짜는 전형적인 농업 국가였다. 히니의 감수성은 외부와 차단된 농촌 환경에서 흙냄새를 맡으면서 이웃들과 어울리며 순박하게 자라는 가운데 형성되었다. 따라서 히니의 시는 영국의 서정시와 자연시의 전통에서 출발했다고 할 수 있다. 하지만 그는 오랜 세월 동안 영국의 식민 통치를 받아온 아일랜드의 비극적 역사와 아일랜드인의 슬픈 정서를 외면할 수가 없었다. 그러므로 그의 시에는 아일랜드의 독특한 역사와 신화, 정치와 종교, 그리고 언어와 문학에 대한 깊은 애정과 성찰이 담겨있다.

하지만 말년의 시에서는 다소 지역적이고 저항적이던 초기 시의 분위기에서 탈피하여 대국적인 안목에서 아일랜드의 정체성을 찾고, 개인과 민족 간의 조화를 추구하려는 자세가 엿보인다. 간단히 말해, 히니는 영국의 서정시와 자연시의 오랜 전통에다 리얼리즘(Realism)의 색채를 가미함으로써 서정시의 새로운 패러다임(paradigm)을 제시한 시인이라고 할 수 있다.

🏴󠁧󠁢 소설 문학

로렌스(David Herbert Lawrence, 1885~1930)는 기계문명과 현대사회가 인간의 개성을 위축시키고, 지성의 과도한 발달이 인간을 건강하지 못하게 만들었다고 지적하면서 원시(原始)와 본능으로 회귀할 것을 주장했다. 또한, 질식당하고 있는 생명을 소생시키기 위해서는 인간이 우선 건전한 동물로 되돌아가야 한다고 강조했으며, 그러기 위해서는 새로운 양성 관계의 모럴(moral) 정립이 시급하다고 역설했다. 이러한 그의 생명철학이 자신의 독특한 개성과 융합되어 로렌스 문학을 탄생시켰다. 대표작으로는 『아들과 연인들(Sons and Lovers)』 『무지개(The Rainbow)』 『채털리 부인의 연인(Lady Chatterley's Lover)』 등이 있다.

제임스 조이스(James Joyce, 1882~1941)는 내면의 리얼리즘을 추구함으로써 20세기 전반에 서구에서 풍미했던 모더니즘 문학과 현대적 정신의 틀을 만드는 데 주도적 역할을 했다. "19세기를 살해한 작가"라는 엘리엇의 말이나, "인간 의식의 새로운 국면을 발굴해 낸 위대한 시인"이라는 에드먼드 윌슨(Edmund Wilson, 1895~1972)의 말은 위대한 문학적 지성이 가져다준 문학적 충격의 본질을 잘 말해준다. 왜냐하면, 버지니아 울프(Virginia Woolf, 1882~1941), 엘리엇, 윌리엄 포크너(William Faulkner, 1897~1962) 등과 같은 당대의 모더니스트(Modernist) 작가들은 물론이고, 조이스 이후의 서구 작가 중에 그의 영향을 받지 않은 사람은 별로 없기 때문이다. 뿐만 아니라 그는 '현현(顯現, epiphany: 숨겨진 진리의 현시(顯示)를 뜻함),' '의식의 흐름(Stream of Consciousness)' 등의 용어를 만들어냈고, 소설에서 새로운 실험을 함으로써 현대문학에 커다란 변혁을 초래했다는 점에서, 20세기의 호메로스(Homeros, Homer)이자 셰익스피어로 불리기도 한다.

조이스는 예이츠가 세상을 떠난 지 2년 뒤에 죽었다. 그러나 그들의 문학세계는 확연히 달랐다. 조이스는 예이츠를 위시한 아일랜드 문예부흥운동 작가들이 추구했던 과거 지향적이고, 전원적이며, 신비주의적인 민족 문학과 편협한 가톨릭교회와 속물근성이 판을 치는 "눈먼 쓰라린 고장(blind bitter land: 아일랜드를 가리킴)"과 "눈멀고 무지한 도시(blind and ignorant city: 더블린[Dublin]을 가리킴)"를 등지고 인류 보편의 세계 문학을 찾아 나섰다. 그런 의미에서 조이스는 다분히 '세계인(cosmopolitan)'이었다고 할 수 있다. 그러나 그가 다룬 문학은 다른 어떤 아일랜드 작가보다도 더 아일랜드적이었다. 이 때문에 더블린은 그의 삶뿐만 아니라 그의 문학의 고향이요, 『더블린 사람들(Dubliners)』은 조이스 문학의 원형이라고 할 수 있다.

그의 첫 작품 『더블린 사람들』은 조이스가 3년(1904~1907)에 걸쳐서 쓴 14편의 단편과 1편의 중편을 모아 놓은 단편집이다. 이 작품은 조이스가 작가로 성장하는 과정과 그의 문학세계가 성숙해 가는 과정을 잘 보여준다. 조이스는 더블린 시민들의 시대착오적인 영웅주의, 종교적 맹목성, 속물근성 등을 '마비(paralysis)'라는 주제를 통해 다룸으로써 보편적 인간의 모습을 보여주고자 했다.

다음 작품 『젊은 예술가의 초상(A Portrait of the Artist as a Young Man)』은 조이스 자신의 자전적 요소가 두드러진 '성장소설(Bildungsroman)'로서, 주인공 스티븐 디덜러스(Stephen Daedalus)의 자아 형성과정을 상징적으로 보여주고 있다. 스티븐은 유년시절부터 '침묵, 망명, 그리고 교활함(silence, exile, and cunning)'을 추구함으로써 독자적 자아를 성취하는 젊은 예술가로 성장한다. 그는 5개의 장(章)으로 구성된 각각의 장에서 자신을 에워싸고 있는 기존 사회의 모든 인습적 속박을 거부하고 '자기 민족의 아직 창조되지 않은 양심을 자신의 영혼의 대장간에서 벼를 수 있도록(to forge in the smithy of my soul the uncreated conscience of my race)' 창조적 예술가의 길을 나선다.

『율리시즈(Ulysses)』는 조이스의 대작(大作)일 뿐 아니라 모더니즘 문학의 최고 정점이다. 이 작품은 호메로스의 대서사시『오디세이(Odyssey)』를 모방해서 유대계의 평범한 봉급생활자인 레오폴드 블룸(Leopold Bloom)의 내적인 방황(의식의 흐름을 통해 드러나는 여러 단편적인 사고들)을 다루고 있다. 조이스는 이 작품을 통해 다면체로 구성된 현대인의 내면과 일상적 삶을 가감 없이 보여주고자 했다. 정체성을 상실한 현대인은 누구나가 이방인이며 방랑자이다. 조이스는 블룸을 통해 근원을 상실한 채 세상을 정처 없이 떠돌아다니는 '방랑하는 유대인(wandering Jews)'의 모습을 현대인의 전형으로 재현하여, 방랑하는 인간의 의식에 질서를 부여함으로써, 이 작품을 '인간의 소우주,' '인간 육체의 서사시이자 백과사전', '인간 의식의 총화'로 만들고자 했다.

『율리시즈』에서는 등장인물들의 방랑에만 한정되지 않고 소설 기법 역시 온갖 방랑을 겪는다. 조이스는 이 작품에서 문학이 할 수 있는 모든 기법을 총동원하여 소설 혁명을 시도하고 있다. 이렇듯 조이스는 열린 형식(open form)을 통해 형식과 내용의 합일을 추구함으로써 자신의 문학적 상상력을 리얼리즘의 문학세계에서 모더니즘 문학으로, 그리고 더 나아가서 포스트모더니즘의 문학세계로 무한히 확장시켰다.

조이스의 마지막 작품『피네건의 경야(經夜 (Finnegans Wake)』는 장장 17년에 걸쳐 완성된 '조이스 문학의 집대성'이자 '영어로 쓰인 가장 난해한 작품'이며 '문학의 최고봉'이다. 『율리시즈』가 낮의 소설이고 인간 의식의 파노라마를 다룬 소설이라면, 『피네건의 경야』

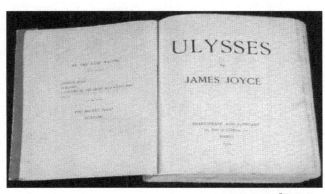

제임스 조이스의 『율리시즈』

는 인간의 무의식과 잠재의식을 총체적으로 다룬 소설이다. 소설이라고는 하지만 여기에는 전통적 의미의 플롯, 등장인물, 상황 등 그 어느 것도 존재하지 않는다. 뿐만 아니라 묘사나 설명 또는 그 밖의 심리의 흔적도 없다. 다만 존재하는 것은 과거에서 미래까지 영겁의 시간에 걸쳐 역사의 흐름 속을 꿈과 같이 움직이는 인간 원형의 모습과 신화와 상징의 세계뿐이다. 문체도 다중의 의미와 연상을 내포한 신조어와 문법에 전혀 맞지 않는 구문을 마구 사용함으로써 '언어 혁명(revolution of word)'을 야기하고 있다. 문학이 언어를 매개로 삶의 세계에 의미를 부여하는 작업이라면, 조이스는 자기만의 새로운 언어를 창조함으로써 삶의 의미를 부단히 생성하고 창출한 작가라고 할 수 있다.

버지니아 울프(Virginia Woolf, 1882~1941)는 사실적 수법을 피상적인 것이라고 공격하면서 현실을 묘사하는 새로운 방법을 제시한 작가이다. 일상의 표피 아래 숨겨진 삶의 깊숙한 내면을 탐구하고자 했던 울프가 문학적 소재로 삼은 것은 '평범한 날에 마음에 떠오른 것(what the mind receives on an ordinary day)'이었다. 그녀에게 현실은 외면적 경험의 세계가 아니라 시시각각으로 변하는 윤곽이 불투명한 내면적 현실이었다. 따라서 삶을 더욱 진실하게, 그리고 보다 충실하게 묘사해야 한다면, 작가가 다루어야 할 것은 바로 삶의 본질을 이루는 내면의식이라고 울프는 주장하였다. 개인의 의식 기록에 충실하고자 했던 울프는 그때그때의 기분이나 느낌을 효과적으로 전달하기 위해 문학 형식과 장르의 구분을 넘나든다. 또한, 스토리(story)의 진전도 일정한 목표를 향해 상식적 논리에 따르기보다는, 인간의 의식작용을 닮아 생각이 불연속적, 다차원적, 동시다발적으로 이루어지는 체험처럼 역동적 패턴을 따른다. 이러한 점에서 울프 문학의 특징은 개인적 체험을 '의식의 흐름'의 수법을 통해 섬세한 서정과 상징으로 더욱 강렬하게 전달하는 데 있다고 할 수 있다(영미문학의 길잡이 1, 539-53). 대표작으로는 『댈러웨이 부인(Mrs. Dalloway)』『등대로(To the Lighthouse)』『파도(The Waves)』 등이 있다.

🏴󠁧󠁢󠁥󠁮󠁧󠁿 극 문학

20세기에 접어들면서 연극은 또 한 차례의 큰 변화를 겪게 되었다. 그 변화의 중심에는 입센과 그의 추종자들의 유산, '관념의 연극(Drama of Ideas)'의 등장, 내면성과 상징성의 추구, 사회극(Social Drama)의 출현, 풍습희극(Comedy of Manners)의 부활 등이 있다. 그러나 무엇보다도 중요한 것은 아일랜드에서 일기 시작한 '아일랜드 민족 연극운동'이었다.

1899년 예이츠는 그레고리 부인(Lady Gregory, 1852~1932), 에드워드 마틴(Edward Martyn, 1859~1923) 등과 함께 더블린에 '애비 극장(Abbey Theatre)'을 세웠다. 1904년 처음으로 문을 연 이 극장은 아일랜드 문예부흥운동의 본거지 역할을 했다. 예이츠, 그레고리 부인, 존 밀링턴 싱(John Millington Synge, 1871~1909), 숀 오케이시(Sean O'Casey, 1880~1964) 등이 쓴 수많은 국민극들이 이 극장에서 공연되었다.

애비 극장이 발굴해낸 가장 위대한 극작가는 싱이다. 그는 불과 38세의 젊은 나이에 요절했지만, 그의 작품은 아일랜드 문학사에서뿐 아니라 세계문학사에서도 길이 빛나고 있다. 싱은 예이츠와 마찬가지로 당시 유럽 연극계에 풍미하던 코스모폴리타니즘(Cosmopolitanism), 사실주의 연극을 통한 사회 고발과 교훈을 주려는 경향 등에 과감하게 등을 돌리고, 문명의 때가 묻지 않은 인간과 그들의 원초적 삶에 초점을 맞춰 자유로운 환상과 서정을 추구하는 작품들을 썼다.

아란 섬

싱 이전에도 훌륭한 아일랜드 작가는 있었지만, 그들 모두는 아일랜드를 벗어남으로써 진가를 발휘했다. 그러나 싱은 아일랜드로부터 영감을 직접 받은 작가였다. 싱은 아일랜드의 서쪽 해안에 있는 '아란 섬(Aran Islands)'을 직접 방문하여 그곳의 원주민들과 함께 생활하였고, 그들의 순박하고 신비로 가득 찬 생활을 관찰하면서, 그들이 사용하는 방언을 수집하여, 이것을 바탕으로 주옥같은 작품들을 발표했다. 대표작으로는 「계곡의 그늘(*In the Shadow of the Glen*)」 「바다로 간 기사(*Riders to the Sea*)」 「서방 세계에서 온 바람둥이(*The Playboy of the Western World*)」 등이 있다.

오케이시는 예이츠, 싱과 더불어 아일랜드를 대표하는 작가로 손꼽힐 뿐 아니라 20세기 현대 드라마의 역사에서도 매우 중요한 천재 극작가이다. 싱이 아일랜드의 농촌과 어촌을 작품 속에 담았다면 오케이시는 아일랜드의 도시, 특히 더블린 빈민가의 인물들과 그들의 삶을 극의 소재로 삼았다. 그는 인생의 전반 40여 년을 빈민촌 주민과 막노동꾼들 사이에서 보냈기 때문에 그가 직접 경험한 인물들을 무대에 올렸다. 대표작으로는 「암살자의 그림자(*The Shadow of a Gunman*)」 「쥬노와 공작(*Juno and the Paycock*)」 「쟁기와 별(*The Plough and the Stars*)」 등이 있다.

사뮈엘 베케트(Samuel Beckett, 1906~1989)는 20세기 '부조리 연극(Theater of the Absurd)'의 대가들 가운데 한 사람이다. 그의 작품은 지역적·정서적·철학적·종교적·심리적 뿌리가 없는 인간 조건의 탐색을 위해 일상의 단조로움, 인간 행동의 무의미함, 그리고 인간 상호 간 의사소통의 단절 등의 주제를 '부조리 연극' 형식에 담아 보여주고 있다.

'부조리 연극'이란 제2차 세계대전 이후 실존주의 철학과 혁명적이고 전위적인 극 형식이 결합된 연극에 대해, 영국의 비평가 마틴 에슬린(Martin Esslin, 1918~)이 자신의 저서 『부조리 연극(*The Theatre of the Absurd*), 1961』에서 처음 사용한 말이다. 이는 제2차 세계대전을 겪는 동안 유럽의 지식인들이 느꼈던 불안감, 가치관과 목적의 상실, 고독과 소외감, 의사소통의 단절, 종교와 형이상학, 그리고 초월적(超越的) 뿌리로부터의 단절 등과 같은 비극적 상황의 산물이다.

'부조리 연극'은 인간 존재를 무의미하거나 부조리한 것으로 제시한다. 그리고 이러한 주제를 강조하기 위해 비논리적인 극적 기교들을 사용한다. 플롯도 전통적인 극 구성의 방식을 따르지 않는다. 대부분의 경우 사건의 진전이 전혀 없이 시작과 끝이 같은 순환적 구조를 따른다. 등장인물들은 사실적이지 못하고 인물에 관한 설명도 배제된다. 무대는 낯설고 인식할 수 없거나 뒤틀린 세상이다. 대사는 간결하고 양이 적으며, 대화는 전혀 이치에 맞지 않고, 등장인물들은 의사소통에 실패한다.

「고도를 기다리며」의 공연 장면

베케트의 「고도를 기다리며(*Waiting for Godot*)」는 부조리 연극 중에서 가장 유명한 작품이다. 폐허로 변한 우리 세계의 처절한 환영(幻影)이라고 할 수 있는 이 작품의 무대 위에서는 아무런 사건도 일어나지 않는다. 등장인물들의 성격이나 심리적 갈등도 전혀 찾아볼 수가 없다. 등장인물들은 시시각각으로 밀려오는 고독과 불안을 잊기 위해 쉬지 않고 지껄이고, 싸우고, 서커스의 광대들처럼 행동하지만 결국은 모든 것이 공허하고 무의미하다. 또한, 그들에게는 신의 구원도 없다. 그들은 인간 원죄와 숙명적 공허의 상징일 뿐이다. 한마디로, 이 작품은 인간 존재의 무의미함과 인간 언어의 부조리성을 미학적으로 결합한 작품이다.

1953년에 「고도를 기다리며」의 프랑스 초연은 세계 연극의 흐름을 온통 뒤바꿔 놓은 충격 그 자체였다. 세계 곳곳에서 '고도'는 그곳에 결핍된 '그 무엇'을 상징했다. 60년대 폴란드 공연에서 '고도'는 '소련으로부터의 해방'이었고, 미국 생 켕탱 감옥 죄수들의 공연에서는 '석방'이었다. 이 작품에서 '고도'가 신의 상징이냐 아니면 희망의 상징이냐, 그리고 '고도'가 왔었느냐 아니면 오지 않을 것이냐 하는 문제는 전적으로 독자나 관객들의 판단에 달려 있다.

제10장 영국의 문화

주거 문화

영국의 전통적인 주거 형태는 건물 정면에 앞문이 있고 주변에(특히 건물의 앞과 뒤에) 정원이 딸린 2층짜리 단독주택(디테치드 하우스, Detached House)이다. 이들 대부분은 벽돌로(가끔은 돌로) 지어지며, 지붕은 타일로 되어 있다. 인구의 80퍼센트 이상이 단독주택에 살고 있으며, 나머지는 세미 디테치드 하우스(Semi-detached Houses: 공통의 벽을 사이에 두고 두 채의 집이 나란히 붙어 있는 주택), 테라스드 하우스(Terraced Houses: 같은 구조의 집들이 옆으로 3채 이상 붙어 있는 집으로, 일명 '타운하우스'라고도 함), 아파트(Flats: 3~5층으로 된 공동주택), 방갈로(Bungalows: 조그만 단층집), 스튜디오 플랫(Studio Flats: 원룸 형태의 주거 공간), 코티지(Cottages, 옛 시골집) 등에서 산다. 단독주택의 경우 1층에는 1개 이상의 거실과 식당 및 부엌이, 그리고 2층에는 3~4개의 침실과 1~2개의 욕실이 배치되어 있다. 또한, 집 뒤에는 가라지(Garage, 창고)가 정원에 딸려 있다.

영국의 단독주택

음식 문화

영국은 음식에 관해서는 평판이 별로 좋지 않았다. 하지만 지난 수년 동안 요리 분야에서 혁명에 가까운 변화의 바람이 불고 있다. 2005년에는 푸드 매거진 『구어메(*Gourmet*)』가 런던을 세계에서 가장 훌륭한 레스토랑들이 몰려 있는 곳으로 선정하기도 했다. 가는 곳마다 미슐랭(Michelin) 별점을 받은 레스토랑, 유기농 음식점, 미식가들이 즐겨 찾는 게스트로펍(Gastropub) 등이 즐비하다. 최근 유행하고 있는 '스타 셰프' 현상 등에서 볼 수 있듯이, 영국은 오늘날 요리의 후진국에서 최신 요리의 선도국으로 탈바꿈하고 있다(론리플래닛 디스커버: 영국 366).

🇬🇧 아침 식사

영국인은 베이컨, 소시지, 달걀, 버섯, 구운 콩, 튀긴 빵, 그릴드 키퍼(grilled kipper: 훈제 청어를 구운 것), 오렌지 주스, 홍차 등으로 구성된 '영국식 아침 정찬(Full English Breakfast, fry-up breakfast, 기름진 아침 식사)'을 즐긴다. 물론 튀긴 토마토나, 다른 나라

영국식 아침 정찬

에서 '블러드 소시지(blood sausage)'로 불리는 '블랙 푸딩(black pudding: 돼지 피와 지방, 오트밀 혹은 보리를 재료로 하여 만든 검은색 소시지)'을 곁들이는 경우도 있다. 그러나 오늘날 대부분의 영국 가정에서는 시리얼(cereal)이나 잼을 바른 토스트 등으로 가벼운 아침 식사를 한다.

🇬🇧 점심 식사

영국이 전 세계인들에게 선사한 수많은 발명품 중 하나는 바로 샌드위치(Sandwich)이다. 샌드위치는 18세기 영국의 귀족이었던 샌드위치 백작(Earl of Sandwich)이 만들었다고 전해진다. 샌드위치와 코니시 패이스트리(Cornish pasty: 감자와 햄 등을 넣어 조개 모양으로 만든 큰 만두) 외에 주로 펍에서 즐길 수 있는 점심으로는 '플라우맨스 런치(ploughman's lunch, 쟁기꾼의 점심)'가 있는데, 이는 빵, 치즈, 스파이시 피클(spicy pickle), 양파 등으로 구성된다. 하지만 요즈음에는 버터, 샐러드, 피클, 절인 양파, 각종 드레싱(dressing)들이 함유된 스마트 런치로 변신했다. 이밖에도 파머스 런치(farmer's lunch: 빵과 치킨), 스톡맨스 런치(stockman's lunch: 빵과 햄), 프렌치맨스 런치(Frenchman's lunch: 브리[Brie] 치즈와 바게트], 피셔맨스 런치(fisherman's lunch: 생선) 등 다양한 형태의 변종 런치들이 있다.

🇬🇧 저녁 식사

전형적인 영국식 저녁 식사는 '고기와 채소 2가지'이다. 고기는 소, 돼지, 양, 사슴 고기이며, 채소 중 하나는 감자 그리고 다른 하나는 당근, 양배추, 꽃양배추 중 하나이다. 영국인의 대표적인 저녁 요리는 로스트 비프(roast beef)이다. 가장 유명한 육류는 스코틀랜드산 애버딘 앵거스(Aberdeen Angus) 소고기, 웨일스산 새끼 양고기, 스코틀랜드산 붉은 사슴 고기 등이다. 육류 요리와 함께 곁들여 먹는 요리로는 요크셔 푸딩(Yorkshire pudding: 밀가루, 달걀, 우유 등을 반죽하여 구운 음식)이 있는데, 요크셔 푸딩에 소시지를 넣으면 또 다른 요리인 토드인더홀(toad-in-the-hole)이 된다. 하지만 영국에서 가장 널리 알려진 주식(主食)은 뭐니 뭐

피시 앤 칩스

니 해도 피시 앤 칩스(fish and chips: 생선 살에 튀김옷을 입혀 튀긴 것과 감자 튀김을 함께 먹는 음식)이다.

　　피시 앤 칩스는 영국의 항구도시에서 잡은 생선을 기름에 튀겨 감자 튀김과 함께 먹는 가장 인기 있는 간편식 요리(chippies로 널리 알려짐)로, 펍이나 카페 혹은 테이크어웨이 샵(takeaway shop)에서 쉽게 접할 수 있다. 해안으로부터 멀리 떨어진 곳에서는 생선이 너무 기름지고 맛이 없는 경우도 있지만, 해안 지방에서는 항상 맛있게 즐길 수 있는 요리이다.

차(茶, tea) 문화

영국인은 차를 즐겨 마신다. 인도 아대륙(印度 亞大陸)에 차 생산을 위한 대농장을 건설한 18세기 이래로 차는 영국인의 기호품이 되었다. 또한, 유구한 역사를 지닌 차 문화는 그들의 여유로운 삶의 태도와 기품을 보여준다. 영국인은 하루에도 전국적으로 1억 6,500만 잔의 차를 마신다. 주로 아침 시간에 마시지만, 하루 중 아무 때나 수차례 마신다. 일터에서도 '티 브레이크(Tea Break)'라는 시간을 내서 차를 마신다. 때로는 우유나 설탕을 곁들여 마시기도 한다. 밀크티는 홍차에 우유를 탄 것이다. 영국인이 마시는 차는 우리가 흔히 생각하는 녹차가 아니라 발효된 홍차이다. 영국인의 홍차 문화는 18세기에 베드퍼드 공작부인(Duchess of Bedford) 애나 마리아 러셀(Anna Maria Russell[Stanhope], 1783~1857)이 오후에 습관적으로 홍차를 즐기던 것으로부터 유래하며, 영국에서 생산되는 유명한 홍차로는 포트넘 앤 메이슨(Fortnum and

Mason), 브룩 본드(Brook Bonds), 립튼(Lipton), 트와이닝(Twinings) 등이 있다.

영국인은 아침에는 '모닝 티(Morning Tea),' 오전 11시경에는 '티 브레이크', 오후 3시경에는 '애프터눈 티(Afternoon Tea)' 시간을 갖는다.

애프터눈 티 시간은 점심과 저녁 식사 시간 사이에 향긋한 홍차와 함께 간단한 빵, 디저트 등을 곁들여 여유를 즐기는 시간으로, 이 또한 베드퍼드 공작부인에 의해 시작되었다. 당시 영국에서는 아침은 푸짐하게 먹고, 점심은 간단하게 때웠으며, 저녁 식사 시간은 오후 8시였다. 따라서 오후 시간이 되면 당연히 배가 고플 수밖에 없었다. 어느 날 오후 베드퍼드 공작부인은 축 가라앉는 기분을 달래기 위해 하녀에게 차와 함께 다과를 준비토록 했다. 이후로 부인은 오후에 마시는 차가 기분전환에 도움이 된다는 것을 알게 되었고, 다과회에 친구들을 초대하기 시작했는데, 이러한 모임이 곧 런던 전역으로 퍼져나가 애프터눈 티의 시발점이 되었다.

일반적으로 애프터눈 티는 홍차(보통 우유와 설탕을 곁들임), 스콘(Scone), 샌드위치(Sandwich), 티 케이크(Tea Cake: 타르트 케이크, 무스 케이크, 과일 케이크, 셰리 트라이플), 클로티드 크림(Clotted Cream: 우유로 만든 노란색의 뻑뻑한 크림) 등으로 구성된다.

펍(Pub, Public House, Public Living Room) 문화

독일에는 '호프 하우스(Hof Haus)'가 있고, 프랑스에는 '카페(Café)'가 있듯이, 영국에는 '펍'을 중심으로 형성된 독특한 펍 문화가 있다. 펍은 공공장소라는 뜻을 가진 'Public House'의 줄임말로, 영국의 전통적 선술집을 말한다. 한편, 숙식을 제공하는 펍은 '인 (Inn: The Crown Inn, The Oak Inn)'이라고 하며, 보다 현대적인 장소는 '바(Bar)'라고 한다.

펍의 기원은 로마가 영국을 점령했을 당시로 거슬러 올라간다. 로마인은 알코올을 마시거나 사교생활을 즐길 수 있는 '태번(Tavern)'을, 그리고 이후 앵글로색슨인은 '에일 하우스(Ale House)'라는 비슷한 유형의 주점을 갖고 있었다. 그러다가 15~16세기에는 집주인들이 자기 집 정문 앞에서 맥주를 팔거나, 역마차가 멈춰서는 여인숙(Coaching Inn)이 펍의 역할을 했다. 하지만 펍이 본격적으로 번창한 것은 빅토리아 시대였다.

영국의 펍

영국의 펍은 영국인을 가장 쉽게 만날 수 있는 곳이며, 서민들의 정서를 가장 잘 느낄 수 있는 곳이다. 또한, 펍은 단순히 술을 마시는 곳일 뿐만 아니라, 음료나 전통 메뉴의 식사를 가볍게 즐길 수 있는 곳, 영국인의 나이트라이프(nightlife: 저녁 문화)를 대표할 수 있는 곳, 단골손님들의 술집, 긴장을 푸는 도피처, 지방 사람들의 사랑방·토론방·문화 교류의 장, TV로 스포츠를 즐기는 곳, 라이브 무대를 선보이는 예술 공연장, 나이트클럽 등의 역할을 하는 영국인의 소셜 허브(Social Hub)라고 할 수 있다. 최근에는 사무실이 밀집된 도시 지역에 '와인 바(Wine Bar: 와인, 주류, 다양한 이국 음식 등을 제공하는 술집)'가 하나둘 생겨나서 여피족의 취향에 부응하고 있다.

펍의 명칭은 영국인의 역사를 반영하고 있으며(예: St George and the Dragon, The Robin Hood and the Green Man, The Rose and Crown), 수백 년의 역사와 전통을 자랑하는 펍들도 수두룩하다. 하지만 1990년대부터는 젊은이들의 취향을 반영해서 개조한 곳들도 있다. 런던에는 5천여 개, 영국 전역에는 8만여 개의 펍이 있는데, 작은 시골 마을에도 반드시 한두 개의 펍이 있다. 예전에는 문맹이 많아 펍의 간판을 쉽게 읽을 수가 없었기 때문에, 간판은 보통 가지각색의 그림들로 밝고 요란하게 치장해서 멀리서도 식별이 용이하도록 했다.

영국에서 펍에 출입할 수 있는 법적 나이는 18세이며, 14세 이상의 청소년은 성인 동반자와 함께 들어가야만 식사와 음료(알코올은 제외)를 제공받을 수 있다. 영국의 펍은 보통 11시경에 문을 닫는데, 마감 시간 10분 전에 셔터를 내리고, 요란하게 종을 울리면서 마지막 주문을 받는다. 하지만 최근 들어 영국 정부는 펍의 영업시간

제한을 철폐했다. 이에 따라 영업시간 연장을 원하는 펍은 정부의 허가를 받아 24시간 영업할 수 있게 되었다.

펍에서 즐길 수 있는 맥주의 종류로는 에일(ale), 라거(larger), 스타우트(stout) 등이 있다. 에일(짙은 갈색을 띰)은 맥주 통 위쪽에서 효모를 발효시키는 상면(上面) 발효 방식의 맥주이다. 하면(下面) 발효 방식으로 차갑게 즐기는 라거(옅은 노란색을 띰)는 청량감이 강한 데 반해, 실온으로 즐기는 에일 맥주는 짙은 향과 쓴맛이 난다. 아일랜드의 기네스(Guinness), 벨기에의 호가든(Hoegaarden), 영국의 포터(Porter) 등이 대표적인 제품이며, 일명 '비터(bitter)'라고도 한다. 'Porter' 혹은 'Stout'라고 불리는 흑맥주는 몰트(malt, 맥아)로 만든 것으로 검은색을 띠며 깊은 맛이 나는 것이 특징이다.

맥주를 주문할 때는 보통 '파인트(British pint, Imperial pint: 570ml)' 단위를 쓰며, 보다 작은 양을 원할 때는 '글라스(a glass)'나 '하프(a half)', 또는 '하프 파인트(a half-pint)'라고 하면 된다.

펍에서의 술값은 선급으로 한다. 바텐더에게는 팁을 줄 필요는 없지만, 꼭 성의를 표하고 싶다면 "당신도 한 잔 하세요(... and one for yourself.)"라고 말하는 것으로 족하다. 바텐더는 술을 마시지는 않기 때문에 계산서에 한 잔 값을 추가한 뒤 그만큼을 팁으로 가져간다. 한편, 두 사람 이상이 펍에 갈 경우, 술잔이 빈 사람의 술을 돌아가면서 선급으로 사는 방식을 '라운드 시스템(Rounds System)'이라고 한다.

언론 문화

영국의 언론 문화는 신문, 잡지, 텔레비전, 라디오로 요약할 수 있는데, 신문이 언론 문화를 주도하고 있다.

🏴 신문

영국의 신문 역사는 200년 이상을 자랑하며, 영국인은 스웨덴인과 일본인을 제외하

고 세계에서 신문을 가장 많이 보는 국민
으로 정평이 나 있다. 영국의 신문은 전
세계적으로 영향력이 매우 클 뿐 아니라
구독률(영국인들의 대략 70%가 신문을 구독
함)도 높아서 다양한 종류의 신문들이 발
간되고 있다.

영국의 신문은 크게 고급 신문(quality
papers, broadsheets)과 대중 신문(popular
papers, tabloids, the gutter press)으로 나뉘며,
그 중 전국 일간 신문이 10여 종, 전국 일
요 신문이 10여 종, 지방 일간 신문이 96여
종에 달한다. 또한, 주간이나 격 주간으로
발행되는 지방신문도 수백여 종에 이른다.

영국의 신문

신문사는 편집 방향에 따라 특정 정당을 지지할 수 있지만, 대개 오너(owner)의
영향을 받는다. 전국과 지방 일간지의 경우 대부분 언론 그룹 1개사가 여러 개의 신
문을 동시에 발행하고 있다.

언론에 대한 규제는 원칙적으로 자율 규제이지만, 1991년에 설립된 '언론고충위
원회(The Press Complaints Commission, PCC)'가 언론의 윤리강령과 관련된 임무를 수행
하고 있다.

🏴󠁧󠁢󠁥󠁮󠁧󠁿 잡지

영국에서는 『우먼(*Woman*)』, 『우먼스 오운(*Woman's Own*)』, 『하우스 앤 가든(*House and
Garden*)』, 『보그(*Vogue*)』 등 매년 9,000여 종에 달하는 잡지들이 발행되고 있으며, 수
십 년 동안 특별한 형식의 변화 없이 발행되고 있다.

영국의 주요 신문 현황

(단위: 만 부)

구분		신문명	정치성향	발행부수
일간지 (월요일~ 토요일)	고급지	데일리 텔레그래프(The Daily Telegraph)	보수	84
		타임스(The Times)	보수	63
		파이낸셜타임스(The Financial Times)	보수	45
		가디언(The Guardian)	자유	35
		인디펜던트(The Independent)	중도	20
	대중지	선(The Sun)	중도	306
		데일리 메일(The Daily Mail)	보수	218
		미러(The Mirror)	노동	142
		익스프레스(The Express)	보수	74
		스타(The Star)	중도	70
일요지	고급지	선데이 타임스(The Sunday Times)	보수	123
		선데이 텔레그래프(The Sunday Telegraph)	보수	63
		옵서버(The Observer)	자유	45
		인디펜던트 온 선데이(The Independent on Sunday)	중도	16
	대중지	뉴스 오브 더 월드(The News of the World)	중도	313
		메일 온 선데이(The Mail on Sunday)	보수	222
		선데이 미러(The Sunday Mirror)	노동	129
		선데이 익스프레스(The Sunday Express)	보수	67
		피플(The People)	중도	61

(영국의 개황, 외교부, 2011.)

영국의 주요 주간 잡지(Weekly Magazine) 현황

(단위: 만 부)

잡지명	성격	발행부수
이코노미스트 (The Economist)	중도 보수 성향의 고급 여론지	14
타임아웃(The Time Out)	런던을 비롯한 영국 주요 도시의 문화 등 주요 행사 일정을 안내함	9
뉴스테이츠먼 (The New Statesman)	중도 좌파적 시각에서 사회문제, 정치·예술 분야의 쟁점을 소개함	6
스펙테이터 (The Spectator)	뉴스테이츠먼과 유사한 주제를 중도 우파적 시각에서 다룸	2

(영국의 개황, 외교부, 2011.)

▦ 텔레비전과 라디오

세계에서 가장 영향력 있는 영국의 '비비시(BBC, British Broadcasting Corporation)'는 1922년 영국 국왕의 칙허장(Royal Charter)을 근거로 설립된 세계 최초의 국영 방송사이다. 이후 BBC는 1927년 정부의 규제를 받는 공사(Corporation)로 바뀌어 오늘에 이르고 있으며, 1955년 독립방송협회(Independent Broadcasting Authority, IBA)가 감독하는 상업 텔레비전이 설립되기 이전까지 독점적인 위치를 누려왔다. 비비시는 총리가 추천하고 국왕이 임명하는 12명으로 구성된 이사회가 최고 의사 결정 기구이며, 정부의 돈으로 운영되지만, 아이비에이(IBA)에 의해 통제를 받는 개인 회사들은 광고료로 운영된다.

1927년 라디오 방송으로 시작해서, 1936년 텔레비전 방송사업까지 확장한 BBC 텔레비전과 BBC 라디오는, 오늘날 국내뿐 아니라 해외 방송도 하고 있다. BBC 텔레비전 방송은 BBC 1, BBC 2, BBC Choice, BBC 4, BBC News 24, BBC 의회(Parliament)가 있으며, BBC 1과 BBC 2는 정규 지상파로 방송되고 있다. 기타 텔레비전 방송국은 케이블 네트워크, 디지털 위성방송, 디지털 지상파 방송으로 방송된다. '독립 텔레비전(Independent Television, ITV)'은 영국 최대 민간 방송국으로 1955년 9월 22일에 방송을 시작했다. 법률상으로는 〈Channel 3〉이며, 채널은 ITV 1, ITV 2, ITV 3, ITV 4, ITV 2+1, ITV Preview, CITV로 나뉜다. 해외 텔레비전 방송인 BBC 월드 서비스(BBC World Service)는 24시간 방송 체제로 지구촌 180여 개 나라로 방송된다.

21세기 다중매체 시대에도 라디오의 인기는 여전히 시들지 않고 있으며, BBC 라디오는 세계에서 가장 유명한 라디오 방송사이다. BBC는 5개의 전국 라디오 방송망(Radio 1, 2, 3, 4, 5)을 갖고 있으며, 지방의 39개 방송사와 제휴하고 있다. BBC 월드 서비스(BBC World Service)는 해외 라디오 방송으로, 영어 이외에도 43개 언어로 방송하고 있다(김재풍 128-130).

귀족 문화

영국에는 21세기 관점에서 시대착오적으로 보이는 귀족제도가 여전히 존속하고 있다. 우선 최상위 계급으로는 왕족(royal family)이 있고, 그다음으로는 왕이나 여왕의 가까운 혈족들에게 수여되는 공작(duke)으로부터, 후작(marquis, marquess), 백작(earl), 자작(viscount), 남작(baron 또는 lord)으로 이어지는 세습 귀족(hereditary peer)이 있다. 세습 귀족은 말 그대로 작위가 세습되는 고전적 의미의 진짜 귀족이다. 현재 영국에는 대략 1,200명 정도의 세습 귀족이 있다. 예전에는 모든 세습 귀족이 상원 의원이 될 수 있었으나, 1999년 상원 관련 법이 통과된 이후부터는 귀족들이 선출하는 92명만이 상원 의원이 될 수 있다.

종신 귀족(life peer)은 자신의 노력과 공적(功績)으로 귀족이 된 사람으로, 죽을 때까지만 한시적으로 귀족의 신분이 유지되며, 준 남작(baronet, baroness), 기사(knight), 경(sir, dame) 등의 호칭이 부여된다. 이러한 칭호는 왕이나 세습 귀족을 잘 보필하거나, 자신의 직업 분야에서 두드러진 업적을 남긴 사람들에게 수여된다. 종신 귀족은 부족한 세습 귀족으로 인해 줄어든 상원 의원의 숫자를 늘리기 위해 1958년부터 생겼다. 중세 때 지역 귀족의 사병이었던 기사는 오늘날 각 분야에서 뛰어난 업적이 있는 사람에게 국왕이 그 작위를 수여하며, 작위를 받은 사람은 자신의 이름 앞에 'sir'(여자의 경우에는 'dame')를 붙인다. 한편, 영국 귀족의 특성은 다음과 같다.

첫째, 귀족은 평민이 갖지 못한 부와 재산과 혈통을 소유한 특권계층이다.

둘째, 귀족은 육체노동을 하지 않으면서도 악착같이 재산을 지켜낼 줄 아는 사람이다.

셋째, 귀족은 대중 앞에서 감정표현을 자제하는 능력이 뛰어난 사람이다.

넷째, 귀족은 자선사업과 사회봉사에 적극 참여하며, 국왕과 국가가 위기에 처할 때는 생명의 위험을 무릅쓰고 솔선수범하는 사람이다.

다섯째, 귀족은 선과 정의를 지향하는 '고매한 천성'을 지닌 사람이다.

여섯째, 귀족은 충성과 선행을 실천하며 자부심과 기품을 지키는 사람이다(박종

성 109-111).

요약하면, 귀족은 평민이 갖지 못한 부와 재산과 혈통을 소유한 특권계층으로, 대중 앞에서 감정표현을 자제하는 능력이 뛰어나고, 자선사업과 사회봉사에 적극 참여하며, 나눔·후원·노블레스 오블리주(nobless oblige)를 실천하고, 국왕과 국가가 위기에 처할 때는 생명의 위험을 무릅쓰는 솔선수범의 자세를 보인다. 또한, 귀족은 선과 정의를 지향하는 고매한 천성을 지닌 사람으로, 국가와 군주에게 충성하고, 선행을 실천하며, 겉치레보다는 품격 있는 삶을 추구하고, 아름다운 마음을 견지하며 사는 사람이다(강혜경 57-60). 이러한 영국의 귀족 마인드는 중세의 기사도(chivalry)에서 연원(淵源)한 신사도(gentlemanship)로서, 일본의 사무라이 정신이나 우리나라의 선비정신과 유사하다고 할 수 있다.

스포츠 문화

영국인은 전통적으로 스포츠 애호가이다. 직접 참여하든 아니면 단지 관람만 하든, 스포츠에 대한 영국인의 관심과 열정은 일반인의 상상을 초월한다. 또한, 자신이 응원하는 팀의 승패를 떠나, 잉글랜드, 웨일스, 스코틀랜드로 나눠 출전하든, 그레이트 브리튼이나 UK 대표팀으로 경기를 하든 스포츠에 대한 영국인의 열정은 좀처럼 식을 줄을 모른다.

영국인은 축구(Football, Soccer), 럭비(Rugby), 크리켓(Cricket), 테니스(Tennis), 폴로(Polo), 경마(競馬, Horse Racing), 골프(Golf), 미식축구(American Football), 카누(Canoe), 보트 레이스(Boat Race), 사냥개 경주(Dog-racing), 사이클(Cycling), 하이킹(Hiking), 조깅(Jogging) 등 세계적으로 주목을 받는 대다수의 스포츠를 발명했거나 스포츠의 경기 규칙들을 만들어냈다. 따라서 영국 문화의 정수를 알 수 있는 또 하나의 방법은 영국인의 스포츠를 이해하는 것이며, 스포츠를 대하는 영국인의 열정을 경험하는 것은 영국 문화의 본질을 이해할 수 있는 지름길이다.

🏴󠁧󠁢󠁥󠁮󠁧󠁿 영국 스포츠의 특징

영국의 스포츠에는 계급 질서가 반영되어 있다. 가령 아름다운 전원에서 승마를 즐기는 것은 귀족과 상류층의 전유물이었으며, 지금도 승마는 주로 상류층의 스포츠이다. 기타 여우 사냥을 비롯한 수렵과 폴로 등 말과 관계 있는 스포츠도 상류층을 위한 것이다.

예나 지금이나 상류층 외에는 그다지 여가(餘暇)가 없었기 때문에 여가가 필요한 스포츠는 원래 상류층의 전유물이었다. 전통적으로 상류층 자녀의 교육기관인 퍼블릭 스쿨(Public School)에서는 스포츠도 중요한 교육과정 일부였으며, 스포츠를 통해 지도자에게 걸맞은 체력을 기르고, 규율, 인내, 페어플레이(fair play) 정신 등을 터득하도록 했다.

같은 의미에서 옥스퍼드와 케임브리지에서도 강의는 오전 중에 끝내고, 오후에는 모든 학생이 스포츠에 참여했다. 테니스, 크리켓, 보트 레이스 종목처럼 각 대학, 각 퍼블릭 스쿨에 공통되는 종목도 있었으나, 학교마다 고유의 스포츠를 즐기는 것이 통례였으며, 같은 스포츠라 하더라도 퍼블릭 스쿨에 따라 상이한 룰(rule)이 적용되는 것도 드문 일이 아니었다. 이처럼 상류계층에서 발전한 스포츠는 다른 습관, 풍속 등과 마찬가지로 중류계층의 상층부를 거쳐 전 국민에게로 퍼져나갔다(네이버 두산백과).

🏴󠁧󠁢󠁥󠁮󠁧󠁿 축구

잉글랜드의 축구 리그(league)는 세계 최고의 팀과 선수들을 보유하고 있다. 그 정점에는 전국 상위 20개 축구 클럽이 참여하는 프리미어 리그(The Premier League)가 있다. 최근에는 아스널(Arsenal), 리버풀(Liverpool), 맨체스터 유나이티드(Manchester United), 첼시(Chelsea)가 우세였고, 현재는 맨체스터 시티(Manchester City)가 뛰어난 기량을 보여주고 있다.

프리미어 리그 밑으로는 72개 팀이 챔피언십(Championship), 리그 원(League One),

리그 투(League Two)라는 잉글랜드 리그 각 부에서 시합을 벌인다. 스코틀랜드 프리미어 리그에서는 글래스고팀인 글래스고 레인저스(Glasgow Rangers)와 글래스고 셀틱(Glasgow Celtic)이 강자로 군림하고 있다. 한편, 웨일스에서 축구는 별로 인기가 없으며(럭비가 국민 스포츠임), 스완지(Swansea), 카디프(Cardiff), 렉섬(Wrexham) 같은 웨일스의 주요 팀들은 잉글랜드의 리그에서 경기를 펼친다. 축구 시즌은 통상 8월부터 5월까지 지속된다.

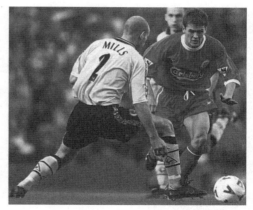

축구 경기 장면

🏴 럭비

'신사의 게임'으로 알려진 럭비는 영국에서 가장 인기 있는 스포츠이다. 특히 잉글랜드가 2004년 세계대회에서 우승을 거둔 이후 럭비의 인기는 더욱 상승 기류를 타고 있다.

럭비에는 두 가지 형식이 있는데, 럭비 유니언(Rugby Union)은 주로 잉글랜드의 남부, 웨일스, 스코틀랜드에서 행해지는 종목으로, 전통적으로 중상류 계층의 스포츠였다. 반면에 럭비 리그(Rugby League)는 잉글랜드의 북부에서 우세하며, 전통적으로 노동 계층의 스포츠였다. 두 형식 모두 규칙과 전술은 비슷하다. 하지만 럭비 유니언에서는 각 팀당 15명의 선수가 뛰지만, 럭비 리그에서는 13명의 선수가 출전한다.

1871년에 설립된 럭비 유니언(Rugby [Football] Union)이 주최하는 국제 경기의 하이라이트는 잉글랜드, 웨일스, 스코틀랜드, 아일랜드, 프랑스, 이탈리아 간에 벌어지는 식스 네이션스 챔피언십(Six Nations Championship)이며, 럭비 시즌은 통상 9월부터 부활절까지 지속된다.

🇬🇧 크리켓

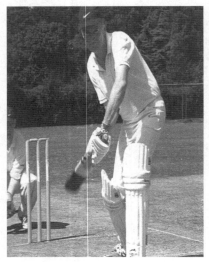
크리켓 경기 장면

크리켓은 인생 그 자체라고 할 수 있는 진정한 잉글랜드의 스포츠이다. 따라서 잉글랜드에서는 크리켓을 종교처럼 여기는 사람들이 부지기수이다. 크리켓은 영국의 국기(國技)로서 잉글랜드의 남동부에서 유래했으며, 최초의 기록은 1598년으로 거슬러 올라간다. 이후 영국의 식민지 시대(18~19세기)에 국제 스포츠로 발전한 크리켓은 영연방 국가들에게 널리 보급되었으며, 특히, 인도 아대륙(印度亞大陸), 서인도제도, 호주, 뉴질랜드, 남아프리카 등지에서 인기가 높다.

크리켓은 11명으로 구성된 두 팀이 공격과 수비를 교대하면서 공을 배트로 쳐서 득점을 겨루는 경기로, 공격팀과 수비팀이 번갈아 바뀐다는 점에서 야구와 비슷하다. 크리켓 시즌에는 일터를 떠나 홈팀을 응원하는 프랑스 사람들과, 북서부 런던의 크리켓 경기장으로 몰려드는 인파를 곳곳에서 볼 수 있다(테리 탄 237). 국제 시합은 런던의 로드(Lord), 버밍엄의 에지배스턴(Edgbaston), 리즈의 헤딩리(Headingley) 등의 경기장에서 열린다. 카운티 챔피언십(County Championship)에는 영국 전체의 팀이 참여한다.

🇬🇧 테니스

테니스 경기는 영국에서 클럽이나 지역 단위로 널리 행해지는 스포츠이다. 가장 유명한 대회는 윔블던(Wimbledon)에서 개최되는 '전 잉글랜드 잔디 테니스 챔피언십(All England Lawn Tennis Championships)'이다. 이 시합이 열리는 6월의 마지막 주와 7월의 첫 주가 되면 영국은 테니스 열기로 후끈 달아오른다.

🇬🇧 폴로(Polo)

왕의 경기로 통하는 폴로는 주로 부유한 사람들이 돈을 써가며 즐기는 마상구기(馬上球技) 종목이다. 폴로는 승마와 하키를 합친 것으로, 한 팀에 4명씩 두 개 팀으로 나누어 경기를 벌이며, 말을 탄 채 폴로 스틱(stick)으로 공을 몰고 가서 골을 넣는 방식을 취한다.

🇬🇧 경마(競馬, horse racing)

경마는 경주 거리, 방향, 상금, 출주 기수, 부담 중량 등이 정해진 조건에서 2두(頭) 이상의 말을 타고 달리면서 속도를 겨루는 경기이다.

　　최고의 경마대회로는 매년 6월 중순에 아스코트 경마장(Ascot Racecourse)에서 열리는 '로열 아스코트(Royal Ascot) 경마대회', 4월 초 에인트리(Aintree)에서 열리는 '그랜드 내셔널 스티플체이스(Grand National Steeplechase) 경마대회', 6월 첫째 토요일에 열리는 '더비 경마대회(Derby Day)' 등이 있다.

경마 장면

🇬🇧 골프(Golf)

영국에서는 매주 수백만 명이 골프장 페어웨이로 나선다. 가장 저명한 토너먼트는 '디 오픈 챔피언십(The Open Championship: '디 오픈[The Open]' 또는 '브리티시 오픈[British Open]'이라고도 부름)'이다. 1860년에 시작되어 주요 프로 골프 선수권 대회 중 가장 오래된 이 경기는 유일하게 미국 밖에서 열린다. 경기는 매번 다른 골프장에서 열리며, 시기는 보통 7월 셋째 주말 즈음이다(론리플래닛 베스트: 영국 298-300).

🇬🇧 기타

이 밖에도 미식축구, 카누, 보트 레이스, 사냥개 경주, 사이클, 하이킹, 조깅 등이 있다.

아일랜드 지도

남아일랜드의 일반 현황

공식 명칭	아일랜드 공화국(The Republic of Ireland), 아일랜드(Ireland), 에이레(Eire)
수도	더블린(Dublin)
주요 도시	더블린(Dublin), 코크(Cork), 골웨이(Galway), 리머릭(Limerick)
면적	70,282km^2
인구	460만 명
기후	온화함
화폐	유로(Euro)화
인종	켈트족(99%)과 유대인, 인도인, 중국인 등의 소수 민족(1%)
가족 규모	가구당 평균 2.11명이며, 자녀 수는 평균 1.9명
공용어	아일랜드어(Irish, Gaelic)와 영어(English)
종교	가톨릭 90%, 신교 3%, 기타 7%
지역	26개 주(County)
주요 항구	더블린(Dublin) 항, 코크(Cork) 항
주요 공항	더블린(Dublin) 공항, 섀넌(Shannon) 공항
시차	우리나라보다 9시간 늦음
국제전화코드	00 353
전기	220볼트/50사이클
주요 신문	「아이리시 타임스(The Irish Times)」, 「아이리시 인디펜던트(The Irish Independent)」
텔레비전 채널	RTE1(영어 방송), RTE2(Network2, 영어 방송), TG4(아일랜드어 방송), TV3(상업 방송)
라디오 채널	Radio1(영어 방송), Radio2(영어 방송), Lyric FM(FM3, 영어 음악 방송), Radio na Gaeltachta(아일랜드어 방송)
국가의 상징	샴록(Shamrock, 세 잎 클로버), 하프(Harp), 초록색(Green)
국기	초록색(Green), 흰색(White), 주황색(Orange)으로 된 3색 기

북아일랜드의 일반 현황

공식 명칭	Northern Ireland, North of Ireland, 얼스터(Ulster)
면적	14,139km^2
인구	180만 명
주도(主都)	벨파스트(Belfast)
지역	앤트림(Antrim), 다운(Down), 아마(Armagh), 티론(Tyrone), 퍼마나(Fermanagh), 런던데리(Londonderry)의 6개 주
주요 도시	벨파스트(Belfast), 런던데리(Londonderry), 오마(Omagh)
기후	온화함
종교	신교 45%, 가톨릭 40%, 기타 5%, 무종교 10%
공용어	영어
가족 규모	2.1명
통화	파운드 스털링(Pound Sterling)
인종	켈트족(99%)과 유대인, 인도인, 중국인 등의 소수 민족(1%)
정부	영국(UK)의 속국으로 17명의 영국 의회 의원을 선출하며, 스토몬트(Stormont)에 독립적인 자치의회를 두고 있음
국제 전화 코드	00 44로 영국과 동일함
주요공항 및 항구	벨파스트(Belfast) 국제공항, 벨파스트(Belfast) 항
시차	우리나라보다 9시간이 늦음
전기	240볼트로 영국과 동일함
방송 매체	BBC TV, BBC Radio, Ulster Television(상업 방송)
주요 신문	「벨파스트 텔레그래프(The Belfast Telegraph)」, 「뉴스레터(The Newsletter)」, 「아이리시 뉴스(The Irish News)」
주요 거리	폴스 로드(The Falls Road): 가톨릭교도 거주 지역 샨킬 로드(The Shankill Road): 신교도 거주 지역
가장 높은 산	스리브 도나드산(Slieve Donard)
가장 넓은 호수	네이 호(Lough Neagh)
관광 명소	자이언츠 코즈웨이(The Giant's Causeway), 벨파스트 시청사(Belfast City Hall) 타이태닉 벨파스트(Titanic Belfast), 크라운 리쿼 살롱(Crown Liquor Saloon)

제11장 북아일랜드

아일랜드 개관

유럽 대륙의 서쪽 끝자락에 붙어 있는 작은 섬나라 아일랜드. 중세에는 화려한 켈트 문화를 꽃피우며 '성자와 학자의 나라(The Land of Saints and Scholars)'로 널리 알려졌고, 세계 문화사에 빛나는 수많은 예술가를 배출해온 '문화 강국' 아일랜드. 목가적인 아름다운 자연 풍광에 대기근·가난·이민·해외 이산(Diaspora) 등의 쓰라린 슬픔과 한(限)이 어려 있는 나라 아일랜드. 근 750년 동안 영국의 식민 통치에 맞서 독립과 자존을 추구해왔으며, 1980년대 이후에는 놀라운 경제성장을 이뤄냄으로써 '켈트 호랑이(Celtic Tiger: 때로는 'Emerald Tiger'라고도 하며, 미국의 투자은행 모건 스탠리가 아일랜드의 경이적인 경제발전을 아시아의 한국, 대만, 싱가포르, 홍콩을 지칭하는 '네 마리 용'에 비유한 데서 유래한 말)'로 포효하고 있는 '작지만 강한 나라' 아일랜드.

더블린(Dublin)의 오코넬 거리(O'Connell Street)에 우뚝 서 있는 '더블린 첨탑(The Spire of Dublin: 아일랜드의 눈부신 경제성장과 아일랜드인의 기상을 상징하는 120미터 높이의 새천년 기념첨탑으로 2003년 1월 21일 완공됨)'은 새롭게 도약하고 있는 아일랜드의 기상을 보여주고 있으며, 2004년 영국의 경제전문지『이코노미스트(*The Economist*)』는 세계 111개 나라 가운데 아일랜드를 '세계에서 가장 살기 좋은 나라'로 선정했다. 낮은 실업률, 높은 경제성장, 정치적 안정, 가정생활 등이 전통적 가치와 성공적으로 조화를 이룬 나라라는 이유에서다. 반면에 아일랜드를 거의 750년 동안 식민통치했던 영국은 29위를 차지했다. 유럽의 최빈국이 불과 20년 만에 고도성장을 통해 후진국에서 선진국으로 도약하고, 1인당 국민소득 5만 달러를 달성하여 영국을 앞지른 과정은 가히 '리피강(Liffey River: 더블린 시내를 가로지르는 강)의 기적'이라 할 만하다(주간조선 15).

21세기에 들어 한국에서도 '아일랜드 따라 배우기'가 한창이다. 신문과 잡지는 물론이고 텔레비전에서도 아일랜드를 다루는 특집 프로가 부쩍 늘었다. 교육계에서는 유연하고 개방적인 사고(思考)를 지닌 엘리트 양성을 통해 부강해진 아일랜드를 본보기로 삼아야 한다고 역설한다. 우리나라가 벤치마킹하여 2016년부터 시행하고 있는 '자유학기제'의 원조가 바로 아일랜드가 1974년부터 도입한 '전환학년제(Transition Year System)'이다. 경제계에서는 개방적인 외자 유치 정책과 노사정(勞使政) 화합에 기초한 유연하고 실용적인 아일랜드 경제성장의 비결을 배워야 한다고 주장한다. 지금 아일랜드는 '켈트 호랑이'의 등에 올라 유례없는 경제 호황과 물질적 풍요를 누리고 있다. 이러한 이유로 아일랜드식 모델에 대한 동경의 물결이 우리 사회에도 일렁이고 있다(송현옥). 과거에는 '유럽의 인도'로, 최근에는 '작지만 강한 나라'로 부상하여 전 세계인의 이목(耳目)을 끌고 있는 아일랜드는 과연 어떤 나라인가?

☘ 에메랄드빛 아일랜드

우리가 보통 '그레이트 브리튼(Great Britain)'이라고 말할 때, 여기에는 '잉글랜드(England)', '스코틀랜드(Scotland)' 그리고 '웨일스(Wales)'가 포함되고, '연합왕국(The United Kingdom)'이라고 말할 때는 '잉글랜드', '스코틀랜드', '웨일스' 그리고 '북아일랜드(Northern Ireland)'를 합쳐서 지칭하는 것이다. 따라서 영국의 정식 영어 명칭은 'The United Kingdom of Great Britain and Northern Ireland'이다. 그러나 보통 줄여서 편하게 'GB' 또는 'UK'라고 한다. 아일랜드는 영국 바로 옆에 위치한 섬나라로 1949년 영국으로부터 완전히 독립했다. 하지만 북아일랜드는 지금도 여전히 영국령으로 남아 있다. 우리가 '아일랜드', '아일랜드 공화국', '에이레', '애란' 등으로 부르는 나라의 정식 영어 명칭은 'The Republic of Ireland'이며, 보통 줄여서 'Ireland' 또는 'The Republic'이라고 한다. 한편, 로마인들이 부른 라틴어 명칭은 '하이버니아(Hibernia: 'The Land of Winter'라는 뜻임)'이고, 아일랜드의 옛 영어 명칭은 '투아하 데 다난족(Tuatha de Danaan: Danu 여신의 부족)'의 여왕이었던 'Eriu'에서 유래한 'Eire' 또는 'Erin'이다.

아일랜드의 국기(國旗)는 흰 바탕에 폭이 같은 초록(Green), 하양(White), 주황(Orange)의 세 가지 색이 세로로 그려져 있으며, 초록색은 가톨릭과 남아일랜드를, 주황색은 신교와 북아일랜드를, 흰색은 두 종교 집단의 화합을 상징한다.

아일랜드는 초록의 나라이다. 국토에서부터 국기, 스포츠 의상, 심지어 전화 부스까지도 온통 초록이다. 따라서 아일랜드의 상징색은 '초록색(Green)'이며, 아일랜드를 '에메랄드 섬(Emerald Isle)' 또는 '에메랄드빛 아일랜드'라고도 한다. 또 다른 상징은 '하프(Harp)'와 '세 잎 클로버'이다. 세 잎 클로버는 영어로 '샴록(Shamrock)'이라고 하는데, 이는 아일랜드가 가톨릭 국가라서 성부, 성자, 성신의 삼위일체를 뜻한다.

서유럽의 끝자락에 붙어 있는 멀고 먼 나라 아일랜드 하면, 사람들은 흔히 폭력과 유혈사태가 난무(亂舞)하는 이미지를 떠올리지만, 그것은 예전의 북아일랜드 모습이고, 남아일랜드(공식 명칭은 '아일랜드 공화국'이지만 이 책에서는 북아일랜드와 구별하기 위해 '남아일랜드'로 표기함)는 아마도 이 세상에서 가장 평화롭고 아름다운 에메랄드빛 전원의 나라이다.

번잡한 현대 문명과 세파에 찌든 불쌍하고 고달픈 현대의 영혼들이여! 문학과 음악 그리고 춤이 있는 문화의 고향 아일랜드로 오라. 그러면 아일랜드가 그대들의 가엾고 지친 영혼을 달래줄 것이니.

♣ 아일랜드는 어떤 나라인가?

에메랄드빛 아일랜드 섬은 서유럽의 끝자락 대서양 연안에 위치하고 있으며, 전체 면적은 84,421제곱킬로미터이고, 이 중에서 남아일랜드가 섬의 83퍼센트를 차지한다. 남아일랜드의 인구는 460만이고 북아일랜드는 180만이다. 북아일랜드의 주도(主都)는 벨파스트(Belfast)이고, 남아일랜드의 수도(首都)는 제임스 조이스(James Joyce, 1882~1941)의 작품 배경이 되고 있는 더블린(Dublin)이다. 기후는 전형적인 해양성 기후로 여름 3개월을 제외하고는 비가 오고 바람이 부는 날이 많다. 일상 언어로는 그들의 토속 언어인 아일랜드어(Irish, Gaelic)와 영어를 공용어로 사용하고 있으며, 인종은 켈트족(The Celts)이고, 종교는 주로 가톨릭(Catholic)이다.

우리 남한보다 작은 이 나라가 그토록 긴 세월 동안 처절한 고난과 시련을 겪어 왔고, 그들의 가슴속에는 아직도 풀리지 않는 한(恨)의 응어리가 자리하고 있다는 사실을 아는 이는 아마 별로 없을 것이다. 19세기의 아일랜드 역사가 윌리엄 리키(William E. Lecky)가 "인류 역사상 이들만큼 고난을 겪어온 민족은 일찍이 없었다"라고 말한 것처럼, 그들 자신을 '이 세상에서 가장 슬픈 나라'라고 불렀던 아일랜드인의 슬픔은 아일랜드가 영국 바로 옆에 위치하고 있다는 지정학적인 사실로부터 기인할지도 모른다(박지향 31).

흔히 한국을 '동양의 아일랜드' 또는 '아시아의 아일랜드'라고 한다. 온갖 역경과 시련 속에서도 꿈을 잃지 않고 민족적 자부심과 고유한 민족문화를 지키며 사는 민족성이 유사한 점을 두고 하는 말 같지만, 사실은 외부 세력의 끊임없는 침략과 압박을 숙명처럼 받아들이며 살아온 비극적인 역사 때문인지도 모른다.

유럽의 변방에 있는 아일랜드처럼 우리나라도 아시아의 동쪽 끝에 위치하며, 영국의 식민지였던 아일랜드처럼 우리도 일본의 식민지였다. 따라서 한국과 일본이 가장 가까우면서도 가장 먼 이웃이듯이, 아일랜드와 영국은 정말로 가깝고도 먼 이웃이다. 우리는 일제(日帝)의 식민 통치를 36년 동안 받았지만, 12세기 이래로 근 750년이라는 긴 세월을 영국의 식민 통치를 받으면서 살아온 아일랜드인의 역사를 생각한다면 그들의 슬픔과 시련이 어떠했겠는지 가히 짐작이 가고도 남는다. 특히 감자 잎마름병(potato blight)으로 인해 1845년부터 7년 동안 지속된 대기근(The Great Famine, 1845~1851)의 참혹한 역사는 인류 역사상 전무후무(前無後無)한 것이었다. 해가 지지 않는 대영제국의 방치 아래 100만이라는 엄청난 인구가 굶주림에 지쳐 죽어갔고, 끝내는 수많은 아일랜드인이 배고픔을 견딜 수가 없어 미국, 영국, 캐나다, 호주, 뉴질랜드 등지로 떠나가는 배에 아무런 기약도 없이 몸을 내맡겼다. 이때 사랑하는 가족, 친지, 연인들을 부둥켜안고 흐느껴 울면서 불렀던 노래가 바로 〈대니 보이(Danny Boy: 우리나라에서는 '아 목동아!'로 불리고 있음)〉로, 이는 그들이 기쁠 때나 슬플 때에 뼈아팠던 지난날을 회상하면서 애국가 다음으로 즐겨 부르는 노래이다.

우리 한민족이 반만년의 역사 동안 끊임없이 외세의 침략을 받았으면서도 불요불굴의 저항정신과 '은근과 끈기'로서 살아왔듯이, 아일랜드인들도 '한(lamentation)'과 '패배(defeat)'와 '실패(failure)'로 점철된 역사로 인해 온갖 수난과 고통을 겪어오면서도, 그들의 민족정기를 끝내 잃지 않고 문화 민족으로서 민족적 자부심을 지켜왔다. 왜냐하면, 예이츠가 "세계의 정신사는 피정복 민족의 역사였다"라고 말한 것처럼, 물질적 실패는 정신의 승리를 의미하기 때문이다. 오늘날 그들이 '유럽의 인도'라 자부하면서 문화의 우수성을 전 세계에 과시할 수 있는 것도, 따지고 보면 이러한 한의 역사와 무관치 않을 것이다.

때로 사람들은 한국 사람들이 라틴(Latin)족인 이탈리아 민족과 유사하다고 말한다. 그러나 노래 부르는 것을 좋아하는 것 말고는 사실상 두 민족 사이에 닮은 점이라고는 별로 없다. 오히려 한국 사람은 아일랜드 사람과 가장 비슷하다고 할 수 있다. 그러기에 한국인은 '아시아의 아일랜드인'이란 별명까지 얻었다. 자기 민족이야말로 이 세상에서 가장 순수하고 순결하며 뛰어나다고 믿는 맹목적 애국심, 자신들이 이 세상에서 가장 고난 받은 민족이며 슬픈 민족이라고 생각하는 경향, 그리고 실제로 강대국 곁에서 겪어온 수난의 역사 등 아일랜드와 우리나라는 역사적으로나 정서적으로 닮은 점이 너무나도 많다(박지향 17).

그렇다. 아일랜드는 우리나라처럼 어둡고 슬픈 과거를 지닌 나라이자 약함과 강인함, 순종과 저항정신을 동시에 지닌 모순덩어리의 나라. 가톨릭과 신교, 아일랜드어와 영어, 독립과 통합 사이에서 방황해온 양면적인 나라, '아일랜드, 아일랜드'인 것이다(아일랜드 드라마연구회 6).

♣ 수난 속에 피어난 문화의 향기와 열매

아일랜드 인구의 대다수를 차지하는 켈트족은 매슈 아놀드(Matthew Arnold, 1822~1888)가 일찍이 지적했듯이, 본능과 상상력을 중시하는 정감적인 민족이다. 계절의 변화가 펼쳐주는 아름다운 자연을 벗 삼아 야생의 생활을 즐기면서, 먹고 마시고 이야기를 나누며, 춤추고 노래하기를 좋아하는 호탕한 기질을 지닌 민족이다. AD 431년 로마 교황이 파견한 선교사 팔라디우스(Palladius)에 의해 처음으로 기독교가 전파되고, 432년 아일랜드의 수호성인(守護聖人) 성 패트릭(St Patrick)에 의해 수도원이 설립되어 본격적으로 기독교가 민중들 사이에 보급되기 이전까지, 그들은 삼라만상(參羅萬像)의 자연에 편재하는 정령과 영혼의 불멸성을 믿는 이교도들이었다.

수도원의 설립과 기독교의 보급은 켈트족의 찬란했던 과거 문화유산을 화려하게 꽃피우는 계기가 되었다. 수도원을 중심으로 수사(修士)들에 의해 민중들 사이에 구전(口傳)으로 전해지던 신화, 민담, 설화, 역사 등이 기록되어 널리 보급되고 보존되면서, 아일랜드는 7~8세기경에 유럽 정신문명의 진원지이자 유럽 문화의 중심 무대가 되었다. 따라서 당시 유럽 대부분 지역이 중세 암흑기로 접어들었지만, 유독 아일랜드만이 화려한 켈트 문화를 꽃피우며 '문명의 등불', '유럽의 등대', '성자와 학자의 나라' 등으로 널리 알려지게 되었다. 뿐만 아니라 유럽의 거의 모든 국가가 로마의 침략을 받아 그들의 과거 문화유산이 대부분 소실되었지만, 다행스럽게도 아일랜드는 로마 제국의 손길이 미치지 않았기 때문에(날씨가 춥고 황량할 뿐 아니라 자원이 별로 없고 땅이 척박하다는 이유로), 찬란했던 고대 켈트 문화가 온전히 보존되고 전수되어 오늘날 그들의 문화유산(특히, 문학, 음악, 춤)을 전 세계에 뽐낼 수 있는 자산

이 되고 있다. 이에 더해 아일랜드의 쓰라린 식민지 경험은 단순히 고난과 좌절의 체험담이나 슬픔의 역사로만 남아있지 않고 문화의 밀알로 씨 뿌려져, 수난 속에 피어난 문화의 향기와 열매로 자리매김하게 되었다(아일랜드 드라마연구회 5).

윌리엄 버틀러 예이츠   셰이머스 히니   조지 버나드 쇼   사뮈엘 베케트

우선, 아일랜드는 문학 분야에서 조지 버나드 쇼(George Bernard Shaw), 윌리엄 버틀러 예이츠(William Butler Yeats), 사뮈엘 베케트(Samuel Beckett), 셰이머스 히니 (Seamus Heaney)와 같은 노벨 문학상 수상자를 위시하여, 조너선 스위프트(Jonathan Swift), 윌리엄 콩그리브(William Congreve), 리처드 셰리든(Richard Sheridan), 토머스 무어(Thomas Moore), 오스카 와일드(Oscar Wilde), 브램 스토커(Bram Stoker), 숀 오케이시 (Sean O'Casey), 존 밀링턴 싱(John Millington Synge), 올리버 골드스미스(Oliver Goldsmith), 제임스 조이스(James Joyce), 브렌던 비언(Brendan Behan), C. S. 루이스(Clive Staples Lewis), 엘리자베스 보웬(Elizabeth Bowen), 프랭크 오코너(Frank O'Connor), 패트릭 카바나(Patrick Kavanagh), 루이스 맥니스(Louis MacNeice), 프랭크 맥코트(Frank McCourt), 브라이언 프리엘(Brian Friel), 로디 도일(Roddy Doyle), 세바스천 배리(Sebastian Barry), 앤 엔라이트(Anne Enright), 존 밴빌(John Banville), 콜름 토이빈(Colm Toibin), 엠마 도노휴(Emma Donoghue), 존 보인(John Boyne), 콜럼 맥켄(Colum McCann), 숀 오렐리 (Sean O'Reilly), 오언 맥나미(Eoin McNamee), 폴 머레이(Paul Murray), 셰인 헤가티(Shane Hegarty) 등 세계문학사에 빛나는 수많은 대문호를 배출함으로써 문학에 관한 한 타

의 추종을 불허하고 있다.

다음으로, 음악 분야에서는 전통악기인 보란(bodhran: 염소 가죽으로 만든 드럼의 일종), 하프(harp), 일리언 파이프(uilleann pipe: 백파이프의 일종), 피들(fiddle, 바이올린), 플루트(flute), 페니 휘슬(penny(tin) whistle), 만돌린(mandolin), 밴조(banjo), 멜로디언 (melodeon: 버튼 아코디언이라고도 함) 등으로 연주하는 민속 음악이 유명하고, 이러한 전통 때문에 아일랜드 출신의 가수들은 세계 음악계에서도 상당한 팬을 확보함으로써 주목을 받고 있다.

세계적으로 유명한 가수로는 영화 ≪반지의 제왕 (The Lord of the Rings)≫에서 삽입곡 〈되게 하소서(May It Be)〉를 부른 엔야(Enya)를 비롯하여 밴 모리슨(Van Morrison), 씬 리지(Thin Lizzy), 메리 블랙(Mary Black), 시네이드 오코너(Sinead O'Connor), 다니엘 오도넬(Daniel O'Donnell), 데미안 라이스(Damien Rice), 조 돌란(Joe Dolan), 크리스티 무어(Christy Moore) 등이 있고, 대표적인 그룹으로는 클랜시 브라더스(Clancy Brothers), 플랭스티(Planxty), 무빙 하츠(Moving Hearts), 퓨리스(The Fureys), 클래나드(Clannad), 치프턴스(The Chieftains), 크랜베리스(The Cranberries), 더블리너즈(The Dubliners), 코어스(The Corrs), 보이존(Boyzone), 보시 밴드(Bothy Band), 유투(U2) 등이 있다.

밴 모리슨

영화 ≪주홍글씨≫에서 여배우 고(故) 이은주가 불러 국내에서 유명해진 〈내가 잠잘 때뿐이지(Only When I Sleep)〉가 바로 코어스의 노래이다. 유투(U2) 그룹의 리드 싱어 보노(Bono)는 세계적 인권운동가이자 에이즈(AIDS) 퇴치 활동가로서, "우리는 모두가 평등할 때까

U2의 보노

지 아무도 평등하지 않다(No one is equal until everyone is equal.)"라는 유명한 말을 남겼으며, 1999년 데뷔한 감미로운 목소리의 4인조 밴드 웨스트라이프(Westlife)도 모두 아일랜드 출신의 멤버들로 구성되어 있다.

오늘날 아일랜드 음악(전통음악, traditional music)은 팝 음악(pop music)에 밀리는 여타의 유럽 음악들과는 달리 여전히 활기와 인기를 누리고 있다. 따라서 전통적 특징을 그대로 유지하면서도 미국의 컨트리(country) 음악과 웨스턴(western) 음악에 많은 영향을 주고 있다.

마지막으로, 전통춤 분야에서는 네 쌍의 남녀가 함께 추는 '세트 댄스(Set Dance: 아일랜드 음악과 춤을 합쳐 각색한 춤으로, 남녀 네 쌍이 정해진 형식에 따라 파트너를 바꾸어가면서 우아한 세부 동작을 반복하는 춤)'와 이 춤을 변형한 '케일리 댄스(ceili[dh] dance: 아이리시 사교댄스)'가 해외 이산(離散, Diaspora) 시기에 아일랜드 전역에서 크게 유행했으며, 100년 이상 동안 인기를 누려오고 있다. 특히, 상체를 바로 세우고 두 손을 편안하게 내린 다음, 두 발만을 이용하여 큰 소리를 내면서 추는 '스텝 댄스(Step Dance)'는 전 세계적으로 유명한데, 근래에는 브로드웨이(Broadway)와 접목을 시도함으로써 대형 쇼로 거듭남과 동시에 상업화에도 성공했다. 그중에 우리나라에서도 공연된 바 있는 '스피릿 오브 댄스(Spirit of the Dance)', '로드 오브 댄스(Lord of the Dance)', '리버댄스(Riverdance)'를 비롯하여, '블랙 47(Black 47)', '겔포스 댄스(Gaelforce

리버댄스 장면

Dance)' 등은 지구촌 곳곳에서 엄청난 호응을 불러일으키며 보는 이들에게 신선한 충격과 함께 깊은 감동을 선사하고 있다.

강과 산, 바다와 호수로 어우러져 늘 에메랄드빛을 발하는 아름다운 나라 아일랜드. 현대 문명의 숨 가쁜 소용돌이 속에서도 시간의 흐름을 저리하고 사색과 명상을 즐기며 유유자적(悠悠自適)의 삶을 살아가는 마음이 풍요로운 사람들. '펍(Pub, Public House, Public Living Room)'에 둘러앉아 기네스(Guinness) 맥주를 마시면서 이야기 나누기를 좋아하고, 문학과 음악, 춤과 스포츠에 취해서

기네스 맥주

살아가는 순진무구(純眞無垢)하고 정겨운 사람들. 물질 만능의 어지러운 세상이 중심을 잃고, 파멸의 막다른 골목과 늪을 향하여 줄달음칠 때에도, 에메랄드빛 아일랜드는 영원하리라.

아이리시 펍의 모습

북아일랜드 개관

유럽 대륙의 가장자리에 위치한 북아일랜드는 장관을 이루는 지질학적 형태, 천연의 풍광, 아름다운 해안선, 친절한 도시, 깊은 빙하 계곡, 역사적 유적 등 다양한 명소들이 즐비하다. 비록 분단과 분쟁의 아픈 역사를 간직하고는 있지만, 이제는 과거의 상처를 치유해 가면서 새로운 도약을 일궈나가고 있다.

　'얼스터(Ulster: 북아일랜드의 옛 명칭)', '북부(the North)', '6개 주(Six Counties)' 등으로 불리는 북아일랜드(Northern Ireland)는 앤트림(Antrim), 다운(Down), 아마(Armagh), 티론(Tyrone), 퍼마나(Fermanagh), 런던데리(Londonderry)의 6개 주로 구성되어 있으며, 북아일랜드 정부는 이를 다시 26개 지구로 구분하고 있다. 북아일랜드는 북쪽에서 동쪽으로는 바다에 의해 둘러싸여 있고, 서쪽에서 남쪽으로는 남아일랜드 공화국의 도니갈(Donegal), 카반(Cavan), 모나간(Monaghan) 등의 주(州)들에 의해 둘러싸여 있다. 전체 면적은 아일랜드 공화국의 20.1퍼센트인 14,139제곱킬로미터이고, 인구는 아일랜드 공화국의 39.1퍼센트인 180만 명이며, 주도(主都)는 벨파스트(Belfast)이다.

　북아일랜드는 스코틀랜드와 단지 24킬로미터(가장 인접한 지역) 정도 떨어져 있어 아일랜드 문화와 스코틀랜드 문화가 혼재한 곳이다. 동부지역은 스코틀랜드 문화의 영향을 많이 받은 신교 연합론자들(Unionists, 45%)이 사는 지역이고, 서부와 남부는 가톨릭 자치론자들(Nationalists, 40%)이 사는 지역이다. 따라서 북아일랜드 사람들은 자신들을 영국인으로 생각하는 연합론자와 아일랜드인으로 생각하는 자치론자로 구분하며, 종교적으로는 신교와 가톨릭으로 양분된다. 뿐만 아니라 그들이 쓰는 언어조차도 악센트와 발음이 남아일랜드와는 크게 다르다. 북아일랜드 사람들은 여권도 그들의 취향에 따라 영국 여권이나 아일랜드 여권 중 하나를 선택할 수 있다.

　1960년대부터 '북아일랜드 분쟁(The Troubles)'에 의해 야기된 소요사태나 폭력의 장면을 목격한 사람은 북아일랜드를 전쟁터에 버금가는 곳으로 생각하기 쉽지만, 오늘날은 전혀 그렇지 않다. 벨파스트의 일부 거리들(Falls Road, Shankill Road)을 제외한 여타의 지역들은 매우 평화롭고 안전하며 과거의 상처를 점차 치유해 가고 있다.

북아일랜드는 남아일랜드(아일랜드 공화국)보다 산지가 많으나 남아일랜드와 마찬가지로 높은 산은 거의 없다. 그중에 가장 높은 산은 스리브 도나드산(Slieve Donard: 해발 850m)이다. 북부 지역은 화산 지형으로 이루어져 있으며, 그 일부인 자이언츠 코즈웨이(The Giant's Causeway: 6각 기둥 모양의 주상절리가 성냥갑을 쌓아놓은 듯이 형성된 지형)는 세계적인 명소이다. 또한, 북아일랜드의 중심에 있는 네이 호(Lough Neagh)는 아일랜드와 영국에서 가장 큰 호수(396km²)로, 멀리 수평선까지도 보일 정도이다(이승호 233).

북아일랜드는 벨파스트를 제외하고는 아일랜드의 여타 지역들과 마찬가지로 대부분이 농업 지역이기 때문에, 비옥한 초록의 대지가 끝없이 펼쳐져 있어, 섀넌 강(Shannon River) 서쪽에 있는 황무지와 뚜렷이 대조된다. 비옥한 농토, 충분한 수량(水量), 습한 기후 등을 보면 17세기에 플랜테이션(Plantation, 식민[植民])이 북아일랜드에 집중된 이유를 짐작할 수 있다. 이곳의 뛰어난 자연 풍경은 동부의 앤트림 계곡(Glens of Antrim)에서 볼 수 있다. 초록의 숲들로 우거진 앤트림 계곡은 강, 폭포, 야생화, 새들과 함께 어우러져 늘 더없이 아름다운 풍경을 연출하고 있다. 이밖에도 영국의 지배를 받기 시작한 이후에 세워진 그랜드 오페라 하우스(Grand Opera House:

자이언츠 코즈웨이

1894년에 개장한 벨파스트 문화예술 센터),
벨파스트 시청사(Belfast City Hall: 1906년에
완공된 르네상스 양식 건물로, 녹색 돔은 북
아일랜드를 상징함), 앨버트 메모리얼 시
계탑(Albert Memorial Clock Tower), 세인트
앤 성당(St Anne's Cathedral, Belfast), 벨파
스트 캐슬(Belfast Castle), 세인트 베드로
성당(St Peter's Cathedral, Belfast), 캐릭퍼거
스 캐슬(Carrickfergus Castle), 세인트 말라

그랜드 오페라 하우스

키 교회(St Malachy's Church), 메트로폴리탄 아트 센터(Metropolitan Art Center, MAC), 크
럼린 로드 교도소(Crumlin Road Gaol), 스토몬트 국회의사당(Stormont Parliament
Buildings: '언덕 위의 집'으로 알려진 흰색 건물로 북아일랜드 의회정치의 중심) 등 수많은
유적지도 좋은 볼거리들이다(이승호 233, 박우룡 391).

　　북아일랜드의 경제는 남아일랜드보다는 영국과 밀접한 관련이 있다. 1960년대
부터 시작된 '북아일랜드 분쟁'으로 인해 북아일랜드의 경제는 과거의 영광을 되찾지

벨파스트 시청사

못한 채 남아일랜드의 경
제보다 뒤처진 면이 있다.
하지만 영국과 유럽연합
으로부터 보조금을 받고
있다. 예전에는 농업과 목
축, 조선과 리넨(linen: 아
마 섬유로 짠 얇은 직물)이
산업의 주류를 이루었으
나, 오늘날은 정보통신산
업이 대세를 이루고 있다.

🇬🇧 벨파스트(Belfast)

아일랜드 제2의 도시이자 북아일랜드의 주도(主都) 벨파스트는 1177년에 세워진 이래로 정치, 경제, 문화, 역사의 중심지로 빠르게 성장하고 있는 도시이다. 18~19세기에는 아일랜드에서 유일한 산업혁명의 본거지였으며, 더블린으로부터 북쪽으로 145킬로미터 지점에 있다. 또한, 노스 해협(North Channel)의 벨파스트만(灣) 연안에 위치하고 있으며, 대서양까지는 대략 1시간 거리에 있다.

폴스 로드

아일랜드는 분단국가로서 북아일랜드는 영국령이고, 남아일랜드는 1921년에 독립했다. 벨파스트에는 분쟁지역이 있는데, 바로 폴스 로드(The Falls Road)와 샨킬 로드(The Shankill Road)가 그곳이다. 서쪽으로 뻗은 폴스 로드(The Falls Road)에는 가톨릭교도들이 거주하고, 중심부에서 동쪽으로 이어지는 샨킬 로드에는 영국에서 이주해온 신교도들이 거주한다. 그리고 이 두 지역을 구분하기 위해 경계지역에 '벨파스트 평화의 벽(Peace Wall, Belfast)'이 세워져 있다.

'벨파스트 평화의 벽'은 명칭과는 다르게 가톨릭교도와 신교도 거주 지역을 분리하는 장벽이다. 가장 긴 장벽은 길이가 5킬로미터, 높이는 최대 8미터에 이른다. 출입문은 낮에만 열리고 밤에는 폐쇄되는데 경찰이 지키기도 한다. 1969년 양측의 충돌을 막기 위해 설치된 이 장벽은 오늘까지도 존재하고 있다. 이 장벽에 가톨릭교도들은 영국의 잔혹한 통치를 고발하는 그림을, 신교도들은 테러단체인 아일랜드공화군(IRA)의 만행을 벽화(mural)로 그렸다. 하지만 평화협정 이후 정치적 안정으로 분쟁은 거의 사라졌고, '벨파스트 평화의 벽'은 역사의 현장으로 관광 명소가 되었다.

북아일랜드 분쟁지역의 벽에 그려져 있는 벽화

또한, 시내 곳곳에도 벽화들이 수두룩하다. 건물이나 벽에 그려져 있는 각 진영 (신교 연합론자, 가톨릭 자치론자)의 벽화들은 파란만장한 북아일랜드의 역사와 정치, 특히 독립운동의 순교자나 영웅들에 대한 산증인이다. 각 진영은 자신들의 세력과 정치적 주장을 표현하고, 역사적 사건을 기념하거나 테러를 지지하기 위해 벽화를 활용했다. 따라서 형형색색의 벽화들을 통해 벨파스트를 둘로 갈라놓은 갈등과 긴장 의 양상을 엿볼 수 있다. 오늘날 평화협정이 체결된 지 20여 년이 지났지만, 양측간 의 갈등은 아직도 가시지 않은 채 여전히 불씨를 안고 있다.

북아일랜드의 주도(主都) 벨파스트는 전통적이면서 현대적이기도 한 도시이다. 벨파스트는 오늘날 북아일랜드 전체 인구의 1/3이 사는 인구 30만 명의 거대 도시로 발돋움했지만, 17세기까지만 해도 작은 마을에 불과했다. 하지만 영국의 식민정책, 스코틀랜드 장로교도 이주의 여파, 산업혁명, 그리고 19세기에 리넨, 밧줄 제조, 기 계공업, 담배, 조선, 해상 무역 등과 같은 산업들이 발전하면서 10년마다 두 배의 크 기로 성장했고, 1939년 무렵에는 더블린보다 인구가 많았다. 리넨이 이 도시의 대표 적인 제품으로 알려졌지만, 과거에는 조선업으로 세계 정상을 달렸던 곳이기도 하 다.

벨파스트 시 전경

벨파스트는 라간강(Lagan River)이 기다란 만(灣)으로 흘러드는 곳이라 수면(水面)이 잔잔하고, 케이브힐(Cavehill)을 비롯한 여러 개의 언덕이 바람을 막아주고 있어 대형 선박을 제조하기에 적합한 곳이다. 처녀출항 중에 좌초한 호화 유람선 '타이태닉(Titanic)호'가 1912년에 건조된 곳도 바로 이곳이다(정확한 장소는 Harland & Woolff 조선소).

타이태닉호 침몰 장면

크라운 리쿼 살롱

오늘날에는 라간강 동쪽 면을 따라 타이태닉호가 탄생한 벨파스트의 옛 조선소와 '삼손과 골리앗'으로 불리는 거대한 노란색 크레인 한 쌍이 어우러져 '타이태닉 지구(Titanic Quarter)'를 형성하고 있다. '타이태닉 지구'의 중심에는 별 모양의 경이로운 '타이태닉 벨파스트(Titanic Belfast)'가 있다. '타이태닉 벨파스트'는 라간강 근처의 스카이라인 위로 솟아 있는 반짝반짝 빛나는 빙산의 모습을 한 대형 전시 단지(박물관)로, 1912년 사우샘프턴(Southampton)에서 뉴욕(New York)으로 처녀출항 중에 침몰한 '타이태닉호' 침몰 100주년을 맞아 2012년에 세워졌으며, 완공되자마자 벨파스트의 최고 관광 명소로 자리 잡았다.

한편, 1840년대에 유리로 만들어져 100년 이상 된 열대 식물들이 자라고 있는 벨파스트 식물원의 '팜 하우스(Palm House)', 1845년에 세워진 '퀸스대학교(Queen's University of Belfast: 1845년에 빅토리아 여왕이 세움)', 1849년에 문을 연 '크라운 리쿼 살롱(Crown Liquor Saloon: 아일랜드 전역에서 유일하게 문화재로 지정된 펍)', '모자이크 물고기(Big Fish: 벨파스트

항구의 도크[Dock]에 세라믹 타
일로 설치된 벨파스트의 상징)
등도 이 도시의 명물 목록에
들어간다(박우룡 390). 그 외에
런던데리(Londonderry)와 리즈
번(Lisburn)도 인구가 10만 명
이 넘는 지구(地區)이다.

퀸스대학교

　　타이태닉호 출생지 벨파
스트는 2012년 타이태닉호 재
난 100주년을 맞아 관광객 유
치와 투자유치에 발 벗고 나섰다. 한때 벨파스트는 분쟁과 소요사태로 방문객들이
기피하는 도시였으나, 오늘날에는 총탄과 폭탄이 난무하던 과거의 모습을 털어내고
첨단 기술 중심도시로 변모하여 제2의 전성기를 누리고 있다. 또한, 아름답게 복원
된 빅토리아풍 건축물, 현대 미술작품이 늘어선 찬란한 해변, 세련된 호텔과 흥겨운
파티, 급성장하고 있는 음식 문화, 음악이 가득한 펍 등이 문예부흥(Literary Renaissance)
을 주도하며 벨파스트를 매혹적인 도시로 만들어가고 있다.

북아일랜드의 역사

🏴 초기 정착민들

아일랜드의 역사는 지금으로부터 대략 1만 년 전(BC 7500~6500) 만년설이 녹아 해수
면이 높아짐에 따라, 아일랜드와 영국을 잇는 마지막 육교(land bridge)가 바닷물에 잠
기면서부터 시작되었다. 농경 방법을 알지 못해 원시적 도구를 이용하여 수렵과 채
집 또는 물고기를 잡아 생활하면서 이곳저곳을 떠돌던 이들은, 스코틀랜드로부터 연
결된 좁은 육로를 가로질러 오늘날 북아일랜드의 앤트림(Antrim) 주(州) 해안에 들어

왔거나, 작은 가죽 보트(가죽으로 덮은 소형 배)를 타고 아일랜드해(Irish Sea)를 건너서 들어왔다. 내륙은 숲이 울창했기 때문에 감히 진입을 시도하지 못하고, 주로 해안가나 호숫가 또는 강 언저리에 정착해서 살던 이들 소규모 정착민들에 대해 알려진 바는 별로 없다.

BC 4000~3500년 무렵에는 농경기술을 가진 신석기시대 사람들이 스코틀랜드로부터 들어와서 소, 양, 염소, 돼지 등과 같은 가축을 기르거나, 울창한 숲을 개간해서 밀과 보리 등의 곡식을 경작하며 생활했다. 이들은 아일랜드에서 맨 처음 문명 생활을 시작한 최초의 영구 정착민들이다. 이들이 영위했던 문명과 삶의 흔적들은 대부분 사라졌지만, 윗가지와 진흙으로 만든 거처, 각종 도구나 도기 등은 오늘날 리머릭(Limerick) 주(州) '거르 호(Lough Gur)' 인근에 있는 민속공원에서 볼 수 있다.

한편, 최초의 농경민이라 할 수 있는 이들은 자연과 사자(死者)에 대한 경애심을 가졌기 때문에 자신들의 거처보다 견고한 거석(巨石)물이나 무덤 등을 축조했다. 따라서 그들의 영성(靈性)이 담겨있는 원추형 돌무덤, 고인돌(Portal Dolmen, Portal Grave), 연도분(Passage Grave: 커다란 돌로 만든 통로 위에 흙이나 돌로 덮은 통로 형태의 돌무덤) 등과 같은 거석(巨石) 유물들의 상당수가 오늘날까지도 남아있다.

원추형 돌무덤 중 가장 큰 것은 슬라이고(Sligo)의 녹나레(Knocknarea) 산 정상에 있다. 수천 톤의 돌과 바위로 이루어진 이 거대한 돌무덤은 코노트(Connacht) 지역을 통치했던 전설상의 영웅 메이브(Medbh, Maeve) 여왕의 무덤으로 알려져 있다.

고인돌은 두세 개의 받침돌 위에 하나 혹은 두 개의 덮개돌(cap-stone)이 놓인 형태의 무덤으로, 아일랜드의 북부, 위클로(Wicklow) 산지의 서쪽 지방, 그리고 가장 대표적인 것은 클래어(Clare) 주(州) 버렌(Burren) 지역의 폴나브론(Poulnabrone)에 있는데, 거대한 덮개돌의 경사각 때문에 석기시대의 돌 미사일 발사대처럼 보인다. 특히 버렌 지역의 고인돌은 주변의 석회암 지대와 어우러져 중요한 관광 명소로 자리매김했다.

'연도분' 중 가장 잘 알려진 것은 미스(Meath) 주(州)에 있는 '뉴그랜지(Newgrange: 1962년과 1975년에 복구됨)', '노스(Knowth: 1962~1968년에 발굴됨)', '다우스(Dowth: 1998년

부터 발굴 중)' 등이다. 이들 선사시대 고분들은 갈지자, 평행의 궁형, 동심형 소용돌이 형태의 다양한 문양들이 새겨진 연석과 석판들로 이루어져 있다. 이들은 삶의 순환, 생명력의 지속, 자연에 대한 경이, 어머니의

뉴그랜지

자궁이라 할 수 있는 대지(大地)로의 회귀 등을 상징하고 있어, 당대에 사회적, 경제적, 종교적 기능을 했던 것으로 평가되며, 유럽에서 가장 큰 규모를 자랑한다.

이후 BC 2000년 무렵에는 구리와 청동이 도입되어 다양한 종류의 생활 도구, 무기, 종교적 비품, 보석 등이 만들어졌다. 비커족(Beaker People: 도기로 만든 독특한 모양의 비커[컵]에서 유래함)은 금속 세공과 도기 만드는 기술을 유럽으로부터 도입함으로써 아일랜드에서 초기 청동기 시대(Bronze Age)를 연 장본인이다. 이 시기의 황금 목걸이, 커프스단추, 팔찌, 머리핀 등의 금 세공품들은 품질이 매우 우수해서 유럽의 여타 지역들과 교역을 트는 발판이 되었다. 또한, 이 시기에는 소가 끄는 쟁기 형태의 농기구의 사용과 함께 보다 새로운 농경 방법도 도입되었다.

청동기 시대 사람들은 가축을 안전하게 지킬 방책으로 윗가지를 엮어 울타리를 두른 오두막집, 숲속 개간지에 지은 통나무집, 호수 안에 공들여 만든 인공 섬에 지은 '크라녹(crannog)'이라 불리는 특별 거주 지역에서 살았다.

아일랜드에서 청동기 시대가 끝나가던 BC 9세기에서 BC 6세기 무렵에 유럽에서는 켈트족(Celts)이 청동보다 가격이 저렴하고 용도가 다양한 철을 이용함으로써 신문명의 기초를 닦기 시작했다. 칼을 차고 말을 탔던 이들 켈트족 전사(戰士, warrior)들은 유럽 대륙을 휩쓸고 다니면서 새로 얻게 된 힘을 과시했다. 이들이 바로 이후에 아일랜드의 역사와 문화의 근간을 형성한 사람들이다.

🏴󠁧󠁢󠁥󠁮󠁧󠁿 켈트족

켈트족 전사

아일랜드는 기독교가 들어오기 전에 켈트족이 정착해서 살던 나라였다. 아일랜드의 역사와 문화에 지대한 영향을 끼친 켈트족 전사 부족들은 BC 6~5세기경에 중유럽과 서유럽에서 건너왔다. 그들은 용맹하고 호전적인 부족으로 영토를 넓히려는 야망으로 가득 차 있었으며, 이미 남부 유럽의 많은 지역을 정복하고 있었다. 로마인들은 이들을 '갈리아 사람(Gaul, Galli)'이라고 불렀으며, 그리스인들은 '켈토이(야만인을 뜻하는 그리스어 'Keltoi'에서 유래함)'라고 불렀다. 로마인과 그리스인들은 야성(野性)을 지닌 호전적인 켈트족(AD 4세기에 로마를 약탈함)에 대해 큰 두려움을 느끼곤 했다.

켈트족은 호전적인 종족으로, 정의감, 명예욕, 자존심이 투철했으며, 음주와 가무(歌舞), 시, 웅변, 말장난 등을 즐기는 예술적 성향과 호탕한 기질의 소유자였다. 비록 그들이 정치적 조직을 갖추거나 합리적 사고를 하는 데는 다소 미숙했지만, 초자연적 존재와 영성(靈性)을 믿는 감성과 상상력이 풍부한 종족이었다.

아일랜드에 들어온 켈트족은 부족 간에 각축을 벌이고 뒤섞이면서 다른 시기와 장소에 정착을 시도했다. 이들 중 가장 힘이 센 부족은 스코틀랜드에서 건너온 게일족(Gaels)이었다. 오늘날 스코틀랜드와 아일랜드에서 모국어로 사용되고 있는 아일랜드어(Gaelic: 자부심이 강한 아일랜드인은 스코틀랜드-게일어와 혼동을 피하려고 아일랜드어로 부르기를 좋아함)와 스코틀랜드-게일어(Scottish-Gaelic)는 이때로부터 유래한다. 이들 언어는 웨일스어(Welsh), 브르타뉴어(Breton: 프랑스의 브르타뉴 지역에서 쓰이고 있음), 콘월어(Cornish: 과거에 콘월 지역에서 쓰였음), 맨섬어(Manx, 맹크스어: 과거에 맨섬에서 쓰였음), 스페인-게일어(Gallaic: 과거에 스페인 북부지역에서 쓰였음) 등과 함께 인구어 조어(印歐語 祖語, Proto-Indo-European) 계열의 켈트 어군(Celtic Language Family)에 속한다.

켈트 사회는 가족 단위로 이루어진 구성원들이 모여 부족을 형성했다. 당시 아일랜드에는 대략 300여 부족들이 씨족사회를 이루면서 살았다. 이들 씨족 간에는 유대와 결속이 느슨했기 때문에 좀처럼 하나의 단일 국가를 형성하지 못했으며, 이러한 연유로 이민족의 침략을 받더라도 모든 부족이 한꺼번에 항복하거나 전멸하는 경우는 드물었다. 켈트 부족사회는 완전 정복이 결코 용이하지 않은 일종의 머리가 여럿 달린 괴물과도 같았다.

켈트 사회는 인도의 카스트 제도(caste system)처럼 철저한 계급사회로, 지식인(Aos Dana, the Intelligentsia: 시인, 드루이드[사제], 법률가, 의사, 음악가, 역사가) 계층, 전사(戰士, the Warriors) 계층, 평민(숙련기술자, 자유민) 계층, 그리고 최하위 계층인 노예들로 구성되었으며, 군소 왕들과 부족의 우두머리인 여러 족장이 150여 군소 왕국(각각의 왕국은 '투어하'[tuath]라 불렸음)의 50만 농업인구를 다스렸다. 한편, 부족장들이나 군소 왕들을 관리하는 '상급 왕(High King)'들이 있었는데, 300년경에는 그 숫자가 5명(각각의 상급 왕이 1개 지역씩 5개 지역을 통치함)에 달했다. 이들의 거처 겸 본부는 당시 미스 주(州)에 있던 '타라 언덕(The Hill of Tara)'이었다.

타라 언덕은 아일랜드에서 가장 신성한 곳으로, 아일랜드의 역사, 신화, 전설, 민담 등에 빠지지 않고 등장하는 곳이다.

타라 언덕

켈트족의 사제 드루이드(Druid)는 전지전능한 메이브 여왕(여신)이 지켜보는 가운데 이곳에서 종교의식을 치렀으며, 이곳은 기독교가 들어오기 이전까지 상급 왕들(총 142명)이 머무는 행정 수도 역할을 했다. 이곳에 있는 5,000년 이상 전의 것으로 추정되는 선사시대 고분과 석기시대 연도분은 유럽에서 가장 오래되고 중요한 유적으로 꼽힌다. 오늘날에는 불룩 솟은 땅과 무덤 외에 언덕 위에 남아 있는 것이 별로 없지만, 타라 언덕이 지닌 역사적, 문화적, 민속학적 가치는 무궁무진하다.

켈트족이 정착하던 시대에 아일랜드는 크게는 에고가나흐트(Eoghanacht, 남부지역)와 코나흐타(Connachta, 북부지역) 지역으로, 작게는 렌스터(Leinster), 얼스터(Ulster), 코노트(Connaught), 먼스터(Munster), 미스(Meath)의 다섯 지역으로 나뉘었는데, 미스 지역은 후에 렌스터에 통합되었다. 코나흐타 지역에서 당대에 가장 힘이 세고 영향력이 컸던 부족은 오늘날 오닐(O'Neill) 가문의 선조(先祖)로 알려진 위이 닐(Ui Neill) 부족이었다.

켈트 사회는 대가족이나 부족 중심의 목가적(牧歌的) 농경사회였기 때문에 도시는 아직 형태를 갖추지 않은 시기였다. 또한, 농경과 소를 키우는 것이 경제활동의 중요한 일부였으며, 소는 교환의 단위로도 사용되었다. 켈트족은 방어를 목적으로 호수 안에 인위적으로 만든 섬이나, 도랑·돌·흙벽 등으로 에워싸인 고지대에 축조한 작은 초가 형태의 오두막, 또는 원형으로 된 요새에서 생활했는데, 이러한 구조물들은 '크라녹'이라 불렸다.

켈트족의 달력(calendar)은 빛과 어둠의 이중성에 토대를 두었다. 켈트인은 낮이 아니라 밤으로 날짜를 헤아렸으며(음력을 사용함), 낮과 밤, 빛과 어둠이 교차하는 여명(黎明, dawn)과 황혼(黃昏, twilight) 시간대(자연 세계와 영적 세계를 연결해주는 이음선)에 큰 의미를 부여했다. 즉, 이때는 눈에 보이는 세계와 보이지 않는 세계, 물질세계와 정신세계, 유한 세계와 무한 세계가 상호 교차하는 신비의 순간이며, 인간의 정신이 의지의 속박으로부터 벗어나 자유로워지는 시간이다. 따라서 켈트인은 이러한 시간대에 초자연성(supernaturalism)과 매직(magic)을 체험하곤 했다. 또한, 그들은 태양이

적도로부터 가장 멀리 벗어난 하지(夏至, summer solstice)와 동지(冬至, winter solstice)를 가장 위험하면서도 동시에 힘이 넘치는 시간대로 여겼다.

켈트족은 계절의 변화를 기념하기 위해 4차례의 축제를 열었는데, '임볼그(Imbolg)'는 봄의 시작을, '벨테인(Bealtaine)'은 여름의 시작을, '루나사(Lughnasa)'는 수확철의 시작을, '삼하인(Samhain)'은 수확철의 끝을 경축하는 축제였다. 이들 중 특히 잘 알려진 축제는 루그(Lug: 고대 켈트족의 신계[神界]에서 최고신[最高神]의 지위에 있는 신) 신을 기리기 위해 8월 초에 열리는 '루나사 축제'이다.

한편, 오늘날 세계 곳곳에서 마녀·해적 등으로 분장한 어린이들이 즐기는 '할로윈 축제(Halloween Festival)'는 '삼하인 축제'에서 유래했다. 켈트족의 새해 첫날은 겨울이 시작되는 11월 1일인데, 켈트인은 사람이 죽으면 죽은 자의 영혼이 1년 동안 다른 사람의 몸속에서 머물다가 내세로 간다고 믿었다. 즉, 사자(死者)는 한 해의 마지막 날인 10월 31일에 자기의 영혼이 1년 동안 기거할 상대를 선택한다고 여겼다. 따라서 사람들은 한 해의 마지막 날인 10월 31일에 귀신 복장을 하고 집안을 춥게 만들어 죽은 자의 영혼이 집안에 들어오는 것을 막았는데, 이 풍습으로부터 '할로윈 데이(Halloween Day)'가 시작되었다.

켈트 사회에서 학문은 대단히 중시되었으며, 시인(file, poet)은 존경과 두려움의 대상이었다. 시인은 왕의 대변인 또는 왕의 행적을 시에 담아 널리 알리는 홍보관 역할도 했다. 따라서 왕들은 시인의 심기를 거스르지 않으려고 무던히 애를 썼으며, 만약 시인을 제대로 대우하지 않으면 시인들로부터 가혹한 풍자를 당했는데, 이는 명예를 중시하는 왕들에게는 죽음보다 더한 치욕이었다.

켈트족은 아일랜드에 들어올 때 금속 세공, 무기 제조 등 우수한 철기 문화를 가지고 와서 기존의 정착민들을 압도했으며, 들어온 지 채 200년도 되지 않아 확실한 기틀을 잡았다. 또한, 그들은 개인의 권리를 보호하고 분쟁을 정의롭게 해결하기 위해 이른바 '브레혼 법(Brehon Law: 입법자 또는 재판관을 게일어로 'brehon'이라고 함)'이라는 세련된 법 제도를 확립했다.

브레혼 법은 BC 6~5세기경에 켈트인이 개인의 권리를 보호하고 분쟁을 정의롭게 해결하기 위해 확립한 법 제도로, 17세기 초엽 영국의 행정법으로 대체될 때까지 사용되었다. 브레혼 법에서는 정의의 개념이 오늘날과는 다르게 사용되었기 때문에, 감금(imprisonment)이나 태형(corporal punishment)보다는 벌금형 제도에 의존했다. 각각의 사람에게는 가치(a value, honour price)가 부여되어 있었으며, 이 가치는 늘 소(cattle)의 수에 의해 측정되었다. 따라서 켈트 시대에는 소를 소유하는 것이 부의 상징이었기 때문에 다른 사람의 소를 훔치는 경우도 다반사였다. 또한, 아일랜드인의 대표적 국민성 가운데 하나인 '호의적 태도(hospitality, 환대)'에 관해서도 브레혼 법에 명시되어 있다(부족의 구성원은 미성년자, 광인, 노인을 제외한 모든 이방인에게 환대를 베풀어야 한다. / 타인에 대한 배려 없이 자신의 소와 농경지만을 중히 여기는 이기적인 사람은 모욕을 받아 마땅하다.).

로마는 유럽과 그레이트 브리튼 섬의 대부분을 정복하였지만, 아일랜드 섬은 날씨가 춥고 황량할 뿐 아니라 자원이 별로 없고 땅이 척박해서(로마인은 아일랜드를 '겨울의 나래Land of Winter]'라는 뜻의 'Hibernia'로 불렀음) 애초부터 정복을 시도하지 않았다. 따라서 아일랜드의 켈트 문화는 서유럽과 그레이트 브리튼 섬의 켈트 문화와는 다르게 그들 고유의 계속성과 순수성을 유지해오고 있다. 2,000년 이상의 역사를 지닌 것으로 추정되는 헐링(hurling, 전쟁의 대체물) 경기가 하나의 대표적인 예이다.

켈트족은 아일랜드를 1,000년 이상 동안 통치하면서 오늘날 아일랜드, 스코틀랜드, 웨일스, 그리고 유럽 변방에 남아 있는 언어와 문화유산을 남겼다. 그들이 가지고 온 언어는 인도 유럽어군에 속하는 '게일어'(Gaelic: 당시에는 'Goidelic'이라 불림)였다. 또한, 그들이 사용한 문자(4세기~7세기)는 라틴어 및 로마자 알파벳과 유사한 '오검(Ogham) 문자(20~25개의 문자로 되어 있음)'였다. 돌기둥이나 나무에 새겨진 이 문자의 흔적(다양한 길이의 직선이나 각이 진 형태)은 현재 아일랜드의 전역에

오검 문자

브로이터 칼러

투로 스톤

서 300개 이상 발견되고 있다. 또한, 그들은 도기 제조와 금속 세공에도 조예가 깊었는데, 거의 2,000년 이상 된 유물에 남아 있는 소용돌이와 미로(迷路) 형태의 디자인은 독보적인 그들의 문화로 평가되고 있다. 고대 켈트족의 이러한 디자인들은 더블린 국립박물관에 있는 '브로이터 칼러(The Broighter Collar)'나 골웨이(Galway) 주(州)에 있는 '투로 스톤(The Turoe Stone)' 등에서 볼 수 있다.

켈트족의 종교는 이교주의(異敎主義, Paganism)라는 특징이 있는데, 이교주의란 기독교 이전의 종교적 윤리 체계를 의미한다. 켈트족의 이교주의는 크게 세 범주로 나눌 수 있다. 첫째는 범신론적(pantheistic) 신비주의 사상이고, 둘째는 이교적 낙토(樂土) 사상이며, 셋째는 동양의 불멸·윤회 사상이다. 켈트족은 이교 신앙을 담고 있는 '드루이드교(Druidism)'를 신봉했는데, 여기에서 중요한 사람은 '드루이드(Druid: 그리스어로 'drus'는 'an oak', 'wid'는 'to know' 또는 'to see'를 의미하므로 드루이드는

드루이드 사제의 종교의식

'oak-knower' 또는 'oak-seer'라는 뜻임)' 사제였다. 드루이드는 인도 카스트 제도의 제1
계급인 '브라만(Brahman)'처럼, 켈트인의 삶에서 아주 중요한 역할을 했다. 그는 예언
의 권능뿐 아니라 신과 인간을 중재할 수 있는 능력도 지닌 것으로 여겨졌기 때문에,
켈트 사회에서 막강한 영향력을 행사했다.

드루이드는 성직자, 예언자, 재판관, 시인, 철학자, 역사가, 교육자, 의사, 천문학
자, 점성가, 마술사 등의 역할뿐 아니라 제신(諸神)의 숭배 의식을 집행하는 한편, 부
족과 개인 간의 분쟁을 판결하고 해결하는 심판관 역할도 했다. 하지만 켈트족은 그
들의 이교 신앙으로는 마음의 공허를 채울 수 없었으며, 진정한 행복과 평안도 찾을
수 없었다. 따라서 그들이 기독교에 귀의하게 되면서 이후 아일랜드 역사에서 아주
중요한 사건이 일어나게 된다(조신권 19-44).

▓ 기독교의 보급

오늘날 아일랜드인의 삶에서 중요한 역할을 하는 기독교는 3세기와 5세기 사이에 들
어왔다. 기독교가 어떤 경로를 통해 아일랜드에 들어왔는지는 정확히 알 수 없지만,
선교사와 무역상인들 그리고 이미 기독교인이 된 아일랜드 사람들에 의해 전파되었
을 것으로 추정된다.

당시 아일랜드에서는 대부분 사람이 드루이드교(켈트족 다신교)를 믿고 있었으며,
드루이드 사제들이 정치적 · 종교적 지도자로서 영향력을 행사하고 있었다. 431년 교
황 첼레스티노 1세(Celestinus I)는 아일랜드인을 기독교로 개종시키기 위해 팔라디우
스(Palladius)를 아일랜드의 주교로 임명해서 보냈다. 팔라디우스는 아일랜드 동부의
렌스터(Leinster) 지방을 중심으로 선교활동에 나섰으나, 그 지역의 드루이드들에게 추
방되어 영국 북부의 스코틀랜드 지방으로 건너갔다. 그러자 로마 교황은 성(聖) 패트
릭(St Patrick, 389~461: 라틴어로는 '파트리키우스[Patricius]', 영어로는 '패트릭[Patrick]', 이탈리
아어로는 '파트리치오[Patrizio]', 아일랜드어로는 '파드라그[Pádraig]'로 불림)을 팔라디우스의
후임으로 임명해서 아일랜드로 보냈다. 물론 성 패트릭 이전에도 선교사들이 아일랜

드에 들어온 적이 있지만, 드루이드들의 완강한 저항에도 불구하고 토착 아일랜드인들을 개종시킨 것은 성 패트릭의 공(功)이었다. 그는 켈트족의 이교(異教) 의식(儀式)을 기독교의 교리에 접목시켜 새로운 켈트 기독교(Celtic Christianity)를 만들었다.

🇬🇧 성(聖) 패트릭

성 패트릭은 4세기 말에 로마 제국의 속주(屬州)였던 영국 웨일스(Wales) 지방의 서부 해안에서 태어났다. 할아버지 포티투스(Potitus)는 가톨릭 사제였으며, 아버지 칼푸르니우스(Calpurnius)도 사제를 보좌하는 부제(副祭)였다. 그는 16세 때 해적들에게 잡혀 아일랜드로 끌려갔고, 북아일랜드 앤트림(Antrim) 주(州)에 있는 슬레미쉬산(Slemish Mountain) 언덕에서 돼지 떼를 몰면서 6년 동안 노예 생활을 했다. 그러던 차에 금식 기도 중 신의 계시를 받아 갈리아(Gallia, Gaul) 지방으로 도망쳤고, 그곳에서 공부를 마친 뒤 수도원 수사가 되었다. 이후 여러 해 동안 수도원에 머물면서 신앙생활을 하던 성 패트릭은 마침내 고향으로 돌아갔으며, 꿈속에서 아일랜드로 가서 선교하라는 계시를 받았다. 그는 아일랜드 선교를 준비하기 위해 다시 고향을 떠나 프랑스 중북부의 오세르(Auxerre)에서 신학을 공부했으며, 그곳의 주교였던 게르마누스 (Germanus of Auxerre)에게서 사제 서품을 받고 주교가 되었다.

주교가 된 후, 47세가 되던 432년 그는 다시 아일랜드로 건너가서, 북아일랜드의 다운(Down) 주(州)를 중심으로 해서 선교활동을 펼쳤다. 그는 타고난 외교관이자 타협에 능수능란했기 때문에 가급적 드루이드들과의 마찰을 피해 가면서 조용하고 차분하게 기독교를 전도했다.

그가 전도할 때 좋은 도구가 된 것은 아일랜드의 들판에 지천으로 널려 있는 토끼풀이었다. 성부와 성자와 성신이 하나라는 기독교의 '삼위일체론(The Holy Trinity: 성부, 성자, 성신은 개별적 존재인

샴록

성 패트릭

동시에 하나의 실체라는 이론)'을 설명하기 위해 그는 '샴록(Shamrock: 세 잎 클로버)'을 들어 보이곤 했다. 그는 445년에 북아일랜드의 아마(Armagh)에 '아마 세인트 패트릭 대성당(St Patrick's Cathedral, Armagh: 아일랜드 가톨릭과 신교 대주교의 본거지)'을 건립하여 주교좌 성당으로 삼았는데, 이 교회는 지금도 아일랜드에서 가톨릭교회의 중심지 역할을 하고 있다. 그는 이곳을 기점으로 모든 아일랜드인을 기독교로 개종시키고자 했다. 그의 전도는 성공적이어서, 전도한 지 채 30년도 되지 않아 아일랜드 섬에 살고 있던 거의 모든 사람이 기독교를 받아들였다. 그가 세운 교회는 365개에 달했으며, 기독교로 개종시킨 사람은 12만 명에 달했다. 그는 또한 이교 신앙의 상징인 뱀을 바다로 내쫓았다는 일화도 있다.

기록에 따르면, 그는 461년 3월 17일에 영면(永眠)했고, 다운(Down) 주(州)에 있는 '다운패트릭(Downpatrick) 대성당'에 안치되었다. 이후 그는 '아일랜드의 수호성인', '아일랜드의 사도(Apostle of Ireland)' 등으로 숭배되었으며, 그와 관련된 무수한 전설과 기적 이야기를 낳았다. 또한 그가 태어난 웨일스에서 많은 사랑을 받고 있다. 그리고 아일랜드가 오랫동안 영국의 식민 통치를 받는 과정에서 종교적 갈등마저 겪게 되면서, 성 패트릭은 대다수가 가톨릭 신자인 아일랜드에서 아일랜드인의 정체성을 상징하는 인물로까지 여겨지게 되었다.

오늘날 아일랜드를 비롯한 아일랜드계 이주민이 많이 사는 미국, 호주 등지에서는 그가 세상을 떠난 3월 17일을 '세인트 패트릭스 데이(Saint Patrick's Day)'로 지정하여 그를 기리는 행사를 성대하게 치른다. 이날은 아이리시들이 성 패트릭 모자와 초록색 옷으로 온몸을 치장하고, 토끼풀 모양의 장식을 가슴이나 모자 등에 붙이고 퍼레이드(parade, 가두 행진)를 벌이면서, 기네스 맥주를 마신다.

성 패트릭의 행적에 관해서는 그가 쓴『참회록(*Confessio*)』과『코로티쿠스의 병사에게 보내는 편지(*Epistola Ad Miltes Corotici*)』라는 두 개의 문헌이 존재하며, 민간에 전승된 전설이나 일화 등을 기록한 성인전(聖人傳)도 여러 종류가 전해진다. 성 패트릭은 이러한 저서 등을 통해 후세에 많은 가르침을 남겼다.

🏴󠁧󠁢 수도원

성 패트릭을 비롯한 여타의 선교사들은 아일랜드에 기독교를 전파했을 뿐 아니라 라틴어와 알파벳도 들여왔다. 이로 인해 기독교가 보급되고 수도원이 설립되면서 7~8세기에는 문화와 예술이 화려하게 꽃피기 시작했다. 또한, 유럽대륙으로 순례를 떠나는 수사들을 통해 기독교를 보급하는 동시에 새로운 학문과 사상을 받아들임으로써 아일랜드는 신앙과 학문의 중심지가 되었으며 수많은 유학생이 모여들었다. 이때는 학문, 문학, 예술, 시, 노래, 돌 조각, 장식 기술, 보석 세공 등 모든 분야가 번창하는 이른바 문화의 황금기였다. 또한, 아일랜드 기독교의 예술적, 지적 재능은 유럽대륙에서 선망의 대상이었고, 아일랜드는 '성자와 학자의 나라(The Land of Saints and Scholars)'로 널리 알려지게 되었다.

이 시기에는 수도원(교회 건물 주변에 나무나 돌로 된 '이글루 형태의 벌집 오두막 [igloo beehive hut]'들이 옹기종기 모여 있는 곳)이 종교와 문화의 중심지 역할을 했다. 당대의 대표적인 수도원으로는 케리(Kerry) 주(州) 남부 해안 스켈리그 마이클(Skellig Michael) 바위섬에 있는 수도원, 슬라이고 해안에서 떨어진 이니쉬머레이(Inishmurray) 섬에 있는 수도원, 코네마

이글루 형태의 돌로 된 벌집 오두막

라(Connemara) 카르나(Carna)에서 떨어진 이니스 맥 다라 섬(Inis Mhac Dara, St Mac Dara's Island)에 있는 수도원, 케리 주(州) 딩글 반도(Dingle Peninsula) 서쪽에 있는 갈라루스 예배소(Gallarus Oratory) 등이 있다.

스켈리그 마이클 바위섬

🏴 수도원 문화

수사(修士)들은 수도원에 칩거하면서 종교 활동은 물론 구전문학을 기록하고, 각종 문헌을 필사·장식·번역하는 일을 했다. 성서를 베끼는 장소인 필사실과 도서관이 지적 활동의 중심 무대가 되었다. 수사들은 다양한 자료들을 토대로 역사적 사실에 입각하여 성서의 과학적 해석을 시도했으며, 그리스·로마 신화와 아일랜드의 구전문학에서 다루고 있는 신화와 영웅담들도 소개했다. 또한, 아일랜드의 고대 문학, 성자들의 삶과 순례 여행, 이교도들의 신화 등을 기록했으며, 서정시를 통해 자연을 예찬함으로써 신앙심을 표현했는데, 이와 같은 표현 양식은 당시 유럽 그 어느 곳에서도 찾아볼 수 없는 것들이었다. 뿐만 아니라 그들은 기독교적 세계관에 근거하여 구전되어 온 아일랜드의 역사를 로마 문자로 기록했다. 자국의 문화와 문학에 대한 수사들의 이와 같은 관심과 노력은 당시 유럽 사회에서는 아주 독특한 현상이었다(아일랜드 드라마 연구회 16).

이 때문에 당시 유럽의 대부분 지역이 로마의 멸망과 함께 '중세 암흑기'로 접어들었지만, 유독 아일랜드만이 화려한 켈트 문화를 꽃피우며 '문명의 등불', '유럽의 등대', '성자와 학자의 나라' 등으로 널리 알려지게 되었다. 수많은 학자가 학문을 배우기 위해 유럽 전역에서 몰려들었고, 성 골룸바(St Columba, Colmcille of Derry: 563년 이오나[Iona] 섬에 수도원을 세움), 성 골룸바노(St Columbanus of Bobbio), 성 킬리언(St Kilian), 성 피아크라(St Fiachra), 성 퍼사(St Fursa), 성 리비너스(St Livinus) 등의 아일랜드 선교사들은 유럽을 두루 여행하면서 스위스, 스페인, 프랑스, 이탈리아, 네덜란드, 아이슬란드, 심지어 잉글랜드의 이교도들까지 개종시켰다. 케리(Kerry) 주(州) 아르드퍼트(Ardfert) 수도원의 성 브렌던(St Brendan, 484~578)과 그의 일행(14명의 수사)은 선교를 위해 대서양을 건너 아메리카(America) 대륙까지 항해했으며, 프랑스의 샤를마뉴(Charlemagne) 대제(742~814)는 왕국의 경영을 위해 아일랜드의 수사들을 수입하기도 했다. 실로 이 시기는 아일랜드의 선교사들에 의한 선교활동의 황금기였으며, 이는 이후에도 몇 세기 동안 지속되었다. 아일랜드인에게 자긍심과 희망을 심어주었던 이와 같은 문화의 황금시대는 19세기 말에 아일랜드 문예부흥운동의 시원(始原)이 되었다.

타라 브로치

아다 성배

수도원의 수사들은 금속 및 각종의 재료들로 아다 성배(Ardagh Chalice)나 타라 브로치(Tara Brooch) 같은 화려한 예술품은 물론, 오늘날 더블린 트리니티대학(Trinity College Dublin, TCD)의 올드 라이브러리(Old Library)에 소장된 '북 오브 켈스(The Book of Kells: 세계적으로 유명한 채색필사본 복음서로, AD 800년경 스코틀랜드 서쪽 이오나[Iona] 섬에 있는 성 골룸바 수도원의 수사들에 의해 만들어졌으나, 바이킹의 습격을 피하려고 켈스[Kells] 지방에 있는 수도원으로 옮겨짐)'를 비롯하여 우아하고 정교한 장식 사본(寫本)들을 만들었다.

북 오브 켈스

또한 그림책이 귀하던 이 시기에, 수사들은 기독교의 성공적 보급을 자축하고, 무지한 대중의 전도와 교육을 위해 갖가지 형태의 조각들이 새겨진 석조 '켈틱 하이 크로스(The Celtic High Cross)'를 세웠는데, 이는 원형의 돌 장식으로 둘러싸인 십자가로, 십자가는 기독교를 상징하고, 원형의 돌 장식은 켈트족의 이교 신앙을 상징한다. 뿐만 아니라 동쪽 면에는 구약성서의 내용이, 서쪽 면에는 신약성서의 내용이 다양한 종류의 문양과 형태들로 새겨져 있다. 특히, 서쪽 면 중앙에는 십자가에 못 박힌 예수의 형상이 우주(이교 신앙, 태양숭배)를 상징하는 원형의 돌 장식으로 에워싸여 있으며, 높이가 6미터에 달하는 것도 있다.

라우스(Louth) 주(州) 모나스터보이스(Monasterboice) 수도원에 있는 '머독 십자가(The Cross of Murdock: 18피트 높이의 돌 십자가에 성경의 이야기를 담은 다양한 종류의 문양과 형태들이 새겨져 있음)'는 가장 널리 알려진 십자가 중 하나이며, 킬데어 주에 있는 문 십자가(The Cross of Moone), 티론(Tyrone) 주에 있는 아드보 십자가(The Cross of Ardboe), 메이오(Mayo) 주에 있는 콩 십자가(The Cross of Cong) 등도 유명한 십자가들이다.

모나스터보이스 수도원에 있는 '머독 십자가'

또한, 오펄리(Offaly) 주에 있는 더로우(Durrow)와 클론막노이즈(Clonmacnoise), 윅클로(Wicklow) 주에 있는 글렌달록(Glendalough은 '두 개의 호수 사이에 있는 계곡'이란 뜻이며, 아일랜드의 수도원 유적지 중 가장 아름다운 곳이다. St Kevin은 외지고 황량한 이 곳에 수도원을 세우고 수도원장을 지냈음), 라우스(Louth) 주에 있는 모나스터보이스, 스켈리그 마이클 바위섬, 뱅거(Bangor), 아마(Armagh) 등 당대의 대표적 수도원 유적지나 교회 및 공동묘지 등에서 이러한 십자가들을 볼 수 있다.

한편, 당대의 유명한 신화적 무용담(saga)으로는 「쿨리의 황소 습격(Tain Bo

메이브 여왕

Cuailnge: 영어로는 Cattle Raid of Cooley)」이 있다. 이는 북아일랜드에서 가장 힘이 센 '우레이드(Ulaid: Ulster라는 명칭은 이로부터 유래함)' 부족과 아일랜드의 서쪽에서 가장 힘이 센 코나흐타(Connachta)' 부족 간에 벌어지는 갈등과 싸움을 다룬 이야기 중 하나로, 우레이드'의 위대한 전사(戰士) '쿠홀린(Cu Chulainn: 영어로Cuchulain으로 'Culann

사냥개'라는 뜻)'과 '코노트(Connacht)'의 '메이브(Medbh: 영어로는 Maeve로 '도취'라는 뜻)' 여왕이 황소를 놓고 벌이는 싸움에 관한 이야기이다. 이 작품은 앵글로-색슨족(Anglo-Saxons)의 민족 서사시(national epic)인 『베오울프(Beowulf)』와 견줄만하며, 아일랜드 영웅시대의 신화적 인물 '쿠홀린'은 예이츠(William Butler Yeats), 싱(John Millington Synge), 사뮈엘 베케트(Samuel Beckett)의 작품에서부터 프랭크 맥콧트(Frank McCourt)의 작품에 이르기까지 빈번히 등장하고 있음은 물론, 아일랜드와 스코틀랜드에서는 지금도 여전히 구전으로 전해지고 있다.

🏴󠁧󠁢󠁥󠁮󠁧󠁿 바이킹족의 침략

켈트 문화가 화려하게 번창했음에도 불구하고 켈트족은 정치적 통합을 이루지 못했기 때문에 아일랜드는 바이킹족(Vikings: 전사(戰士), warriors)라는 뜻)의 표적이 되었다. 따라서 9~10세기에 노스족(Norsemen), 데인족(Danes)으로 알려진 바이킹족이 약탈품을 찾아 스칸디나비아(Scandinavia) 반도(半島)로부터 아일랜드를 침략했으며, 1014년 더블린 근처의 클론타프(Clontarf)에서 당시 아일랜드의 상급 왕(High King)이었던 브라이언 보루(Brian Boru)에게 패할 때까지 계속되었다. 하지만 그들의 침략은 유럽과 달리 여러 세대에 걸쳐 바이킹의 영향력으로부터 벗어나 있던 아일랜드의 역사에 새로운 장(章)을 열었다. 그들은 795년 날렵하고 튼튼한 배를 타고 노르웨이(Norway)를 출항하여 더블린 인근에 있는 램베이(Lambay) 섬에 최초로 상륙했다. 이어서 동해안의 해안선을 타고 기습공격을 감행했고, 강을 따라 내륙으로 전략적인 잠입을 시도했다.

바이킹족의 배

이후 40년 동안 바이킹족은 요새화된 기지를 세우고, 당시 번창하던 수도원을 습격해서 귀중품을 약탈하고, 사람들을 잡아갔으며, 교회와 책들을 불태웠다. 또한, 민간인들을 강간하는가 하면, 황금 성배, 은촛대 받침, 보석으로 장식한 필사본 복음서의 표지 등도 노략질했다. 그들은 무자비한 약탈자였다. 그들의 만행은 800여 년 후 올리버 크롬웰(Oliver Cromwell)에 의해 자행된 행위와 견줄 수 있을 정도로 잔인했다. 처음에 토착민들은 부족 간의 갈등으로 인해 바이킹족의 침략에 체계적으로 대항하지 못했고, 잘 무장한 바이킹족을 상대하기에는 무기와 군대도 역부족이었다. 게다가 일부 토착민들조차도 개인적 이득을 위해 바이킹족의 습격에 가담했다.

글렌달록에 있는 원형 탑

한편, 수사들은 수도원 경내로부터 멀리 떨어진 곳에서 일하는 사람들을 부르는 종탑으로 활용하고, 바이킹족의 습격에 대비하여 귀중한 보물을 지키기 위해 수도원 인근에 높은 원형 탑(Round Tower)을 세웠는데, 이 탑들은 바이킹족의 공격을 받을 때 망루(望樓)나 피신처 역할을 했다. 수도원 경내나 인근에 세워진 이 원형 탑들은 높이가 27~30미터에 달하며, 출입구는 바이킹족의 접근을 막기 위해 지상으로부터 4.5~6미터 떨어진 곳에 있었다. 하지만 피신이 주목적이었으므로 외부로부터 출입구로 올라가는 계단이 없는 것이 특징이다. 수도원의 관리인 등이 임시 계단을 이용하여 안으로 들어간 후 그 계단을 안으로 집어넣는 방식을 취했기 때문이다.

오늘날 윅클로(Wicklow) 주(州)에 있는 글렌달록, 라우스 주에 있는 모나스터보이스, 워터퍼드(Waterford) 주에 있는 아르드모어(Ardmore), 퍼마나(Fermanagh) 주에 있는 디비니쉬섬(Devenish Island) 등의 수도원 유적지에서 현존하는 원형 탑의 온전한 모습이나 잔재들을 볼 수 있다. 한편, 아일랜드 전역에는 80여 개의 원형 탑들이 남아 있는데, 이들은 켈틱 하이 크로스, 하프, 샴록 등과 더불어 아일랜드의 상징이 되었다.

830년경부터 바이킹족은 약탈 대신 정착을 시도했다. 따라서 남부 해안가에 여기저기 바이킹족의 정착지가 생겨났으며, 9세기와 10세기에 바이킹족은 아일랜드의 거의 모든 지역을 점령했다.

841년에는 '더브 린(Dubh Linn: 어원상으로는 '검은 연못[Black Pool]'이라는 뜻이며, 공식 아일랜드어 명칭은 'Baile Atha Cliath')'이라는 바이킹족의 왕국을 세웠는데, 이곳은 바이킹족의 정착지 가운데 가장 유명한 곳이 되었다. 이곳은 노스족이 세운 영국의 요크(York)처럼 상업과 무역의 중심지 역할을 했으며, 후에 아일랜드 공화국의 수도 더블린(Dublin)이 되었다.

이어서 10세기에 바이킹족은 해안 기지(基地)로서 코크(Cork), 리머릭(Limerick), 워터퍼드(Waterford), 웩스퍼드(Wexford) 등과 같은 주요 도시들도 세웠다. 그들은 아일랜드에 근대적 의미의 도시를 세우고, 도시 생활방식을 도입했으며, 도시에서 삶을 시작한 최초의 사람들이었다. 이와 같은 바이킹 도시들은 오늘날까지도 아일랜드에서 주요 도시 역할을 하고 있다.

또한, 바이킹족은 약탈자에서 교역자(交易者)로 전향했다. 뿐만 아니라 그들은 상업, 주조 화폐, 선박 축조 기술, 새로운 예술 양식 등을 도입하는 데에도 기여했다. 일찍이 6세기에 아일랜드의 선교사 성 브렌던(St Brendan)은 선교를 위해 작은 배를 타고 최초로 대서양을 횡단하여 아메리카 대륙까지 항해했는데, 이때의 항해 일지가

『성 브렌던의 항해(*The Voyage of St Brendan*)』로 기록된 것도 이 시기였다.

9세기 말부터 바이킹족은 토착민들보다 더 아일랜드화 되어 갔으며, 두 종족 간에 결혼은 물론, 기독교도 받아들였다. 또한, 바이킹족이 켈트족과 혼인을 치르기 시작하면서 붉은색 머리카락에 주근깨가 있는 혼혈 아일랜드인이 탄생했다. 더블린의 바이킹족 왕 시트릭 실켄베어드(Sitric Silkenbeard)는 1000년에 기독교로 개종했으며, 오늘날 '크라이스트 처치 대성당(Christ Church Cathedral)' 자리에 성당도 세웠다.

하지만 바이킹족의 존재는 아일랜드의 여러 부족이 일치단결하는 계기가 되었다. 따라서 그들의 막강한 영향력에도 불구하고 바이킹족의 세력은 점차 약화되었다. 당대 전설상의 영웅 브라이언 보루(Brian Boru)의 등장은 이에 일조했다.

브라이언 보루는 바이킹족에게 성공적으로 대적한 켈트족 부족장으로 976년 클레어(Clare) 주(州)에 있는 댈 카이스(Dal Chais) 소왕국의 왕이 되었으며, 이후 계속 세력을 확장하여 2년 뒤에는 먼스터(Munster)의 상급 왕 자리에 올랐다. 이어 1014년에는 바이킹족과 동맹 관계를 맺고 있던 렌스터(Leinster)의 왕 마올 모다(Maol Morda)와 더블린 교외 클론타프(Clontarf)에서 벌인 싸움에서 큰 승리를 거두었다. 그 결과 바이킹족의 지배는 와해되었다. 브라이언 보루도 이 전투에서 목숨을 잃기는 했지만, 자신의 왕국은 구했다(Brian fell, but saved his kingdom.). 이후 1166년 코노트(Connaught)의 왕 로리 오코너(Rory O'Connor)가 잇따른 내분을 잠재우며 아일랜드의 상급 왕으로 통치했으나, 결국 바이킹족의 후예(後裔)인 노르만족(The Normans)에게 정복당했다.

바이킹족이 침략과 정착을 통해 아일랜드의 역사에 남긴 족적(足跡)과 생활상은 더블린에 있는 '바이킹 박물관(Dublinia: 크라이스트 처치 대성당과 구름다리로 이어진 박물관)'에서 확인할 수 있다.

▧ 노르만 정복

노르만족은 원래 스칸디나비아 반도에서 건너온 사람들로 오늘날 프랑스의 노르망디(Normandy) 지역에 정착해서 살았다. 노르망디는 원래 프랑스의 땅이었으나, 바이킹족이었던 노르만족의 침략이 거세지자, 프랑스 국왕이 이들의 충성서약에 대한 보답으로 911년 이 땅을 노르만들에게 하사하면서부터 붙여진 명칭이다.

잉글랜드(England)의 해롤드 2세(Harold II)가 왕이 되자 노르망디 공작 윌리엄(William Duke of Normandy)은 참회 왕 에드워드(Edward the Confessor)로부터 왕위계승을 약조 받았다고 주장하면서, 1066년 잉글랜드를 침략하여 헤이스팅스 전투(Battle of Hastings)에서 승리를 거둔 뒤, 그해 성탄절에 곧바로 런던의 웨스트민스터 사원(Westminster Abbey)으로 건너가서 윌리엄 1세(William I)로 즉위하였다. 이렇게 해서 약 600년 동안 지속해온 '앵글로색슨(The Anglo-Saxons, 450~1066) 왕조'가 사실상 끝이 나고, 유럽대륙 세력인 '노르만(The House of Normandy, 1066~1154) 왕조'가 들어서게 되었다. 흔히 '노르만 정복(The Norman Conquest)'으로 알려진 이 사건은 노르만 왕조의 시작임과 동시에 잉글랜드의 역사에서 하나의 획을 긋는 중요한 사건이었다.

노르만 정복자들은 바이킹족의 후예이긴 했지만, 이미 100년 동안 프랑스 문화에 동화되어 살았기 때문에 프랑스 문화와 언어를 비롯한 대륙문화를 섬나라인 잉글랜드에 전파했다. 따라서 노르만 정복은 잉글랜드가 진정한 유럽 국가로 탄생하는 계기가 되었으며, 로마에 정복당한 이후 역사상 두 번째로 유럽 대륙문화(라틴문화)와 합류함으로써 유럽 대륙문화를 유입하고 발전시키는 전환점이 되었다(송원문 9).

🏴󠁧󠁢󠁥󠁮󠁧󠁿 더모트 맥머로우와 식민통치의 씨앗

1세기 뒤인 1166년 앵글로-노르만들(The Old English로 알려짐)이 아일랜드에서 교두보를 확보할 수 있었던 것은, 그들의 적극적인 점령정책이라기보다는 순전히 아일랜드의 매국노로 알려진 더모트 맥머로우(Dermot MacMurrough, 1110~1171) 때문이었다. 당시 아일랜드는 북부의 얼스터(Ulster), 서부의 코노트(Connacht), 남부의 먼스터(Munster), 동부의 렌스터(Leinster) 나누어져 있었고, 각 지역의 왕들 간에 권력다툼이 치열했다.

1120년대부터 렌스터의 왕(1126~1171)이었던 맥머로우는 1166년, 당시 경쟁 관계에 있던 로리 오코너 왕과 벌인 전투에서 패하자 도움을 청하기 위해 잉글랜드로 달려갔다. 그는 영국 왕 헨리 2세(Henry II)에게 신하의 예를 갖춘 뒤, 당시 노르만족의 후예이며 펨브로크 백작(Earl of Pembroke)이었던 리처드 핏츠-길버트 드 클래어 (Richard Fitz-Gilbert de Clare, 1130~1176)를 만나 일종의 거래를 했다. 스트롱보우 (Strongbow, 활을 잘 쏘는 사람이라는 뜻: 위대한 노르만 지도자 가운데 한 사람으로 웨일스 [Wales]의 정복자이다. 그의 무덤은 더블린에 있는 크라이스트 처치 대성당[Christ Church Cathedral in Dublin] 내에 있다.)라는 이름으로 더 잘 알려진 리처드 드 클레어는, 맥머로우 딸과의 정략결혼과 맥머로우 사후(死後) 렌스터 왕국을 상속받는다는 조건으로 아일랜드에 군대를 파견하는 데 동의했다.

1169년 5월, 최초의 앵글로-노르만 군대가 웩스포드 주(州)에 있는 '밴나우만 (Bannow Bay)'에 상륙했고, 맥머로우는 이 군대의 도움으로 웩스퍼드를 쉽게 점령했 다. 이 일이 있은 직후 맥머로우는 렌스터의 왕권을 되찾았는데, 이때 그가 외국인의 도움을 받았다 하여 '외국인들의 더모트(Dermot of the Foreigners)'로 알려지게 되었다.

다음 해인 1170년, 스트롱보우가 도착해서 피비린내 나는 전투를 치른 뒤 더블 린과 워터퍼드를 점령했고, 맥머로우의 딸 이바(Eva, Aoife)와 결혼했다. 1171년 5월,

스트롱보우와 이바의 결혼식 장면

맥머로우는 예기치 않게 세상을 떠났고, 스트롱보우는 계약 조건에 따라 렌스터의 왕권을 승계했으며, 이후 아일랜드 전체를 다스리는 권력을 획득했다. 그러나 스토롱보우가 통치하게 된 아일랜드는 좀처럼 정치적 안정을 되찾지 못했다.

한편, 오래전부터 아일랜드의 정복을 꿈꿔온 헨리 2세는 교황 하드리아노 4세(Hadrian IV, 재위 1154~1159: 잉글랜드 출신의 유일한 교황)로부터 아일랜드의 지배자(군주)로 인정받으려는 조치를 취하고(오래전부터 하드리아노 4세는 교황 「칙서(Laudabiliter)」를 통해 헨리에게 아일랜드의 군주 타이틀을 부여하여 아일랜드를 잉글랜드에 귀속시키겠다고 천명했음), 스트롱보우가 하는 일을 지대한 관심과 불안한 마음으로 지켜보고 있었다. 잉글랜드의 왕에게는 스트롱보우의 세력이 커가는 것과 그의 독자적인 행보가 크나큰 위협이자 관심사였다.

마침내 헨리는 1171년 10월, 갈수록 세력이 커지는 앵글로-노르만 귀족들을 와해시키기 위해 잉글랜드의 막강한 해군 병력(5백 명의 기사를 포함한 4천 명의 병사와 대규모 함대)을 워터퍼드에 상륙시키고, 워터퍼드를 '왕의 도시(Royal City)'로 선포토록 했다. 또한, 헨리는 자기 아들 존(John)에게 '도미누스 히베르니에(Dominus Hiberniae, 아일랜드의 군주)'라는 타이틀을 하사하여 자신의 정복지를 상속시켰다. 후일 존이 잉글랜드의 군주가 되자, 아일랜드의 군주 지위는 자연스럽게 잉글랜드의 군주에게 복속되었다. 이는 곧 아일랜드 정복의 시작이었고, 그 배후에는 종교개혁을 위해서는 아일랜드를 침략해도 좋다는 로마 교황의 허락이 있었다(하드리아노 4세는 잉글랜드의 국왕 헨리 2세에게 아일랜드를 정복하여, 그곳에 가톨릭 제도에 따라 교회의 통치와 개혁을 추진함으로써 아일랜드 섬 전체를 복음화할 것을 촉구했음). 이로써 헨리 2세는 아일랜드 땅에 발을 들여놓은 최초의 앵글로-노르만 군주가 되었으며, 길고도 운명적인 잉글랜드의 아일랜드 식민통치의 씨앗이 뿌려지게 되었다. 이후 아일랜드는 강력한 잉글랜드의 간섭과 지배를 받는 새로운 시대로 접어들었다.

🏴󠁧󠁢󠁥󠁮󠁧󠁿 잉글랜드의 식민통치

노르만 정복 이후 아일랜드의 부족 왕들(극소수를 제외한)은 헨리에게 충성을 서약한 대가로 봉건 영주의 지위를 인정받았다. 이제 아일랜드는 스트롱보우와 잉글랜드 왕의 대리인 휴 드 라시(Hugh de Lacy: 12세기에 노르만들이 아일랜드를 정복할 때 앵글로-노르만 귀족이자 군인이었으며, 1205년 잉글랜드의 존 왕[King John]에 의해 얼스터 초대 백작이 됨)의 지배하에 놓이게 되었다. 스트롱보우와 휴 드 라시는 아일랜드의 여성과 결혼했고, 이후 많은 잉글랜드인이 그들의 뒤를 따랐다. 따라서 잉글랜드 이주자들의 제2 세대는 잉글랜드인과 아일랜드인 사이에서 태어난 혼혈로, 모국어로 아일랜드어를 사용했으며, 아일랜드의 관습에 동화되었다. 잉글랜드의 왕에 대해 충성심은 있었지만, 잉글랜드인과 다른 자기들만의 정체성을 확립해 나간 이들 제2 세대는 자신들을 '중간 민족'이라 불렀으며, 잉글랜드인도 아니고 아일랜드인도 아닌 '잉글랜드계 아일랜드인'으로서 정치적 미래를 형성해 갔다(아일랜드 드라마연구회 19).

잉글랜드계 아일랜드인 통치자들이 점차 통치 영역을 넓혀가는 가운데 잉글랜드의 왕은 아일랜드 땅을 봉건 영주들에게 하사했고, 그 대가로 군사력을 제공받았다. 또한, 잉글랜드 법이 아일랜드 법으로 통용되었고, 영주들로 구성된 최고 사법관 자문위원회는 의회로 발전했다. 1254년 헨리 3세(Henry III)는 아일랜드와 잉글랜드는 헌법상 분리될 수 없음을 천명했고, 더블린에 세워진 '더블린 캐슬(Dublin Castle)'은 아일랜드에서 잉글랜드 정부를 상징하는 존재가 되었다(아일랜드 드라마연구회 19).

🏴󠁧󠁢󠁥󠁮󠁧󠁿 앵글로-노르만 사회와 킬케니 성문법

앵글로-노르만들이 아일랜드인의 생활방식에 미친 영향은 지대했다. 그들은 봉건제도(feudal system)와 중앙집권적 행정제도를 들여왔는데, 이는 기존 씨족 중심의 사회제도와는 완전히 다른 것이었다. 따라서 봉건제도와 행정제도가 새로 도입됨에 따라 정부, 사회, 도시, 종교단체 등이 새로이 재편되고, 독자적으로 분산되어 있던 수도원들도 대륙에서 유입된 프란체스코 수도회(Franciscans), 아우구스티누스 수도회

(Augustinians), 베네딕트 수도회(Benedictines), 시토 수도회(Cistercians) 등으로 대체되었다.

또한 '보통법(Common Law)'으로 명명되었던 법 제도가 들어옴에 따라 배심원과 보안관 제도가 생겨나고, 하프(오늘날 아일랜드의 엠블럼)를 상징으로 한 주화가 만들어졌으며, '주(州, county)'를 단위로 하는 행정제도(더블린은 1200년에 최초의 주(州)가 됨)가 시행되었다. 뿐만 아니라 앵글로-노르만들은 뛰어난 군사 기술과 독특한 건축술도 가지고 왔다. 그들은 토착민들의 땅을 몰수하여 신흥 영주들에게 나누어주고, 군사적인 구조물로 거대한 성(城)을 축조하여 이곳에서 광활한 농경지를 관리했다. 1250년 무렵에 앵글로-노르만들은 아일랜드의 북부와 서부의 일부를 제외한 거의 모든 국토를 정복해서, 전 국토의 3/4이 이들의 수중으로 들어갔다.

앵글로-노르만들은 그들 이전의 바이킹족처럼 아일랜드에 정착했으며 토착문화에 쉽게 동화되었다. 그들은 아일랜드어(Irish, Gaelic)를 사용하고, 아일랜드 가문(家門)의 사람들과 결혼했으며, 아일랜드인들처럼 옷을 입었고, 아일랜드의 민속놀이를 했으며, 성(姓)도 아일랜드 말로 바꾸어서 사용했다. 그들은 문자 그대로 토착 아일랜드인들보다 더 아일랜드화 되어 갔다. 따라서 앵글로-노르만들이 "아일랜드인보다 더 아일랜드인답다(Hiberniores Hibernis ipsis: more Irish than the Irish themselves)"라는 말이 생겨났다.

마침내 잉글랜드의 왕은 1366년 킬케니(Kilkenny: 중세 앵글로-노르만 아일랜드에서 정치와 문화의 중심지) 의회에서 '킬케니 성문법(The Statutes of Kilkenny: 36개 조항으로 구성됨)'을 제정하여 이와 같은 추세를 뒤엎고자 했다. 이후 앵글로-노르만들은 영어만을 사용해야 했으며, 분쟁의 해결도 잉글랜드의 법에 따라야만 했다. 이 법의 취지는 인종적 순수성을 유지하기 위해 토착민과 앵글로-노르만들 사이의 결혼을 막고, 아일랜드어와 아일랜드식 이름, 전통경기인 헐링(hurling), 안장 없이 말을 타는 것, 말과 갑옷의 판매 등을 금하는 일종의 '인종과 문화의 분리정책'을 취함으로써 두 종족 간의 동화(同化)를 막고, 잉글랜드 왕실의 통치권을 강화하자는 것이었다. 그러나 이러한 조치들은 다소 때늦은 감이 있었다. 왜냐하면, 이 시기에 앵글로-노르만 귀족들은 토착민들과 결속해서 이미 독자적인 세력 기반을 갖추고 있었기 때문이다. 하지만 이 법은 15세기 내내 사용되었으며, 17세기 초엽에야 폐지되었다.

▓▓ 토착민(켈트족)의 재기와 식민통치의 쇠퇴

노르만-잉글랜드가 아일랜드를 복속시켰지만, 잉글랜드 군주의 통치력이 아일랜드 전역에 미친 것은 아니었다. 잉글랜드의 존 왕(King John, 재위 1199~1216)은 얼스터 백작(Earl of Ulster)을 신설할 때까지 얼스터(Ulster) 지역에서 군주권을 행사하지 못했다. 또한, 아일랜드에서는 13세기까지 켈트족 소국(小國)들이 존재했다. 따라서 아일랜드에 정착한 앵글로-노르만 사회는 토착 켈트 부족사회와 병존했으며, 이로 이해 잉글랜드 왕실은 아일랜드의 식민통치에 큰 어려움을 겪었다.

1261년 피닌 맥카시(Finghin MacCarthaig)가 이끄는 토착 아일랜드 군대가 '카란 전투(Battle of Callan)'에서 앵글로-노르만 군대를 크게 물리침으로써 아일랜드에서 앵글로-노르만의 지배는 점차 약화되었다. 이후 1백여 년 동안 아일랜드의 토착 부족장들은 앵글로-노르만들과 집요하게 싸웠다. 특히 더블린 지역에서 전투가 빈번했다. 이렇게 함으로써 토착 부족장들은 아일랜드의 여러 지역을 자신들의 세력 하에 둘 수 있었다.

1348년 이후 흑사병(Black Death)이 주기적으로 발병하면서 1361년에는 인구의 20퍼센트가 사망했다(유럽에서도 1349년에서 1450년까지 100년 동안 흑사병으로 인구의 60%~75%가 사망함). 이로 인해 앵글로-노르만 측과 아일랜드 토착민 측 모두가 막대한 인명의 희생을 겪었으나 앵글로-노르만 거주지에서 피해가 더 컸다. 당시 앵글로-노르만들은 도시에서 모여 살았기 때문에 시골에 사는 토착민들보다 피해가 더 클 수밖에 없었다. 이후 2세기 동안 잉글랜드의 아일랜드 식민통치는 당시 '페일(The Pale, Norman-French word for a defensive ditch: 말뚝, 울타리, 경계를 뜻하는 라틴어 'pallus'에서 유래한 말이다. 이는 잉글랜드의 통치 지역을 지칭하며, 더블린의 남쪽 달키[Dalkey]에

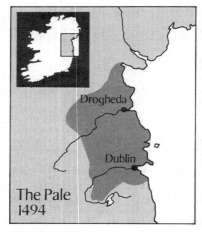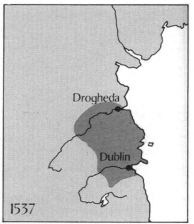

페일 지역의 범위

서 드로이다[Drogheda]의 북쪽 던독[Dundalk]까지 이어진다. 내륙으로는 서쪽 트림[Trim]과 켈스[Kells]까지가 경계이다.)'로 알려진 더블린(Dublin) 인근 50마일 지역(섬 전체의 20%)으로 점차 축소되었다. 따라서 잉글랜드가 직접 통치할 수 있는 지역은 더블린 인근 뿐이었다.

1394년 '페일'의 남부 경계지역을 자주 공격하던 렌스터(Leinster)의 왕 아르트 맥머로우 카바나(Art MacMurrough Kavanagh)를 타도하기 위해 잉글랜드의 왕 리처드 2세(Richard II)가 군대를 이끌고 두 차례나 아일랜드를 찾았지만, 모두 실패하고 말았다. 이로써 영국 왕실의 아일랜드 식민통치는 약화일로를 걸었으며, 이후로 근 300년 동안 잉글랜드의 그 어떤 왕도 아일랜드를 찾지 않았다.

15세기 말에 이르러 잉글랜드는 더 이상 아일랜드에서 큰 영향력을 행사할 수 없게 되었다. 잉글랜드가 프랑스와 '백년 전쟁(The Hundred Years War, 1337~1453: 1337년 잉글랜드와 프랑스 사이에 영토분쟁 문제로 시작되어 이후 근 100년 동안 지속된 전쟁)'을 치르고, 랭커스터 가문(The House of Lancaster)과 요크 가문(The House of York) 사이에 '장미전쟁(The Wars of the Roses, 1455~1485: '장미전쟁'이라는 명칭은 19세기 영국의 소설가 월터 스콧[Walter Scott]이 랭커스터 가문의 문장[紋章]이 붉은 장미이고, 요크 가문의 문장이 흰 장미인 점에 착안하여 부른 것으로부터 유래한다. 30년 동안 지속된 이 전쟁은 랭커스터 가문의 헨리 튜더[Henry Tudor]가 요크 가문의 리처드 3세[Richard III]를 죽이고 요크 가문의 엘리자베스[Elizabeth]와 결혼함으로써 끝이 났다. 이어 헨리 튜더는 헨리 7세[Henry VII, 재위 1485~1509]가 되면서 튜더왕조[The Tudor Dynasty, 1485~1603]를 열었다.)'을 치루는 동안, 자신들의 문제가 현안으로 대두되었기 때문이다.

이처럼 영국 왕실의 영향력이 줄어들자 앵글로-노르만 귀족들이 득세하기 시작했다. 이들 중 가장 영향력이 컸던 귀족 가문(家門)은 데스먼드(Desmond) 영지와 킬데어(Kildare) 영지를 소유했던 핏츠제럴드 가문(Fitzgeralds: 이후 2세대 동안 아일랜드를 지배함)과 오먼드(Ormond) 영지를 소유한 버틀러 가문(Butlers)이었다. 따라서 다수의 잉글랜드 부재지주들은 킬데어의 백작(Earl of Kildare)들과 같은 대리인들을 내세워 아일랜드에 있는 농경지를 관리했으며, 잉글랜드의 왕도 자신의 대리인 총독을 파견하여 식민지를 통치했다. 뿐만 아니라 아일랜드의 군주 지위도 당시 강력한 세력을 갖고 있던 킬데어의 백작 핏츠제럴드(Thomas Fitzgerald)에게로 돌아갔다.

이러한 이유로, 장미전쟁을 종식하고 잉글랜드에서 튜더왕조를 새로 연 헨리 7세는 자신의 대리인 자격(총독)으로 에드워드 포이닝즈 경(Sir Edward Poynings)을 아일랜드로 보내 아일랜드의 식민통치를 강화하고자 했으며, 포이닝즈는 1494년 드로이다(Drogheda)에서 소집된 의회에서 이른바 '포이닝즈 법(Poynings' Law)'으로 불리는 '드로이다 성문법'을 통과시켰다.

이 법은 아일랜드 의회는 잉글랜드 왕의 허락 없이는 열릴 수 없고, 모든 법안은 잉글랜드의 왕과 추밀원(Privy Council)의 동의를 먼저 받아야만 할 것을 명시했다. 또한, 잉글랜드에서 통과된 모든 법안은 아일랜드에서도 법이 되어야 한다는 취지로, 사실상 아일랜드에서 자치(自治)가 이미 끝이 났음을 의미했다. 이 법의 목적은 총독이 아일랜드 의회를 이용하여 영국 왕실의 이익을 해치는 것을 막기 위한 것이었다. 결국, 이 법으로 인해 아일랜드 의회는 잉글랜드 왕의 정치적 도구로 전락했으며, 이 법은 1782년에 가서야 애국지사들의 노력으로 철폐되었다(박일우 197).

🇬🇧 잉글랜드의 종교개혁

16세기에 유럽의 열강들이 북·남미 식민지 쟁탈전을 벌이는 동안 아일랜드는 전략상 중요성을 더해갔다. 무엇보다도 잉글랜드의 증강된 해군력이 스페인의 신대륙 독점권을 위협하자, 스페인은 잉글랜드를 공격하기 위한 교두보로 아일랜드를 활용하기 시작했다. 더욱이 루터(Martin Luther)의 종교개혁으로 기독교 세력이 가톨릭과 신교로 양분되면서 가톨릭 국가인 아일랜드는 이전보다 더 뜨거운 감자가 되었다. 따라서 유럽의 가톨릭 국가들은 가톨릭 국가인 아일랜드를 이용하여 신교 국가로 새롭게 부상하는 잉글랜드의 세력을 저지하고자 했다. 특히, 가톨릭 국가인 스페인과 프랑스는 아일랜드와 연대해서 잉글랜드에 공동으로 대적하는 외교 전략을 폈다. 이에 맞서 잉글랜드의 헨리 8세(Henry VIII)는 프랑스와 스페인이 아일랜드를 교두보로 삼아 침략해올 것을 염려한 나머지 통치권 강화에 나섰다. 헨리는 아일랜드의 문화에 동화되어 자기에게 복종하지 않는 노르만 귀족들 대신에 더블린에 왕의 대리인을 직접 파견함으로써 아일랜드를 통치하고자 했다. 이는 아일랜드의 정치, 사회, 종교 영역에 새로운 문제와 긴장을 유발했다. 하지만 이보다 더 큰 긴장과 분규는 종교적 문제에서 비롯되었다.

헨리 8세는 튜더왕조를 시작한 헨리 7세의 둘째 아들로, 형이 요절하자 아버지의 뒤를 이어 잉글랜드의 왕으로 즉위했다. 그는 다혈질이자 호색한(好色漢)이었으며, 당당한 풍채를 자랑하는 만능 스포츠맨이었다. 치세 초반에는 가톨릭을 옹호하고, 14세기에 존 위클리프(John Wycliffe, 1320~1384) 이후 활력을 얻기 시작한 종교개혁을 강력히 억압했지만, 기독교 역사에서 로마 교황청과 대립한 왕으로 더 잘 알려져 있다. 재위 기간에 강력한 절대 왕권을 휘두르고, 영국 기독교의 역사를 바꾸었으며, 여섯 명의 왕비(캐서린[Catherine of Aragon], 앤 불린[Anne Boleyn], 제인 시모어[Jane Seymour], 앤 클리브스[Anne of Cleves], 캐서린 하워드[Catherine Howard], 캐서린 파[Catherine Parr])를 맞이하는 등 영국사에서 무수한 화제를 남긴 군주이다.

헨리의 형 아서(Arthur)는 죽기 전에 스페인의 공주였던 캐서린(Catherine of

Aragon)과 결혼한 상태였는데, 헨리는 당시 강대국이었던 스페인과의 관계를 고려하여 과부가 된 형수 캐서린과 정략결혼을 했다. 캐서린이 딸 메리(Mary)의 출산 이후 아들을 낳지 못하던 중, 캐서린 왕비의 시녀였던 앤 불린이 임신을 하자, 헨리는 아들을 얻기 위한 명분으로 로마 교황에게 이혼을 청구했다. 하지만 로마 교황 클레멘트 7세(Clement VII, 1478~1534)가 가톨릭 국가인 스페인의 눈치를 살피면서 이혼을 허락하지 않자, 헨리 8세는 의회의 권고에 따라 잉글랜드 교회를 로마 가톨릭교회에서 분리하는 종교개혁을 단행했다(1534년 의회는 잉글랜드 교회에 대한 교황의 권리를 폐지하고, 헨리 8세를 잉글랜드 국교회[The Church of England, The Anglican Church, 성공회]의 수장으로 임명하는 이른바 '수장령[The Act of Supremacy]'을 통과시킴).

이혼을 감행한 헨리 8세가 교황의 축복을 받지 못한 것은 아일랜드인들에게도 좋지 않은 결과를 가져왔다. 아일랜드인들이 바티칸 교황청 편을 들었기 때문이다. 헨리 8세는 이에 대한 보복으로 1535년 아일랜드에 있는 모든 수도원을 폐쇄하라는 명령을 내렸는데, 이 조치는 수도원의 재산과 토지를 몰수하여 국가 재정을 튼튼히 하고, 잉글랜드계 아일랜드인 지주들에게 나누어주기 위해서였다. 잉글랜드 국교회의 수장이었던 헨리 8세가 아일랜드 국교회 수장으로서 무리하게 추진한 종교개혁은 아일랜드인들의 반발을 초래했지만, 그것은 종교적 이유라기보다는 수도원의 재산을 둘러싼 경제적 이해관계가 더 큰 이유였다. 또한, 종교적 문제가 정치적 이해관계와 맞물리면서 이 두 요소는 이후로 아일랜드 역사의 향방에서 서로 떼래야 뗄 수 없는 관계를 지니게 되었다(아일랜드 드라마연구회 19).

🏴󠁧󠁢󠁥󠁮󠁧󠁿 핏츠제럴드 가문의 몰락과 군주의 지배권 행사

킬데어의 8대 백작 제럴드 핏츠제럴드(Gerald Fitzgerald, Garrett Mor, 1456~1513)는 잉글랜드의 아일랜드 식민통치 역사에서 중요한 인물이다. 그는 1478년부터 두 차례 (1478, 1479~1492)에 걸쳐, 그리고 마지막으로는 1496년부터 헨리 7세에 의해 권력이 회복되어 1513년 세상을 떠날 때까지 잉글랜드의 간섭을 별로 받지 않는 실질적인 총독으로서 아일랜드를 통치했다. 그는 아일랜드의 왕처럼 군림했으나, 아일랜드의 독자적인 통치자로 나서려는 시도는 절대로 하지 않았다. 잉글랜드의 튜더왕조는 이처럼 충성스러운 신하가 아일랜드를 통치하는 것에 자못 만족했다. 잉글랜드로부터 거의 간섭을 받지 않는 이러한 통치는 1513년 개럿 오그(Garrett Og, 1487~1534)가 아버지를 승계하여 킬데어의 9대 백작이자 총독이 된 이후에도 몇 년 동안이나 지속되었다. 하지만 헨리 7세를 이어 즉위한 헨리 8세(Henry VIII, 재위 1509~1547)는 강력한 군주답게 아일랜드의 식민통치에 관해서도 완강한 정책을 폈다. 따라서 이후로 아일랜드 문제는 성격이 완전히 바뀌는 운명을 맞게 되었다.

헨리 8세는 집요하게 저항하며 영향력을 행사하던 킬데어의 백작들(킬데어 영지 [The Fitzgerald Earldom of Leinster]를 소유한 앵글로-노르만 핏츠제럴드[Fitzgerald] 가문의 사람들)을 토벌하려 했는데, 이는 그들이 늘 자신의 통치권에 심각한 위협으로 대두되었기 때문이다.

1534년 2월 개럿 오그가 런던으로부터 마지막으로 소환되자, 그의 아버지를 대신하여 킬데어를 통치하던 백작의 큰아들 실큰 토머스 핏츠제럴드(Silken Thomas Fitzgerald: Lord Thomas Offaly의 별명으로 그와 그의 부하들이 재킷을 비단 술로 장식한 것으로부터 유래함)는, 헨리가 잉글랜드에서 자기 아버지를 처형했다는 거짓 구실로 1534년 더블린과 그곳 잉글랜드 수비대를 공격했다. 이에 분노한 헨리는 윌리엄 스케핑턴경(Sir William Skeffington)이 이끄는 포병대(2,000여 병사들로 구성됨)를 파견하여 토머스의 요새이자 거점인 메이누스 성(Maynooth Castle)을 무자비하게 공격함으로써 보복했다.

이 와중에 토머스는 잉글랜드, 웨일스, 신성로마제국, 유럽대륙으로부터 가톨릭 지원자들을 끌어 모아 결성한 이른바 '가톨릭 십자군(Catholic Crusade)'으로 대항했지만, 결국 1535년 메이누스 성(城)의 함락과 함께 그의 반란은 실패로 끝나고 말았다. 이후 개럿 오그(1536년에 처형됨), 토머스(1537년에 처형됨), 그리고 그의 추종자들은 비록 '메이누스의 용서(Pardon of Maynooth)'를 받긴 했지만 모두 처형되었고, 당대에 아일랜드에서 가장 부유하고 힘이 셌던 핏츠제럴드 가문은 3년 이내에 몰락의 길을 걷게 되었다. 또한, 이에 대한 보복으로 - 이는 이후 2세기 동안 자행되었지만 - 핏츠제럴드 가문의 토지는 몰수되어 잉글랜드의 이주민들에게 무상으로 나누어주었고, 아일랜드는 잉글랜드에서 직접 파견된 잉글랜드인(이전의 노르만 정착자들과 구별하기 위해 'The New English'로 불림) 총독과 수비대에 의해 통치되었다. 뿐만 아니라 아일랜드의 정치 문제는 헨리 8세가 시작한 종교개혁으로 인해 종교적 문제까지 더해지게 되었다.

🏴 아일랜드의 종교개혁

헨리 8세가 아일랜드에 남긴 유산은 '게일 국가(Gaelic Nation)'의 파멸과 '게일 통치(Gaelic Rule)'의 종식을 초래한 통합정책만이 아니었다. 그는 또한 종교개혁도 추진했다. 당시 아일랜드에서는 유럽의 여타 지역과 다르게 종교개혁의 물결이 아직 미치지 않았다. 따라서 가톨릭교회의 타락과 부패에 대한 불만도 없었고, 루터(Martin Luther)와 칼뱅(Jean Calvin)의 교리에 동조하는 신교 추종자들도 없었다. 아일랜드의 종교개혁은 순전히 튜더왕조의 식민정책과 전체주의를 위해 아일랜드식 종교의식을 잉글랜드식 종교의식과 통일시키고자 했던 헨리의 과도한 욕심에서 비롯되었다.

1536년 아일랜드 의회는 헨리를 '아일랜드 모든 교회의 유일한 최고 수장(the only supreme head on earth of the whole Church of Ireland)'으로 선포하는 '수장령(The Act of Supremacy)'을 선포함으로써 '아일랜드 국교회(The Church of Ireland, The Anglican Church, 성공회)'를 세웠으며, 5년 뒤에는 헨리가 이 타이틀을 지닌 최초의 아일랜드 왕(군주)이 되었다. 이후로 아일랜드에서 다른 교회는 존재할 수 없게 되었으며, 아일랜드 국민은 국교회 유지를 위해 십일조(tithe: 1830년대는 금액이 줄었고, 1869년에는 국교회 해체와 더불어 폐지되었음)를 내야만 했다. 하지만 아일랜드 종교개혁의 여파는 잉글랜드의 통치 지역이었던 '페일'과 타운 지역 외에서는 미미했고, 궁극적으로는 성공을 거두지도 못했다.

종교개혁에 이어 헨리는 아일랜드에 있는 모든 수도원을 약탈하고 해체한 뒤, 가톨릭교회의 재산을 몰수하여 왕실 재정을 튼튼히 하고자 했다. 또한, 1541년에는 아일랜드 의회가 자신을 '아일랜드 왕'으로 선포토록 했으며, '양도와 재교부(Surrender and Regrant: 지주들의 땅을 양도받아 그들의 충성심을 확인하고, 이에 대한 대가로 땅을 다시 되돌려주는 방식)'를 통해 아일랜드의 지주들을 완전히 자신의 통제 범위 내에 두었다.

⚡ 얼스터의 식민화

휴 오닐

헨리의 뒤를 이은 엘리자베스 1세(Elizabeth I)는 아일랜드에서 왕권 강화를 더욱 공고히 했다. 또한, 각 지역에서 지배계층이 연이어 반란을 일으켰지만, 코노트(Connaught)와 먼스터(Munster)에 재판소를 설치하여 사법권을 확립했다. 얼스터는 아일랜드 족장들의 최후 저항 진지(陣地)였다. 티론(Tyrone)의 2대 백작(Earl)이었던 휴 오닐(Hugh O'Neill, 1550~1616)은 아일랜드에서 엘리자베스 여왕의 세력에 대항한 최후의 영주였다. 오닐은 자신의 성(城)의 지붕을 개조한다는 명분으로 잉글랜드에 납을 주문해서 이것을 총알의 재료로 사용했다. 이 일은 아일랜드와 잉글랜드 사이에 불화를 부추겼고, 결국 '9년 전쟁(The Nine Years' War, 1593~1603: '티론의 반란'으로도 불림)'을 유발시켰다. 그는 용감하고 수완이 뛰어난 인물이었으므로, 잉글랜드 군대는 그와 대항한 7년간의 전투(1593~1600)에서는 이렇다 할 성과를 내지 못했다.

하지만 1601년에 있었던 '킨세일 전투(The Battle of Kinsale)'에서, 4,500명의 스페인 원군(援軍)의 지원을 받은 아일랜드 군대는 결국 잉글랜드 군대에게 패했다. 비록 이 전투에서 오닐이 살아남긴 했지만, 그의 세력은 와해되어 마침내 잉글랜드 왕에게 항복했다. 이어 1607년 9월 14일, 오닐과 로리 오도넬(Rory O'Donnell, 1575~1608: 티어코넬[Tyrconnell]의 초대 백작)을 비롯한 90명의 얼스터(Ulster) 귀족들은 반역자로 낙인이 찍혀 땅을 몰수당한 채 아일랜드를 영원히 떠나 유럽대륙으로 도주했다(궁극적인 목적은 아일랜드로 다시 돌아와 땅과 특권을 되찾을 수 있도록 지원군을 모으는 것이었으나, 오닐과 오도넬은 로마에서 망명 중에 사망했음). '백작들의 도주(The Flight of the Earls)'로 알려진 이 사건은, 얼스터 지역이 잉글랜드의 식민통치를 받는 실마리가 되었다. 이제 역사상 처음으로 아일랜드의 전 지역이 더블린에 중심을 둔 강력한 잉글랜드 왕실로부터 식민통치를 받게 되었다. 심지어 아란 섬(Aran Islands)처럼 멀리 떨어진 곳도 왕의 대리인이 직접 통치했다.

토착 귀족들(게일 아일랜드의 최후 세력가들)이 사라지자 엘리자베스와 그녀의 후계자 제임스 1세(James I)는 '플랜테이션(Plantation, 植民)'이라고 알려진 본격적인 식민정책(植民政策)을 시행했다. 즉, 토착민과 앵글로-노르만(The Old English)들로부터 티론(Tyrone), 도니갈(Donegal), 아마(Armagh), 앤트림(Antrim)에 있는 50만 에이커(acre)에 달하는 방대한 옥토(沃土)를 몰수(1610년부터 1641년까지)하여 충직하고 신뢰할 수 있는 잉글랜드의 귀족들에게 나누어주었다. 대부분이 부재지주였던 잉글랜드의 귀족들은, 하사받은 토지를 나누어 잉글랜드와 스코틀랜드에서 건너온 25,000여(이후에는 40,000여 명까지 불어남) 이주 정착민들에게 2,000에이커(acre) 단위로 임대했으며, 이들은 또다시 토지를 나누어 소작인들에게 임대했다. 당시 제임스 1세의 특허로 런던에 세워진 '런던 아이리시 조합(The Irish Society of London: 런던의 동업 조합들로 구성됨)'이 얼스터의 식민정책(땅의 측량·분할·불하 및 지적도 제작)뿐 아니라 데리(Derry) 시(市)의 개발과 요새화를 주도적으로 추진했다(따라서 데리는 후에 런던데리[Londonderry]로 불리게 됨).

이처럼 서부 얼스터(West Ulster)의 200만 에이커 이상의 옥토(沃土)에서 정부 주도로 식민화가 이루어졌으며, 동부 얼스터(East Ulster)는 스코틀랜드와 유대관계가 강했기 때문에 사적(私的)으로 식민화가 이루어졌다. 한편, 토착민들은 척박하고 쓸모가 없는 고지대의 땅(100만 에이커 이하)만을 소유하고 있었다. 17세기 초반에 아일랜드의 여타 지역에서도 식민화가 이루어지고 있었으나, 얼스터 지역만큼 성공적이지는 못했다. 따라서 부유한 농장이 많고, 반란 주동자들이 가장 많이 살았던 얼스터 지역이 가장 큰 타격을 입었다.

잉글랜드와 스코틀랜드에서 건너온 신교도(주로 스코틀랜드계 장로교도) 이주민(The New English)들은 예전의 침략자(바이킹족과 노르만족)들과는 다르게 아일랜드의 토착민을 비롯하여 앵글로-노르만 가톨릭교도들과 쉽게 동화하려고 하지 않았다. 즉, 그들은 스코틀랜드식 이름을 유지했고, 장로교를 고수했으며, 잉글랜드의 왕에게 충성을 서약했다. 또한, 그들은 숲을 개간하고, 새로운 농경 방식과 기술을 도입했으며, 도시를 세우고, 상업을 장려함으로써 낙후된 '게일 아일랜드(Gaelic Ireland) 사회'에 새로운 활력과 현대화의 동력을 불어 넣었다.

따라서 얼스터 지역의 식민화는 오늘날까지도 이어지는 얼스터 분규의 씨앗을 뿌린 역사적 사건이 되었다. 왜냐하면, 차별과 억압으로 박해를 받는다고 생각한 토착 가톨릭교도들과 우월의식으로 가득 찬 이주민들 사이에는 물과 기름처럼 화해와 융합이 쉽지 않았기 때문이다.

🏴󠁧󠁢󠁥󠁮󠁧󠁿 잉글랜드의 내전

처녀 여왕 엘리자베스 1세가 1603년 후사 없이 세상을 떠나자, 당시 스코틀랜드의 왕이었던 제임스 6세(James VI)가 잉글랜드의 왕 제임스 1세(James I, 재위 1603~1625)로 추대됨으로써 스튜어트 왕조(The Stuart Dynasty)가 시작되었다.

제임스 1세는 '왕권신수설(The Divine Right of Kings)'을 신봉하며 왕권 강화정책을 추진했지만, 종교적 갈등에서 비롯된 정치적 불안으로 인해 내정이 어수선했다. 한편, 잉글랜드 국교회 내의 혁신파인 청교도(Puritan)들은 형식적 예배의식을 고수하는 국교회의 개혁과 의회의 권한 확대를 집요하게 요구했다. 하지만 제임스 1세는 왕권신수설을 내세워 번번이 이를 거부했다.

스튜어트 왕조 치하에서 왕실과 의회 사이의 불화는 끊이질 않았으며, 1625년 제임스 1세의 차남 찰스 1세(Charles I, 재위 1625~1649)가 즉위하자 왕실과 의회의 대립은 더욱 격화되었다. 찰스 1세는 낭비벽이 심했으며, 스코틀랜드의 정벌 등에 국고를 탕진했고, 세금을 통해 이를 만회하고자 했다. 마침내 의회는 1628년 왕의 자의적인 권력 행사를 제한하는 내용의 '권리청원(權利請願, The Petition of Right)'을 승인토록 함으로써 의회의 권능을 강화하고자 했다. 하지만 찰스 1세는 의회를 해산시킨 후, 1629년부터 1640년까지 장장 11년 동안 의회 없이 통치하며 세금을 대폭 인상함으로써 관계를 악화시켰다.

왕과 의회의 갈등은 급기야 1642년 국왕을 지지하는 왕당파(Royalists, Cavaliers)와 국왕에게 반기를 드는 의회파(Roundheads) 사이에 '내전(The English Civil War, 청교도혁명, 1642~1651)'을 유발시켰다. 내전 초반에 의회군은 패전을 거듭하며 왕당파 군대에 연이어 패했다. 왕당파 군대는 정예군인 데 반해 의회군은 갑작스레 꾸려진 임시 군대였기 때문이다. 이러한 국면을 전환하기 위해 당시 의회파의 지도자였던 올리버 크롬웰(Oliver Cromwell, 1599~1658)은 기병대를 조직했다. 그의 기병대는 규율이 엄하고 용맹스러웠으며 갑옷으로 무장했기 때문에 '신모범군(New Model Army)' 또는 '철기대(鐵騎隊, Ironsides)'라 불렸으며, 의회파는 신모범군의 활약에 힘입어 내전 중반부터는 승기를 잡기 시작했다.

이후 군대의 지지를 받는 크롬웰은 1653년 공화정(The Republic, The Commonwealth)을 세우고, 이른바 '통치장전(The Instrument of Government)'이라는 새로운 헌법을 공포한 뒤 '호국경(Lord Protector, 1653~1658)'으로 취임했다. 이때부터 크롬웰은 잉글랜드의 내정, 외교, 군사, 입법을 모두 장악하는 최고 통치권자가 되어 신권정치(神權政治, Theocracy)에 버금가는 군사 독재정치 체제를 구축했다.

1658년 크롬웰이 세상을 떠나자 그의 아들 리처드 크롬웰(Richard Cromwell, 1626~1712)이 후계자가 되어 잠시 호국경의 자리에 올랐으나(1658~1659), 의회는 1660년 리처드를 실각시킨 뒤, 당시 프랑스로 망명해 있던 찰스 1세의 아들을 불러들여 찰스 2세(Charles II, 재위 1660~1685)로 즉위케 함으로써 왕정(王政)을 복구했다(The Restoration). 그동안 크롬웰의 독재 치하에서 시달렸던 잉글랜드 국민은 새로운 왕이 전통적 질서를 회복시켜줄 것을 기대하며, 종소리와 축포, 꽃과 포도주로 축제를 벌이면서 새로운 왕을 열렬히 환영했다.

🏴󠁧󠁢󠁥󠁮󠁧󠁿 내전의 여파와 아일랜드 사태

1640년대 한동안 지속된 잉글랜드의 내전은 아일랜드의 정세에 심각한 영향을 미쳤다. 1640년대 10년은 아일랜드 역사에서 아주 참혹하고 비참한 시기였다. 아일랜드의 소작인들은 잉글랜드에서 왕과 의회 간의 갈등으로 야기된 불안한 시국을 십분 이용하여 잉글랜드계 지주들에게 조직적으로 반기를 들었다. 급기야 1641년에는 소작인들이 잉글랜드계 지주 4,000여 명을 학살하는 '이주민 대학살(The Massacre of the Planters)' 사건이 발생했다. 이 사건은 아일랜드인이 야만적이고 잔인하다는 잉글랜드인의 오랜 고정관념을 재확인시키는 결과를 낳았고, 크롬웰의 무자비한 가톨릭 탄압을 정당화시켰다. 잉글랜드의 내전 기간에 아일랜드는 전체 가톨릭교도의 5분의 1에 해당하는 신교도들이 정치를 장악했다(아일랜드 드라마연구회 26).

한편, 아일랜드의 토착민과 앵글로-노르만 가톨릭교도들(The Old English)은 1642년에 이른바 '킬케니 동맹(The Confederation of Kilkenny)'을 맺고, 아일랜드에서 가톨릭 세력의 회복을 희망하며 신교도 의회군에 대항하는 찰스 1세를 도왔다. 10년간의 반란 동안 수많은 사람이 아일랜드 땅에서 피를 흘렸다.

왕당파 군대를 무찌르고 찰스를 처형한 뒤, 의기양양한 의회군 지도자 올리버 크롬웰은 아일랜드로 건너가서 찰스 1세를 지원했던 왕당파 잔여세력을 몰아내고 이주민 대학살에 대한 보복을 감행하고자 했다. 1649년 8월 15일, 크롬웰은 자신의 신모범군 12,000명을 이끌고 더블린에 상륙한 뒤 곧바로 드로이다(Drogheda: 얼스터로 가는 길목)와 웩스퍼드로 진군해서 무차별 대량 학살(드로이다에서 3,000여 명, 웩스퍼드에서 3,000여 명, 총 6,000여 명)을 자행한 뒤, 국토 전역(특히 Cork, Kinsale, Bandon 지역)을 짓밟으면서 대다수 국민을 죽음의 공포로 떨게 했다. 이때 드로이다와 웩스포드 주민들이 겪은 크롬웰 군대의 잔학성은 그들의 기억에서 영원히 지울 수 없는 상처를 남겼다.

이후 크롬웰 군대의 야만적 행위에 대한 소문이 빠르게 퍼져나가자, 대부분 도시는 그의 군대가 접근해오면 아무런 저항도 하지 않고 항복했다. 따라서 1653년 5월 골웨이(Galway)의 최후 항복과 함께 크롬웰의 아일랜드 정복(9개월간)은 거의 완성되었다. 많은 아일랜드 토착민은 재산을 몰수당한 채 섀넌강 너머에 있는 황량하고 척박한 코노트 지역으로 추방되었다. '지옥으로 갈래 아니면 코노트로 갈래(To Hell or to Connaught?)?'라는 말과 '크롬웰의 저주(The Curse of Cromwell)'라는 말이 생겨난 것도 바로 이때였다. 당시 코노트는 경작 가능한 땅이 아주 적었고 가톨릭교도의 권리도 훨씬 제한적이었기 때문이었다.

🏴󠁧󠁢󠁥󠁮󠁧󠁿 크롬웰 치하에서의 아일랜드

크롬웰과 10년 이상 동안 피비린내 나는 전쟁을 치른 후 아일랜드는 또다시 폐허 상태가 되었다. 아일랜드는 영국 정부가 새로운 그림을 그려 넣을 이른바 빈 캔버스였다. 따라서 크롬웰 정부가 첫 번째로 시도한 것은 아일랜드에 남아 있는 '원치 않는 사람들(undesirable people)'을 제거하는 것이었다. 하지만 아일랜드인들의 저항이 평정된 이후에 취해진 조치들은 예전처럼 그렇게 잔인하거나 무차별적이지는 않았고, 반란에 가담한 사람들도 많은 수가 처형된 것은 아니었으며, 무기를 소지했던 사람들도 꽤 관대한 취급을 받았다. 한편, 3만 명 이상의 아일랜드 군인들이 유럽대륙으로 이주하거나 외국 군대에 입대하는 것이 허용되었으며, 거지, 잔여 군인, 가톨릭 성직자들은 서인도제도(The West Indies)처럼 멀리 떨어진 외지(外地)로 보내졌다. 크롬웰 정부가 유독 관심을 가졌던 것은 토지와 이로부터 파생될 수 있는 부(富)였다.

1652년 크롬웰 의회는 아일랜드의 토지를 정리하기 위한 목적으로 '아일랜드 이주법(Act for the Settling of Ireland)'을 통과시켰다. 또한, 크롬웰 군대에 물품을 납품하거나 돈을 빌려준 투기꾼들(Adventures: 아일랜드 반란군을 진압하는 전쟁 재정을 지원하기 위해 잉글랜드 정부에 돈을 선급한 사람들로, 아일랜드에서 몰수한 땅을 부여받을 권리를 가진 사람들)의 채무 변제를 위해 토지를 분배했으며, 윌리엄 페티 경(Sir William Petty, 1623~1687: 1623년 5월 26일 잉글랜드의 햄프셔(Hampshire)에서 출생하였으며, 1643년 대륙으로 건너가서 의학과 수학을 전공하고, 귀국 후에는 옥스퍼드대학의 해부학 교수가 되었다. 1652년 크롬웰이 이끄는 아일랜드 파견군의 군의관(軍醫官)으로 종군하고, 이후 행정관으로서 아일랜드 반란군으로부터 몰수한 토지의 측량과 인구조사 등을 실시함으로써 유명세를 탔음)에 의해 22개 주(州)에 걸친 토지에 대해 광범위한 측량이 시행되었다.

이러한 연유로 토지의 소유 형태가 완전히 바뀌었다. 국토의 25퍼센트 이상인 200만 헥타르(1천 100만 에이커)의 땅이 몰수되어 크롬웰 지지자들의 수중으로 넘어갔고(당시 가톨릭교도의 토지 소유 비율: 1641년 59%, 1714년 7%), 인구는 조직적인 학살과 기근 그리고 역병으로 인해 50만 명으로 줄어들었다. 또한, 토착 가톨릭교도들은 도시에서의 삶을 박탈당한 채 시골로 내몰리거나 소작인으로 전락했으며, 국가의 행정에도 일체 관여할 수 없게 되었다. 결국, 아일랜드의 부와 정치권력은 영국 정부에 충성하는 신교도 지배 체제로 완전히 넘어갔으며, 대부분 가톨릭교도는 자신들의 땅을 되찾을 수 없게 되었다.

🇬🇧 잉글랜드의 명예혁명, 보인 전투

1685년 잉글랜드의 찰스 2세가 후사 없이 세상을 떠나자, 그의 동생 제임스 2세(James II, 재위 1685~1689)가 왕이 되었다. 제임스 2세는 의회를 무시하고 세금을 부과했으며, 절대군주제와 가톨릭의 복원을 시도하다 의회와 국민으로부터 지탄을 받게 되었다. 따라서 1688년 휘그당(The Whigs, Whig Party: 의회 측 의견을 옹호하는 파로 제임스 2세를 폐위시키고자 했음)과 토리당(The Tories, Tory Party: 국왕 측 의견을 옹호하는 파로 왕의 특권을 인정하고자 했음)이 연대하여 제임스 2세를 축출하고, 네덜란드로 출가한 제임스의 신교도 딸 메리(Mary)와 그녀의 남편 오렌지 공(公) 윌리엄(William,

Prince of Orange)을 추대하여 메리 2세(Mary II, 재위 1689~1694)와 윌리엄 3세(William III, 재위 1689~1702)로 잉글랜드의 공동 왕위를 잇도록 했다. 이 사건은 피 한 방울 흘리지 않은 채 왕권의 교체를 이루었다 하여 '무혈혁명(The Bloodless Revolution)' 또는 '명예혁명(The Glorious Revolution, 1688년)'이라고 불린다.

명예혁명으로 폐위된 잉글랜드의 왕 제임스 2세는 1689년 프랑스로 망명했으나 이후 아일랜드로 가서 망명 의회를 구성했다. 그는 아일랜드에서 군대를 모아 잉글랜드의 의회가 임명한 신교도 왕 윌리엄(William III, 1689~1702)으로부터 빼앗긴 왕위를 되찾고자 했다. 제임스 2세는 3월에 킨세일(Kinsale)에 도착한 뒤 곧바로 북쪽에 있는 더블린으로 향했다. 여기에서 아일랜드 의회는 그를 왕으로 인정했고, 제임스는 몰수된 토지를 가톨릭 지주들에게 되돌려 주고자 했다. 이 목적을 위해 제임스의 군대는 런던데리(Londonderry) 시(市)를 포위한 뒤 공격했다.

이 포위 공격은 1690년 4월부터 7월까지 지속되었는데, 1690년 6월 윌리엄이 직접 300척의 함대를 이끌고 벨파스트에 도착했다. 105일간의 포위전에서 시민 3만 명 중 1/4이 굶어 죽었다. 이후 아일랜드의 신교도들 사이에서 '항복은 없다!(No

Surrender!)'라는 구호가 나돌게 된 것은 이 포위 공격 때문이었다.

곧이어 스코틀랜드 출신의 제임스가 이끄는 아일랜드의 가톨릭 군대(2만 5,000명)와 네덜란드 출신의 윌리엄이 이끄는 영국의 신교도 군대(3만 6,000명)가 7월 12일 라우스(Louth) 주(州)에 있는 보인 강(The Boyne River)에서 '보인 전투(The Battle of the Boyne)'를 벌였다. 치열한 전투 끝에 결국 제임스가 패해 그는 자신의 군대와 함께 또다시 망명길에 올랐다. 이로써 윌리엄의 군대는 심리적인 면에서나 전략적인 면에서 완벽한 승리를 거두었다. 이날 거둔 윌리엄의 승리는 역사의 전환점으로 기록되고 있으며, 오늘날까지도 북아일랜드의 신교도들 사이에서 '교황과 가톨릭'에 대항해서 거둔 가장 중요한 승리로 기념되고 있다.

이 사건은 지금으로부터 330여 년 전에 발생했지만, 이는 역사의 처절한 현장으로 얼스터 지역에서는 지금도 여전히 기억되고 있다. 신교도들은 오늘날도 자신들을 '오렌지 사람들(Orangemen: 오렌지 공 윌리엄을 본뜬 명칭)'이라 부르며, 매년 가톨릭 군

오렌지 사람들의 행진

대에 대항해서 거둔 윌리엄의 승리를 깃발을 들고 퍼레이드(parade)를 벌이며 경축하고 있다. 지금도 벨파스트에 있는 연립주택의 벽면에는 당시 '빌리 왕(King Billy)'으로 불리던 윌리엄과 그가 탔던 백마(白馬)의 모습이, '항복은 없다'라는 구호와 함께 그려져 있다. 또한, '보인 전투'의 기념일인 매년 7월 12일경에 북아일랜드의 신교도 마을을 방문하면 형형색색의 벽화 속에 묘사된 주요 전투장면들을 볼 수 있다.

백마를 타고 있는 빌리 왕의 모습

리머릭(Limerick: 바이킹 시대에 건설된 도시로서 아일랜드에서 세 번째로 큰 도시임)은 또 다른 치열한 격전의 현장이었다. 이 전투에 대한 기억 또한 아일랜드인들의 뼛속 깊이 사무쳐 있다. 1691년에 이른바 '리머릭 조약(The Treaty of Limerick: 군사적 조항과 민간 부문의 조항으로 이루어짐)'이 조인됨에 따라, 1만 4,000여 명에 달하는 아일랜드의 가톨릭 무장 군인들은 '기러기(The Wild Geese)'가 되어 아일랜드 땅을 영원히 떠났다(군사적 조항에 따라서). 리머릭에 남아 끝까지 그 지역을 사수한 이들은 생업에 계속 종사할 수 있는 권한과 종교적 자유를 얻었지만(민간 부문의 조항에 따라서), 이 약속은 '조인서의 잉크도 마르기 전에' 교묘한 방법으로 파기되었다. 이후 얼마 되지 않아 가톨릭교도들의 아일랜드 토지 점유율은 전체 토지의 7분의 1 이하로 줄어들었고, 더욱 악랄한 조치들이 뒤따랐다. 이제 잉글랜드의 아일랜드 정복은 거의 완벽에 가까웠다.

🇬🇧 형법

가톨릭 무장 군인들이 아일랜드를 떠난 후 아일랜드 의회는 신교도들로만 구성되었다. 이후 모든 가톨릭교도는 아일랜드 교회에 십일조(tithe: 1년 수익의 1/10)를 내야만 했으며, 상거래 역시 엄격하게 금지되는 등 아일랜드인에 대한 속박이 한층 강화되었다. 지배계층은 아일랜드에 대한 항구적 지배를 영국의 힘에 의존하는 이주자들로, 비록 그들 자신에게는 해가 되는 일일지라도 잉글랜드가 하자는 대로 할 수밖에 없었다. 노르만계 영국인들과 달리 이들 새 지배계층은 아일랜드인들과 유대가 별로 없었다. 따라서 인종분리정책을 유지하는 것만이 그들의 지배 체제를 공고히 하는 길이었다. 인종분리정책은 이른바 '형법(The Penal Laws)'으로 알려진 일련의 법들을 통해 시행되었고, 이 법은 당시 유럽 곳곳에서 전투를 수행하던 가톨릭계 용병들이 아일랜드로 귀환할지도 모른다는 우려로 한층 더 강화되었다. 여타의 유럽지역에서 벌어지던 위그노(Huguenots: 16~17세기의 프랑스 신교도)와 기타 신교도 집단에 대한 박해 소식 또한 이러한 법 조항의 강화에 일조했다.

　　가톨릭교도들의 토지 소유와 공직의 취업을 금하는 극악한 '형법'이 1695년부터 효력을 발하기 시작하면서 아일랜드인들은 정치적·종교적 차별을 받아야만 했다. 이 '형법'은 가톨릭교도가 지배 체제로 편입하지 못하게 할 필요가 있다고 판단되는 지역들에서 시행되었다. 이 법에 따라 가톨릭교도들은 투표권도 없고, 토지를 소유하거나 고위직에 오를 수도 없었으며, 입대(入隊), 하프 연주, 심지어 5파운드 이상의 값어치가 나가는 말(horse)을 소유하는 것도 철저히 금지되었다. 또한, 가톨릭을 근절하기 위해 아일랜드의 문화와 음악 그리고 교육이 금지되었다. 따라서 가톨릭교도 대부분은 '산울타리 학당(Hedge School)'에서 교육을 받았으며, 미사도 시골에 있는 '미사 바위(Mass Rock)'와 같은 은밀한 장소에서 행해졌다. 모든 전문 직업인들은 신교에 충성서약을 해야만 했으며, 위임을 받은 관리와 의회 의원들 역시 그러했다. 가톨릭의 세가 남아 있는 다른 지역에서도 토지의 소유권은 신교도에게 있었다. 따라서 가톨릭교도가 땅을 매입하거나 장기간 임차를 못 하게 하는 법도 제정되었다.

법률가 같은 전문 인력과 지주들은 자신들의 지위와 재산을 보전하기 위해 신교로 개종했는데, 종교보다는 계급적 특권과 토지의 소유가 더 중요했기 때문이다. 토지는 계속해서 신교도들의 수중으로 넘어갔고, 대다수 가톨릭교도는 만성적 가난에 시달리며 비참한 생활을 영위하는 소작인으로 전락했다. 1778년경에 가톨릭교도들은 전국 토지의 5퍼센트만을 소유하고 있었다. 이때 수많은 아일랜드인이 미국으로 이주했는데, 미국을 일종의 낙원으로 생각했기 때문이다.

당시에 신교도들이 실질적인 경제적 혜택을 누렸는지 아닌지는 논란의 여지가 있지만, 가톨릭교도들의 토지 소유를 제한하는 이러한 조치들로 인해 아일랜드 소작인의 삶이 가톨릭교도가 지주일 때보다 더욱 피폐해지고 힘들어졌다는 것은 의심의 여지가 없다. 이 형법은 1778년과 1782년에 각각 개정되었으며, 이로 인해 적지 않은 수의 가톨릭교도들이 토지를 소유할 수 있는 길이 열렸다(패트리샤 레비 20-22).

🇬🇧 아일랜드 민족주의의 대두

18세기 들어 아일랜드의 도시 지역은 영국의 식민통치를 받는 와중에도 경제적·문화적으로 번창 일로에 있었다. 당시 영국의 2번째 도시 더블린은 인구가 5만여 명에 달했으며, 유럽에서 가장 부유하고 세련된 도시 중 하나였다. 대부분 건물도 1세기 이상 영국을 통치했던 왕조 이름을 본떠 '조지 왕조 양식(Georgian Style, Neoclassical Style)'으로 지어졌다. 그런데도 '페일 지역(영국의 통치 지역으로 더블린 인근 지역을 의미함)' 밖에서는 연일 반란이 끊이질 않았으며, 지배계층의 탐욕과 하층민의 불화는 점점 더 억압적인 식민정책을 부추겼다.

한편, '이성의 시대(The Age of Reason)', '상식의 시대(The Age of Common Sense)'로 통용되던 18세기는 존 로크(John Locke, 1632~1704)의 자연법사상, 뉴턴(Isaac Newton, 1641~1727)의 기계론적 우주관, 데이비드 흄(David Hume, 1711~1776)의 인식론(認識論), 루소(Jean Jacques Rousseau, 1712~1778)의 사회계약론, 토머스 페인(Thomas Paine, 1737~1809)의 상식론 등에 영향을 받아 이성의 힘과 인간의 무한한 진보를 믿고, 현존 질

서의 타파로 사회개혁을 꿈꾸던 합리주의와 계몽주의 철학이 흥행하던 시기였다. 이러한 사상들은 아일랜드인에게도 자유와 독립에 대한 열망을 싹틔우게 했으며, 미국의 독립전쟁(American War of Independence, 1775~1783)과 프랑스 대혁명(French Revolution: 1789년 7월 14일부터 1794년 7월 28일에 걸쳐 일어난 프랑스의 시민혁명)은 아일랜드인들에게 독립과 혁명 사상을 고취했다.

우선, 미국의 독립전쟁은 아일랜드의 정세에 큰 영향을 미쳤다. 독립전쟁은 신교도 지배계층의 자치 정부에 대한 열망을 자극했다. 따라서 이러한 여파와 헨리 그래탄(Henry Grattan, 1746~1820)의 노력으로 더블린 의회는 1782년부터 다소 제한적이긴 했지만 명실상부한 독립적 지위를 인정받았다. 두 번째로, '자유, 평등, 박애'를 기치로 내건 프랑스혁명 역시 아일랜드의 정치에 많은 영향을 미쳤다. 이 때문에 아일랜드인들은 "자유의 나무가 아메리카 대륙에서 싹이 트고, 프랑스에서 꽃을 피웠으며, 마침내 아일랜드에서 씨앗이 뿌려졌다(The Tree of Liberty sprouted in America, blossomed in France, and dropped seeds in Ireland.)"라고 말했다. 따라서 가난하고 억압받던 아일랜드인들이 점점 정치적 목소리를 내기 시작함에 따라, 아일랜드의 독립문제는 더 이상 종교적 문제가 아니라 정치적 색채를 띠게 되었다.

프랑스 대혁명과 토머스 페인의 저서 『인간의 권리(*Rights of Men*)』는 당시 아일랜드의 애국지사이자 신교도였던 테오발드 울프 톤(Theobald Wolfe Tone, 1763~1798)에게 지대한 영향을 미쳤다. 그는 가톨릭교도와 신교도의 연합전선 구축을 위해 1791년 「아일랜드의 가톨릭을 위한 논쟁(An Argument on Behalf of the Catholics of Ireland)」이라는 팜플랫(pamphlet)을 썼으며, '아일랜드 연맹(The United Irishmen)'이라는 단체를 결성했다. '아일랜드 연맹'은 개혁을 위해 다양한 신념을 가진 사람들을 결속시키고, 무력을 이용해서 영국과의 관계를 청산하며, 아일랜드인이라는 공통의 이름으로 신교도, 가톨릭교도, 비(非)국교도의 통합을 꾀하는 일종의 비밀결사 조직이었다. 그러나 정치에 직접 개입함으로써 세력을 확보하고자 했던 이 단체의 노력은 결국 수포로 돌아가고 말았다.

1793년 영국과 프랑스 사이에 전쟁이 발발하여 영국 정부의 탄압을 받게 되자, '아일랜드 연맹'의 구성원들은 더 이상 이 단체에만 안주할 수 없었다. 그들은 온갖 수단을 동원하여 변화를 도모할 수 있는 지하 조직을 다시 결성했다. 울프 톤은 당시 영국과 전쟁을 벌이고 있던 프랑스의 혁명정부에 도움을 요청했다. 보수적인 신교도들은 나중에 '오렌지 단(團)(The Orange Order)'으로 알려진 '오렌지 결사(The Orange Society)'를 조직해서 장차 일어날지도 모를 충돌에 미리 대비코자 했다.

1796년, 1만 5천여 명의 병사와 울프 톤을 태운 프랑스 함대(50척)가 코크(Cork) 주에 있는 밴트리만(Bantry Bay)을 향했다. 그러나 해안의 역풍과 궂은 날씨 때문에 상륙할 수가 없었다. 실의에 빠진 울프 톤과 함대는 결국 프랑스로 되돌아가야만 했다. 영국 정부와 더블린 캐슬(Dublin Castle: 아일랜드 행정부 청사 건물) 행정부는 안도의 숨을 내쉬었다. 실로 일촉즉발(一觸卽發)의 순간이었다.

상황이 이렇게 되자 영국 정부는 조직적으로 비밀결사 구성원 색출작업에 나섰다. 무차별적인 체포와 구금, 인정사정없는 매질과 고문은 마침내 1798년 5월 무장민중봉기를 일으켰다. 더블린, 웩스퍼드(Wexford), 앤트림(Antrim), 다운(Down) 등 아일랜드의 각지에서 봉기한 독립군은 영국군을 공격했다. 특히, 존 머피(John Murphy) 신부가 이끄는 웩스퍼드 주민들(2만여 명)이 가장 격렬하게 저항했다. 6주 동안 양측에서 3만 명 이상이 목숨을 잃었다. 아일랜드를 상징하는 녹색 모자를 쓴 독립군은 한때 승승장구하여 아일랜드의 남부를 거의 장악했으며, 웩스퍼드에서는 3주 동안 공화국을 세우기도 했다. 이처럼 반란군이 크고 작은 승리를 거두긴 했지만, 웩스퍼드 주(州) 에니스코시(Enniscorthy) 외곽에 있는 비네거 힐(Vinegar Hill)에서 패해 지휘부가 붕괴되면서 독립전쟁은 실패로 끝나고 말았다.

집요한 울프 톤은 또 다른 프랑스 함대를 이끌고 1798년 뒤늦게 귀환했으나, 역시 바다에서 패하고 말았다. 그는 생포되어 더블린으로 이송되었는데, 후에 교도소에서 자살했다. 이로써 '아일랜드 연맹'의 활동도 막을 내리게 되었다.

민중봉기가 잇따르자 크게 불안을 느낀 신교도 지배계층은 영국 정부에 도움을 요청했다. 마침내 영국 정부는 1800년 '합병법(The Act of Union)'을 제정한 뒤, 이듬해 아일랜드 의회를 해산하고 영국 의회가 직접 통치를 시작함으로써 아일랜드를 영국의 정식 속국으로 만들었으며, '그레이트 브리튼과 아일랜드 연합왕국(The United Kingdom of Great Britain and Ireland)'이 탄생했다. 헌법상 이 합병은 1912년까지 지속되었으며, 이 기간에 수많은 반란이 일어나 다수의 영웅과 순교자를 배출했다. 또한, 이들의 이야기는 오늘날 아일랜드 문화의 내면을 구성하는 신화, 전설, 민요, 노래 등으로 재탄생했다(아일랜드의 국민 시인 토머스 무어[Thomas Moore, 1779~1852]는 '아일랜드 연맹'이 주도했던 독립전쟁에 참전했다가 전사한 소년의 사연에서 영감을 받아 시를 썼다. '소년 악사'라는 제목으로 알려진 〈민스트럴 보이(The Minstrel Boy)〉는 시를 읽고 하프를 탔던 소년의 비극적 죽음을 노래하고 있다.). 당대 난세(亂世)의 영웅 중 한 사람이 다니엘 오코넬(Daniel O'Connell, 1775~1847)이다.

🇬🇧 다니엘 오코넬

다니엘 오코넬

영국의 사회주의 사상가 윌리엄 고드윈(William Godwin, 1756~1836)의 영향을 받은 인본주의자 오코넬은 1775년 케리(Kerry) 주(州) 가톨릭 소지주의 아들로 태어났으며, 1798년 법조계에 입문하여 아일랜드에서 가장 빠르게 성공한 법정 변호사(barrister)가 되었다. 그는 변호사 개업과 동시에 정치적 경력을 쌓기 시작했으며, 1814년부터 그가 사망한 1847년까지 아일랜드의 대표적인 정치가였다.

또한, 그는 프랑스에서 과격한 '프랑스 대혁명'과 '아일랜드인 연합단체(The Society of the United Irishman)'의 봉기(1798)를 지켜보면서 자랐기 때문에 폭력을 배척하고 싫어했으며, 정치적 목적을 달성하기 위해 평화적이고 합법적인 수단과 대중 집회를 능수능란하게 활용할 줄 아는 타고난 개혁가였다. 따라서 그는 유럽에서 최초로 민중에 의한 민주주의 운동을 펼쳤다.

그는 1823년 가톨릭교도의 정치적 평등을 이루기 위해 이른바 '가톨릭 협회(The Catholic Association)'를 결성했는데, 이 단체는 곧이어 대규모 평화 시위와 행동을 개시할 수 있는 기구가 되었다. 1826년 치러진 총선거에서, 이 단체는 가톨릭교도 해방을 주장하는 신교도 후보들을 지지함으로써 저력을 과시했다. 뿐만 아니라 오코넬은 1828년 가톨릭교도로서 클레어(Clare) 주(州) 하원 의원으로 선출됨으로써 영국 정부를 곤경에 빠뜨리기도 했다.

결국, 1829년 다수 하원 의원의 지지를 받은 '가톨릭교도 해방법(The Act of Catholic Emancipation)'이 통과되었다. 이후 몇몇 부유한 가톨릭교도는 투표권과 하원 의원에 출마할 수 있는 피선거권을 얻었고, 가톨릭 주교와 대주교의 지위도 인정받았으며, 오코넬은 민족의 '해방자(Liberator)'로 추앙받았다.

'가톨릭교도 해방법'이 통과됨으로써 한 가지 목적을 달성한 오코넬은, '합병법 폐지 운동(The Union Repeal Movement)'을 통해 가톨릭교도 하원 의원이 포함되는 아일랜드 의회를 되찾고자 했다. 따라서 그는 1840년 '합병 철회 협회(Repeal Association)'를 창설했는데, 이 기구도 '가톨릭 협회'가 취했던 방식대로 운영되었다.

1843년 오코넬은 아일랜드 전역에서 50만 명(대략 50만과 75만 사이의 숫자로 추정되지만 보통 100만으로 알려지기도 함)의 사람들이 그의 연설을 듣기 위해 타라 언덕(The Hill of Tara)에 모여든 이른바 '몬스터 집회(Monster Meeting: 아일랜드에서 가장 큰 규모의 집회)'를 개최하여 합병법 철회를 지지하는 대규모 군중집회를 주도했다. 그는 이러한 집회가 영국 정부를 위협함으로써 아일랜드 의회를 쉽게 되찾고, 합병 철회에 대한 영국 의회의 반전을 기대할 수 있을 것으로 생각했다.

이후 마지막 집회는 1843년 10월 8일 더블린 교외에 있는 클론타프(Clontarf: 1014년 먼스터의 왕 브라이언 보루가 바이킹족을 물리치고 승리를 거둔 곳)에서 열리기로 예정되었는데, 영국 정부는 집회가 열리기 불과 몇 시간 전에 이를 금지했다. 오코넬도 내심 영국 정부와의 유혈 충돌은 원치 않았기 때문에 영국 정부가 예상한 대로 평화와 공공질서의 유지라는 명분으로 집회를 취소했다. 이 사건은 아일랜드의 정치사에서 오코넬의 영향력이 사라지는 것을 의미했다. 그는 이 마지막 집회가 실패한 이후 과연 무엇을 어떻게 할 것인지를 거의 알지 못하는 듯했다.

따라서 능력과 정치적 수완이 뛰어난 오코넬에게 꿈과 희망을 걸었던 다수의 추종자는 이제 그를 버리기 시작했다. 오코넬은 1844년에 체포되어 잠시 복역한 뒤 석방되었다. 이후 그는 평화주의가 실패하는 것에 회의를 느낀 나머지 무력과 폭력의 사용을 지지하는 '아일랜드 청년당(The Young Irelander: 각계각층의 20대 청년들로 구성된 단체로 '청년 아일랜드 운동[The Young Ireland Movement]'을 통해 조국의 독립을 쟁취하고자 했음)'과 종종 마찰을 빚었으며(청년 아일랜드 운동원들은 처음에는 오코넬을 강하게 지지했지만, 1846년 오코넬이 무력의 사용을 금하자 이후부터는 불화를 빚음), 끝내 이전의 영향력을 회복하지 못한 채 1847년 세상을 떠났다.

오코넬의 노력은 결국 실패로 끝나고 말았다. 그의 행동이 민족의 자각심을 불러일으킨 것은 사실이지만, 영국의 힘에 대항하여 자신의 의지를 실행에 옮길 만반의 준비가 되어있지 않았다. 그는 교회 문제에서도 쉽게 굴복했으며, 영국의 강권

오코넬 거리

통치에 대항하는 저항 의지가 부족해서 결국 운동권을 분열하게 했다. 또한, 영국에 대항하기 위해 폭력적 수단을 이용하는 또 다른 조직이 결성되는 빌미를 제공하기도 했다. 하지만 그의 공적은 인정을 받아 오코넬은 아일랜드 영웅 신화 일부가 되었다. 그리고, 아일랜드 독립 이후 원래 '샤크빌 거리(Shakville Street)'로 불리던 더블린의 번화가는, 그를 기념하기 위해 '오코넬 거리(O'Connell Street)'로 명칭이 바뀌었고, 오늘날까지도 그렇게 불리고 있다.

🇬🇧 대기근

19세기 아일랜드 역사는 1845년부터 1851년까지 지속된 '대기근'과 그 여파에 대한 기록이다. 이 기간에 아일랜드는 유례없는 대기근을 겪어야만 했다. 그것은 전반적인 빈곤, 인구과잉, 그리고 감자에 대한 지나친 의존 때문이었다. 아일랜드어로 '고르타 모르'(Gorta Mór: Great Famine, Great Hunger)라고 불리는 이 사건은 유럽 역사상 가장 참혹한 사건이자, 19세기 최악의 인재(人災)였다. 또한, 유럽 농업 역사상 가장 혹독한 기근이었고, 인류 역사상 가장 참혹한 비극이었다. 이러한 기억의 이면에는 아일랜드인의 영국에 대한 혐오와 반감이 자리하고 있다.

아일랜드는 전통적으로 농업 국가였다. 전 유럽으로 번지던 산업혁명조차 대기근 동안 이 땅에는 아직 미치지 못했다. 아일랜드는 늘 영국의 곡창지대 역할을 했으며, 인구의 70퍼센트를 점유했던 농민들은 거의 모두가 자기 땅이 없는 소작농이거나 영세 농가였다.

한편, 아일랜드의 인구는 가톨릭 국가의 특성상 가족계획의 금지로 인해 18세기와 19세기에 걸쳐 꾸준히 증가했다. 당시 대다수 소작농은 값비싼 임대료를 내기 위해 밀, 보리, 귀리 같은 환금성(換金性) 작물을 재배했지만, 자신들의 생계를 위해서는 보관이 힘든 감자에만 의존하고 있었다.

1845년 무렵에 급격하게 늘어난 빈민층이나 농촌 사람들의 주식(主食) 대부분은 감자였다. 8월부터 이듬해 5월까지 남녀노소 600만 명이 아침, 점심, 저녁 세끼를 모두 감자로 때웠다. 한 사람이 하루에 먹는 감자의 양은 대략 3~6킬로그램이었다. 삶아서 먹고, 구워서 먹고, 버터밀크와 양파를 섞어 으깨 먹기도 했다. 케이크, 빵, 수프 재료도 감자였다. 사람뿐 아니라 돼지, 소, 닭들도 감자를 먹고 살았다(곽명단 13). 그런데 1845년 감자 농사가 흉작이어서 대재앙이 발생한 것이다.

1845년 여름 어느 날, 벨기에(Belgium)의 앤트워프항(Antwerp Port)에서는 인부들이 신 대륙발(發) 화물선의 감자를 내리고 있었다. 비가 자주 내려서인지 예년보다 더위도 심하지 않아 일하기에 딱 좋은 날씨였다. 씨알이 굵은 감자를 보자 벌써 배가 부르다는 농담에 웃음꽃이 활짝 피었다. 이날이 비극의 시작임을 예감한 사람은 아무도 없었다. 하지만 얼마 뒤 아일랜드에서는 감자 잎이 검게 변하고 씨알이 썩어 들어가는 소위 감자 잎마름병(potato blight: '파이토프토라 인페스탄스[Phytophtora Infestans]'의 변종인 'HERB-1' 진균(fungus)))이 들불처럼 번졌다.

감자의 푸른 줄기들이 쑥쑥 꽃잎을 밀어내고 있을 때였다. 이때 갑자기 하늘에서 뜨거운 비라도 내린 듯 온 들판의 감자들이 쓰러져 누웠다. 하룻밤 사이에 까닭 모를 전염병이 돌아 감자밭이 검게 변해버렸다. 어제까지만 해도 싱싱했던 감자 잎

대기근

들이 하룻밤 사이에 말라비틀어지고, 600만 명의 아일랜드인들에게 사실상 유일한 식량인 감자가 몽땅 썩어버린 것이다. 당시 감자와 귀리의 손실은 대략 6백만 파운드로 추산되었다. 농부들은 이 재앙의 원인을 도대체 알 수가 없어 하늘만 쳐다보았고, 그 사이 감자는 뿌리까지 썩어들어 갔다. 이 병은 허리케인(hurricane)처럼 메이요(Mayo), 슬라이고(Sligo), 골웨이(Galway), 코크(Cork) 등 서남부해안 지방을 삼시간에 강타하더니, 내륙을 거쳐 동쪽으로 빠져나가면서 기세가 조금씩 약화되기 시작했다.

이 기근에 가장 큰 피해를 입은 곳은 '겔탁트(Gaeltacht: 게일어 사용 지역) 지역'이었다. 먹을 것이라고는 감자밖에 없었던 사람들이 속절없이 쓰러져갔다. 사람들은 자기 집에서 굶어 죽거나 집에서 내쫓긴 채로 벌판이나 거리에서 죽어갔다. 때로는 지주의 집 앞에서도 죽었다. 지주들의 풍성한 식탁과 먹고 마시고 즐기는 그들의 파티를 바라보면서 원망과 탄식 속에서 죽어갔다. 일부 지주들은 소작인들을 위해 많은 노력을 기울이기도 했지만, 대부분 지주는 소작인들에 대한 책임을 구호기관에만 내맡긴 채 그들을 쫓아내기에 바빴다.

아일랜드의 민족주의자 존 미첼(John Mitchel, 1815~1875)은 "감자를 망친 것은 물론 신이었다. 하지만 그것을 대기근으로 바꾼 것은 영국인들이었다"라고 말했으며, 당시의 경험을 자신의 저서 『감옥 일기(Jail Journal)』에서 다음과 같이 기록하였다.

먹을 것과 희망을 잃은 사람들은 마지막으로 태양을 한 번 쳐다본 후,
누추한 초가(草家)의 문을 닫았다. 자신들이 죽어가는 모습과 신음(呻吟)을
남이 보거나 듣지 않게 하기 위해서였다.
이후 몇 주가 지나고 나면 난롯가에서 해골만 발견되었다.

또한, 전염병이 창궐(猖獗)했다. 굶주림을 잘 견디던 사람들조차 결국 발진티푸스, 장티푸스, 콜레라, 이질, 괴혈병 등과 같은 전염병에 걸려 생명을 잃었고, 이 질병들은 아사자(餓死者)들보다 많은 사람을 희생시켰으며, 시체들이 여기저기서 부패하여 심한 악취를 풍겼다.

이 기간에 흉작은 오직 감자뿐이었다. 소작인들이 굶어 죽어가고 있는 동안에도 밀, 보리, 귀리는 풍작을 이루었다. 이들을 재배한 지주와 영국 상인의 창고엔 곡식 자루가 가득 쌓여 있었다. 또한, 수십만 명이 죽어가는 동안에도 아일랜드의 각 항구에는 연이어 수출용 배가 떠나가고 있었다. 아일랜드에서 생산된 밀, 보리, 귀리, 옥수수, 그리고 최상의 양모(羊毛, wool)와 섬유는 다른 나라도 아닌 영국으로 실려 나가고 있었다.

수출품이 배에 실리는 동안 영국 정부는 보호법을 발동하여 야간 통행을 금지했고, 군인과 경찰들이 삼엄한 경계를 펴서 선적(船積)을 보호했으며, 매년 그렇게 실려 나간 알곡의 양은 평균 225만 톤으로, 이는 아일랜드의 모든 인구를 넉넉히 먹여 살릴 수 있는 충분한 양이었다.

이때 수입된 곡물은 단지 배 한 척의 인디언 옥수수뿐이었다. 물론 미국으로부터 가끔 구호 곡물 선(船)이 들어오기도 했다. 이 곡물 선박이 아일랜드의 항구에 정박하면 선원들은 아일랜드의 식량이 다른 나라로 실려 나가는 수척의 배를 목격할 수 있었고, 이때 그 배를 타고 온 미국의 어느 평화 운동가는 다음과 같이 울부짖었다.

사람이 죽어가는 나라에 들어오는 곡식보다 빠져나가는 곡식이 더 많다. 이 아사(餓死)의 집단 학살은 자연재해가 아니라 인재(人災)이다. 사람이 사람을 죽이고 있다!

이처럼 아이러니한 대기근 동안 지주에게 저항하고, 푸성귀나 찌꺼기라도 건지려고 수확을 끝낸 텅 빈 밭을 헤매며, 날마다 몇 킬로미터씩 걸어가 중노동을 해도 푼돈밖에 받지 못해, '무료 급식소(Soup Kitchen: 수프 공급센터)'에서 수프를 얻어먹거나, 한 끼는 확실히 보장된 교도소에 끌려가려고 일부러 죄를 짓는 사람들도 부지기수였다(곽명단 270). 당시 노임으로는 다음 날 일할 힘을 챙기기에도 역부족이었다. 무료 급식소들은 이들의 배를 어느 정도 채워주기는 했지만, 굶주리는 이들의 지속적인 생계 대책은 되지 못했다. 구호기관의 공간 부족 현상 또한 전염병의 발병에 일조하여 많은 이들의 목숨을 앗아갔다(패트리샤 레비 25).

고통과 슬픔으로 점철되었던 참혹한 7년의 기근이 끝나던 해인 1851년 아일랜드의 땅은 완전히 폐허가 되었다. 1845년 인구조사에 의하면 당시 아일랜드의 인구는 800만 명에 달했다. 그러나 1845년부터 1851년까지 지속된 대기근으로 인해 대략 100만 명이 굶주림 혹은 이질, 티푸스, 콜레라 등과 같은 전염병으로 죽어 나갔다. 또 다른 100만 명은 살길을 찾아 머나먼 이주 길에 오르기 전날 밤 가족 및 친구들과 '아메리칸 경야(American Wake: 아일랜드의 장례 전통에서 생겨난 송별회)'를 보낸 뒤, 당시 '관선(官船, 주검의 배, coffin ship, famine ship)'으로 불리던 낡은 배에 몸을 싣고 영국, 호주, 뉴질랜드, 캐나다, 미국 등지로 떠났다. 배에 이와 같은 이름이 붙게 된 연유는, 승선한 사람들의 대략 1/5이 항해 중 사망했기 때문이다. 당시 「런던 타임스(London Times)」는 "머지않아 아일랜드에서 사는 아일랜드인들의 수는 미국에서 사는

인디언만큼이나 드물게 될 것이다"라고 보도한 바 있다. 오늘날 아일랜드 인구는 640만 명(남아일랜드 460만, 북아일랜드 180만)으로 아직도 대기근 이전의 수준을 회복하지 못하고 있다.

이때 사람들은 수천 년 동안 사용해오던 아일랜드어(게일어)를 버렸다. 신으로부터는 믿음, 정치적으로는 애국심, 그리고 가정에서는 화목을 가져다주었던 그들 고유의 언어였다. 영국인들이 영어를 사용하라고 강

해외로 이주를 떠나는 이민선의 모습

요할 때도, 부자나 지주들이 영어를 잘 구사하여 그들의 부를 보장받을 때에도 버리지 않고 지켜오던 언어였으나, 기근과 아사 앞에서는 더 이상 지켜낼 여력이 없었던 것이다(윤정모 211-220).

1800년 아일랜드에서는 2백만 명이 아일랜드어를 사용했고, 1백 50만 명이 아일랜드어와 영어를 사용했으며, 1백 50만 명은 영어만을 사용했다. 하지만 1845년부터 1851년 사이의 대기근으로 인해 아일랜드어를 사용하는 인구가 급감했으며, 1891년에는 전체 인구의 3.5퍼센트만이 아일랜드어를 사용했다(아일랜드 드라마연구회 47).

대기근 자체는 지진이나 해일과 같은 자연재해였다. 하지만 분명한 것은 아일랜드에 대한 영국의 정책이 상황을 더욱 악화시켰다는 점이다. 당시 영국은 전 세계 땅덩어리의 1/4 지역(3,300만km²)에 광대한 식민지를 개척하여 '해가 지지 않는 제국(An Empire under the Sun)'으로 군림했으며, 지구상에서 가장 부유한 국가였다. 하지만 영국 정부는 자유방임 경제정책, 인종 편견, 종교적 갈등 등으로 아일랜드인들의 곤경에 눈을 감았으며, 당연히 했었어야만 할 적절한 조치를 취하지 않았다. 이 때문에 영국에 비판적 시선을 가진 아일랜드인들은, 영국 정부가 "1800년부터 1845년까지 45년에 걸쳐 두 배로 증가한 인구를 격감시키기 위해 재앙을 십분 활용했다"라고 주장한다. 또한, 이들은 1845년부터 1851년까지 벌어진 재해를 자연재해로서의 '기근(Famine: 흉년으로 먹을 양식이 모자라서 굶주리는 것)'이 아닌 인재(人災) '고르타 모르(Gorta Mór, Great Hunger, 굶주림, 기아)'로 칭한다. 따라서 이 사건은 이후로 아일랜드인들이 영국 정부와 영국인들에 대해 가슴속에 영원히 지워지지 않는 적대감, 증오심, 그리고 한(恨)을 품는 계기가 되었다.

대기근에 대한 기억은 아직도 아일랜드인들의 영혼 깊숙이 사무쳐 있으며, 수많은 소설, 발라드, 시, 노래(최근에 시네이드 오코너는 〈기근〉이란 타이틀로 된 노래들을 부르고 있음) 형식으로 아일랜드인들의 '문화적 기억' 속에 살아있다. 또한, 대기근 발생 150주년을 기념하기 위해 1994년에 로스코먼(Roscommon) 주(州)의 스트록스타운 파크 하우스(Strokestown Park House)에 세워진 '대기근 박물관(The Irish National Famine

Museum)'은 지금도 아일랜드인들에게 무언의 교훈을 전해주고 있다.

감자 대기근 이후 160년의 세월이 흐른 지난 2013년 영국과 독일 연구진이 아일랜드 대기근의 원인을 찾아냈다. 범인은 학명(學名)이 '파이토프토라 인페스탄스(Phytophtora Infestans)'로 곰팡이와 비슷한 단세포 생물이었다. '파이토프토라'라는 말은 그리스 말로 '식물 파괴자'란 뜻이다. 연구진은 영국과 독일 식물원에 보관되고 있던 1845~1896년 사이의 감자 잎에서 DNA를 추출하여 유전 정보 전체를 해독함으로써 'HERB-1'이라는 '파이토프토라' 변종이 아일랜드 대기근의 원인임을 밝혀냈다. 그 이전에는 동시기에 미국에서 감자 잎마름병을 유발한 'US-1' 변종이 범인으로 지목돼왔었다.

또한, 그 변종 병균이 남미 대륙에서 건너왔다는 사실도 밝혀졌다. 남아메리카 페루에서 들여온 구아노 비료에 진균(fungus)이 묻어왔다는 것이다. 당시 아일랜드의 농민들은 감자 수확량 증대를 위해 바닷새 배설물로 만든 비료를 수입했기 때문이다(이영완).

🏴󠁧󠁢󠁥󠁮󠁧󠁿 페니어회(The Fenians)

토지와 독립이라는 두 가지 문제가 대기근 이후부터 파넬의 몰락까지 근 40년 동안 아일랜드의 역사를 지배했다. 보유지 확보를 위한 소작농의 투쟁과 독립을 위한 민족의 투쟁은 각기 두 가지 방법으로 나타났다. 하나는 헌법과 의회에 바탕을 둔 합법적인 것이고, 다른 하나는 혁명과 모의(謀議)에 근거한 것이다. 합법적 전통은 1850년대 조직된 개번 더피(Gavan Duffy)의 '아일랜드 소작농 연맹(Irish Tenant League)'과 1870년대 조직된 아이작 버트(Isaac Butt)의 '자치운동(Home Rule Movement: 소작인의 권리와 종파별 교육을 강조함)'으로 대표된다. 혁명적 전통은 농촌의 비밀결사에서 산발적으로 나타난 폭력, 1848년 '아일랜드 청년당 봉기', 1860년대 '페니어회 운동(The Fenian Movement)' 등으로 대표된다(박일우 312).

'아일랜드 공화주의 형제단(The Irish Republican Brotherhood, IRB)'은 19세기 중반

부터 20세기 초까지(1858년~1922년) 활동한 비밀결사로, 이 단체의 목적은 무력을 사용하여 영국으로부터 독립을 쟁취함으로써 아일랜드에 민주공화국을 세우는 것이었다. 해외 조직으로는 미국으로 이민 간 아일랜드계 미국인을 중심으로 결성된 '페니어 형제단(The Fenian Brotherhood: 아일랜드의 독립을 목적으로 주로 미국에 사는 아일랜드인들로 구성된 비밀결사로, 활동 기간은 1858년부터 1867년까지였음)'이 있었는데, 후에 이 두 단체가 합쳐져서 '페니어회'가 되었다.

'페니어 형제단'은 1858년 '세인트 패트릭스 데이(Saint Patrick's Day)'에 더블린의 목재 야적장에서 제임스 스티븐스(James Stephens), 존 오마호니(John O'Mahony), 찰스 조세프 킥엄(Charles Joseph Kickham), 존 오리어리(John O'Leary), 토머스 클라크 루비(Tomas Clarke Luby), 마이클 도헤니(Michael Doheny) 등이 주축이 되어 미화 400달러를 기금으로 해서 결성되었는데, 구성원 대부분은 1848년 '아일랜드 청년당 봉기'와 관련이 있는 사람들이었다. 이 단체는 후에 '아일랜드공화군(The Irish Republican Army, IRA: 마이클 콜린스[Michael Collins]의 주도로 1919년에 창설된 아일랜드의 독립을 쟁취하기 위한 무장조직)'이 되었다.

'페니어회'라는 명칭은 켈트 시대의 전설적 인물이었던 핀 맥쿨(Finn McCool)의 영웅 전사(戰士)들 무리를 일컫는 '피어나(Fianna)'에서 유래했다. 이 단체는 무력에 의존하여 급진적이고 혁명적인 방법으로 아일랜드 공화국을 건설해서 조국의 독립을 앞당기고자 했던 비밀결사 조직이다. 따라서 이 단체는 처음부터 급진적 성향과 무력의 사용을 문제 삼는 가톨릭교회와 끊임없이 마찰을 빚었다.

'페니어회'는 여러 차례 반란을 일으켰으나 번번이 실패했고, 영국 맨체스터 감옥에 갇힌 동료들을 구출하다가 실수로 영국인 보초를 살해한 혐의로 페니어회 회원 3명이 처형(이후로 '맨체스터 순교자들'로 불림)당하는 사건이 발생했다. 이어 1867년에는 무력으로 영국 군대에 잠입하려는 계획이 실패로 끝나자 위세가 약화되었다. 후에 이 단체의 잔존 세력은 1879년 10월에 결성된 '토지연맹(The Land League)'으로 활동 방향을 바꾸었는데, 이 연맹이 군사적, 물리적으로 폭력을 사용할 수 있는 명분을 주었다.

페니어회 모임

　'페니어회'가 일깨워 준 민족정신의 발로는 영국과 아일랜드 두 나라에 지대한 영향을 미쳤다. 영국의 경우 당대의 가장 위대한 정치가 윌리엄 글래드스턴(William Gladstone, 1809~1898) 수상은 아일랜드 문제의 중요성을 인식하고, '아일랜드를 위한 정의(Justice to Ireland) 프로그램'을 구상하고 착수할 수 있는 길을 예비했다.

🇬🇧 토지연맹과 무관(無冠)의 아일랜드 국왕 파넬

대기근이 휩쓸고 지나간 뒤 몇 년이 흘러 상황이 호전되자, 공정한 토지 임대(fair rent), 토지권의 자유로운 매매(free sale), 거주권 안정(fixity of tenure) 등을 쟁취하기 위해 1879년 10월 마이클 데빗(Michael Davitt, 1846~1906: 1850년 메이요(Mayo) 주(州)에서 추방당한 소작농의 아들로, 대기근의 절정기인 1846년에 태어남)의 주도로 '토지연맹(The Land League)'이 결성되었다. 이와 동시에 민족주의 운동의 싹이 움트기 시작했다. 하지만 영국 정부를 실질적으로 움직이게 만든 것은 의회의 안과 밖에서 정치적 수완을 발휘한 찰스 스튜어트 파넬(Charles Stewart Parnell, 1846~1891)의 지도력 덕분이었다. 파넬의 주요 관심사는 토지 임대료 인하와 노동환경 개선 등과 같은 토지개혁이었다.

파넬은 1846년 위클로(Wicklow) 주(州)에서 신교도 지주의 아들로 태어나 케임브리지대학을 졸업하고 정치 운동에 투신하여 1874년 아일랜드의 의회파 지도자가 되었고, 이듬해 영국 웨스트민스터 의회(The Palace of Westminster) 하원 의원으로 선출되었다. 그는 당대 앵글로-아이리시 지배계층 사람들과 많은 공통점이 있었으나, 어머니가 미국인이었고 아버지는 미국 독립전쟁 중 영국에 대항해서 싸운 사람이었다는 점이 달랐다. 따라서 파넬의 가족은 아일랜드가 영국으로부터 독립해야 한다는 원칙을 고수했다. 파넬은 의회에서 아일랜드인의 권리를 옹호하고 난처한 질문을 자주 하는 열정적이고 다루기 힘든 사람으로 주목받기 시작했으며, 31세 때는 신(新)자치당(The New Home Rule Party)의 당수가 되어 제한적이나마 아일랜드의 '자치(Home Rule: 1801년부터 시행된 합병법 철회와 더블린 의회를 되찾고자 하는 운동을 지칭하는 명칭)'를 주장했다.

1879년 또다시 감자 농사가 흉작이 되자(주로 코노트 지역에서) 지주들이 소작인들을 마구 내쫓아서 또 다른 형태의 기근이 찾아왔다. 미국에서 수입한 값싼 옥수수는 곡물 값을 크게 떨어뜨렸으며, 이와 함께 곡물을 재배하는 소작인들의 수입도 줄어들었다. 그러자 이전에 페니어회의 일원이었던 데빗은 소작인들을 불러 모았고, 같은 생각을 하는 파넬(곧바로 토지연맹의 초대 회장이 됨)과도 손을 잡았다.

이후 데빗과 파넬은 아일랜드인들의 토지를 영국계 지주들의 수중에서 되찾아주는 운동을 시작했다. 또한, 소작인들의 소작료를 줄이고 노동 조건을 개선하기 위한 전국적인 시위운동도 전개했다. 지주와 소작인들의 갈등은 점점 더 폭력적인 양상을 띠었다. 이 연맹의 가장 효과적인 전술 가운데 하나가 '보이콧 운동(Boycotting)'이었다. '보이콧(boycott)'이란 말이 영어에 등장하게 된 것도 바로 이때였다. 이 말은 당시 메이요(Mayo) 주(州)에서 가혹하기로 악명이 높았던 토지 관리인 찰스 보이콧

대위(Captain Charles Boycott, 1832~1897)에게 처음으로 적용되었는데, 이 지역 주민들은 소작인을 내쫓은 보이콧 농장의 추수를 거부했다. 이러한 대처 방안은 토지연맹이 제안한 것으로 큰 효과가 있었다. 파넬은 토지연맹이 내건 목적을 따르지 않는 지주, 대리인, 소작인을 '보이콧'하도록 부추겼다. 즉, 이들과는 사회적, 사업적으로 접촉을 금지함으로써 이들을 마치 나병 환자 대하듯 따돌리자는 것이었다.

'토지전쟁(The Land War)'으로 알려진 이 운동은 1879년부터 1882년까지 지속되었으며 근대 아일랜드의 역사에서 가장 의미 있는 대중운동이었다. 처음으로 소작인들은 지주들에게 집단으로 대항했고, 1881년에 발효된 '토지법(The Land Act)'은 소작인들의 삶의 질을 개선하는 데 상당한 기여를 했다. 이후 소작인들에게는 공정한 소작료가 부과되었고, 소작인들이 토지를 소유할 수 있는 길도 열렸다.

1882년, 영국 왕이 임명한 아일랜드의 일등 서기관 카벤디쉬(Cavendish) 경(卿)과 이등 서기관 토마스 버크(Thomas Burke)가 토지연맹과 관련이 있는 자치주의자들에게 살해되자 위기가 고조되었다. 그러나 토지개혁은 순조롭게 진행되었고, 파넬은 자치 문제로 관심을 돌렸다. 그는 영국 의회 내 보수·자유 양당의 대립을 교묘히 이용하여 '자치 법안(The Irish Home Rule Bill)'의 성립을 위해 힘썼다. 또한, 의회의 지지도 요청했는데, 아일랜드의 자치를 지지하는 윌리엄 글래드스턴(William Gladstone, 1809~1898) 수상과 각별한 관계였기 때문이다. 그러나 '자치 법안'은 글래드스턴이 소속된 자유당의 분열과 그의 실각으로 인해 실패로 끝나고 말았다(영국 정부는 1886년과 1892년에 제정된 아일랜드 자치법을 끝내 거부함).

한편, 파넬의 운명도 끝나가고 있었다. 그는 자신의 정당 소속 하원 의원의 부인 키티 오쉬에(Kitty O'Shea)와 10년 동안 불륜 관계를 맺고 있었다. 마침내 그들의 관계가 탄로 나자 당원들은 파넬에게 당수직에서 물러날 것을 요구했다. 하지만 파넬은 사임을 거부했고, 결국 그의 당은 와해되고 말았다. 이후 파넬은 오쉬에와 결혼했으나 당수직에서 면직되었으며(1890년), 가톨릭교회의 지지도 잃고 말았다. 뿐만 아니라 아일랜드의 자치운동도 한층 더 분열되었다. 한때 아일랜드의 왕처럼 군림했던 '무관(無冠)의 아일랜드 국왕(The Uncrowned King of Ireland)' 파넬도 국민의 신뢰와 지지를 더 이상 회복하지 못했으며, 건강도 갑자기 악화되어 1891년 10월 6일 45세의 일기로 세상을 떠나고 말았다.

파넬의 몰락으로 아일랜드는 그 누구도 대신할 수 없는 천재적 정치 지도자를 잃었다. 또한, 영국 대중 사이에서 자치라는 대의도 크게 손상되었다. 하지만 파넬은 정치 지도자로서 아일랜드인들의 주장을 영국 국민에게 끝까지 호소했으며, 10년 동안 빛을 발했던 그의 탁월한 지도력은 향후 독립투쟁의 마지막 단계를 예비하는 초석이 되었다.

아일랜드 문예부흥운동

1870년대 들어 아일랜드 자치운동이 시들해지자 19세기 후반 20년 동안 운동의 축은 '아일랜드 문예부흥운동(The Gaelic Revival Movement: 게일 문학·예술·스포츠 부흥 운동)'으로 대체되었다. 이 운동은 처음에 신교도가 중심이 되어 문학 분야로부터 시작되었지만, 곧 1884년 결성된 '게일운동협회(The Gaelic Athletic Association, GAA)'와 1893년 창립된 '게일연맹(The Gaelic League)'과 더불어 힘을 얻기 시작했다.

파넬의 후원과 마이클 쿠색(Michael Cusack, 1847~1906)의 주도로 1884년 티퍼레리(Tipperary) 주(州) 설레즈(Thurles)에서 설립된 '게일운동협회'는 아일랜드 현대사에서 가장 의미 있는 대중문화 운동이었다. 이 협회는 헐링(Hurling: 2000여 년 전통의 국민 스포츠), 게일 축구(Gaelic Football: 엄격한 규칙이 적용되는 과격한 성격의 축구) 등과 같은 켈트족 고유의 스포츠와 문화를 장려했으며, 각종 운동을 대중운동으로 승화시키고자 했다. 하지만 축구(Football, Soccer), 럭비(Rugby), 하키(Hockey), 크리켓(Cricket) 등과 같은 외국 게임들은 할 수도 없고 관람도 하지 못 하도록 했다. 또한, 이를 어기면 협회로부터 곧바로 탈퇴해야만 했다. 이 운동은 처음부터 대중의 큰 호응을 얻었기 때문에 곧 아일랜드의 모든 교구(敎區)에 협회가 설치되었다. '게일운동협회'는 과격하고 민족주의적 성격을 띠었기 때문에 일견 '페니어회'와 유사해 보이나, 순수하고 민중 지향적이라는 점에서 차이가 있다. 이 협회는 나중에 세계에서 가장 성공적인 아마추어 스포츠 조직 중 하나로 자리매김했다.

로스코먼 주(州) 출신의 신교도 성직자의 아들 더글라스 하이드(Douglas Hyde, 1860~1949) 박사와 학구파인 오언 맥네일(Eoin MacNeill, 1867~1945)에 의해 1893년 설립된 '게일연맹'은, 영국 문화의 영향에서 벗어나 모국어인 아일랜드어(게일어)를 되살리고, 이를 민족의 언어로 보존하며, 아일랜드의 문화와 관습을 장려하는 것이 민족 정체성 회복의 지름길이라고 생각했다. 전통적으로 아일랜드어는 아일랜드에서 가장 가난한 서부와 남부 해안에서 주로 사용되었다. 하지만 감자 기근과 잇따른 해외이민 같은 국가적 재앙으로 인해 아일랜드어를 쓰는 사람의 숫자가 격감했다. 더욱이 1830년대에 '공립학교 시스템(The National School System)'이 도입되면서, 아일랜드어를 학교에서 가르치는 것이 철저하게 금지되었다. '게일연맹'은 학교에서 아일랜드어를 교육할 것을 강력히 촉구했는데, 그 첫 성공 사례는 아일랜드어를 국립대학 입학시험 필수과목으로 채택시킨 것이다. 그러나 '게일연맹'이 지향했던 원래의 순수한 취지는 정치색이 짙은 '아일랜드공화군'이 주도권을 잡으면서 다소 변질되었다.

한편, 이 시기에는 혁명에 의한 세계주의(Cosmopolitanism)를 지향했던 나폴레옹 전쟁의 여파와 제임스 프레이저(James Frazer)의 『황금 가지(The Golden Bough)』에 의해 촉발된 '뿌리 의식(a sense of root)'과 '장소 의식(a sense of place)'에 대한 성찰로, 종족의 뿌리와 민족의 정체성을 되찾고자 하는 '범 켈트주의(Pan-Celticism)'가 유럽 전역에 풍미(風靡)했다. 이는 과거 속에 묻힌 켈트족의 문화유산을 발굴하고, 그들의 정기를 되살려 문학작품에 담아보려는 노력의 일환이었다. 이러한 노력은 범 켈트협회의 창설 및 어니스트 르낭(Ernest Renan: 1850년대 브르타뉴 지방의 켈트 시를 재발견함)의 『켈트 종족의 시(The Poetry of the Celtic Races), 1854』, 매슈 아놀드(Matthew Arnold: 1867년부터 켈트 문학에 대한 강연을 시작함)의 『켈트 문학 연구에 관하여(On the Study of Celtic Literature), 1867』, 존 라이(John Rhy)의 『켈트 이교국(Celtic Heathendom), 1882』 등 수많은 문헌의 출판으로 결실을 보게 되었다.

때마침 유럽에서 일기 시작한 이러한 켈트 문화에 대한 관심은 문예부흥운동을 통해 조국의 독립을 앞당기려는 아일랜드의 작가들에게 큰 영향을 미쳤다. 1890년대 무렵부터 시작된 아일랜드 문예부흥운동은 존 오리어리(John O'Leary), 그레고리 부인(Lady Isabella Augusta Gregory), 조지 러셀(George Russell, AE), T. W. 롤스턴(T. W. Rolleston), 조지 무어(George Moore), 캐더린 타이넌(Katharine Tynan), 제임스 스티븐스(James Stephens), 더글라스 하이드, 윌리엄 버틀러 예이츠, 존 밀링턴 싱 등이 주도했다. 스탠디시 오그레이디(Standish O'Grady)의 『아일랜드 역사: 영웅시대(*History of Ireland: Heroic Period*), 1878』와 하이드의 『코노트의 연가(*The Love Songs of Connacht*), 1893』 등의 출판을 기점으로 시작된 이 운동은, 구비(口碑) 전설에서 민담에 이르는 민속 문학의 부활, 조어(祖語)인 아일랜드어의 보존, 고대 켈트 신화와 전설의 발굴, 전통적 민족 성격의 창조, 아일랜드 민족 문학의 확립, 아일랜드 특유의 청신한 리듬의 개척, 국립극장의 창설(The Abbey Theatre, 1898), 신문 발간(1899년에 Arthur Griffith의 주도로 「United Irishmen」이 창간됨) 등을 목적으로 하면서 본격적인 예술운동으로 승화되었다.

예이츠를 중심으로 아일랜드 문예부흥운동을 주도했던 문인들은 당시 유럽에 풍미하던 세계주의나 사실주의(Realism)적 경향에서 벗어나 아일랜드적인 주제를 다루기로 뜻을 모았다. 특히 이들은 고대 켈트 신화, 전설, 민담 등에서 작품의 소재를 취했으며, 아일랜드의 시골에서 쓰는 토속어를 사용했다. 그리고 예이츠에 의해 주도되었던 아일랜드의 극문학 부흥운동은 레이디 그레고리와 싱에 의해 계승되었고, 예이츠가 구상했던 아일랜드적인 소재를 다루는 드라마는 천재 극작가 싱에 의해 구체화 되었으며, 아일랜드 문예부흥운동에 헌신했던 작가들의 노력은 1904년 애비극장(The Abbey Theatre)이 문을 열게 되면서부터 활기를 띠게 되었다.

당시 아일랜드인들은 신문, 기도서, 대중소설 외에는 아무것도 읽지 않았지만 들으려고는 했기 때문에 예이츠는 극장이 대중의 동원과 민족주의 복원의 잠재적 수단이며, 민족의 통일된 문학 및 문화의 부활과 보급이라는 목표를 달성하는 데에도

시보다는 낮다고 생각했다. 그는 극장에서는 '오합지졸'이 '민족'이 될 것으로 믿었으며, 극장은 단순히 아일랜드 민족을 표현하는 것이 아니라 아일랜드 민족의 창조에 기여할 것이며, 아일랜드에 '오랫동안 지속될 수 있는 품격 있는 민족적 특성'을 부여해줄 것으로 여겼다(박지향 162).

그레고리 부인(1852~1932)은 부유한 지주계급 출신(골웨이[Galway] 퍼시[Persse] 가문(家門)의 막내딸)의 영국계 아일랜드인으로, 어려서부터 오랜 세월 동안 함께 생활했던 유모로부터 받은 교육 때문에 아일랜드의 역사, 민속, 신화 및 아일랜드어에 조예가 깊었으며, 남달리 문학에 흥미를 느꼈던 교양 있는 여인이었다. 그녀의 나이 28세 되던 해에 실론(Ceylon)의 총독이자 쿨 장원(Coole Park)의 소유자였던 윌리엄 그레고리(Sir William Henry Gregory, 1816~1892) 경(卿)과 결혼했으나 12년 뒤인 1892년 남편이 세상을 떠난 뒤부터는 아일랜드 문예부흥운동에 앞장섰으며, 쿨 장원을 평화로운 분위기에서 문인들이 글을 쓰고 문학을 토론할 수 있는 공간으로 가꾸는데 세심한 배려와 정성을 쏟았다. 특히 1896년 에드워드 마틴(Edward Martyn)의 집에서 예이츠를 만난 이후로는 둘 사이에 돈독한 우정을 쌓아갔다.

독특한 작가이자 학자였던 그녀는 시인이자 극작가였던 예이츠(1865~1939)와 함께 더블린에 애비극장을 세웠을 뿐 아니라 시인과 작가들이 존경받는 아일랜드를 만들기 위해 백방으로 노력했다. 그녀는 아일랜드의 토속어를 사랑한 나머지 구어 표현 그대로를 작품에 반영한 첫 번째 작가로서, 아일랜드의 전설과 민담을 수집하여 수권의 저서를 집필했으며, 『스물다섯(*Twenty Five*)』 『소식을 전하며(*Spreading the News*)』 등 다수의 희곡 작품을 발표하기도 했다. 이러한 그녀를 가리켜 조지 버나드 쇼는 "가장 위대한 아일랜드의 여성"이라고 불렀으며, 아일랜드인들은 오늘날까지도 그녀를 가슴속에 기억하고 있다.

1890년대 오그레이디(1792~1848)의 책은 아일랜드의 작가와 민족주의자들 사이에서 성서와 같은 역할을 했다. 예이츠나 레이디 그레고리 등 문예부흥운동의 주동자들은 모두가 그의 책에서 깊은 감명을 받았다. 1895년 예이츠가 작성한 '30권의 가장 훌륭한 아일랜드의 책' 목록에도 『아일랜드 역사: 영웅시대』를 포함하여 오그레이디의 책이 여섯 권이나 포함되어 있었다. 예이츠는 오그레이디가 재발견한 인물, 즉 어쉰(Oisin), 쿠흘린(Cuchulain), 핀 맥쿨(Finn MacCool), 데어드라(Deirdre) 등을 극의 소재로 삼았으며, 예이츠의 시 「1916년 부활절 봉기(Easter 1916)」에 나오는 "놀라운 아름다움이 생겨났다(A terrible beauty is born.)"라는 유명한 시구도 오그레이디의 책에서 인용된 것이다.

오그레이디가 아일랜드 문예부흥운동의 토대를 다지는 데 중요한 역할을 했다면, 예이츠에게 정신적 영향을 끼치고 문학과 민족에 대한 비전을 명확히 제시해준 사람은 오리어리(1830~1907)였다. 만약 예이츠가 오리어리를 만나지 못했다면, 자신의 아일랜드성(Irishness, 민족의 정체성)을 미처 발견하지 못했을지도 모른다(박지향 150-151).

예이츠는 프랑스에서 10년 동안 망명 생활을 마치고 돌아온 민족주의자 오리어리와의 만남이 계기가 되어, 고전문학의 부활과 민족 문학의 창조에 열정을 쏟게 되었으며, 자신이 직접 '런던 아일랜드 문학회(1891)', '더블린 민족 문학회(1892)' 등과 같은 문학단체들을 창설하는 열의를 보이기까지 했다. 또한, 예이츠는 "국적이 없으면 위대한 문학이 존재할 수 없고, 문학이 없이는 위대한 국가가 존재할 수 없다"는 오리어리의 말에 감화되어, 가장 민족적이고, 토속적이며, 아일랜드적인 작가로 거듭날 것을 천명하면서, "문학이 새로운 아일랜드를 만들어 낼 것이고, 그렇게 되면 새로운 아일랜드는 다시금 훌륭한 문학을 양산하게 될 것"이라는 신념을 견지했다.

예이츠는 영국의 식민통치를 받는 아일랜드 민족이 정치적 독립을 쟁취할 수 있는 길은 아일랜드 민족의 정체성 회복이라고 믿었다. 따라서 문인들이 과거의 영광을 간직한 아일랜드의 고전문학과 신화를 발굴·부활·재현시키는 노력이 필요하다고 생각했다. 즉, 그는 아일랜드 고유의 신화나 전설의 아름다운 전통문학을 유럽의 현대문학 형식과 결부시켜 그것을 민중들에게 전파하면, 그 새로운 문학을 통해 숭고하고 아름다운 민족의 정기와 유산에 눈을 뜨게 됨은 물론이려니와 민족적 자부심을 되찾음으로써, 점차 영국의 영향력으로부터도 벗어날 수 있다고 믿었다. 그러므로 그는 구전 문학의 전통과 문자 문학의 전통을 합류시키고, 민중들의 마음으로부터 우러나오는 정서에 바탕을 둔 시학(詩學)을 정립하여, '새로운 위대한 발언(a new great utterance)', 즉 '위대한 민족 문학'을 창조하고자 했다.

Irish poets, learn your trade,

Sing whatever is well made,

Scorn the sort now growing up

All out of shape from toe to top,

Their unremembering hearts and heads

Base-born products of base beds.

Sing the peasantry, and then

Hard-riding country gentlemen,

The holiness of monks, and after

Porter-drinkers' randy laughter;

Sing the lords and ladies gay

That were beaten into the clay

Through seven heroic centuries;

Cast your mind on other days

That we in coming days may be

Still the indomitable Irishry.

아일랜드의 시인들이여, 그대들의 직분을 배워라.

무엇이든 잘된 것을 노래하고,

요즈음 자라고 있는

발끝부터 머리끝까지 꼴사나운 것들을 경멸하라.

과거를 모르는 그들의 가슴과 머리는

비천한 침대에서 생겨난 비천한 산물들.
농민을 노래하라, 그리고
열심히 말을 모는 시골 신사들을,
수사(修士)들의 신성함을, 그런 다음에는
술꾼들의 떠들썩한 웃음소리를.
7백 년의 영웅시대를
흙 속에서 묻혀 지낸
쾌활했던 귀족들과 귀부인들을.
지난날에 마음을 돌려라, 그러면
다가오는 시대에도 우리는 여전히
불굴의 아일랜드 민족이 될 수 있을 것이니.
— 「불벤산 기슭에서(Under Ben Bulben)」

🏴 글래드스턴과 아일랜드 자치의 여명

윌리엄 글래드스턴(William Gladstone, 1809~1898)은 영국 리버풀(Liverpool)에서 태어나 이튼(Eton)과 옥스퍼드(Oxford)를 거쳐 1832년 영국 하원 의원이 되었다. 애초에는 토리당(The Tories) 소속이었지만, 1846년 제출된 로버트 필(Robert Peel)의 곡물법 폐지법안에 찬성하면서부터 자유 무역파로서 필파에 가담했다. 그는 애버딘(Aberdeen) 내각(1852~1855)과 파머스톤(Palmerston) 내각(1855~1865)의 재무장관으로 발탁되어 재정 개혁과 자유무역을 추진하였고, 파머스톤 사후(死後)에는 존 러셀(John Russell)을 이어 자유당의 지도자로서 선거법 개혁을 추진했다. 러셀 사후에는 내각을 꾸렸으며, 이를 포함해서 총 4차례나 수상을 역임했다.

제1차 내각(1868~1874)에서는 아일랜드 국교 폐지(1869), 1차 아일랜드 토지법(1870), 교육법(1870), 무기명투표법(1872)을, 제2차 내각(1880~1885)에서는 2차 아일랜드 토지법(1881), 3차 선거법 개정(1884) 등의 개혁을 추진했다. 제3차 내각(1886년 2월~7월)에서는 아일랜드 문제의 해결을 시도했으나(1886년에 '자치 법안[The First Home

Rule Bill, 1886]'을 처음으로 제출했으나 하원에서 부결됨) 조셉 체임벌린(Joseph Chamberlain) 등의 통일파의 반대에 부딪혀 당의 분열만을 초래하였고, 제4차 내각 (1892~1894)에서는 하원을 통해 아일랜드 '자치 법안(The Second Home Rule Bill, 1893)을 통과시켰으나 상원에서 부결되었다. 이로 인해 그는 결국 자유당에서 퇴진하게 되었으며, 1895년 정계를 떠났다.

이 시기에 얼스터의 동쪽은 번창 일로에 있었다. 이곳은 남부에서와 같은 기근의 영향도 없었고, 신교도 지배계층의 활약으로 중공업이 발달했다. 글래드스턴이 자기 뜻을 관철하지 못하고 있는 사이 얼스터 신교 연합론자들(연합당은 1885년에 창당됨)은 자치 법안이 다시 표면 위로 부상할 것을 예견했고, 만약 이 법안이 통과될 경우 끝까지 싸우기로 결의했다. 더블린 출신의 변호사였던 에드워드 카슨 경(Sir Edward Carson, 1854~1935)이 이끄는 연합론자들은 신교도 테러 조직인 '얼스터 의용군 (The Ulster Volunteer Force, UVF: '자치'를 반대하기 위해 아일랜드 북동부 주(州)에서 창설됨)'을 결성하여 자치를 반대하는 대규모 무력시위를 여러 차례 벌였다. 카슨은 아일랜드의 독립이 이루어지면 북아일랜드의 분리를 위해 무력 투쟁도 불사하겠다고 위협했다. 그러자 영국 정부는 무력 투쟁이 현실화되기 전에 뜻을 굽혔다. 이어 1914년 7월, 카슨은 얼스터를 분리하여 아일랜드를 분할 통치한다는 조건으로 남아일랜드의 자치를 실행에 옮기는 데 동의했다.

애스퀴스(Herbert Henry Asquith, 1852~1928) 수상이 이끄는 영국의 새 자유당 정부는, 거부권을 행사할 수 있는 상원의 권한을 무력화시킨 뒤, 아일랜드 자치 법안을 통과시키고자 했다. 이 법안은 불협화음을 내는 연합론자들과 보수당원들이 반대했지만 결국 1912년 통과되었다. 하지만 끝내 효력을 발하지는 못했다.

얼스터 의용군이 세를 더해가자, 아일랜드 전 지역의 '자치'를 수호하기 위해 오언 맥네일이 '아일랜드 의용군(The Irish Volunteer Force: 얼스터 의용군에 대항하기 위해 창설됨)'이라는 공화군을 조직했다. 이들은 무기가 부족했지만 얼스터 의용군은 해외로부터 총포와 화약을 대량으로 밀수입했다. 또한, 이들은 영국군으로부터 대대적인 지원도 받고 있었으므로 1914년 내전의 기운이 감돌고 있었다.

　1914년 8월 제1차 세계대전(World war I, 1914~1918)이 발발하자, 자치 법안은 효력이 정지되었고, 얼스터 문제도 당분간 미해결의 상태로 남게 되었다. 아일랜드인들은 이러한 상황에 크게 실망했으나 어쩔 수 없었으며, 대다수의 아일랜드 의용군은 독일에 맞서 싸우기 위해 군대에 자원입대했다.

▥ 부활절 봉기(Easter Rising)

자치론자들에게 공감하는 많은 수의 아일랜드인들은 그들의 희생이 조국의 자치를 앞당길 수 있다는 희망에서 유럽의 전쟁터(제1차 세계대전)로 나갔다. 그러나 아일랜드에 남아 있는 소수의 자치론자는 영국 정부의 약속을 신뢰하지 못했다. 다수의 '아일랜드 의용군'은 '사태의 추이를 지켜보자'는 존 레드몬드(John Redmond)의 생각에 공감했지만, 급진적인 생각을 가진 사람들은 혁명적인 행동이 필요하다고 믿었다. 따라서 패트릭 피어스(Patrick Pearse: 교사이자 시인)가 이끄는 '아일랜드 의용군'의 일부와 제임스 코놀리(James Connolly: 공화파 사회주의 지도자)가 이끄는 '아일랜드 시민군(The Irish Citizens' Army)'은 거국적인 반란을 계획하고 있었다. 이 반란은 독일에서 배로 들여오는 무기에 의존했는데, 배가 들어오는 도중에 영국 해군에게 발각되어 모든 무기를 빼앗기고 말았다. 오언 맥네일은 자신이 포함되지 않은 채 무장봉기가 계획된 것에 불만을 품고 거사를 취소하고자 했다.

　하지만 무장도 하지 않은 두 집단의 1,600여 민병대원들은 1916년 4월 24일(원래 계획했던 날짜보다 하루 늦음) 부활절 월요일에 더블린으로 돌진하여 거점 건물 여섯 개를 점령하고, 오코넬 거리 중앙에 있는 중앙우체국(The General Post Office, GPO)을 아일랜드 의용군의 총사령부로 삼았다. 이어 중앙우체국 건물에 3색 기를 게양한 뒤, 우체국 정문 계단에서 피어스(당시 임시 대통령임을 자처했음)는 지나가는 통행인들을 향해 아일랜드는 공화국이며, 자신들이 임시정부를 구성한다는 '공화국 선언문(The Proclamation of the Republic: 트리니티 대학 도서관에 보관되어 있음)'을 낭독했다(지금도 당시 사령부였던 중앙우체국에는 '공화국 선언문' 글귀가 새겨진 현판이 걸려 있음). 그러나 안타깝게도 봉기가 일어난 지 5일 만에 반란군은 병력이 우세한 영국군(3만 명)에게 항복했다. 피해는 끔찍했다. 450여 명이 목숨을 잃었고, 2,500여 명이 부상했으며, 더블린이 입은 피해는 2백만 파운드에 달했

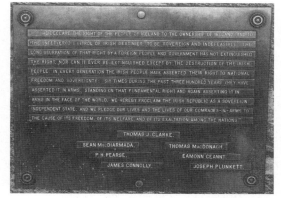

공화국 선언문

다. 하지만 반란군은 일반 대중의 신뢰와 지지를 받지 못했기 때문에 교도소로 이송되는 내내 화가 난 더블린 시민들의 야유와 돌팔매질을 받았으며, 시민들로부터 폭행을 당하지 않도록 경찰의 보호를 받아야만 했다.

부활절 봉기를 계획하고 실행에 옮긴 사람 중 특히 피어스는 부활절 봉기가 군사적으로 승산이 없을 것으로 확신했다. 하지만 그는 군사적 성공을 위해서가 아니라 애국심에 호소함으로써 향후 전 국민을 봉기의 대열로 끌어들이기 위해서는 '유혈의 희생(Blood Sacrifice)'이 필요하다고 생각했다. 이것이 사실이든 아니든 이미 유혈의 희생이 자행되고 있었다.

피어스는 부활절 봉기를 일으킨 반란군에 대한 대중의 반감, 향후 여론의 추이, 자신의 죽음 등을 예견했기 때문에 다음처럼 소리쳤다.

We are ready to die and shall die cheerfully and proudly.

You must not grieve for all of this.

We have preserved Ireland's honour and our own.

Our deeds of last week are the most splendid in Ireland's history.

People will say hard things of us now,

But we shall be remembered by posterity

And blessed by unborn generations.

우리는 기꺼이 죽을 각오가 되어있으며,
또한 기쁘고 자랑스럽게 죽을 것이다.
그러니 이에 대해 슬퍼하지 마라.
우리는 조국과 우리 자신의 영예를 지켰다.
지난주에 있었던 우리의 행위는
아일랜드의 역사에서 찬란하게 빛났다.
사람들은 우리가 행한 것에 대해
지금은 가혹하게 말할지 모르나,
우리는 후세에 의해 기억되고 축복받을 것이다.

영국 정부가 반란 지도자들을 순교자로 만들지 않았다면, 부활절 봉기는 아마 아일랜드 사태에 별로 영향을 미치지 못했을 것이다. 사형선고를 받은 77명 중 15명 이 더블린에 있는 킬마이넘 감옥(Kilmainham Gaol: 1796년에 지어져 1924년까지 감옥으로

킬마이넘 감옥

사용됨)에서 총살 부대에 의해 참혹하게 처형되었다. 피어스는 항복한 지 3일 만에 총살당했고, 제임스 코놀리는 발목 부상으로 인해 의자에 묶인 채로 9일 뒤에 마지막으로 처형되었다. 비폭력주의자였던 쉬이 스케핑턴(Sheehy Skeffington)은 비록 봉기에 가담하지는 않았지만 체포되어 재판도 없이 총살당했다. 이러한 가혹한 처벌은 전 세계적으로 아일랜드의 정세에 대한 동정 여론

을 형성했고, 아일랜드 문제에 대한 관심을 불러일으켰다. 이에 힘입어 아일랜드 일반 대중의 태도도 처음과는 다르게 동정과 지지로 반전되기 시작했으며, 공화주의자들에 대한 지지 분위기도 빠르게 확산되었다. 실로 예이츠의 시(「1916년 부활절 봉기 [Easter 1916]」)에 나오는 구절처럼, "모든 것이 변했다, 완전히 변했다. / 그리고 놀라운 아름다움이 생겨났다(All changed, changed utterly: / A terrible beauty is born.)."

세인트 스티븐 그린(St Stephen's Green) 공원에서 봉기군을 지휘했던 카운티스 마키에비치(Countess Markievicz, 1868~1927: 부활절 봉기군의 지도자이자, 공화주의자, 사회주의자)는 사형선고를 받았으나, 여성이었기 때문에 국제 여론을 고려하여 처형되지 않은 사람 중 하나였다. 에이먼 데 벌레라(Eamon de Valera, 1882~1975)는 미국 시민권을 가지고 있었기 때문에 사형선고가 종신형으로 바뀌었고, 1917년에 사면을 받은 뒤 석방되었다.

제1차 세계대전이 끝날 즈음인 1918년 치러진 총선거에서, 아일랜드 공화주의자들(부활절 봉기파)은 '신페인(Sinn Fein: '우리들 스스로의 힘으로[Ourselves Alone]'라는 뜻) 당'의 이름으로 다수의 의석을 차지했다. 대부분이 부활절 봉기 때 퇴역 군인이었던 이들은 데 벌레라의 영도(領導) 하에 더블린 맨션 하우스(Mansion House: 더블린 시장관저)에 최초의 데일(Dail Eireann: 아일랜드 의회)을 구성하고, 아일랜드가 독립 국가임을 선포했다. 후에 아일랜드 의용군은 아일랜드공화군이 되었으며, 아일랜드 의회는 아일랜드공화군이 영국군에 대항하여 싸울 수 있는 조건들을 인가했다. 이로 인해 얼마 되지 않아 아일랜드의 전 국토가 피로 물들게 되었다.

🏴󠁧󠁢󠁥󠁮󠁧󠁿 아일랜드 독립전쟁

1919년 1월 21일 더블린에서 아일랜드 의회가 처음으로 개원되던 날, 티퍼레리 주(州)에서 영국 경찰관 두 명이 아일랜드 의용군이 쏜 총에 맞아 목숨을 잃었다. 이로써 2년 반에 걸친 처절한 아일랜드 독립전쟁(War of Independence, 영국-아일랜드 전쟁)이 시작되었다. 이 기간에 벌어진 전투의 특징은 전면전이 아닌 소규모 국지전으

마이클 콜린스의 모습

로, 반란군의 활동과 이에 맞서는 영국군의 보복과 처형으로 점철된 게릴라전이었으며, 1,200명이 넘는 엄청난 사상자가 발생했다.

아일랜드 반란군(주로 아일랜드공화군[IRA]으로 구성됨)의 지도자는 부활절 봉기에서 살아남은 코크 주 출신의 마이클 콜린스(Michael Collins, 1890~1922)였다. 그는 당시 30세에 불과했지만, 카리스마가 있는 데다 냉혹한 성품을 지녔기 때문에 게릴라전을 효율적으로 지휘했다. 뿐만 아니라 적의 첩자나 비밀경찰을 색출하여 제거하는 데도 뛰어난 수완이 있었다(1996년 개봉된 영화 ≪마이클 콜린스[Michael Collins]≫ 참조).

콜린스의 진두지휘 하에 당시 3,000여 명에 달했던 아일랜드공화군이 맹활약을 펼치자, 영국 정규군 '왕립 아이리시 보안대(The Royal Irish Constabulary, RIC)'는 세를 불리기 위해 퇴역 군인들을 끌어모았다. '외인 보조 부대(Auxiliaries)'와 '블랙 앤 탠즈(Black and Tans: 아일랜드의 민중 반란군을 진압하기 위해 영국 퇴역 군인들로 구성된 예비역 특수 부대로, 그들이 입었던 카키색 군복과 검은색 경찰 모자와 벨트로부터 유래한 명칭)'로 알려진 이들 예비역 특수 부대들은 구타와 살인을 저지르는 것은 물론, 아일랜드 전역의 마을들을 약탈하고, 코크시(市)를 방화하는 등 무자비하기 이를 데 없는 만행을 저질렀다.

1920년 11월 21일 일요일 아침, 영국군 첩보 요원 14명이 콜린스가 이끄는 암살조(The Squad)에 의해 살해되는 사건이 발생하자, 블랙 앤 탠즈는 과감한 보복을 감행했다. 그들은 곧바로 교도소를 습격하여 3명의 죄수를 처형하고, 이어 오후에는 더블린 시내에 있는 '게일운동협회(Gaelic Athletic Association, GAA)'의 본부 크로크 파크 스타디움(Croke Park Stadium)에 난입하여 게일 축구 시합 중이던 선수 1명과 관중 13명을 무차별 학살했다.

이들의 잔학성과 만행은 결국 영국에 대한 아일랜드 민중의 분노를 자극했고, 독립에 대한 열망을 결집시키는 계기가 되었다. 아일랜드공화군은 효과적인 기습공격을 위해 유격대를 조직하여 적진에 침투했으며, 이들은 국내 지형을 잘 알고 있었기 때문에 큰 성과를 거두었다. 그리하여 마침내 1921년 7월, 양측은 휴전협상에 동의했다.

한편, 코크시의 시장이었던 테렌스 맥스위니(Terence MacSwiney, 1879~1920)는 영국군에게 체포되자, "최후의 승리자는 고통을 가하는 자가 아니라 고통을 감내하는 자"라고 외치면서, 73일 동안 기나긴 역사적 단식 투쟁을 벌인 뒤 1920년 런던의 감옥에서 의롭게 죽음을 맞았다. 이어서 거행된 대규모 장례식과 함께 이 사건은 전 세계인의 이목을 집중시켰다. 특히, 간디(Mahatma Gandhi, 1869~1948)를 위시한 인도의 민족주의 지도자들에게 큰 영향을 미쳤다.

휴전이 이루어진 뒤 런던에서 몇 달간 끈질긴 협상을 벌인 끝에 1921년 12월 6일, 아일랜드 대표단은 '앵글로-아이리시 조약(The Anglo-Irish Treaty)'에 서명했다. 이 조약은 남부 26개 주의 독립은 허용하되, 북부 신교 지역인 얼스터 6개 주는 독립으로부터 탈퇴할 수 있는 권한을 부여했다. 만약 이들이 탈퇴를 결정하면, '경계 위원회(Boundary Commission)'가 남북의 경계를 정하도록 위임했다. 이 조약으로 말미암아 아일랜드는 자치령의 지위를 얻었다. 하지만 이는 결코 완전한 독립이 아니라 불행의 씨앗을 지닌 불완전한 조약이었으며, 아일랜드인이 독립을 추구할 수 있는 권리를 인정한 것뿐이었다. 또한, 이 조약은 이후로 50년 뒤에 발생한 북아일랜드 분쟁(The Troubles)의 불씨가 된 분단 상황을 심화시켰을 뿐 아니라 민족주의자들 사이에도 분열의 원인이 되었다. 즉, 이 조약이 완전한 독립으로 가는 초석으로 믿는 사람들도 있었지만, 영국에게 항복하고 공화주의 사상을 배신하는 행위로 여기는 사람들도 있었다. 따라서 이때 생긴 분열은 이후 아일랜드 정치의 향방을 결정짓게 되었다.

아일랜드 측에서는 콜린스와 아더 그리피스(Arthur Griffith, 1871~1922)가 조약에 관한 협상을 주도했다. 이 두 사람은 다수의 아일랜드 의회 의원들이 북부 지방을 잃는 것과 영국 왕이 여전히 새로운 '아일랜드 자유국가(The Irish Free State: 1949년까지 남아일랜드로 알려짐)'의 수장(首長)이 된다는 사실 및 아일랜드 의원들이 영국 왕에게 바치는 충성서약을 받아들이지 않으리라는 것을 예상했다. 그럼에도 불구하고 이들은 더블린에 있는 데 벌레라와 아무런 상의도 없이 조약에 서명했다. 따라서 이들이 공화국이 아닌 26개 주만의 자치령을 담보하는 조약문을 가지고 런던에서 귀국했을 때 데 벌레라는 이를 거부했다.

콜린스는 영국 왕이 '아일랜드 자유국가'의 수장이 되는 것과 충성서약의 문제를 상징적인 것으로 가볍게 여겼고, 북부 6개 주가 결국에는 자생력을 얻지 못해 '아일랜드 자유국가'에 편입될 것으로 믿었다. 또한, 협상 기간 내내 경계위원회가 '아일랜드 자유국가'에서 떨어져 나간 지역의 범위를 축소해줄 것으로 확신했다. 그는 조약의 서명에 대한 위험을 미리 예견했기 때문에, "나는 오늘 밤 나 자신의 사형집행영장에 서명했는지도 모른다"라고 말했다. 이후 이 조약을 받아들이려는 세력과 완전한 독립을 위해 끝까지 투쟁도 불사하려는 공화파 사이에 내전이 발생했다.

🇬🇧 내전

1921년 6월 22일 제임스 크랙(James Craig, 1871~1940)을 초대 수상으로 하는 북아일랜드 의회가 생겨났다. 의원으로 선출된 가톨릭 자치론자들은 마지못해 의원직을 받아들였다. 처음부터 북아일랜드의 정치는 종교적 이유로 분열의 양상을 띠었다.

한편, 1921년 '아일랜드 자유국가(The Irish Free State)'가 탄생하고, 일반 대중의 지지를 얻지 못한 조약이 1922년 1월 아일랜드 의회(데일)에서 비준되었다. 6월에 처음 치러진 총선거에서 조약을 찬성하는 세력이 승리했다. 하지만 콜린스는 조약을 받아들이도록 동료들을 설득하는 데 실패했다. 결국, 1922년 6월 28일, 1년 전에 공동의 적에 대항해서 함께 싸웠던 동료들 간에 내전이 일어났다. 콜린스는 코크 주에서 복병(伏兵)에 의해 총살당했고(1922년 8월 22일), 그리피스는 불안 증세와 피로로 숨졌다. 데 벌레라는 윌리엄 코즈그래이브(William Cosgrave, 1880~1965) 총리가 이끄는 자유국 정부에 의해 잠시 투옥되었다. 그런데 이 정부는 옛 동지 중에 77명이나 되는 많은 수의 사람들을 처형했다. 이후 내전은 1923년 조약 찬성파의 승리로 끝이 났다.

⚞ 2개 국가의 운명과 분할 통치

아일랜드는 대기근이 발생한 시점으로부터 2개 국가의 길을 걷기 시작했다. 19세기 동안 얼스터, 특히 벨파스트는 영국의 북부와 비슷한 방법으로 산업화가 이루어졌다. 발전된 산업경제 덕택에 얼스터는 농업에만 전적으로 의존하는 아일랜드의 여타 지역과 다르게 대기근의 영향을 별로 받지 않았다. 이곳에서는 토지와 관련된 법규도 다른 지역들보다 비교적 공정한 편이었다. 따라서 남아일랜드 사람들은 그들이 받는 가난과 고통에 대해 영국 정부를 비난했지만, 얼스터 사람들은 영국과의 합병이 그들에게 번영뿐 아니라 그들의 산업제품을 판매할 수 있는 시장을 제공해 준다고 생각했다.

1892년부터 1914년까지 아일랜드의 자치(Home Rule: 국내 문제에 국한된 독립)를 쟁취하기 위한 온갖 노력이 진행되는 동안, 얼스터 사람들은 이에 완강히 반대했으며, 영국과의 합병을 포기하기보다는 끝까지 싸우겠다고 나섰다.

1921년이 되자 아일랜드의 독립을 쟁취하기 위한 열망이 현실로 다가왔다. 오랜 기간에 걸친 격렬한 저항과 투쟁 끝에, 영국과의 합병을 주장하는 얼스터 6개 주를 제외한 나머지 26개 주에서 선출된 의원들은 임시정부를 수립하고, 영국 총독부의 권한을 이양 받았다. 그리하여 아일랜드의 남부는 1921년 '아일랜드 자유국가'가 되었고, 얼스터는 '연합왕국(The United Kingdom of Great Britain and Northern Ireland)'의 일부로 남게 되었다. 이와 같은 아일랜드의 분단은 일반적으로 '분할(partition) 통치'로 알려져 있다.

'아일랜드 자유국가'는 마침내 1949년 공화국임을 선포했고, 이후로 '아일랜드 공화국(The Republic of Ireland, The Irish Republic)', '아일랜드(Ireland)', '에이레(Eire: 아일

벨파스트 스토몬트에 있는 의회 건물

랜드의 옛 명칭)' 등의 이름으로 불리고 있다. 오늘날 '아일랜드 공화국'은 영국 및 북
아일랜드로부터 완전히 독립을 이뤄 행정부를 수도 더블린에 두고 있다.

　1949년부터 북아일랜드도 벨파스트 스토몬트(Stormont: 벨파스트 교외지역)에 의
회와 수상을 두고 있다. 하지만 이들은 외치(外治)가 배제된 내치(內治)에만 관여할 뿐
이며, 북아일랜드는 여전히 '연합왕국'의 일부로 남아 있다. 한편, 스토몬트 의회는
법령을 제정하고, 영국 법을 따르며, 영국 의회에서 북아일랜드의 6개 주를 대표하
는 역할을 한다.

갈등

북아일랜드는 막강한 왕립 얼스터 보안대(Royal Ulster Constabulary, RUC)와 특수 의용
군(B-Specials militia)의 지원을 받는 얼스터 통합당(Ulster Unionist Party, 신교 다수파)이
통치했으며, 스토몬트 의회는 처음부터 신교도들에 의해 좌지우지되었다. 소수로 전
락한 북아일랜드 가톨릭교도들은 고용과 주거 문제에 있어서 신교도들과 대등한 관

계를 누리지 못했다. 차별을 둔 경제적 지원과 주택 공급 정책, 만연한 선거구 조작으로 북아일랜드는 사실상 '아파르트헤이트(apartheid: 원래 남아프리카 공화국의 인종차별정책에서 유래한 말로 차별과 격리를 뜻함)' 상태였고, 인구의 약 40퍼센트를 차지하는 가톨릭교도와 민족주의자는 소외될 수밖에 없었다. 따라서 이들은 정치·종교적 갈등으로 원수지간처럼 반목과 대립을 지속해오고 있었다. 신교도와 가톨릭교도의 갈등은 심지어 상호 결혼까지 차단된 상태였으며, 어떤 곳에서는 교육과 주거 지역도 분리된 실정이었다. 정치·경제적으로 불리한 처지에 있던 가톨릭교도들은 직업과 주거의 차별, 불공정한 법규의 철폐, 직업 선택의 동등한 기회, 투표권 등을 주장했으며, 이에 맞서 신교도들 측에서도 가톨릭교도들의 국가 사회에 대한 비협조적인 태도를 비난해오고 있었다.

1960년대에 접어들자, 가톨릭교도들에 대한 심각한 탄압과 차별행위는 마침내 얼스터 통합당 정권에 대항하는 민권운동(Civil Rights Movement)으로 발전하여 새로운 전환점을 맞게 되었다. 1967년부터 시작된 이 운동은 미국에서 흑인들에 의해 촉발된 민권운동의 영향을 받았다. 하지만 마틴 루터 킹(Martin Luther King, 1929~1968)이나 데스먼드 투투(Desmond Tutu, 1931~) 대주교 같은 지도자들이 없었기 때문에 북아일랜드의 60년대는 소수파인 가톨릭교도들과 다수파인 신교도들 사이에 이른바 '분쟁(The Troubles)'으로 얼룩진 시기였다.

민권운동은 처음에는 평화적 압력단체로서 목소리를 내는 데 그쳤으나, 점차 적극적 시위 양상으로 변모해갔다. 1960년대 런던데리(Londonderry) 주(州)의 인구는 대략 가톨릭교도 60퍼센트와 신교도 40퍼센트로 구성되어 있었다. 그러나 조작된 선거구와 제한된 투표권 때문에 시의회는 늘 신교도가 다수를 점했다. 가톨릭교도와 신교도의 해묵은 갈등은 1960년대 후반부터는 유혈사태로 폭발했다.

1968년 10월, 데리에서 아일랜드공화군이 행진 참가자들을 경호해주었다는 소문이 나도는 가운데 민권을 위한 가톨릭교도들의 행진이 신교도 경찰력인 '왕립 얼스터 보안대(The Royal Ulster Constabulary, RUC)'의 개입으로 좌절되자 본격적인 시위로 번져갔다. 더욱이 온건파 정당 사회민주노동당(The Social Democratic and Labour Party, SDLP)의 지도자 존 흄(John Hume)과 게리 피트(Gerry Fitt), 그리고 3명의 웨스트민스터 노동당 하원 의원 등이 가세한 시위대가 경찰력에 의해 무차별적으로 폭행을 당하자 조용하게 시작되었던 민권운동이 곧바로 폭력적 투쟁으로 변질되었다. 더욱이 이 사건이 영화와 방송으로 전 세계에 알려지면서 이후 북아일랜드 사태의 도화선이 되었다. 당시만 해도 이러한 사태가 북아일랜드 분쟁의 시발점이 되리라고 믿는 사람은 거의 없었다.

그럼에도 불구하고 분쟁은 빠른 속도로 확산되었다. 양 진영이 충돌하는 횟수가 점차 늘어났고, 경찰은 노골적으로 연합주의자(왕당파) 편을 들었다. 이에 민족주의자(공화파)가 점차 무력 투쟁 노선을 택하면서 오랫동안 휴면상태에 있던 아일랜드 공화군이 활동을 재개했다.

1969년 1월, 벨파스트에서 데리까지 민권을 위한 또 다른 행진이 있었는데, 목적지 인근에서 신교도의 공격과 불공정한 경찰의 개입으로 많은 부상자가 속출했다. 경찰이 중립을 지키지 못하고 점점 더 가혹한 폭력을 행사하자, 항의 시위와 폭력의 난무로 무법천지가 되었다.

북아일랜드 분쟁의 폭력 장면

마침내 1969년 8월, 보다 못한 영국의 노동당 정부는 치안과 질서유지를 명분으로 데리와 벨파스트에 군대를 파견했다. 처음에 이들은 방화 및 폭력에 시달리던 데리와 벨파스트의 가톨릭 거주 지역에서, 신교도들로부터 자기들을 지켜주고 보호해줄 사람들로 환영을 받았다. 하지만 이내 무장한 사람들을 색출하기 위해 가가호호(家家戸戸) 가택 수색을 일삼고 점령군처럼 행동하자 가톨릭교도들은 영국군의 태도에 분노하고 적대시하기 시작했으며, 이들은 신교도의 대변인으로 낙인이 찍혀 가톨릭교도들로부터 원한을 사게 되었다.

1972년 1월 30일, 데리 시민들은 또다시 민권을 위한 평화적 시위를 벌이려고 했으나 영국 정부가 이를 불법 집회로 간주하여 공수부대를 투입하고, 시위를 진압하는 과정에서 발포하여, 민간인 가톨릭교도 14명(부상자 중 죽은 사람 1명을 포함하여)이 사망하고 13명이 부상함으로써 도시 전체가 피로 물드는 이른바 '피의 일요일(Bloody Sunday) 사건'이 발생했다. 물론 영국군 희생자도 상당수에 달했다(이승호 92). 이 사건은 이후 20년 동안 이어진 폭력, 살인, 보복 공격의 서막이었다. 또한 북아일랜드에서는 폭력과 살상이 일상화되었고, 영국 본토에서도 간간이 보복성 테러가 발생했다.

피의 일요일 사건

1960년대 중엽 미국에서 있었던 '흑인차별 철폐를 위한 비폭력적 시위운동', '프라하의 봄(Prague Spring: 1968년 체코슬로바키아에서 있었던 민주자유화운동)', '프랑스 파리 대학생 5월 혁명(1968년)' 등에 자극받아 북아일랜드에서도 민권운동이 한창이었다. 당시 정치·경제적으로 불리한 처지에 있던 북아일랜드의 소수파 가톨릭교도는 영국계 신교 이주민보다 고용, 주택, 선거권 등에서 차별을 받게 되자, 직업과 주거의 차별, 불공정한 법규와 투표권 등을 개선하기 위해 1960년대부터 시위에 적극적으로 나섰다. 따라서 긴장과 충돌이 고조되면서, 급기야 질서와 치안을 명분으로 영국군이 개입했다.

1972년 1월 30일, 북아일랜드 런던데리에서 영국계 신교도와 동등한 권리를 요구하며 행진을 하던 비무장 가톨릭교도들을 향해 영국 공수부대가 무차별 총격을 가함으로써 14명이 사망하고(사망자 중 7명은 10대 청소년이었음) 13명이 중상을 당하는 이른바 '피의 일요일' 사건이 발생했다. 당시 영국 정부는 시위대를 무장폭도라 칭하며, 무장폭도들의 선제 발포에 군이 응사하면서 우발적인 총격전이 벌어진 것이라고 사건을 조작하고 무마했다. 이후 '피의 일요일' 사건은 아일랜드공화군이 본격적으로 무장 투쟁에 나서는 계기가 되었다.

1998년 영국의 토니 블레어(Tony Blair) 총리는 '피의 일요일' 사건에 대한 철저한 재조사를 약속했고, 12년 뒤인 2010년 6월 15일에는 재조사 결과를 담은 '새빌 보고서(Saville Report)'가 나왔다. 이 보고서에 의하면 발포는 영국군이 먼저 했고, 발포 과정에서 아무런 사전 경고도 없었으며, 사망자 대부분은 달아나다가 혹은 부상자를 돕다가 총탄에 맞아 숨진 것으로 밝혀졌다. 이에 따라 데이비드 캐머런(David Cameron) 영국 총리는 영국군의 발포는 "정당화될 수 없는 일이고, 이 사건의 책임은 궁극적으로 영국 정부에 있다"라고 하면서 공식적으로 사과했다. 이는 사건 직후 "일부 시위대가 먼저 영국군에게 발포하여 응사한 것"이라고 발표했던 내용을 완전히 뒤집는 것이었다.

이 사건은 재조사에만 12년이 걸렸고, 비용으로 우리 돈 3천 6백억 원이 쓰였다. 뿐만 아니라 사건이 일어난 지 38년 만에야 북아일랜드인의 가슴속에 깊은 상처로 남아 있던 '피의 일요일' 사건의 진상이 만천하에 드러나게 된 것이다.

이후 2012년에도 영국 정부는 '피의 일요일' 사건을 살인 사건으로 간주하여 살인혐의에 대한 조사를 착수했고, 2015년 11월에는 민간인에게 발포한 66세 전직 군인 남성을 살인혐의로 체포했으며, 지금도 살인자들을 찾아 법의 심판대에 세우고 있다.

≪블러디 선데이(Bloody Sunday)≫는 우리나라의 '광주사태'와 유사한 '피의 일요일' 사건을 다큐멘터리 형식으로 다룬 영화이다.

같은 해 벨파스트에서는 아일랜드공화군이, 더블린에서는 연합론자들이 폭력사태를 일으켰으며, 아일랜드공화군은 폭탄 테러로 9명을 숨지게 한 '피의 금요일' 사태로 보복했다. 또한, 1974년 5월 17일에는 더블린 시내 번화가에서 세 차례의 폭발 사고가 발생하여 24명의 시민이 숨지고 100여 명이 부상을 입었다.

이러한 사건들이 있고 난 뒤, 국경선의 경계는 더욱 삼엄해졌고, 도로와 교량이 폐쇄되었으며, 지금까지 잠잠했던 아일랜드공화군(The Irish Republican Army, IRA)이 본격적으로 활동을 재개했다. 그들은 가톨릭 세력이 지원을 요청해옴에 따라 각자의 고향에서 가톨릭교도를 보호할 유일한 세력임을 자처했다. 처음에 그들의 활동은 평화유지라는 미미한 수준에 그쳤으나, 여기저기에서 전우들이 죽어가는 것을 목격하면서 점차 과격해졌다. 후에 그들은 활동 무대를 영국 본토로까지 넓혀서 방화, 살인, 폭행, 구금, 구타, 테러 등을 일삼았기 때문에, 각계각층의 시민들과 정파의 사람들로부터 비난을 받았다.

당시 정치적 테러 행위로 벨파스트 인근에 있는 메이즈 왕립 교도소(Her Majesty's Maze Prison, HM Maze Prison, Long Kesh)에 수감된 공화파 죄수들은 정치범으로 대우받기를 원했다. 그들은 일반 교도소 법을 따르지 않고 정치적 수감자의 지위를 되찾기 위해 여러 차례 항의를 계속했다. 그러한 일련의 저항들은 1976년 '담요 항의'로부터 시작되었다. 수감자들은 죄수복 착용과 교도소 규칙의 준수를 거부하고 몸에 담요를 걸쳤다. 하지만 교도소 측은 이에 강력히 맞대응했고, 이에 격분한 수감자들은 1978년 '불결한 시위(Dirty Protest)'를 시도했다. 즉, 그들은 수감된 감방의 벽면을 자신들의 배설물로 덧칠한 후 이를 방치했다.

당시 바비 샌즈(Bobby Sands, 1954~1981)는 아일랜드공화군 소속으로, 불법무기를 소지하고 테러에 가담했다는 이유로 14년형을 받은 뒤 메이즈 왕립 교도소에 수감되었다. 이곳에서 샌즈는 영국 정부에 대한 저항을 계획했는데, 이것이 바로 단식 투쟁(Hunger Strike)이었다. 1981년 3월 1일, 샌즈는 자신을 테러범이 아닌 정치범으로 취급해 달라고 요구하며 단식을 선언했다. 하지만 당시 마거릿 대처(Margaret Thatcher) 영국 수상은 전혀 양보의 기색을 보이지 않았다. 샌즈를 정치범으로 취급한다는 것은 아일랜드공화군(IRA)을 합법적 단체로 인정하는 것을 의미했기 때문이다.

이 투쟁은 1981년 5월 극에 달했다. 단식 66일째 되던 날 샌즈가 교도소 안에서 숨을 거뒀기 때문이다(1981. 5. 5). 이때 샌즈의 나이는 겨우 27세였다. 샌즈의 죽음에 자극을 받은 아일랜드공화군(IRA) 동료들은 연이어 단식 투쟁에 가담했고, 이후 9명의 수감자들이 추가로 목숨을 잃었다. 영국 정부는 총 10명의 아사자(餓死者)가 발생할 때까지 사실상 이 사건을 방치했다.

특히, 바비 샌즈는 단식 중 사망했을 뿐 아니라, 죽기 직전에 퍼마나(Fermanagh)와 남부 티론(South Tyrone)의 지역구에서 최연소 하원 의원에 선출(1981. 4. 9)됨으로써 세계인의 이목(耳目)을 집중시켰다. 샌즈의 단식은 끝까지 마거릿 대처의 마음을 움직이지는 못했으나, 아일랜드공화군(IRA)의 정치력을 크게 강화시키는 계기가 되었다. 또한, 샌즈의 장례식에는 수많은 군중(10만 명 이상)이 운집함으로써 국내(아일랜드공화군 지원자 모집에 일조함)뿐 아니라 해외(테헤란과 파리에는 바비 샌즈를 기리는 거리 명칭이 생겨남)에도 많은 영향을 미쳤다. 지금도 이란의 수도 테헤란에 있는 영국 대사관 옆길은 바비 샌즈의 이름을 본떠 '바비 샌즈의 거리'로 불리기도 한다. 하지만 이 투쟁은 영국의 대처 행정부에는 별로 영향을 미치지 못했고 10여 명의 희생자만 낸 채, 1981년 10월 막을 내렸다.

한편, 이 시기에 가톨릭과 신교 양 진영에서 불법적 비밀군대가 활약하고 있었는데, 가톨릭 편에서는 폭력적 수단을 이용하여 아일랜드의 통일을 이루려는 공화파 군대(Republican Paramilitary Group, 가톨릭계 민병대)로 알려진 아일랜드공화군과 아일랜드 민족 해방군(The Irish National Liberation Army, INLA)이, 그리고 신교 측에서는 연합파 군대(Loyalist Paramilitary Group, 신교계 민병대)로 알려진 얼스터 방위 연맹(The Ulster Defence Association, UDA)과 얼스터 의용군(The Ulster Volunteer Force, UVF)이 활약하고 있었다.

해결책을 위한 탐색

1969년 이래로 북아일랜드 문제의 정치적 해결을 위한 많은 시도가 있었다. 1972년부터 영국 정부는 가톨릭교도에게 동등한 권리를 주는 데 실패한 스토몬트 의회의 권능을 중지시키고, 웨스트민스터로부터 직접 통치를 시작했다. 1973년에는 영국 정부, 가톨릭 자치론자(Nationalist, 민족주의자, 공화주의자: 아일랜드의 통일을 원하는 사람들), 신교 연합론자(Unionist, Loyalist, 통합론자: 북아일랜드가 영국의 일부로 남기를 원하는 사람들)들 사이에 이른바 '선잉데일 협약(Sunningdale Agreement)'이라고 알려진 협정이 있었다. 하지만 연합론자들은 이 협약이 얼스터의 가톨릭 소수파에게 너무 많은 권한을 준다고 해서 반대했다. 결국, 1974년 5월 얼스터 신교도 노동자들에 의한 총파업(Protestant Ulster Workers' Strike)이 일어나자 이 협약은 무산되었다.

1975년 북아일랜드 문제의 정치적 해결을 위한 또 다른 시도로 '헌법 의회(Constitutional Convention)'가 구성되었다. 이는 영국 행정부에 조언하고, 자신들의 정치 개혁에 대한 의견을 피력하기 위해 투표로 선출된 북아일랜드 출신의 대표들로 구성된 의회였다. 그러나 이 의회는 실권이 없었을 뿐 아니라, 의회 내의 가톨릭 자치론자와 신교 연합론자 사이에 의견이 상충했기 때문에 결국 실패로 끝나고 말았다.

이후 5년 동안 어떤 새로운 정치적 시도도 이루어지지 않았다. 하지만 마침내 1980년 아일랜드 정부는 영국 정부와 물밑대화를 시작했다. 중도에 많은 문제가 없었던 것은 아니지만, 두 정부 간의 대화는 결국 1985년에 '앵글로-아이리시 협정(The Anglo-Irish Agreement)'을 끌어내는 데 성공했다.

🏴󠁧󠁢 앵글로-아이리시 협정

1985년 11월 15일, 아일랜드 정부와 영국 정부는 북아일랜드 문제에 대한 새로운 정치적 협상안을 만들었다. '앵글로-아이리시 협정서'로 알려진 이 협상안은, 벨파스트 인근 힐즈보루 캐슬(Hillsborough Castle)에서 영국의 마가렛 대처 총리와 아일랜드의 가렛 핏츠제럴드(Garret Fitzgerald) 총리에 의해 서명되었다.

이 협정에 의하면, 아일랜드 공화국은 북아일랜드의 행정에 관해 목소리를 낼 수 있고, 아일랜드는 북아일랜드인의 다수가 동의할 때만 통일을 이룰 수 있도록 했다. 또한, 두 정부는 남아일랜드와 북아일랜드의 경찰이 남북 경계지역을 보다 안전하게 관리

가렛 핏츠제럴드 아일랜드 총리(왼쪽)와 마가렛 대처 영국 수상(오른쪽)이 '앵글로-아이리시 협정서'에 서명한 후 악수하는 장면

할 수 있도록 공동으로 노력할 것도 약속했다. 그리고 두 정부는 아일랜드공화군이 북아일랜드에서 테러를 자행한 후 남아일랜드로 은신하는 것도 막기로 했다.

이 협정은 영국의 모든 정당, 그리고 미국과 같이 아일랜드 출신의 이민자가 많은 나라에서는 환영을 받았지만, 북아일랜드에서는 지지를 받지 못했다. 왜냐하면 '민주연합당(The Democratic Unionist Party)'의 지도자였던 이언 페이슬리(Ian Paisley)를 위시하여 많은 신교 지도자들뿐 아니라, 아일랜드공화군과 밀접한 관련이 있는 신페인당의 당수 게리 애덤스(Gerry Adams)도 이 협상안을 거부했기 때문이다. 하지만 이는 극단의 경우이고, 다수의 온건 가톨릭교도와 신교도는 이 협상안을 일단 시행에 옮겨보기로 했다. 비록 이 협상안의 이행 과정에서 상호 불신과 어려움이 없었던 것은 아니지만, 두 정부는 해결책을 위해 인내심을 갖고 함께 노력했다.

🏴󠁧󠁢󠁥󠁮󠁧󠁿 성(聖) 금요일 협정

1990년대에 이르러 외적인 상황들이 북아일랜드의 문제에 긍정적인 영향을 미쳐 평화의 기운이 감돌기 시작했다. 유럽연합 가입, 경제발전, 남아일랜드에서 가톨릭 세력의 약화 등은 남과 북의 격차를 좁히는 데 일조했고, 아일랜드에 대한 미국의 관심은 이 문제에 국제적 성격을 더했다.

한편, 북아일랜드의 공화파는 무장 투쟁이 시대에 뒤떨어진 전략이라는 사실을 깨달았다. 북아일랜드 사회 역시 그동안 많은 변화를 겪으면서 1960년대 후반에 갈등의 원인이었던 불공정과 불의를 대부분 개선했고, 평범한 시민들 대다수는 상호 간의 적대 행위가 종식되기를 간절히 원했다. 이윽고 연합주의자, 민족주의자, 영국 정부, 아일랜드 정부 사이에 협상이 여러 차례 이어졌다.

1993년에는 영국 정부와 아일랜드공화군 사이에 비밀협상이 진행되고 있다는 소문과 함께 폭력사태가 대폭 증가했다. 같은 해 12월, 영국의 존 메이저(John Major) 총리와 아일랜드의 앨버트 레이놀즈(Albert Reynolds) 총리에 의해 '다우닝가 선언(The Downing Street Declaration)'이 서명되었다. 이 선언은 아일랜드공화군이 폭력을 포기하는 대신 공개토론장에서 주장을 펼 수 있는 권한을 주었으며, 아일랜드의 다양한 이해관계를 조정해보고자 하는 목적을 가지고 있었다. 이는 평화정착의 과정에서 중요한 계기가 되었다. 왜냐하면, 이 선언은 영국이 북아일랜드에서 이기적, 전략적, 경제적 관심을 두지 않는다는 점과 헌법 개정에 관한 논의에서 다수 동의의 원칙을 따르기로 천명한 선언이었기 때문이다.

1994년 8월 31일, 신페인당의 지도자 게리 애덤스는 아일랜드공화군을 대표하여 휴전을 선언했고, 이어 1994년 10월 13일에는 연합파 군사령부도 휴전을 선언했다. 이들은 잇따른 폭력

앨버트 레이놀즈 아일랜드 총리(왼쪽)와 존 메이저 영국 총리(오른쪽)가 '다우닝가 평화선언'에 서명한 후 악수하는 장면

에 염증을 느꼈고, 폭력이 더 이상 문제 해결에 도움이 되지 않는다는 점을 인식했기 때문이다. 이후 대부분의 영국 군대는 막사로 철수했고, 거리의 모든 바리케이드(barricade)도 제거되었다. 곧이어 관련 당사자들이 자신들의 주장을 집요하게 고집했음에도 불구하고 일시적인 평화가 찾아왔다.

미국의 클린턴(Bill Clinton) 대통령은 각 진영에서 논의 중인 문제에 대해 배후에서 막강한 영향력을 행사했다. 미국의 상원 의원 조지 미첼(George John Mitchell)은 미래의 논의를 위한 6개 항의 기본 원칙을 천명하면서, 문제 해결을 적극 주도했다. 하지만 양 진영의 무장해제를 도모함으로써 평화를 되찾으려는 다자간의 노력은 1996년 2월 9일, 아일랜드공화군의 휴전 무효 선언과 함께 런던의 카나리 부두(Canary Wharf)에서 폭탄이 터져 2명이 죽고 다수가 다치는 사건이 발생하자 수포가 되고 말았다.

1997년 5월, 영국에 노동당 정부가 들어서자 영국의 토니 블레어(Tony Blair) 총리와 아일랜드 공화국의 버티 어헌(Bertie Ahern) 총리에 의해 북아일랜드 문제의 평화적 해결을 위한 노력이 재개되었다.

북아일랜드의 문제에 돌파구를 연 것은 토니 블레어 총리였다. 1997년 6월, 블레어는 취임(1997년 5월 1일) 후 첫 방문지로 북아일랜드의 주도(主都) 벨파스트를 찾았다. 그는 대중 앞에서 19세기에 영국인의 착취로 인해 200만 명의 아일랜드인이 굶어 죽거나 이민을 떠나야만 했던 대기근에 대해 사과했다.

1997년 7월 20일에는 아일랜드공화군이 휴전의 재개를 선언했고, 6주 뒤에는 신페인당이 평화협상에 동참하면서 새로운 협상이 진행되었다. 1997년 말 무렵 공화파 군대인 아일랜드 민족 해방군에 의해 연합파 군 지도자 빌리 롸이트(Billy Wright)의 암살을 포함한 몇몇 폭력 사건이 발생하긴 했지만, 회담은 획기적인 진척이 있어 마침내 1998년 4월 10일, 빌 클린턴 대통령의 특사 조지 미첼의 중재 하에 북아일랜드 자치 정부 수립 등을 골자로 한 역사적인 '성 금요일 협정(The Good Friday Agreement: 자치론자들은 이 협정을 'Friday Peace Accord'라고 부르고, 연합론자들은 'Belfast Agreement'라고 부름)'이 조인되었다.

이 협정에 의하면, 북아일랜드의 정치적 미래는 북아일랜드 사람 다수의 동의에 따르기로 했는데, 이에 대해 1998년 5월 22일 북아일랜드와 아일랜드 공화국 양측에서 동시에 국민투표가 시행되었다. 이 국민투표 결과에 따르면, 북아일랜드 투표자의 71퍼센트가 향후 국민투표로 다수가 동의할 경우 영국으로부터 독립할 수 있으며, 또한 위임된 민주주의를 받아들이기로 했다. 한편, 아일랜드 공화국 투표자의 94퍼센트는 아일랜드 공화국은 더 이상 아일랜드 섬 전체의 영토에 관해 헌법적 권리를 주장하지 않기로 했다.

또한, 이 협정에 따라 108명의 의원과 12명의 직능단체 행정관으로 구성된 '북아일랜드 새 의회(The New Northern Ireland Assembly)'가 탄생했다. 따라서 영국 정부는 1972년부터 북아일랜드에서 행사해온 입법권을 북아일랜드 새 의회에 이양키로 했으며, 이 의회는 웨스트민스터로부터의 직접 통치를 종식하고, 북아일랜드 문제를 전적으로 책임질 위임 정부의 기능을 맡게 되었다. 따라서 의회는 농업, 경제발전, 교육, 환경, 재정, 인사, 의료 및 사회복지 등에 관해 입법 및 행정의 전권을 갖게 되었다. 다만 준(準) 군사적 포로의 석방, 보안 시설물의 제거, 왕립 얼스터 보안대의 감축 등과 같은 미래의 경찰 업무를 독립적으로 위임할 경우를 대비하여 중재 조건들을 규정했다. 그러나 양측의 가식적 태도, 의견 충돌, 파벌주의, 고집 때문에 협정의 이행이 더디게 진행되었다. 또한, 해결되지 않은 문제들도 여전히 존재했는데, 아일랜드공화군의 무장해제 문제와 신교도들에 의한 가톨릭 지역으로의 행진이 야기할 수 있는 갈등 등이 바로 그것이었다. 북아일랜드 새 의회도 도중에 네 번이나 중단되었으며, 마지막 정회는 2002년 10월부터 2007년 5월까지였다.

불행하게도 평화협정이 있던 이 해는, '성 금요일 협정'을 반대하는 사람들에 의해 자행된 잇따른 폭력 행위들로 인해 항구적 평화로 가는 길이 요원해 보였다. 1998년 여름에는 '퍼레이드 위원회(The Parades Commission)'가 오렌지 단(團)(Orange Order, Ord Oráisteach: 북아일랜드에 있는 신교도 단체의 명칭)의 연중행사인 '행진(매년 7월 12일에 Drumcree 교회로부터 Garvaghy Road 끝까지 갔다가 Portadown으로 되돌아오는 행사)'을 금지하면서 폭동이 일어났고, 이어 7월 12일에는 연합파 군대 극렬분자가 가톨릭교도의 집에 화염병을 투척하여 3명의 어린아이가 불에 타죽는 사건이 발생했다. 8월 15일에는 '진정한 아일랜드공화군(RIRA: IRA 구성원 일부가 평화정착 과정과 신페인당의 정치적 지도력에 반대하는 '진정한[Real] IRA[RIRA]'를 1997년에 결성함. RIRA는 북아일랜드의 무장 독립투쟁을 이끈 IRA가 1997년에 정전을 선언하자, 영국으로부터의 독립 및 아일랜드와의 통일을 위해 무장 투쟁을 불사하겠다며 분리해 나온 강경 분파임)'이 오마(Omagh)에 650kg짜리 폭탄을 던져, 29명이 숨지고 200명이 다치는(전화 경보를 오인하여 왕립 얼스터 보안대가 사람들을 폭탄이 터지는 곳으로 잘못 피신시킨 결과임), 최근 30년 역사에서 가장 참혹한 사건이 발생했다. 이 사건 직후 게리 애덤스를 위시한 정치가들의 신속한 행동으로 연합파 군대의 보복을 막을 수 있었던 것이 그나마 다행이었다.

북아일랜드의 얼스터 대학 자료에 따르면, 영국과 아일랜드공화군 사이에 평화협정이 체결된 1998년까지 30여 년 동안, 양측에서 충돌과 테러로 숨진 사망자는 3,700여 명에 달하는 것으로 밝혀졌다.

🇬🇧 성 금요일 협정을 넘어서

'성 금요일 협정'을 이행하기 위한 노력이 계속 난관에 부딪히다가, 1999년 11월 얼스터 연합당(The Ulster Unionist Party, UUP)의 당수 데이비드 트림블(David Trimble)과 신페인당의 당수 게리 애덤스가 장장 300시간에 달하는 마라톤협상(트림블은 상이한 문화 전통을 서로 인정할 필요성을 역설했고, 애덤스는 IRA 해체의 필요성을 역설함)을 벌인 끝에, 마침내 합의에 도달했다. 드디어 1999년 11월 29일, 북아일랜드에 연립정부가 들어서고 런던으로부터의 직접 통치가 종식됨에 따라 아일랜드 역사에 새로운 장(章)을 열게 되었다.

그러나 2000년에 아일랜드공화군의 잘못으로 이 협정은 다시 무용지물이 되었고, 2004년 말 북아일랜드에서 발생한 은행 탈취 사건(Northern Bank Robbery)은 평화 정착의 노력에 먹구름을 드리우게 했다. 신교도들은 이 사건이 아일랜드공화군의 정치 자금 마련을 위한 것이라면서 신페인당과의 대화를 거부했다. 뿐만 아니라 2005년 2월에는 아일랜드공화군의 무장해제계획 철회로 인해 북아일랜드의 평화협상이 또다시 곤경에 빠졌다. 하지만 2005년 7월, 아일랜드공화군이 '무장해제 선언'을 함으로써 북아일랜드 문제에 새로운 희망이 싹트게 되었다(이승호 95).

내전, 테러, 암살로 점철돼온 북아일랜드 역사에 드디어 평화의 씨앗이 뿌리내리기 시작했다. 정치·종교적 견해차로 거의 한 세기 동안 대립해온 북아일랜드의 양대 정파 지도자가 2007년 3월 26일 처음으로 자리를 마주했다. 신교 정당 민주연합당(The Democratic Party, DUP)의 이언 페이슬리 당수와 가톨릭 정당 신페인당의 게리 애덤스 당수는 회담이 끝난 뒤 분쟁 없는 새로운 시대를 약속했다.

종교와 독립 문제로 오랫동안 갈등을 빚어오던 북아일랜드의 신·구교 세력이 마침내 2007년 5월 8일 '공동자치정부'를 출범시키고, 피로 얼룩진 분쟁에 종지부를 찍었다. 또한, 40여 년 만에 영국군의 90퍼센트가 그해 여름 북아일랜드에서 철수했다. 이로써 30여 년간 무장 투쟁을 벌여온 아일랜드공화군이 2005년 7월에 무장해제를 선언한 지 2년여 만에, 평화를 위한 가시적 성과를 거두었다.

그러나 공동자치정부 출범 후에도 '진정한 아일랜드공화군(RIRA)' 등 북아일랜드의 완전한 독립을 주장하는 반체제 조직은 무장을 재정비하며 반정부 테러 움직임을 보였다. 급기야 2009년 3월에는 북아일랜드의 경찰과 영국군이 '진정한 아일랜드공화군'으로 추정되는 단체로부터 피격을 받았으며, 2011년 5월에는 북아일랜드 제2의 도시 런던데리에서 폭탄 테러가 발생하는 등 긴장이 계속되었다.

하지만 2011년 5월 17일, 엘리자베스 2세(Elizabeth II) 영국 여왕이 1911년 조지 5세(George V) 영국 국왕의 아일랜드 방문 이래 100년 만에, 그리고 1921

엘리자베스 2세 영국 여왕이 아일랜드를 방문하여 메리 매컬리스 아일랜드 대통령을 만나는 장면(2011년 5월)

년 아일랜드가 남과 북으로 분단된 이후 처음으로 아일랜드를 방문했다. 다음은 2011년 5월 18일 엘리자베스 여왕이 아일랜드의 더블린 캐슬(Dublin Castle)에서 행한 연설문 중 일부이다.

경제적으로나 문화적으로 영국과 아일랜드는 서로 믿을 만한 친구였습니다. 그러나 두 나라가 항상 상냥한 이웃으로 지내온 것은 아닙니다. 일어나지 말았어야 할 일들이 너무나도 많이 일어났습니다. 이 슬픈 유산 때문에 두 나라의 모든 국민이 크나큰 고통과 상실감에 시달려 왔습니다. 문제가 많았던 역사로 인해 상처받은 모든 이들에게 저의 온 마음을 담아 위로의 뜻을 전합니다. 앞으로 늘 사이좋은 이웃으로 지내길 바랍니다.

그녀는 또한 더블린 크로크 파크 스타디움(Croke Park Stadium)을 방문하여, 1920년 영국군 특수 부대 '블랙 앤 탠즈(The Black and Tans)'가 게일 축구 시합 중이던 선수 1명과 관중 13명을 무차별 학살한 사건에 대해 사과했다. 이어 '아일랜드 독립추모공원(Garden of Remembrance: 1916년 부활절 봉기 때 숨진 이들을 기리기 위해 1966년에 세워진 공원)'을 방문하여 독립전쟁 중 사망한 아일랜드인들에게 조의를 표함과 동시에, 상처받은 아일랜드인들에게 온 마음을 담아 위로의 뜻을 전했다. 뿐만 아니라 이듬해인 2012년 6월 27일에는 북아일랜드를 방문하여 마틴 맥기네스(Martin McGuiness, 1950~2017) 북아일랜드 제1부 장관과 악수를 하며, "과거에 미래가 저당 잡혀서는 안 된다"는 메시지로 화해 분위기를 조성했다.

아일랜드 독립추모공원

이에 대한 답례로 2014년 4월 8일에는 마이클 히긴스(Michael D. Higgins, 1941~) 아일랜드 대통령이 아일랜드 정부 수반으로 영국을 첫 국빈 방문하여, 지난 750년 동안 쌓였던 앙금을 털고 역사적 화해의 손길을 내밀었다.

엘리자베스 2세 영국 여왕이 마이클 히긴스 아일랜드 대통령을 영접하는 장면(2014년 4월)

이날 런던 인근 윈저성에서는 마이클 히긴스 대통령을 위해 엘리자베스 2세 영국 여왕이 주최하는 만찬이 열렸다. 이 자리에는 마틴 맥기네스 북아일랜드 제1부장관도 있었다. 그는 1970년대 북아일랜드의 독립을 위해 영국에 맞서 무장 투쟁을 벌인 아일랜드공화군의 사령관을 지냈다. 엘리자베스 2세 여왕은 1979년 그녀의 사촌 마운트배튼 경(卿)(Lord Louis Mountbatten)을 아일랜드공화군의 테러로 잃었다. 그러한 상처가 있는 여왕이 이날 맥기네스 앞에서 "과거에 미래가 저당 잡혀서는 안 된다"면서 건배사를 했다. 맥기네스는 여왕에게 고개를 숙여 예를 갖췄다. 만찬장에는 아일랜드공화군 전사들이 즐겨 부르던 아일랜드 민요 〈몰리 말론(Molly Malone)〉이 울려 퍼졌다. 영국이 아일랜드를 합병한 후 200년간 지속된 양국의 대립을 종식시키는 역사적인 장면이었다. 이러한 일련의 화해 제스처들은 나름대로 논란의 여지가 없었던 것은 아니지만, 양국 간에 우호와 신뢰를 쌓는 중요한 디딤돌이 되었다.

21세기 문턱에서 북아일랜드의 문제를 생각해볼 때, 그 누구도 북아일랜드의 모든 문제가 완전히 해결되었다고 감히 주장하지 못할 것이다. 그러나 이제까지 더 나은 방향으로의 변화가 있어 온 것은 주지의 사실이다. 지금 북아일랜드에서는 모든 정치적·종교적 이해 집단들이 미래에 대해 낙관하며, 호혜와 상호공존의 정신으로 현재를 지혜롭게 살아가는 법을 배우려 노력하고 있다. 이제 북아일랜드에는 진정한 평화가 서서히 깃들고 있으며, 이 평화는 해를 거듭할수록 더욱 공고해질 것이다.

🏴󠁧󠁢 노 딜(No Deal) 브렉시트의 위기

'브렉시트(Brexit: 영국의 유럽연합 탈퇴를 의미하는 용어)'는 영국을 뜻하는 'Britain'의 'Br' 과 탈퇴를 뜻하는 'exit'가 합쳐져서 만들어진 신조어이다. 2010년 40대에 총리에 오른 영국의 데이비드 캐머런은 2015년 총선에서 승리할 경우 영국의 유럽연합 잔류를 국민투표에 부치겠다는 공약을 내걸었다. 유럽연합과의 경제적 연계 때문에 결국 잔류할 것으로 예상했지만, 국민투표는 예측할 수 없는 결과를 낳았다. 캐머런의 정치적 도박은 '브렉시트'라는 판도라의 상자를 열게 했고, 영국의 정체성과 경제 · 정치의 민낯을 드러내게 했다. 2016년 6월 23일, 영국은 유럽연합 탈퇴 여부를 묻는 국민투표에서 51.9퍼센트의 지지를 얻어 유럽연합 탈퇴가 결정되었다.

브렉시트는 리스본 조약 제50조에 따라 2019년 3월 24일까지 2년간 협상이 진행되는데(이후 협상 기간은 유동적인 것으로 바뀌었음), 만약 영국과 유럽연합 사이에 협상이 불발될 경우 영국은 2019년 10월 31일(3월 29일에서 6월 30일로, 그리고 또다시 10월 31일로 바뀌었음)에 어떠한 협의도 없이(노 딜 브렉시트) 유럽연합을 떠나야만 한다. 최근 들어 영국과 유럽연합 사이에 협상이 난항을 거듭하자 '노 딜 브렉시트'에 대한 우려가 점차 커지면서 영국 내 혼란이 가중되고 있다.

🏴󠁧󠁢 아일랜드의 국경 부활 조짐

협상의 최대 쟁점은 북아일랜드의 국경 문제이다. 아일랜드는 독립 국가이자 유럽연합의 회원국으로 영국의 영토인 북아일랜드와 국경을 마주하고 있다. 1960년대 이후 길고도 험난했던 북아일랜드 문제(민족 · 종교적 분쟁)의 해결 과정에서 이해 당사자들은 북아일랜드의 평화와 화해를 위해 1998년 이른바 '성 금요일 협정'을 맺고, 검문 없이 사람과 물자가 자유롭게 이동할 수 있도록 국경 관리를 완화한 바 있다. 그러나 영국이 유럽연합에서 탈퇴하게 되면 관세 등의 문제로 교역 통제를 위한 '장벽'이 설치될 수 있다는 우려가 제기되고 있다. 따라서 영국이 어떠한 방식으로 유럽연합에서 탈퇴하느냐에 따라 북아일랜드와 아일랜드 사이의 국경 지대 풍경이 완전히 달라질 수도 있다. 뿐만 아니라 유럽연합은 브렉시트 이후에도 영국 영토인 북아일랜드가 유럽연합의 관세동맹에 남는 안을 제시하고 있지만, 영국은 북아일랜드만 관세동맹에 남는 안은 "영국의 통합을 저해할 수 있다"며 반대하고 있다.

현재 아일랜드 섬에서 아일랜드와 영국령 북아일랜드 사이에 사실상 국경은 없다. 같은 유럽연합 국가라서 아무런 제약 없이 사람과 물품의 자유로운 이동이 가능하다. 또한, 499킬로미터에 달하는 북아일랜드 국경으로 275개의 도로가 관통하고 있다. 매일 국경 너머로 출퇴근하는 사람만 3만 명에 달한다. 하지만 영국과 유럽연합이 결별 조건에 합의하지 못하는 '노 딜 브렉시트'가 발생하면 2019년 10월 31일 양국 사이에 강력한 국경선, 이른바 '하드 보더(hard border)'가 등장한다. 하루아침에 통행인에게 검문이 시행되고, 물품엔 관세를 부과되게 된다.

'하드 보더'가 생긴다면 잠재되어 있던 갈등이 재연될 수 있다는 점이 더 큰 문제이다. 북아일랜드 주민 중 가톨릭계를 중심으로 약 20퍼센트는 아직도 아일랜드인의 정체성을 유지하고 있으며, 아일랜드 섬의 통일을 원한다. 물리적 국경이 부활하여 이들이 '조국'을 마음대로 넘나들지 못하면 당연히 불만이 커질 수밖에 없다. 이를 우려한 유럽연합, 영국, 아일랜드는 그동안 '하드 보더'를 피하는 방법을 '안전장치(backstop)'라고 부르며 대안을 모색해 왔다.

2018년 11월 영국과 유럽연합은 브렉시트 협정을 맺으면서 안전장치 조항을 포함시켰다. 이른바 '백스톱(backstop)'이라 불리는 이 조항은, '하드 보더' 즉 강력한 국경 통제를 피하고자 2020년 말까지 북아일랜드를 포함한 영국을 유럽연합의 관세동맹에 남게 해 현재처럼 자유로운 통행·통관을 보장하기로 한 것이다. 만약 이때까지 새로 무역협정을 맺지 못하면 영국이 유럽연합의 관세동맹에 잔류해 지금처럼 자유 통행과 무관세를 유지하고, 추후 협상을 하자는 방안이다.

그러나 영국 내 보수파는 '안전장치'가 영국의 주권을 침해한다며 강하게 거부감을 표시하고 있다. 이것이 2019년 1월 15일 영국 의회가 영국 정부와 유럽연합 사이에 타결된 브렉시트 합의안을 부결시킨 핵심적인 이유이다. 갈등의 조짐은 벌써부터 나타나고 있다. 2019년 1월 19일에는 북아일랜드 제2의 도시 런던데리에서 차량 폭발 테러가 발생했다. 사상자는 없었지만, 경찰은 아일랜드공화군의 후신인 '신(新)아일랜드공화군(New IRA, NIRA)'이 배후에 있는 것으로 보고 있다. 영국 일간지 「더 타임스(The Times)」는 2019년 1월 27일, "영국 정부 관계자들은 '노 딜 브렉시트'가 발생해서 극심한 혼란이 야기되면 계엄령을 선포하는 것까지 검토하고 있다"고 보도한 바 있다(손진석).

2019년 10월 31일로 예정된 브렉시트 시일이 다가오고 있지만, 브렉시트의 향방은 여전히 오리무중이다. 합의 탈퇴는 이미 불가능해졌다. 합의 없는 탈퇴인 '노 딜' 브렉시트인지, 연기인지, 아니면 취소인지, 표류하는 브렉시트를 향해 '피의 역사'의 재발만은 절대로 안 된다고 '벨파스트 평화의 벽'과 벽화들은 소리 없이 외치고 있다(유광석). 탈퇴 시한은 2019년 3월 29일에서 6월 30일로, 그리고 또다시 10월 31일로 연장되었지만, 앞날은 여전히 미궁 속이다.

🏴󠁧󠁢󠁥󠁮󠁧󠁿 북아일랜드 무장세력의 재등장과 브렉시트 혼란

1990년대까지 테러가 끊이지 않았던 영국령 북아일랜드에 '피의 역사'가 다시 재현될 조짐이 보이고 있다. 2019년 들어 북아일랜드의 독립과 아일랜드 섬의 통일을 주장하며 영국 정부에 저항하는 반체제주의자들의 활동이 본격화하는 가운데 이들과 경찰의 무력 충돌 현장을 취재하던 기자가 총격을 받고 숨지는 사건이 발생했다. 반체제주의자들의 폭력이 이어지면서 1998년 영국과 아일랜드 정부 간 '성(聖) 금요일 협정(벨파스트 협정)'으로 어렵게 얻은 평화가 깨질 수 있다는 우려가 나오고 있다.

로이터통신에 따르면, 2019년 4월 18일(현지시간) 북아일랜드 제2의 도시 런던데리에서 반체제주의자들이 경찰과 대치하던 중 일부 시위대가 경찰 쪽을 향해 총을

쏴서 여성 프리랜서 기자 라이라 매키(29세)가 사망했다. 경찰은 이튿날 19세와 18세 남성 두 명을 매키를 살해한 용의자로 체포해 조사 중이다.

이 반체제주의자들은 4월 21일 부활절을 맞아 계획적으로 경찰을 공격하려고 총기와 폭탄을 대량으로 준비했다. 1916년 부활절 당시 아일랜드인들이 영국으로부터 독립을 쟁취하기 위해 대규모 봉기를 일으켰던 것을 기념하기 위해서였다. 경찰이 이에 대한 첩보를 사전에 입수하여 4월 18일 무기를 쌓아둔 런던데리 시내 한 주택을 급습했고, 이에 100여 명의 반체제주의자들이 차량을 불태우며 경찰에 격렬하게 저항하는 과정에서 매키가 사망한 것이다.

경찰은 매키를 살해한 두 명의 용의자에 대해 "신 아일랜드공화군 대원으로 보인다"고 밝혔다. '신 아일랜드공화군'은 영국 정부를 상대로 무력 투쟁을 했던 아일랜드공화군(IRA)을 계승한다고 자처하는 조직이다. 아일랜드공화군은 1972년 폭탄 테러로 14명이 숨지는 '피의 일요일' 사태를 일으킨 것을 비롯해서 1960년대 후반부터 1998년까지 약 30년간 3,700여 명의 목숨을 앗아가며 북아일랜드를 불안에 떨게 한 민간 조직이다. 유혈사태가 끊이지 않자 1998년 영국과 아일랜드 정부가 한 발씩 양보해 '성 금요일 협정'을 맺어 평화를 되찾았다. 당시 협정에서 영국은 아일랜드와 북아일랜드 간 자유로운 통행과 무역을 보장했고, 아일랜드는 북아일랜드 6개 주(州)에 대한 영유권 주장을 포기했다. 아일랜드공화군도 2005년 무장 활동 중단 선언과 함께 사실상 해체했다.

그러나 '성 금요일 협정'에 반대하는 강성 반체제주의자 그룹들이 여전히 남아 있었고, 이들이 규합해 2012년 신 아일랜드공화군을 조직했다. 신 아일랜드공화군은 2019년 들어 활동을 본격화하며 공포를 조성하고 있다. 2019년 1월에는 런던데리에서 피자 배달 차량을 강탈해 법원 근처에 세워둔 다음 폭탄을 터뜨려 차량을 전소시켰다. 3월에는 런던 히스로공항, 워털루역 등 5곳에 초소형 폭탄을 담은 소포를 보냈다. 두 차례 모두 사상자는 없었지만, 긴장감이 고조되었다.

영국 언론들은 브렉시트로 인한 정치권의 혼란이 신 아일랜드공화군이 활동을 확대하는 계기가 되고 있다고 지적한다. 반체제주의자들은 브렉시트가 되면 북아일랜드와 아일랜드의 자유로운 왕래가 불가능해질 것이라며 강한 불만을 제기하고 있다. 미국의 정치 전문 일간지 「폴리티코(Politico)」는 "브렉시트 해결에 매달린 영국 정부가 북아일랜드를 방치하면서 긴장감이 커지고 있다"라고 했다.

게다가 북아일랜드 지역의 빈곤과 높은 실업률이 해결되지 않으면서 불만을 느낀 청년들이 대거 신 아일랜드공화군에 가담하는 현상도 나타나고 있다. 북아일랜드 경찰은 "새로운 테러리스트들이 무장조직으로 유입되고 있다"라고 했다. 매키를 살해한 용의자들도 10대 후반이다. 영국의 일간지 「가디언(The Guardian)」은 "신 아일랜드공화군의 사회주의 이념은 생활고를 겪고 있는 청년들에게 큰 유혹이 되고 있다"라고 했다(손진석).

제12장 스코틀랜드

스코틀랜드 개관

때가 묻지 않은 자연에 평화로움이 깃든 땅, 거친 자연과 더불어 역사와 전통이 살아 숨 쉬는 땅, 갈색 황야(heath)와 숲이 울창한 땅, 산과 호수의 땅 스코틀랜드는 예전에 칼레도니아(Caledonia: 로마인들이 붙인 이름으로 '숲의 나라(Land of Woods)'라는 뜻)로 불렸으며, 잉글랜드, 웨일스, 북아일랜드와 함께 영국을 구성하는 4개 행정구역 중 하나이다. 유럽대륙의 북서쪽에 위치하며, 그레이트 브리튼 섬의 북쪽에서 잉글랜드와 국경을 마주하고 있다. 서쪽으로는 아이리시해(海)가 있고, 동쪽과 북동쪽에는 북해, 북서쪽에는 대서양이 있다.

스코틀랜드는 1973년의 지방 행정법에 따라 1975년부터 9개의 지구(Region)와 3개의 섬 지구(Island Area)로 나뉘며, 주도(主都)는 에든버러(Edinburgh)이고, 경제의 중심은 글래스고(Glasgow)이다. 잉글랜드와는 별개의 자치법으로 통치되고, 독자적인 사법제도와 보건 및 교육제도를 운용하고 있으며, 국교회 제도도 독립적으로 존재한다(조일제 193-94).

면적은 그레이트 브리튼 섬의 1/3 정도(약 79,000km²)이며, 인구는 영국 전체 인구의 약 8.7퍼센트(5백 30만 명)이다. 기온은 영국에서 가장 낮아 여름철에도 평균 섭씨 15도를 유지한다. 강수량은 서부 지역에 집중되는 경향이 있으며, 기후 변화는 산악지역이 특히 심하다.

스코틀랜드는 남쪽에서 북쪽으로 지리·문화적으로 뚜렷이 구분되는 3개 지역으로 나뉜다. 우선 잉글랜드와 경계를 이루는 곳 바로 북쪽이 남부 고지(The Southern Uplands) 지역이다. 이곳은 산과 계곡으로 이어지는 완만한 구릉지로 이따금 멀리 떨어져 형성된 작은 도시들로 구성되며, 목양업이 경제활동의 주류를 이룬다.

이곳에서 조금 더 북쪽으로 올라가면 초록색 구릉과 비옥한 토지가 파도치듯 펼쳐지는 중앙 평원(The Central Plain, Lowlands) 지역이 있다. 중세의 멋이 가득한 이곳과 동쪽 해안선을 따라 북쪽으로 뻗어있는 지역에 스코틀랜드 인구의 80퍼센트 이상이 거주한다. 또한, 에든버러, 글래스고, 던디(Dundee), 애버딘(Aberdeen)과 같은 대도시들도 이곳에 있다. 오늘날 이 지역은 잉글랜드의 북부 산업 지역과 마찬가지로 경제적 어려움을 겪고 있지만, 북해산 유전 덕택에 경제가 점차 호전되고 있다.

마지막으로 가장 북쪽에 있는 산과 깊은 골짜기와 석탄이 많이 나는 지형들로 구성된 하일랜드(The Highlands) 지역과, 서해안에서 멀리 떨어진 헤브리디스(Hebrides)·셰틀랜드(Shetland)·오크니(Orkney) 군도(群島), 스카이 섬(The Isle of Skye: 하일랜드 서쪽의 섬 중 가장 크고, 스코틀랜드인들이 '천국'이라고 부르는 곳으로, 이곳에 얽힌 역사, 편리한 접근성, 때 묻지 않은 자연 등으로 이너 헤브리디스 군도에서 가장 아름다운 풍광을 자랑하는 섬), 멀 섬(Isle of Mull: 현무암 벼랑, 멋진 해변, 눈부신 백사장, 에메랄드빛 바닷물, 수많은 야생동물 등으로 유명한 섬) 등과 같은 수많은 섬(787개의 섬 중 130여 개만 사람들이 살고 있음)으로 구성된 도서(島嶼) 지역은 아웃도어 마니아들의 낙원이다. 대략 100만 명 정도의 인구가 모여 사는 이곳 경제는 관광업과 위스키 산업이 주류를 이루고 있다.

스코틀랜드의 풍경

하일랜드에는 숨 막힐 듯 아름다운 풍경이 곳곳에서 펼쳐진다. 위풍당당한 매력의 로열 디사이드(Royal Deeside: 디 강[River Dee] 상류의 그림 같은 계곡에는 여왕의 거처를 비롯하여 우장한 성들이 수없이 많음)로부터, 음울하고도 장엄한 글렌 코(Glen Coe: 스코틀랜드에서 가장 유명하고 장엄한 협곡)를 거쳐, 드넓은 네스 호(Loch Ness)의 신비로운 수면까지, 다채로운 경관이 끝없이 감탄을 자아낸다.

영화 ≪해리포터(Harry Potter)≫ ≪브레이브 하트(Brave Heart)≫ ≪007 스카이폴(007 Skyfall)≫ 등의 배경이 되고 있는 장엄한 절경은 대부분 하일랜드에서 빛을 발한다. 햇살에 반짝이는 호수, 아름다운 고성(古城), 동화 같은 마을, 청량한 공기 등 대자연의 웅장한 정취를 만끽할 수 있는 곳이 바로 이곳이다. 하일랜드는 스코틀랜드 전체 면적의 2/3 정도를 차지하고 있으며, 스코틀랜드의 심장과 영혼을 간직한 곳이다. 하일랜드의 중심도시 인버네스(Inverness: 교통의 요지), 네시(Nessie) 괴물로 유명한 네스 호(Loch Ness), 황량하게 바위가 드러난 벤네비스 산(Ben Nevis, 해발 1,343미터), 천상의 세계처럼 아름다운 글렌 코(Glen Coe) 협곡 등은 인간의 손길이 거의 닿지 않아 진정한 스코틀랜드의 원초적 이미지를 느낄 수 있는 곳이다.

네스 호는 길이 37킬로미터, 평균 폭 1.6킬로미터, 깊이 250미터의 거대한 호수로 다음과 같은 전설을 품고 있다. 지금으로부터 1,500년 전에 성(聖) 골룸바(St Columba)가 괴수(怪獸) 네시를 물리쳤다는 것인데, 혹여 이것이 거짓인지 오늘날에도 살아 있는 네시를 봤다는 사람들이 종종 등장하고 있다. 하지만 믿거나 말거나, 호수는 소문과 상관없이 그윽하고 신비롭게 빛나고 있다.

영화 ≪007 스카이폴≫의 촬영지 글렌 코는 하일랜드의 백미로 꼽힌다. '웨스트 하일랜드의 꽃'으로 불리는 이곳은 4억 년 전에 무너진 칼데라 호(caldera lake)의 잔재가 남아 있다. 산, 협곡, 호수, 평야가 광활하게 펼쳐진 하늘 위로는 검은 독수리가 선회한다. 글렌 코의 가장 압도적인 절경은 세 자매 봉으로, 한눈에 담을 수 없을 정도로 거대한 규모이며, 세 개의 봉우리 사이로 폭포의 물줄기가 쉴 새 없이 떨어지는 풍경에 넋을 잃게 된다.

스코틀랜드에는 3개의 주요 도시가 있는데, 각기 다른 모습으로 유명하다. 우선, 6세기 때부터 도시의 형태를 갖춰 '사랑스러운 초록의 땅(Glasgow는 게일어로 'Glas cu'라고 불렸는데, 이는 'dear green place'란 뜻임)'으로 불린 글래스고는 스코틀랜드에서 가장 큰 도시이며, 영국에서는 세 번째(첫 번째는 런던[London], 두 번째는 버밍엄[(Birmingham]임)로 큰 도시이다(인구 70만 명). 이 도시는 18세기에 산업혁명을 주도했으며, 이후 중공업, 조선업, 교역 등이 활성화되면서 스코틀랜드의 최대 산업도시로 발전했다. 19세기 말에는 디자이너 찰스 매킨토시(Charles Rennie Mackintosh, 1868~1928: 식물을 모티프로 한 곡선 디자인 아르누보를 개척해서 유럽을 넘어 미국에서까지 주목받았던 디자이너)가 설계하고 완성한(1899년과 1909년 2기로 나누어 완공함) 글래스고 아트 스쿨(Glasgow School of Art: 경사진 도로에 우뚝 서 있어 기하학적 기법이 돋보이는 건물)의 명성으로 유럽의 디자인과 건축을 선도하는 도시로 자리매김하게 되었으며, 1990년에는 유럽의 문화도시로 선정되었다. 오늘날에는 문화, 건축, 음식, 라이브 음악, 스포츠 등 문화의 중심지로 부상하고 있다.

　　『해리 포터(Harry Porter)』로 관심을 끌면서 전 세계로부터 관광객을 유혹하고 있는 고색창연한 스코틀랜드의 주도(主都) 에든버러는, 바다가 내려다보이는 길게 늘어선 사화산을 따라 7개의 언덕 위에 위치한 유럽에서 가장 매력적인 도시로, 면적은 264제곱킬로미터이고, 인구는 49만 명이다. 15세기 이후 스코틀랜드의 수도가 되었으며, 자주독립 정신과 민족 고유의 전통을 고집스럽게 지켜옴으로써 스코틀랜드인의 자부심이 어려 있는 도시이다. 이곳은 18세기에 스코틀랜드 계몽주의(Scottish Enlightenment)가 만개하면서 학문과 문화의 센터로 거듭나서 '북쪽의 아테네(The Athens of the North)', '근대의 아테네(Modern Athens)', '북방의 파리(The Paris of the North)' 등으로 불리기도 했으며, 오늘날에는 스코틀랜드의 정치, 경제, 행정, 교육, 학문, 법률, 상업, 문화, 관광의 중심지로 자리매김했다. 또한, 이곳은 매력적인 랜드마크, 고풍스러운 석조 건물, 하늘을 찌를 듯이 우뚝 솟은 첨탑, 수많은 문화유산, 예술 분야가 총 망라된 에든버러 페스티벌, 공원 정원, 험준한 암산 위에 자리한 해발

에든버러 시 전경

133미터 높이의 에든버러 성(Edinburgh Castle) 등 중세의 풍경과 정취뿐 아니라 뉴타운(New Town: 조지 왕조풍의 우아한 거리로, 18세기에 부유한 상인이나 귀족들을 위해 계획적으로 조성한 거리)의 세련미를 동시에 느낄 수 있는 곳이다. 뿐만 아니라 1995년에는 구시가지와 신시가지 전체가 유네스코 세계 문화유산으로 지정될 만큼 아름다운 자연과 스카이라인을 자랑한다.

에든버러의 중심부에서 동서로 뻗어있는 프린세스 스트리트(The Princes Street: 에든버러 최고의 번화가이자 쇼핑가로 서울의 명동과 유사함), 스코틀랜드의 역사소설가 월터 스콧 기념탑(Walter Scott Monument: 월터 스콧 경을 기념하기 위해 1840년에 세워진 61m 높이의 고딕 양식 건축물로, 프린세스 스트리트 중간의 왼쪽 지점에 있으며, 불에 탄 듯이 검게 그을린 것이 특징임), 프린세스 스트리트 정원(Princes Street Gardens: 구 시가지와 신 시가지의 경계 지점에 있는 매력적인 녹색 공간), 에든버러 성과 칼튼 힐(Calton Hill: 에든버러 시내 중심에 있는 해발 110m의 언덕)에서 바라본 스카이라인은 말 그대로 환상적인 분위기를 연출한다.

칼튼 힐 중턱에 오르면 옛 천문대(The Old City Observatory)와 망원경 모양의 '넬슨 기념탑(The Nelson Monument)'이 있고, 정상에는 나폴레옹 전쟁의 승전을 기념하는 '내셔널 기념비(The National Monument of Scotland)'가 있다. '내셔널 기념비'는 19세기 초 나폴레옹 전쟁에서 전사한 군인들을 추모하기 위해 에든버러의 건축가 윌리엄 플레이페어(William Playfair)가 아테네의 파르테논 신전을 모방하여 1882년부터 만들기 시작했지만, 예산이 부족하여 파사드(facade: 건축물의 주된 출입구가 있는 정면) 부분만 세워진 채 미완성으로 남아 있어 언덕에 더 잘 어울리는 것으로 보인다. 이 미완의 기둥들은 언덕 위에서 하늘을 떠받치는 형상으로 당당하게 서 있다.

에든버러 성(에든버러에서 가장 오래된 건축물로, 6세기경 노섬브리아 왕국의 에딘[Edin] 왕이 세운 요새로부터 비롯된 명칭)은 성채이자 궁전이며 왕관이 보관된 에든버러의 상징으로, 도심 근처의 험준한 바위산 중턱부터 정상까지 자리하고 있다. 대략 1,000년의 긴 역사를 자랑하는 이 성은 군사 요새, 감옥, 왕궁, 군주들의 피신처 등 다양한 역할을 했으나, 계속된 전쟁(마지막 군사작전은 1745년에 있었음) 등으로 몇 번이나 파손된 후 재건 작업을 거쳐 오늘에 이르렀다. 또한, 이곳은 적의 동태를 파악하기 위해 에든버러에서 가장 높은 곳에 위치하고 있어, 에든버러를 한눈에 내려다볼 수 있는 가장 좋은 장소이다.

에든버러 성과 홀리루드하우스 궁전(Palace of Holyroodhouse)을 잇는 1마일(1.6km) 남짓의 로열마일(The Royal Mile) 거리 또한 기품 있는 매력을 발산한다. 로열마일이라는 명칭은 16세기에 국왕이 이 길을 통해 왕궁과 홀리루드하우스 궁전 사이를 오고 간 것으로부터 유래했다. 로열마일은 에스플러네이드 성(Castle Esplanade), 캐슬힐(Castlehill), 론마켓(Lawnmarket), 하이 스트리트(High Street), 캐넌게이트(Canongate) 등 크게 다섯 구역으로 나뉜다.

로열마일은 자갈을 깔아 만든 구 시가지(Old Town)의 중심으로 가장 넓고 번화한 거리이다. 또한 중세 건물, 역사 유적, 쇼핑센터, 박물관, 다양한 먹거리 등으로 유명한 에든버러의 대표적인 거리로, 옛 모습 그대로의 좁은 길들이 미로처럼 얽혀 있어 고색창연하다. 이곳은 과거에는 왕과 귀족들만이 지나갈 수 있었지만, 지금은 수많은 관광객과 퍼포먼스를 펼치는 예술가들로 북적인다.

홀리루드하우스 궁전과 퀸스 드라이브(Queen's Drive) 일대에 펼쳐진 거대한 홀리루드 공원(Holyrood Park)의 모습은 무척이나 인상적이다. 특히 1947년부터 이곳에서 개최되는 '에든버러 페스티벌(The Edinburgh International Festival)'의 명성으로 인해 매년 8월이면 세계 곳곳에서 몰려드는 예술가들로 인산인해(人山人海)를 이룬다. 이중 세계 문화수도의 명예를 안겨준 '에든버러 프린지 페스티벌(The Edinburgh Fringe Festival)'은 지금도 많은 이들의 관심을 끌고 있다. 에든버러 프린지 페스티벌 기간에는 천여 개의 공연이 펼쳐지며, 스코틀랜드를 포함한 다양한 국가의 군악대 행진이 축제의 백미를 장식한다. 프린지 페스티벌은 제2차 세계대전이 끝난 직후 전쟁으로 얼룩진 문화예술을 재통합하자는 취지로 시작되어, 오늘날에는 지구촌 사람들의 뜨거운 사랑을 받는 축제로 자리매김했다.

예술가들은 에든버러에서 영감을 얻었다. 영화나 소설 속으로 들어선 듯한 비현실감이 에든버러에서는 자연스러운 감정이다. 아서 코난 도일 경(Sir Arthur Conan Doyle, 1859~1930)은 로열마일 거리에서 『셜록 홈스(*Sherlock Holmes*)』를 구상했고, 멘

홀리루드하우스 궁전

델스존(Jakob Ludwig Felix Mendelssohn-Bartholdy)은 홀리루드하우스 궁전에서 벌어진 메리 여왕(Mary, Queen of Scots, 1542~1587)과 그녀의 비서이자 연인이었던 데이비드 리치오(David Rizzio)의 비극적 사랑 이야기를 토대로 교향곡 제3번 〈스코틀랜드〉를 작곡했다. 물론 스코틀랜드의 대자연도 큰 영향을 미쳤다. 전 지구적 스테디셀러『해리 포터(Harry Potter)』를 집필한 조앤 K 롤링(Joan K. Rowling, 1965~)은 이혼 후 생후 4개월 된 딸을 유모차에 태우고 에든버러 성이 보이는 '디 엘리펀트 하우스(The Elephant House: 조지 4세 다리 21번지에 위치함)' 카페에서 온종일 글을 써서 해리 포터 시리즈의 첫 편 『해리 포터와 마법사의 돌(Harry Potter and the Philosopher's Stone[Sorcerer's Stone]), 1997』을 완성했다.

홀리루드하우스 궁전(Palace of Holyroodhouse)

우아한 여성적 분위기와 화려한 프랑스식 궁전 양식이 잘 어우러진 홀리루드하우스 궁전은 에든버러에 있는 왕족의 공식 거처로, 홀리루드(Holyrood)는 그리스도가 처형된 십자가를 뜻한다. 1128년 스코틀랜드의 왕 데이비드 1세(David I)에 의해 기존의 홀리루드 사원(Holyrood Abbey)을 방문하는 귀족들을 위해 숙소로 지어졌으며, 1498년 스코틀랜드의 왕 제임스 4세(James IV)가 궁전으로 건축하고, 16세기에 제임스 5세의 결혼을 위해 개축된 이후부터 스튜어트 왕가의 공식 거처로 사용되었다. 1670년대 들어 찰스 2세가 또다시 개축하면서부터 현재의 모습으로 변모했다. 오늘날에는 엘리자베스 2세 여왕이 매년 6월에서 8월경에 스코틀랜드를 방문할 때에만 궁전으로 사용되고 있으며, 그밖에 국가 의식과 공식 행사도 이곳에서 열린다. 여왕이 머물지 않을 때에는 연중 일반에게 개방되고 있다.

이곳은 기구한 운명의 스코틀랜드 메리 여왕이 살았던 곳으로 더욱 유명하다. 역사적으로 의미가 있는 곳은 메리 여왕이 1561년부터 1567년까지 사용했던 침실(Mary's Bed Chamber)이다. 1566년 여왕의 2번째 남편이었던 단리 경(Henry Lord Darnley)이 질투심 때문에 임신 중이던 메리를 감금한 후, 그의 심복을 시켜 그녀가 총애하던 리치오(David Rizzio)를 여왕의 목전에서 살해한 장소가 바로 이곳이다.

궁전 안에는 메리 여왕이 생활했던 '여왕의 거실(Throne Room)'이 있고, 스코틀랜드 역대 왕들의 초상화와 미술품들이 전시되어 있다. 궁전 뒤로는 '아더왕의 의자'라는 뜻의 '아더의 시트(Arthur's Seat: 에든버러의 하늘 위로 우뚝 솟은 우람한 바위산)'와 '솔즈베리크래그(Salisbury Crags)'라는 이름의 바위가 있고, 궁전 주변에는 작은 언덕과 호수를 낀 산책길, 홀리루드 공원(Holyrood Park) 등이 있다.

스코틀랜드에서 세 번째로 큰 도시이자, 유럽의 해안 유전도시 애버딘(오묘한 회색지대로 도시 대부분이 화강암 건물들로 되어 있으며, 18세기의 화강암 채굴과 19세기의 섬유 및 제지 산업으로 거듭난 공업 도시)은 1972년 북해산 유전이 발견된 이후 번창 일로에 있다. 영국의 가장 중요한 어항(漁港)이기도 한 이곳은 스코틀랜드의 최대 어시장으로 청어와 대구의 집결지이기도 하다. 또한 "어느 날 아침, 잠에서 깨어보니 나 자신이 유명해져 있었다(When I awoke one morning, I found myself famous.)"라고 말한, 영국의 낭만주의 시인 바이런(George Gordon Byron, 1788~1824)이 생활했던 곳이기도 하다.

하이랜드(Highlands)와 로랜드(Lowlands)의 경계이자 스코틀랜드의 강인한 심장으로 비유되는 스털링(Stirling)은 스코틀랜드에서 가장 유서 깊은 도시 중 하나로, 중세의 명소, 고풍스러운 구 시가지, 널찍한 공원 등을 품고 있으며, 경이로운 스코틀랜드 고원으로 이어지는 관문이기도 하다. 예로부터 '스털링을 지배하는 자가 나라를 지배한다'고 해서 스코틀랜드의 운명을 좌우했던 전쟁이 스털링 주변에서 수차례나 반복해서 일어났다. 스코틀랜드의 영웅 윌리엄 월리스(William Wallace, 1297~1305)가 잉글랜드의 군대를 물리친 곳도 이곳이다. 그가 머물렀던 스털링 성(Stiring Castle: 절벽으로 둘러싸인 언덕 꼭대기에 있는 요새이자 왕들의 거처였음)은 스코틀랜드에 있는 천여 개의 성 중에서 가장 웅장하고 화려하다.

스털링 성에서 동북쪽으로 두 시간 거리에 있는 던노타 성(Dunnottar Castle)은, 아담한 마을 스톤헤이븐(Stonehaven)의 해안 절벽에 폐허로 남아 있어서, 주변의 장쾌한 풍광과 대비되어 애잔하고 쓸쓸하면서도 더없이 아름답다. 한편, 스털링셔(Stirlingshire)에 위치한 14세기의 고성(古城)인 둔 성(Doune Castle)은 HBO 인기 드라마 ≪왕자의 게임(A Game of Thrones)≫ 촬영지로 유명하다.

스코틀랜드에는 '세계 6대 해안도로'에 이름을 올린 도로가 있다. 이는 영국 왕실에서 아름다운 도로로 지정한 '노스 코스트 500(North Coast 500)'으로, 스코틀랜드의 최북단을 링 로드(Ring Road)로 연결한 길이다. 대략 830킬로미터에 달하는 이 좁은 길은 호수, 협곡, 해안선을 따라 구불구불 뻗어 있다. 도로 옆으로 맹렬하게 내달리는 대자연의 위세가 영검하여 감히 '신의 길'이라 할 정도이다. 인간이 신으로부터 빌린 땅 위에 조심스레 길을 내어 자연을 최대한 보전한 이 길의 풍광은 스코틀랜드인들의 자랑거리이다(문유선).

기후

스코틀랜드는 영국에서 연중 기온이 가장 낮은 지역으로, 여름철에도 평균 기온이 섭씨 15도 정도이다. 또한, 서늘하고 습하며, 일조량도 그다지 많지 않은 편이다.

북쪽으로 올라갈수록 기온이 낮아지며 특히 북부 해안가에는 바람도 강하게 분다. 하지만 유럽의 북부 지역과 달리 대서양 기단의 영향을 받기 때문에 비교적 온난하다.

동서(東西)로는 산지가 있지만 기후의 차이는 그다지 크지 않은 편이다. 강수량은 서쪽이 많으며, 산악지역은 특히 날씨 변화가 심하다. 날씨가 가장 좋은 때는 7월과 8월이다. 하지만 이때에도 날씨가 변화무쌍하다. 한여름의 낮 시간은 오전 6시 30분부터 오후 10시 30분까지로 매우 길다.

언어

스코틀랜드의 토속어는 영어가 아니라 스코트어(스코틀랜드 영어)와 스코틀랜드-게일어이다. 스코트어 사용자는 대략 1백 5십만 명 정도이다. 스코틀랜드-게일어는 켈트어군에 속하는 언어로 6세기경에 아일랜드로부터 유입되어 20세기 초반까지 널리 쓰였으나, 오늘날에는 스코틀랜드의 서쪽 해안에서 떨어진 스카이(Skye)섬이나 헤브리디스 군도(The Hebrides)에 사는 6만 명 정도의 사람들만 사용하고 있다. 오늘날 스코틀랜드인 다수는 영어를 쓰고 있다. 하지만 스코틀랜드인 특유의 악센트가 너무 강해서 외지인들이 그들의 영어를 이해하는 데는 다소의 어려움이 있다.

종교

1560년 종교 개혁가 존 녹스는 엄격한 성경 해석을 강조하는 장 칼뱅의 가르침을 토대로 '스코틀랜드 국교(The Church of Scotland, The Presbyterian Church, Kirk, 장로교)'를 세웠다. 이는 '영국 국교회(The Church of England, The Anglican Church, 성공회)'와는 전혀 성격이 다른 신교의 한 지파이다.

스코틀랜드인의 삶에서 기독교가 중요한 역할을 하는 것은 사실이지만, 사회가 점점 세속화되면서 20세기 이후 교회 참석률은 계속 감소 추세에 있다. 오늘날에는 전체 인구 중 단지 6.5퍼센트의 사람들만 규칙적으로 교회에 다니고 있다. 이들 중 가장 큰 교파는 신교(장로교)와 가톨릭이며, 기타 소수 종교로는 이슬람교, 힌두교, 시크교, 유대교 등이 있다.

스코틀랜드에서 가장 유명한 축구팀이라 할 수 있는 레인저스(Rangers)와 셀틱(Celtic)은 각기 다른 기독교 종파를 대변한다. 레인저스의 팬들은 신교를 신봉하는 반면, 셀틱의 팬들은 가톨릭을 신봉한다.

역사

"스코틀랜드 사람들은 모든 시간을 전쟁에서 보낸다. 그리고 전쟁이 없을 때는 자기들끼리 싸운다"는 말처럼, 스코틀랜드의 역사는 로마가 영국을 침략한 이후부터 외국의 지배 야욕을 물리치기 위한 항전과 투쟁의 역사였다. 따라서 전쟁의 땅 스코틀랜드에서는 잉글랜드, 프랑스, 스페인 사이에 늘 피비린내 나는 전투가 떠날 날이 없었다.

비록 스코틀랜드는 오늘날 '유니언 잭'의 깃발 아래 연합왕국을 형성하여 하나의 국왕을 섬기고 있지만, 스코틀랜드와 잉글랜드는 태생적으로 역사, 문화, 전통, 관습 등이 상이한 민족이었다. 따라서 그들은 1,000년 이상 동안 각기 다른 나라로 지내왔다.

스코틀랜드는 연합왕국 중 하나이지만, 1707년 '연합법'을 통해 서로의 자치권을 보장하며 잉글랜드와 합병을 했기 때문에, 각종 제도를 비롯한 여러 가지 면에서 스코틀랜드와 잉글랜드는 분리되어 있고, 스코틀랜드인 스스로가 잉글랜드인과 다르다고 생각한다. 이러한 역사적 배경 때문에 스코틀랜드인들은 자의식이 매우 강하며, 이방인들이 잉글랜드와 스코틀랜드를 동일시하는 것에 대해 매우 불쾌하게 생각한다. 따라서 앵글로색슨족이 그레이트 브리튼 섬의 원주민이었던 켈트족을 스코틀랜드로 몰아내고 잉글랜드를 차지했던 역사적 배경을 알게 되면, 오늘날 스코틀랜드가 분리 독립을 위해 찬반투표를 거듭하고 있는 이유를 이해하게 될 것이다. 이들 두 민족 간에는 물과 기름처럼 결코 섞일 수 없는 민족적 앙금이 아직도 남아있기 때문이다.

로마인들

AD 43년 로마의 클라우디우스 황제가 브리튼 섬을 침략했다. 하지만 오늘날 스코틀랜드 국경 너머까지는 세력이 미치지 못했다. 이후 122년 로마의 하드리아누스 황제는 스코틀랜드의 스코트족과 픽트족의 남침을 격퇴하고 북쪽의 국경 지역을 보호할 목적으로 '하드리아누스 성벽'을, 142년에는 안토니누스 피우스 황제가 훨씬 더 북쪽 지점에 '안토니누스 성벽'을 세워 스코틀랜드와의 교전(交戰)을 피하고자 했다.

스코틀랜드의 명칭

스코틀랜드에는 일찍이 17개의 상이한 부족이 살고 있었는데, AD 400년경 로마인들이 스코틀랜드를 포기하고 떠날 무렵에는 각각의 왕을 섬기는 4개의 부족으로 나뉘어 있었다. 이들 중 원주민격인 픽트족(Picts: 라틴어로 'painted people'이란 뜻)은 북부와 동부에서, 6세기경에 북아일랜드로부터 건너온 스코트족(Scots, Scottie)은 남서지역에서, 그리고 앵글로색슨족에게 쫓겨 잉글랜드로부터 이주한 브리튼족(Britons)과 앵글족(Angles)은 남부에서 살았다. 스코틀랜드(Scotland)라는 명칭은 아이러니하게도 스코트족의 명칭으로부터 유래했다.

기독교와 성(聖) 골룸바

스코틀랜드의 기독교 전파는 4세기 후반에 성(聖) 니니언(St Ninian)에 의해 시작되었다. 그는 로마에 다녀온 후 휘돈(Whithorn)에 교회를 세우고 선교의 본부로 삼았다. 그러나 스코틀랜드 종족의 선교는 쉽지 않았으며, 이후 아일랜드로부터 건너온 선교사 성 골룸바(St Columba)에 의해 본격적으로 이루어졌다. 그는 563년 이오나(Iona) 섬에 수도원을 세우고 선교를 시작했다. 그의 노력에 힘입어 기독교는 급속히 퍼져나갔고, 800년경에는 그를 추종하는 선교사들이 유럽 전역에서 활약했다.

스코트 왕국

서로 다른 인종으로 구성된 스코트 왕국(Kingdom of the Scots)의 통일은 결코 쉽지 않았다. 하지만 기독교라는 공통의 종교적 기반이 부족 간의 합병과 통일을 용이하게 했다. 따라서 843년 픽트족의 왕 케니스 맥알핀(Kenneth McAlpin)은 정복과 정략결혼을 통해 픽트 왕국과 스코트 왕국을 하나로 통합하고 이를 '스코샤(Scotia)'라 불렀다. 그는 수도(首都)를 스콘(Scone)으로 정하고, '스콘(운명)의 돌(The Stone of Scone, The Stone of Destiny: 이 돌은 스코틀랜드의 왕권, 정통성, 그리고 자부심의 상징이다. 직사각형 형태의 사암[砂巖]으로 붉은빛을 띠는 이 돌은 BC 시대에 성지[聖地, The Holy Land]로부터 이집트와 스페인을 거쳐 아일랜드로 옮겨져서 한동안 쓰였음)'을 이곳으로 가져와, 이후로 이 돌을 스코틀랜드 군주의 대관식에 사용하는 전통을 세웠다.

AD 890년부터 바이킹족의 침략이 뒤따랐다. 이들 노스족은 스코틀랜드 서쪽의 섬들을 370년 동안 점령했고, 셰틀랜드(Shetland) 제도(諸島)와 오크니(Orkney) 제도는 장장 600년 동안 점령했다. 브리튼족은 노스족의 위협에 쫓긴 나머지 스코샤에 합병되었고, 앵글족도 1018년 패배를 면치 못했다. 11세기 초 맬컴 2세(Malcolm II)는 스코틀랜드를 통일시키는 데 성공했지만, 왕위를 둘러싼 정쟁은 계속되었다. 셰익스피어에 의해 유명해진 던컨(Duncan), 맥베스(Macbeth), 던컨의 아들 맬컴 3세(Malcolm Canmore) 등이 서로 죽이고 죽는 피비린내 나는 권력 암투가 발생한 것도 이때였다(박지향 26).

🏴󠁧󠁢 봉건주의와 씨족

1057년에 즉위한 맬컴 3세는 잉글랜드의 정복왕 윌리엄과의 전투에서 패한 뒤 그를 종주왕(宗主王)으로 인정했다. 이때부터 스코틀랜드가 잉글랜드에 예속되는 역사가 본격적으로 시작되었다(박우룡 29). 한편, 잉글랜드 출신의 마거릿(Margaret, 1045~1093)과 재혼한 맬컴 3세는 마거릿의 강력한 영향으로 봉건제도를 도입하고 종교적 기반을 다졌다. 따라서 그의 영향력이 미치는 저지대(Lowlands)와 씨족(clans) 중심사회인 고지대(Highlands) 사이에 문화와 관습의 차이가 점점 크게 벌어지는 계기가 되었다.

🏴󠁧󠁢 윌리엄 월리스와 로버트 더 브루스

스코틀랜드 왕실의 혈통이 끊기고 유력자들 간에 왕위를 쟁취하기 위한 권력투쟁이 벌어지자, 잉글랜드의 왕 에드워드 1세는 1296년 이 기회를 십분 활용했다. 그는 무력과 정략결혼(자기 아들[Edward II, 1307~1327]을 스코틀랜드의 나이 어린 여왕 마거릿[Margaret, 1283~1290]과 결혼시킴)을 통해 잉글랜드와 스코틀랜드를 통합시키고자 했다. 그는 심지어 스코틀랜드의 주권을 상징하는 '스콘의 돌'도 강탈했다. 영국은 1996년까지 이 돌을 스코틀랜드에 돌려주지 않고 웨스트민스터 사원에 7세기 동안 보관하면서 그레이트 브리튼 섬 전체의 패권을 장악하려는 야망을 포기하지 않았다.

1297년 에드워드 1세의 침략을 받은 스코틀랜드는 민족의 영웅 윌리엄 월리스(William Wallace, 1270~1305)의 영도(領導) 하에 항전을 계속했다. 하지만 '스털링 브리지 전투(The Battle of Stirling Bridge)'에서 거둔 값진 승리에도 불구하고 이듬해 폴커크(Falkirk) 전투에서 패함으로써 뜻을 이루지 못했다. 여러 해 뒤에 월리스는 생포되어, 1305년 에드워드 1세의 명령으로 처형되었지만, 그는 스코틀랜드를 구하려 했던 영웅으로 구전되어 잉글랜드의 지배에서 자유를 갈구하던 투쟁의 상징적 존재가 되었다. 1995년에 개봉된 멜 깁슨(Mel Gibson) 주연의 영화 ≪브레이브 하트(Brave Heart)≫는 월리스를 주인공으로 다룬 영화이다.

1307년 '스코트족의 망치(Hammer of the Scots)'로 악명이 높았던 에드워드 1세가 스코틀랜드로 돌아오는 도중 세상을 떠나자, 로버트 더 브루스(Robert the Bruce)는 승승장구하여 1314년 6월 23일 스털링 인근에 있는 '배넉번 전투(The Battle of Bannockburn: 스코틀랜드의 국가[國歌] 〈스코틀랜드의 꽃〉은 배넉번 전투에서의 승리를 기리는 노래임)'에서 10만 명이나 되는 에드워드 2세의 군대를 물리치고 완벽한 승리를 거두었다. 하지만 이것은 결코 끝이 아니었다. 잉글랜드인들과 스코틀랜드인들은 수세기 동안 스코틀랜드의 남부 국경 지역을 넘나들면서 전쟁을 벌였다.

🏴󠁧󠁢󠁳󠁣󠁴󠁿 스튜어트 왕조와 르네상스

1329년 로버트 더 브루스가 세상을 떠나자 스코틀랜드는 내분(內紛)과 잉글랜드와의 계속된 전쟁으로 폐허가 되었다. 수도 에든버러는 영국군에게 수차례나 점령당했으며, 세인트 자일스 대성당(The Kirk of St Giles)마저도 잿더미가 되었다.

1503년 스코틀랜드 스튜어트 왕조의 혈통을 이은 제임스 4세(James IV)는 잉글랜드 튜더왕조의 시조(始祖)인 헨리 7세(Henry VII)의 딸 마거릿 튜더(Margaret Tudor)와 정략결혼(이는 후에 영국과의 비극적 합병의 씨앗이 됨)을 했다. 하지만 '엉겅퀴(스코틀랜드의 국화)와 장미(잉글랜드의 국화)의 결혼(The Marriage of the Thistle and the Rose)'으로 알려진 이 결혼조차도 제임스와 헨리 사이의 전쟁을 막지 못했고, 제임스는 결국 1513년 '플로든 전투(The Battle of Flodden)'에서 10,000여 명의 부하와 함께 세상을 떠나고 말았다.

한편, 제임스의 통치 기간은 르네상스 분위기가 한창이었다. 이때는 윌리엄 던버(William Dunbar), 가빈 더글라스(Gavin Douglas) 등과 같은 수많은 시인이 등장하였으며, 우아한 스코틀랜드 건축물들도 생겨났다. 대표적인 르네상스 건축 양식은 홀리루드하우스 궁전이나 스털링 성(Stirling Castle) 등에서 볼 수 있다.

⊞ 스코틀랜드의 메리 여왕, 종교개혁

스튜어트 왕조 출신으로 제임스 5세(James V)의 딸이자, 제임스 6세(James VI)의 어머니였던 메리(Mary Stuart, Queen of Scots, 재위 1542~1587)는 어린 나이에 프랑스로 보내져 프랑스 궁정에서 총명한 소녀로 자랐다. 그녀는 프랑스어, 라틴어, 그리스어, 스페인어, 이탈리아어를 유창하게 구사했으며, 문학, 사냥, 승마, 바느질, 악기에도 능했다. 또한, 메리는 당대의 왕녀 중 가장 아름답고 몸매가 늘씬한 것으로 유명했다. 18세 때 스코틀랜드로 돌아온 메리는 여러 차례의 결혼 염문과 사촌지간이었던 잉글랜드의 여왕(엘리자베스 1세)에 의한 처형 등으로 세간을 떠들썩하게 했다.

메리가 프랑스에서 독실한 가톨릭교도로 자라는 동안, 스코틀랜드에서는 종교

개혁의 물결이 한창이었다. 스위스의 종교개혁가 칼뱅(Calvin)을 추종했던 존 녹스(John Knox)가 여타의 유럽지역처럼 가톨릭을 신봉하는 스코틀랜드에 장로교를 세웠기 때문이다. 이후로 스코틀랜드에서는 150여 년 동안 가톨릭과 장로교 사이에 종교적 갈등과 분규가 잇따랐다.

메리 여왕

스코틀랜드의 메리 여왕

스코틀랜드 역사상 메리 여왕만큼 비운의 삶을 살았던 여왕은 아마 없을 것이다. 잉글랜드의 끊임없는 침략으로 역사의 뒤안길로 사라진 스코틀랜드 왕국만큼이나 그녀의 인생은 파란만장했다. 제임스 5세의 딸이었던 그녀는 부왕이 서거하자 생후 6일 만에 스털링(Stirling)에서 스코틀랜드 여왕으로 즉위했다. 그후 섭정을 맡은 프랑스 출신의 어머니는 신·구교 간의 정쟁을 피해 메리를 다섯 살 때 프랑스로 보냈고, 그곳에서 가톨릭교도로 자란 메리는 1558년 당시 프랑스의 왕세자였던 프란시스(Crown Prince Francis)

와 결혼했다. 1559년 남편이 프란시스 2세로 왕위에 올랐으나 1년 후 병사하자, 그녀는 1561년 미망인의 신분으로 귀국했다.

1565년 가톨릭교도인 사촌 동생 단리 경(Henry Lord Darnley)과 재혼했으나 단리는 보스웰의 백작 (The 4th Earl of Bothwell) 제임스 햅번(James Hepburn)에 의해 1567년 암살당했다. 같은 해 이 일을 무마시켜준 제임스 햅번과 재혼하자 이들의 결합을 탐탁지 않게 여긴 귀족들은 그녀를 투옥하고, 그녀의 아들 제임스에게 권력을 이양할 것을 강요했다. 결국, 그녀는 제임스 6세(James VI, 잉글랜드의 왕 제임스 1세)에게 왕위를 물려주고 로크레븐 성(Loch Leven Castle)에 유폐되었다. 후에 잉글랜드로 탈출하여 사촌인 엘리자베스 1세 여왕의 보호를 받으려 했으나, 1586년 배빙턴 음모사건(The Babington Plot)에 연루되어 18년 6개월간의 유폐 생활 끝에 1587년 참수되었다.

🏴󠁧󠁢󠁳󠁣󠁴󠁿 왕실의 합병, 보니 프린스 찰리와 자코바이트 난

잉글랜드의 여왕 엘리자베스 1세가 후사 없이 세상을 떠나자, 당시 스코틀랜드의 왕이었던 제임스 6세가 1603년 스코틀랜드와 잉글랜드의 왕 제임스 1세가 됨으로써 두 개의 왕실이 합병(Union of Crowns)되었다. 이러한 왕실의 통합은, 1707년 앤 여왕 시대에 연합법 제정으로 스코틀랜드와 잉글랜드 의회가 통합됨으로써 마침내 연합왕국의 성립에까지 이르게 되었다.

하지만 스코틀랜드의 하일랜드 사람들과 서부 도서(島嶼) 지역 사람들은 이러한 변화를 반기지 않았다. 이들은 명예혁명으로 폐위된 제임스 2세의 아들(James III)과 손자(Bonnie Prince Charlie, Prince Charles Edward Stewart, 1720~1788)를 중심으로 규합하여 스튜어트 왕조의 회복을 도모하기 위해 두 차례(1715년, 1745년)의 자코바이트 난 (The Jacobite Rebellion: 자코바이트는 제임스 2세의 라틴어 이름 'Jacobus'에서 유래하며, 제임스 2세의 추종자들을 의미함)을 일으켰는데, 이는 잉글랜드에 대한 스코틀랜드인들의 최후 저항이었다. 비록 찰리 왕자(Bonnie Prince Charlie)가 주도한 두 번째 반란에서 어느 정도 성공을 거두긴 했지만, 반란군은 1746년 '컬로든 전투(The Battle of Culloden: 영국 땅에서 벌어진 마지막 전투로 단 68분 동안 지속됨)'에서 처참하게 패하고 말았다. 또한, 1,200명의 하일랜드 사람들이 영국군에 의해 학살되었다. 이때부터 스코틀랜드는 독자적인 의회를 포기하고, 45명의 지역구 대표를 영국 의회의 하원에,

컬로든 전투

그리고 귀족 대표 16명을 상원에 보내는 권리를 받아들인 뒤 새로운 하노버 왕조를 인정하게 되었다.

🇬🇧 하일랜드 사람들의 강제 퇴거

컬로든 전투가 끝난 뒤 영국 정부는 스코틀랜드가 다시는 반란을 일으키지 못하도록 잔인한 복수를 했다. 이 전투는 특히 하일랜드 역사의 전환점이 되었다. 왜냐하면, 전통적 씨족제도를 붕괴시키고, 일련의 법 제정을 통해 하일랜드의 문화와 생활방식을 완전히 말살하려고 했기 때문이다. 즉 타탄(tartan)의 착용, 백파이프(bagpipe)의 연주, 스코틀랜드-게일어의 사용, 하일랜드 민속 경기, 무기의 소지 등을 철저히 금지시켰다.

또한, 1760년대부터 하일랜드인들에 대한 공포의 강제 퇴거(evictions, clearances)가 시작되었다. 씨족제도가 와해되자, 지주들은 군사적으로나 경제적으로 더 이상 쓸모가 없게 된 소작인들을 가옥과 토지에서 강제로 내쫓고, 자신들에게 더 큰 이득을 보장해줄 양들을 키우고자 했다. 따라서 하루아침에 알거지가 된 수많은 소작인은 도시 노동자로 전락하거나, 더 나은 삶을 찾아 호주, 뉴질랜드, 캐나다, 미국 등지로 이민을 떠났다. 이처럼 하일랜드의 옛 생활방식과 문화가 사라진 방식은 아메리카 인디언들의 방식과 유사한 면이 있다.

🏴󠁧󠁢 산업혁명과 문명의 개화

하일랜드 지역이 텅 비어가고 있는 와중에도, 스코틀랜드의 저지대는 산업혁명의 중심지로 자리매김을 하고 있었다. 특히, 글래스고가 '대영제국의 작업장' 역할을 톡톡히 했다. 스코틀랜드 출신의 제임스 와트(James Watt, 1736~1819)에 의한 증기기관의 발명에 힘입어, 리넨, 면직물, 담배, 조선, 건축, 석탄, 철강, 중공업, 화학공업 등의 산업이 산업혁명을 주도했기 때문이다.

한편, 스코틀랜드의 사상가이자 철학자였던 데이비드 흄(David Hume), 경제학자 애덤 스미스(Adam Smith), 국민시인 로버트 번스(Robert Burns), 역사소설가 월터 스콧(Sir Walter Scott), 저명한 건축·토목 기술자 토마스 텔퍼드(Thomas Telford), 지질학자 제임스 후튼(James Hutton), 화학자 조셉 블랙(Joseph Black), 화가 알랜 램시(Allan Ramsay) 등이 활약하고, 해외 식민지 개척과 탐험에 적극 나선 것도 이때였다.

🏴󠁧󠁢 북해(北海)산 유전과 권력 이양 과정

대륙과 인접해 있는 영국의 여타 지역과 다르게 북쪽에 위치한 스코틀랜드는 제2차 세계대전의 영향을 별로 받지 않았을 뿐 아니라, 군수물자의 제조와 조달을 통해 오히려 이 기간에 번영을 누렸다. 하지만 전쟁 이후 조선업과 중공업이 붕괴되자 극심한 경기침체기를 겪었다. 다행히도 1960년대 후반부터 북해에서 개발된 유전이 스코틀랜드의 경제부흥에 일조했다. 경제가 되살아나자 스코틀랜드인들의 국민의식도 덩달아 고조되었으며, 이와 함께 스코틀랜드 독립당(The Scottish Nationalist Party, SNP)이 정치의 중심축으로 등장했다.

1970년대 들어 국가주의(민족주의) 열정이 고조되면서 스코틀랜드 독립당은 자치 정부를 쟁취하기 위해 큰 노력을 기울였다. 그 결과 1979년 스코틀랜드 의회를 되찾기 위한 국민투표가 있었으나 부결됨으로써 1979년부터 1997년까지 영국의 보수당 통치를 받아야만 했으며, 1997년 노동당의 승리와 함께 또다시 치러진 국민투표에서 선전함에 따라 1999년부터는 독자적인 스코틀랜드 의회(거의 300 백 년 만에 1999년 5월 12일 개원함)를 둘 수 있는 길이 열렸다. 따라서 스코틀랜드는 1999년부터 외교와 국방을 제외한 대부분의 국정 운영에 관한 권한을 웨스트민스터 의회로부터 이양받아 독자적 의회와 자치 정부를 운영해오고 있다. 또한, 국교회, 사법, 교육, 화폐제도 등도 독립성을 유지해오고 있으며, 영국 행정부 내각에도 스코틀랜드의 교육, 지자체, 기타 중요한 문제들을 책임지는 '스코틀랜드 국무장관(The Secretary of State for Scotland)'이 있다.

　　스코틀랜드 독립당은 2007년 총선에서 승리하고, 2011년 총선에서 단독으로 과반 의석을 차지함으로써 스코틀랜드가 영국으로부터 분리 독립하는 것을 당론으로 추진해왔다. 2013년 5월 스코틀랜드 자치정부와 영국정부는 배넉번 전투 700주년이 되는 2014년 9월 18일에 스코틀랜드 분리 독립에 관해 찬반을 묻는 국민투표를 실시하기로 합의하였다. 당초에는 분리 독립에 대한 반대가 우세할 것으로 예측되었으나, 투표일이 가까워 오자 여론 조사 결과에서 찬성이 반대를 앞지르기도 하는 등 혼전양상으로 전개되었다.

　　2014년 9월 18일 관련 당사자들의 지대한 관심 속에 스코틀랜드의 분리 독립에 관해 찬반을 묻는 국민투표가 있었으나 찬성 44.7%, 반대 55.3%로 분리 독립 안이 부결되었다. 영국 의회가 분리 독립의 불길을 잠재우기 위해 끊임없이 당근을 제시함으로써 스코틀랜드의 분리 독립의 꿈은 가까스로 무산되었지만, 분리 독립을 향한 스코틀랜드인들의 노력은 이후로도 계속되었다. 그 결과 2015년 5월 7일 치러진 총선거에서 스코틀랜드 독립당이 전체 59개 의석 중 56석을 차지함으로써 스코틀랜드의 분리 독립에 대한 열망과 재투표에 대한 기대를 다시금 불러일으키고 있다.

문화

🏴󠁧󠁢 타탄(tartan)

씨족(clan)의 긍지로 여겨지는 타탄은 로마 제국시대에 탄생했다. 이후 13세기에 켈트족은 자기 소유의 토지에서 자라는 식물을 염료로 활용해 체크무늬(격자무늬) 모직천을 짜서 입었는데, 이들이 몸에 걸치고 다니던 체크무늬 천의 색과 무늬로 그 사람의 신분과 가문(家門)을 알 수 있었다. 타탄의 체크무늬는 다양하지만, 세로와 가로 무늬의 간격이 동일한 것이 특징이다.

그 후 타탄은 하일랜드에서 씨족제도가 확립되면서 가계(家系: 가족이나 후손을 게일어로 '클랜[clann]'이라고 함)를 상징하는 문장(紋章)으로 자리 잡게 되었다. 그러나 1746년 '컬로든(Culloden) 전투'에서 잉글랜드에게 패한 뒤 발효된 '금지법(The Act of Proscription, 1747)'에 따라, 스코틀랜드 고유의 문화와 전통은 철저히 금지되거나 탄압받게 되었으며, 타탄도 예외가 아니었다.

타탄

오늘날의 타탄은 대부분 19세기 이후에 복원되거나 새롭게 디자인된 것들이다. 영국의 빅토리아 여왕은 특히 하일랜드 지역과 하일랜드 문화에 관심이 많았으며, 1822년 영국 왕 조지 4세(George IV)는 스코틀랜드를 방문했을 때 타탄으로 만든 킬트(kilt: 남성용 치마)를 입었다. 이러한 연유로 오늘날과 같은 다양한 타탄 문화(현재 1,600여 종의 타탄이 존재함)가 번창할 수 있게 되었다.

🏴󠁧󠁢 킬트(Kilt)

타탄으로 만든 스코틀랜드의 전통의상을 '킬트'라고 한다. 백파이프와 함께 스코틀랜드를 상징하는 체크무늬 주름치마(세로로 주름이 잡힌 느슨한 치마) '킬트'는 스코틀랜드 하일랜드 사람들과 군인들이 정복으로 입던 민속 의상이다. 보통 허리 부분에 걸친 뒤 무릎까지 내려 입으며, 허리 한가운데 정면에 조그만 가죽 주머니를 장식으로 부착한다.

킬트는 원래 가문(家門)이나 신분을 드러내는 용도로 만들어졌지만, 군인들은 소속 부대의 상징으로 입었다. 따라서 지금도 킬트는 스코틀랜드의 군복으로 사용되고 있다. 허리에 부착하는 작은 가죽 주머니는 원래 식량을 담기 위한 용도였으나, 세월이 흐르면서 단순한 장식으로 변모했다. 오늘날 타탄은 킬트를 입고 백파이프를 연주하는 관광 상품으로 거듭나서 스코틀랜드인의 자부심을 상징하고 있다.

▨ 스카치 위스키(Scotch Whisky)

위스키는 스코틀랜드의 영혼과 밀접한 관련이 있으며, 스코틀랜드 하면 치마 입은 남자 다음으로 떠오르는 것이 위스키이다. 위스키 주요 산지로는 스털링(Stirling) 이북의 하일랜드와 이남의 로랜드, 5개의 섬으로 이루어진 아일랜즈(Islands) 등이 있다. 특히, 웅대한 자연 속에서 태어난 하일랜드 지방의 위스키는 '스카치(Scotch)의 왕'으로 불리고 있으며, 스페이강(The River Spey) 유역의 스페이사이드(Speyside)는 스카치의 고향이자 최고급 위스키 산지이다. 이곳에 있는 40여 개의 증류소(malt whisky distilleries)에서 생산되는 위스키로는 조니워커(Johnnie Walker), 발렌타인(Ballantines), 로열 살루트(Royal Salute), 시바스 리갈(Chivas Regal), 패스포트(Passport), 썸씽 스페셜(Something Special), 글랜피딕(Glenfidich), 글렌리벳(The Glenlivet), 맥켈란(Macallan) 등이 있으며, 이곳에 있는 '몰트 위스키 산책길(The Malt Whisky Trail)'은 전 세계 위스키 애호가들이 즐겨 찾는 곳이다.

위스키의 기원에 관해서는 정확히 알 수 없지만, 위스키의 발상지는 아라비아(Arabia: 오늘날의 중동 지역)로 추정되고 있다. 10세기 무렵에 아일랜드의 수사(修士)들은 아라비아로부터 증류 기술을 들여왔다. 당시 아랍인들은 꽃을 증류하여 향수 및 '아라끄(Araq)'라는 증류주를 제조했다. 아일랜드의 수사들은 이 증류주 제작 기술을 응용하여 보리(barley)로 위스키를 증류하는 기술을 개발했다. 이 기술은 수도원 경내에서 수세기 동안 비밀에 부쳐지다가 후일 선교사들에 의해 스코틀랜드로 전해졌다. 스코틀랜드에서는 1494년 제임스 4세(James IV, 1473~1513)의 명령으로 존 코어(John Cor)가 맥아(麥芽)를 증류하여 위스키를 처음 제조한 이래(아일랜드에서 처음 만들어진 공식 기록은 1556년임), 현재는 대략 120여 개의 위스키 제조공장(malt whisky distillery) 이 있다.

스코틀랜드의 위스키를 세계 최고로 만든 비결은 하일랜드의 토탄(peat, turf) 색 강물이라 할 수 있다. 아일랜드의 수사들은 처음 위스키를 만들었을 때, 이를 아일랜드어로 '생명수(the water of life)'를 뜻하는 'uisce beatha(발음은 ish·ka ba ·ha)'라 불렀다. 이는 라틴어 '아쿠아 비테(aqua vitae: 생명의 물)'에서 유래한 말인데, 당시 아일랜드에 주둔하고 있던 영국 군인들은 이를 발음할 수가 없어서 영어로 'whiskey'라 불렀다. 그 후 아일랜드와 스코틀랜드에서는 'whiskey'와 'whisky'가 혼용되어 사용되었다. 하지만 20세기 이후 아일랜드의 위스키 제조업자들이 자신들이 만든 위스키의 철자를 'whiskey'로 고집하면서부터, 아일랜드 위스키(Irish whiskey)와 스코틀랜드 위스키(Scotch whisky)를 영어의 스펠링 차이에 의해 구별할 수 있게 되었다. 최근에는 위스키를 뜻하는 '스카치(Scotch)'가 전 세계적으로 통용되고 있다.

스페이사이드에 있는 위스키 제조장

그러면 스펠링 외에 아이리시 위스키와 스카치 위스키의 차이점은 무엇일까? 우선, 스카치 위스키는 맥아를 토탄 불 위에서 말리지만, 아이리시 위스키는 연기가 없는 가마(kiln)에서 말린다. 따라서 스카치 위스키는 아이리시 위스키에서 찾아볼 수 없는 훈제(燻製) 맛이 깃들여 있

위스키 증류장

다. 또한, 아이리시 위스키는 세 번의 증류 과정을 거치지만 스카치 위스키는 두 번의 증류 과정을 거치기 때문에, 아이리시 위스키가 순도(純度) 면에서 더욱 정제된 맛을 내는 경향이 있다.

스코틀랜드의 특산품인 스카치는 곡물, 물, 효모균을 원료로 하여 만들며, 통상 오크통에서 3년 이상 숙성시킨다. 스카치에는 세 가지 종류가 있다. 보리의 맥아(malt)만을 사용하여 단식 증류기에서 증류한 것이 몰트 위스키(malt whisky)이고, 옥수수와 맥아를 발효시킨 후에 증류한 것이 그레인 위스키(grain whisky, 곡물 위스키)이며, 이 둘을 혼합하여 만든 것이 블렌디드 위스키(blended whisky, 혼합 위스키)이다. 스카치를 '스코틀랜드 지방의 술'에서 '세계적인 술'로 승화시킨 것은 다름 아닌 블렌디드 위스키의 덕이라 할 수 있다. 대표적인 것으로는 화이트 호스(White Horse), 커티 삭(Cutty Sark) 등이 있다.

한편, 최근에 전 세계적인 붐을 일으키고 있는 위스키는 '싱글 몰트 위스키(Single Malt Whisky)'이다. 이는 단식 증류기를 통해 두 번 증류한 몰트 위스키만을 병에 담은 것으로, 혼합물을 전혀 섞지 않아 맛이 중후하고 짙어 스카치의 새로운 맛을 즐길 수 있게 해주는 술이다.

🏴󠁧󠁢󠁳󠁣󠁴󠁿 해기스(Haggis)

해기스는 북부 고지대에서 주로 먹는 스코틀랜드의 전통적 국민 음식(The Traditional Scotland's National Dish)이다. 생활이 어려워 가축의 뼛속까지 먹던 시절, 해기스는 가축의 최고급 부위를 먹은 후에 남는 부위들로 만든 스코틀랜드 특유의 요리였다. 양의 위(胃)를 주머니로 삼아 그 속에 양이나 송아지의 각종 내장들(허파, 간, 심장), 양파, 오트밀 등을 집어넣고 삶은 요리로 우리나라의 만두와 비슷한 음식이다.

조리법도 만두와 비슷하다. 우선, 잘게 썬 고기에 다진 채소, 다량의 오트밀, 향신료, 후추 등을 곁들여 소(素, filling)를 만든다. 그 다음에 잘 버무려진 소를 양의 위에 넣고 쪄내면 해기스가 완성된다. 직접 만드는 곳도 있지만, 소시지 형태로 판매해서 어디서나 쉽게 구입할 수 있다. 데워서 따뜻하고, 채소 때문에 촉촉하며, 오트밀이 많이 들어 있어 포슬포슬한 식감이다. 담백한 고기 향에 매운맛까지 더해져 한국인의 입맛에도 잘 맞는다. 낯설지만 한번 맛보면 중독될 확률이 높다. 후추와 향신료 향이 강하기 때문에 보통 위스키를 곁들여서 먹는다.

18세기에 로버트 번스는 해기스에 대한 사랑을 찬미시(讚美詩)에 담아 표현했다. 1801년, 번스의 5주기 추모행사로 시작된 동료들의 저녁 식사 자리가 스코틀랜드의 전통이 되었다. 이후로 매년 섣달 그믐날(12월 31일) 자정이면 스코틀랜드 사람들은 손에 손을 잡고 스코틀랜드의 국민 시인 번스가 쓴 〈올드 랭 사인(Auld Lang Syne)〉을 부르면서 가는 한 해를 아쉬워하는 파티를 벌이는데, 이를 '호그머네이(Hogmanay: New Year's Eve, 섣달 그믐날 저녁)'라고 한다. 원래 호그머네이는 해가 빨리 뜨라고 재촉하던 켈트족의 축제로, 최근까지도 크리스마스보다 더 중요한 행사였다. 지금은 새해가 밝았음을 알리기 위한 흥겨운 댄스파티로 열리고 있다. 스코틀랜드 사람들은 이 행사와 매년 1월 25일 '번스 나이트(Burn's Night: 로버트 번스

해기스

의 탄생 기념일'에 특별한 의식을 거행한 후(전통의상을 입은 사람이 백파이프[bagpipe]를 연주하면 해기스가 식탁으로 운반되고, 이어 번스의 「해기스에 게 보내는 말(Address to a Haggis)」이라는 시가 낭송되면 박수갈채가 뒤따름.) 해기스를 먹는다. 식후에는 로버트 번스의 시 낭송도 빼놓지 않는다.

🏴󠁧󠁢󠁳󠁣󠁴󠁿 골프(Golf)

골프의 기원은 로마 시대로 거슬러 올라간다. 고대 로마인들은 깃털이 달린 가죽 공을 나무 막대기로 쳐서 멀리 날리는 '파가니카(paganica)'라는 놀이를 즐겼는데, 이 놀이의 방식이 오늘날의 골프와 유사했다. 그 후 13세기에 네덜란드인들이 막대기로 둥근 가죽 공을 치는 '콜프(kolf, colf)' 경기를 했다는 기록이 있다. '골프'란 단어는 스코틀랜드-게일어의 고어(古語) '고프(Gouft, Gowff)'에서 유래한 말로, 막대기로 돌을 '치다'라는 뜻이다. 즉, 골프는 스코틀랜드의 초원에서 소와 양을 관리하던 목동들이 심심풀이로 막대기로 돌을 쳐서 여우 굴에 집어넣던 놀이였다.

골프에 관한 최초의 기록은 1457년으로 거슬러 올라간다. 당시 제임스 2세(James II)는 백성들이 국가 방위에 필요한 궁술은 연마하지 않고 골프에만 몰두함으로써 국가에 해(害)가 된다는 이유로 골프와 축구를 금지했다. 그 후에도 두 번의 금지령이 더 내려졌지만, 골프를 즐겼던 제임스 4세(James IV)가 1502년 금지령을 해제했다. 이후 메리 여왕도 골프 게임을 했고, 골프는 17세기까지 유행했으며, 골프장은 사교의 장이 되었다.

1754년 5월 14일에는 귀족과 신사 22명이 모여 스코틀랜드의 유서 깊은 대학도시 세인트 앤드루스(St Andrews: 독특한 분위기의 해변 마을로 중세 유적

메리 여왕이 골프를 즐기는 장면

지, 골프광들, 바람 부는 해안 경치, 화려한 관광지, 대규모 대학 등이 있는 도시)에서 세계 최초의 골프 클럽 '소사이어티 오브 세인트 앤드루스 골퍼스(Society of St Andrews Golfers)'를 창설했는데, 이는 1834년 영국 왕 윌리엄 4세(William IV, 1765~1837)의 후원 으로 '로열 앤 에인션트 골프 클럽(The Royal and Ancient Golf Club)'으로 개칭되었다.

한편, 이 클럽은 13개 조항의 정관을 채택했는데, 이 정관은 최초로 공인된 골 프 규칙이자 오늘날 전 세계 골프 규칙(미국과 멕시코는 제외)의 토대가 되었고, 마침 내 세계 모든 나라에 골프를 보급하는 계기가 되었다.

이제 골프는 스코틀랜드인만의 스포츠가 아닌, 잉글랜드를 포함한 모든 영국인 들의 스포츠로 자리매김했다. 또한 '로열 앤 에인션트 클럽'은 오늘날까지도 영국의 모든 골프대회를 주관하면서 영국인과 외국인들에게 골프를 널리 보급하는데 기여 했다.

세인트 앤드루스는 말 그대로 골퍼들의 성지(聖地)이다. 도시 바로 외곽에 바다 와 나란히 펼쳐진 16세기 '올드 코스(Old Course)'는 사람들의 손이 타지 않은 자연 그

세인트 앤드루스에 있는 올드 코스

대로의 지형을 살린 '신이 만든 코스'로 알려져 있다. 골프의 성지답게 올드 코스 바로 뒤편에는 '골프 박물관(The British Golf Museum)'이 자리 잡고 있다. 1990년에 개관된 이 박물관은 분해된 골프공, 퍼터와 클럽, 골프공과 골프 경기의 역사, 골프 패션 등 초창기부터 최근까지 500여 년에 걸친 골프의 역사를 한눈에 볼 수 있는 곳이다. 15세기부터 사람들은 유서 깊은 세인트 앤드루스 골프장(7개의 골프 코스, 파빌리온 [pavillon], 상점, 레스토랑으로 구성됨)에서 골프를 쳤다. 오늘날에도 스코틀랜드 전역에 있는 550여 개의 다양한 골프 코스들은 전 세계 골프 애호가들을 유혹하고 있다.

🇬🇧 에든버러 페스티벌
에든버러 페스티벌은 4월 사이언스 페스티벌(Science Festival)을 시작으로, 6월 필름 페스티벌(Film Festival), 7월 재즈 앤 블루스 페스티벌(Jazz & Blues Festival)과 아트 페스티벌(Art Festival), 에든버러 인터내셔널 페스티벌(The Edinburgh International Festival), 에

에든버러 페스티벌

든버러 프린지 페스티벌(The Edinburgh Fringe Festival), 에든버러 인터내셔널 북 페스티벌(Edinburgh International Book Festival) 등으로 이어진다. 물론 이것이 끝이 아니다. 10월 스토리텔링 페스티벌(Storytelling Festival), 12월 호그머네이 페스티벌(Hogmanay Festival)과 신년 파티까지, 말 그대로 축제로 시작해서 축제로 끝이 난다.

그중에서 1947년에 탄생한 '에든버러 인터내셔널 페스티벌'은 제2차 세계대전의 상흔을 치유하고 평화 회복을 기념하기 위해 시작되었다. 매년 여름 3주 동안(8월 마지막 2주와 9월 첫째 주, 8월 14일~9월 6일) 개최되는 '에든버러 인터내셔널 페스티벌'은 극장, 콘서트홀, 거리, 공원 등지에서 세계 최고의 음악가와 공연 예술가들이 모여 한여름을 화려하게 장식하는 전 세계적인 예술축제이다. 비록 시작은 소박했지만, 지금은 세계에서 가장 오래되고, 규모가 크며, 수준에서도 세계 최고를 자랑하는 축제라고 할 수 있다. 이 축제에서는 클래식 음악, 연극, 발레, 코미디, 스토리텔링, 춤, 음악, 뮤지컬, 오페라, 오케스트라, 재즈, 영화, 문학, 미술, 가장행렬, 거리공연, 백파

밀리터리 타투

이프 공연, 도서 및 건축물 전시, 비주얼 아트, 밀리터리 타투 등 세계 각국으로부터 초청된 5백여 종류의 공연단체가 다채로운 공연을 펼친다. 페스티벌 전일에는 프린세스 스트리트에서 퍼레이드를 벌이며, 중반에는 프리세스 스트리트 가든에서 불꽃 축제가 열린다.

화려한 공연 중 가장 인기가 있는 것은 8월 초순부터 시작되는 군악대의 야외 행진인 '에든버러 밀리터리 타투(EdinburghMilitary Tattoo: 밤 10시의 귀대 나팔 소리 'tat-too'에서 유래하

며, 1950년부터 부대 행사로 시작됨)'이다. 스코틀랜드 위병들로 구성된 군악대, 백파이프와 드럼 연주단, 서커스단, 치어리더, 오토바이 묘기팀, 세계 각국의 밴드와 댄스팀 등이 스코틀랜드의 전통의상 킬트를 입고, 백파이프와 드럼으로 전통음악을 연주하며, 에든버러 성을 배경으로 성 입구의 광장에서 군악 퍼레이드를 펼친다.

'축제 속의 축제(the festival within festival)'라고 할 수 있는 '에든버러 프린지 페스티벌(매년 8월 첫 주부터 3주간, 8월 5일~29일)'은 수많은 공연단체가 실험성이 풍부하고 아이디어가 참신한 예술작품을 선보이는 비공식적인 예술축제이다. 1947년 에든버러 인터내셔널 페스티벌이 최초로 개최되었을 때, 본 프로그램에 참여하지 못한 여덟 개의 극단이 있었다. 이들이 외곽에 모여 자신들만의 작은 페스티벌을 열었는데, 이것이 에든버러를 대표하는 명물 축제로 자리 잡게 되었다.

즉흥 거리공연, 수백 개의 쇼, 콘서트, 재즈, 아동극, 인형극, 야외 카니발, 곡예사들의 공연, 전시회 등 흥미진진한 볼거리들로 펼쳐지는 이 축제는 에든버러 축제센터, 어셔홀, 퀸스 홀, 에든버러 플레이 하우스, 로스 극장 등의 로열마일과 마운드, 극장과 홀, 거리와 광장을 가득 메워 도시 전역을 축제의 도가니로 빠져들게 한다.

하지만 이 축제는 1990년 이후로 스탠드업 코미디가 주류를 이룬다. 하지만 그밖에도 전기톱 저글링 묘기, 퍼포먼스를 곁들인 시 낭송회, 티베트 야크 우유로 가글하기 등 놀라운 볼거리들이 펼쳐진다.

'프린지 페스티벌'은 공식 초청공연으로 이루어지는 '에든버러 인터내셔널 페스티벌'과는 달리 자유 참가 형식의 공연으로 해마다 수백여 개의 공연단체가 참가하고 있다. 특히 2013년에는 4만 5,464명이 참가하여 2,871개의 공연이 펼쳐졌으며, 판매된 입장권이 200만 장에 이를 정도로 세계 최대 규모의 공연 예술축제로 자리매김했다. 따라서 형님격인 '에든버러 인터내셔널 페스티벌'보다 더욱 유명해진 이 '에든버러 프린지 페스티벌'은, 축제의 타이틀처럼 더 이상 '주변부(fringe)'에 머물러 있지 않고, 자유로운 창조 정신을 불태우며 주류 문화로 도약하고 있다(조일제 198-199).

🇬🇧 백파이프(bagpipe)

백파이프

스코틀랜드 하면 가장 먼저 떠오르는 것이 킬트(kilt)를 입은 남자가 백파이프를 부는 모습이다. 고대 이집트인이나 로마인들에게도 이 악기가 수천 년 전에 알려지기는 했지만, 스코틀랜드 고유의 소리 하면 뭐니 뭐니 해도 백파이프 소리이다. 백파이프는 입으로 공기주머니에 공기를 불어 넣으면서, 이것을 여러 개의 파이프를 통해 밀어냄으로써 소리를 낸다. 연주에는 1~2개의 찬터(chanter: 선율관)라고 하는 리드가 달린 지관(指管: 손가락으로 누르는 관)이 선율을 연주하고, 2, 3개의 드론(drone: 低音管)관이 저음, 주음, 속음 등을 계속해서 낸다. 스코틀랜드에서 백파이프는 오늘날에도 군악용 악기로 유명하며, 춤곡, 민요, 장례식 음악 등에 널리 쓰이고 있다.

🇬🇧 하일랜드 게임(Highland Games)

하일랜드 게임은 일찍이 켈트 시대부터 시작되었으며, 11세기에는 스코틀랜드를 통일한 맬컴 2세(Malcolm II)가 강인한 전사(戰士), 호위병, 사신(messenger) 등을 모집하기 위해 개최한 전통적 행사였다. 하일랜드 게임에서 괴력을 요구하는 주요 경기로는 해머(hammer) 던지기, 통나무(caber, 원목) 던지기, 자연석 내려놓기, 줄다리기 등이 있으며, 힘이 덜 드는 경기로는 단거리 경주, 언덕 뛰어오르기, 장대높이뛰기, 줄넘기 등이 있다.

하일랜드 게임의 개막식은 춤을 추고 백파이프를 부는 다채로운 행렬로 시작된다. 장대높이뛰기 선수들을 제외한 모든 참가자는 하일랜드의 전통의상을 입는다.

이 행사는 매년 7월에서 9월 사이에 스코틀랜드 전 지역에서 열리며, 대략 60여 개의 경기가 개최된다. 한편, 매년 9월에 열리는 로열(royal) 하일랜드 게임에는 엘리자베스 2세 여왕(Queen Elizabeth II)을 비롯한 왕실의 주요 인사들이 킬트 차림으로 관전을 한다(제이미 그랜트 203).

🏴 신티(shinty)

게일어로 '카마나흐드(camanachd)'라고 불리는 '신티'는 2,000여 년 전에 아일랜드의 선교사들이 스코틀랜드로 들어온 이후, 스코틀랜드의 하일랜드 지방에서 가장 인기 있는 전통 스포츠로 자리 잡았다. 신티는 90분 동안 12명의 선수로 구성된 두 팀이 스틱을 이용하여 작은 공을 상대 팀 골에 넣는 팀 경기로, 오늘날의 하키나 아일랜드의 전통 경기인 헐링(hurling)과 유사하다. 신티는 하일랜드 지방의 중심부에 있는 뉴턴모어(Newtonmore)와 그 주변에서 인기가 높다. 1877년에는 이곳에서 '카마나흐드 협회(Camanachd Association)'가 생겼으며, 매년 '카마나흐드 컵(Camanachd Cup)'을 놓고 각축을 벌인다(제이미 그랜트 202).

🏴 스토킹(stalking)과 총사냥(shooting)

전통적으로 사냥은 상류층의 전유물이었다. 하일랜드 지방을 좋아했던 빅토리아 여왕이 1844년에 밸모럴(Balmoral) 지역의 사유지를 임대한 이후, 스토킹과 총사냥은 빅토리아 시대의 왕족과 부자들에게 인기 있는 취미 생활 일부가 되었다.

스코틀랜드에서 '스토킹'이라는 용어는 '성능이 뛰어난 라이플총(rifle)으로 사슴을 사냥한다'라는 뜻이고, '총사냥'은 '산탄총으로 조류를 사격한다'라는 뜻이다. 뇌조와 사슴이 서식하기에 적합한 하일랜드 지역의 고층습원(고층 늪지, raised bog)은 사냥꾼들의 이상적인 사냥터로, 19세기 이래로 그 면적이 점차 늘어났다. 요즈음에도 사냥을 하려면 19세기 때와 마찬가지로 많은 비용이 든다(제이미 그랜트187-191).

🏴󠁧󠁢󠁳󠁣󠁴󠁿 낚시

스코틀랜드에서는 19세기 이래로 물고기가 좋아하는 갖가지 곤충 모양의 미끼를 긴 낚싯줄에 매달아 공중으로 두어 번 흔들어 던지는 플라이 낚시(fly fishing)가 인기였다. 하지만 연어를 잡기 위해서는 미끼를 사용하는 편이 훨씬 유리하다. 연어의 사촌이라 할 수 있는 송어 낚시도 재미가 꽤 있지만, 연어 낚시보다는 수고가 뒤따른다. 왜냐하면, 연어가 사는 강은 관리가 잘 되어 찾아가기가 쉽지만, 송어를 잡으려면 고립된 지역에 있는 강이나 호수까지 장거리 여행을 해야만 하기 때문이다. 스코틀랜드의 모든 지역에서는 일정한 비용을 내고 허가증을 받아야만 낚시를 할 수 있다. 하지만 오크니 제도(Orkney Islands)는 허가증 없이도 낚시를 즐길 수 있는 유일한 곳이다(제이미 그랜트 193-197).

🏴󠁧󠁢󠁳󠁣󠁴󠁿 스코틀랜드가 배출한 작가들

켈트족으로 구성된 스코틀랜드의 문학 전통은 뿌리가 깊을 뿐 아니라 스코트어, 스코틀랜드-게일어, 영어를 두루 쓰는 작가들 덕택에 표현이 풍부하고 다양하다. 로버트 번스는 18세기 영국의 신고전주의의 영향에서 벗어나 스코틀랜드 농민과 서민의 소박하고 순수한 감정을 스코틀랜드 방언으로 진솔하게 표현하였으며, 오늘날까지도 스코틀랜드의 국민 시인으로 널리 존경과 사랑을 받고 있다.

송년가(送年歌)로 널리 알려진 〈올드 랭 사인(Auld Lang Syne: 우리말로 '그리운 옛 시절[the good old days]'이란 뜻)〉은 1788년에 번스가 스코틀랜드의 민요에 자신의 시를 가사로 붙여 만든 노래이다. 이 노래는 1935년 안익태 선생이 작곡한 애국가를 정부가 공인하여 온 국민이 부르기 이전까지, 이 곡에 애국가 가사를 붙여 우리나라의 국가(國歌)로 불렸던 곡이기도 하다. 영국인들은 새해 이브에 영국 전역에서 손에 손을 잡고 원을 그리면서 이 노래를 즐겨 부른다.

로버트 번스

Auld Lang Syne

Should auld acquaintance be forgot,
And never brought to mind?
Should auld acquaintance be forgot,
In the days of auld lang syne?

For auld lang syne, my dear,
For auld lang syne.
We'll take a cup of kindness yet,
For the sake of auld lang syne.

그리운 옛 시절

옛 친구를 잊을 수 있나,
생각하지 않을 수 있나?
옛 친구를 잊을 수 있나,
그리운 옛 시절을?

그리운 옛 시절을 위해, 친구야,
그리운 옛 시절을 위해.
우정의 술잔을 들자,
그리운 옛 시절을 위해.

월터 스콧은 19세기 스코틀랜드 계몽운동을 주도한 사람 중 하나이다. 그는 1820년대와 1830년대에 역사소설을 세상에 최초로 선보였다. 그리하여 스콧 이후부터 역사적 배경과 가상 인물이 결합된 재미있고 역사적 사실이 풍부한 소설들이 등

월터 스콧

월터 스콧 기념탑

장하기 시작했다. 그는 작품에서 자신의 본명을 단 한 번도 사용한 적이 없이 '웨이벌리(Waverley)'라는 필명을 썼기 때문에, 그의 소설은 일명 '웨이벌리 소설(The Waverley Novels)'로 불리기도 한다. 또한, 1840년에는 그를 기리기 위해 에든버러 프린세스 스트리트 공원에 고딕(gothic) 양식으로 '월터 스콧 기념탑(Walter Scott Monument: 높이 61미터, 계단 287개)'이 세워졌으며, 1846년에 문을 연 에든버러 '제너럴 스테이션(General Station)'은 1854년에 '웨이벌리 역(Waverley Station)'으로 개명되었다.

이들 외에도 소설가 토비아스 스몰렛(Tobias Smollet, 1721~1771), 비평가 토마스 칼라일(Thomas Carlyle, 1795~1881), 『보물섬(*Treasure Island*)』과 『지킬 박사와 하이드(*Dr. Jekyll and Mr. Hyde*)』 등을 쓴 로버트 루이스 스티븐슨(Robert Louis Stevenson, 1850~1894), 『셜록 홈스(*Sherlock Holmes*)』를 쓴 아서 코넌 도일 경(Sir Arthur Conan Doyle, 1859~1930), 『피터 팬(*Peter Pan*)』을 쓴 배리(J. M. Barrie, 1860~1937), 『해리 포터(*Harry Potter*)』 시리즈를 쓴 조앤 K. 롤링(Joan K. Rowling, 1965~현재) 등 수많은 작가들이 있다.

조앤 K 롤링(Joan K. Rowling, 1965~)

조앤 K 롤링은 영국 웨일스에서 태어나 엑서터 대학교(University of Exeter) 불어과를 졸업했다. 포르투갈에서 영어 강사로 일하다가 결혼했으나 곧 이혼하고, 생후 4개월 된 딸과 함께 에든버러에 정착했다. 일자리가 없어 1년여 동안 생활보조금으로 연명하던 그녀는 동화를 쓰기로 작정하고, 집 근처에 있는 '디 엘리펀트 하우스(The Elephant House: 조지 4세 다리 21번지에 위치함)' 카페에서 온종일 글을 써서 해리 포터 시리즈의 첫 편 『해리 포터와 마법사의 돌(Harry Potter and the Philosopher's Stone [Sorcerer's Stone], 1997』을 완성했다.

1997년에 처음으로 출간된 이 작품은 고아 소년 해리 포터가 친척 집에 맡겨져 천대를 받다가 마법학교에 입학하면서 마법사 세계의 영웅이 된다는 줄거리를 담고 있는 환상소설이다. 처음에는 출판사로부터 여러 차례 거절을 당해 출간까지 어려움을 겪었으나, 출간 이후 서서히 인기를 얻기 시작하면서 곧바로 전 세계적인 베스트셀러가 되었다. 이후 해리 포터 시리즈는 1997년부터 2007년까지 10년이라는 긴 시간 동안 7편의 시리즈가 출간되었으며, 마지막 작품 『해리 포터와 죽음의 성물(Harry Potter and The Deathly Hallows, 2007』로 대미를 장식했다.

디 엘리펀트 하우스 카페

2012년에는 성인 독자를 대상으로 한 롤링의 첫 번째 순수소설 『캐주얼 베이컨시(The Casual Vacancy)』가 출간되어 출판시장에서 새로운 돌풍을 일으키고 있다. 21세기 영국에서 가장 강력한 돌풍을 일으킨 문학작품은 조앤 K 롤링의 '해리 포터' 시리즈이다. 환상적 세계에서의 모험을 다룬 이 시리즈는 1997년 첫 권이 출간되어, 2016년 「해리 포터와 저주받은 아이(Harry Potter and The Cursed Child)」가 연극의 무대에 오르기까지, 수백만 명의 독자에게 기쁨을 선사했다. 영화로도 생생하게 묘사된 환상 속의 마술 같은 이야기들은 아이와 어른이 함께 즐기는 영국 아동문학 목록에 최근 이름을 올렸다.

웨일스 개관

웨일스어(Welsh)로는 '친구들의 나라(The Country of Friends)' 또는 '켈트인의 나라(The Country of Celts)'를 뜻하는 '컴리(Cymru)'로 불렸고, 로마인에 의해서는 '캄브리아 (Cambria)'로 불렸던 웨일스(Wales)는 고대 영어로 '이방인(foreigners)'을 의미하는 'wealas'로부터 유래했다.

채플(chapel), 남자 성가대(male voice choir), 럭비 유니언(Rugby Union), 골짜기와 산악지형 등으로 유명한 웨일스는 영국에 합병(1536년)된 지 483년이 지났지만, 오늘날까지도 그들 고유의 언어와 문화, 그리고 전통을 온전히 유지해오고 있다.

웨일스는 영국을 구성하는 4개 행정구역(잉글랜드, 스코틀랜드, 북아일랜드, 웨일스) 중 하나로 그레이트 브리튼 섬에서 스코틀랜드와 잉글랜드를 제외한 나머지 부분에 해당한다. 또한, 그레이트 브리튼 섬에서 동쪽으로는 잉글랜드와 국경을 마주하고 있으며, 서쪽으로는 대서양과 아일랜드해(海)에 접해 있다. 웨일스의 총면적은

2만 779제곱킬로미터이고, 인구는 306만 명이며, 해안선의 길이는 1,200킬로미터, 남북의 길이는 242킬로미터이다.

켈트인들이 이주해서 대대로 살아온 웨일스는 잉글랜드의 중앙 지역으로부터 서쪽에 있으며, 대부분 지역이 해발 200미터의 구릉지로 산과 계곡의 변화무쌍한 경관이 아름답게 펼쳐진다.

북웨일스의 서쪽은 잉글랜드와 웨일스에서 가장 높은 스노든산(Snowdon: 해발 1,085미터로 웨일스의 최고봉이자 영국에서 가장 장엄한 산이며, 웨일스어[Yr Wyddfa]로는 '무덤'을 뜻함)이 있고, 바위가 많은 산악지역이다. 이 중에서 2,137제곱킬로미터에 달하는 스노도니아 국립공원(The Snowdonia National Park)은 이 지방의 대미를 장식하는

스노도니아 국립공원

지역이자 가장 유명한 지역이다. 험준한 바위 봉오리와 빙하 계곡이 스노도니아의 곳곳을 수놓고, 강어귀의 퇴적지는 새들로 가득하다. 웨일스 최대 규모의 자연 호수가 자리한 스노도니아 국립공원은 아드레날린을 자극하는 아웃도어 액티비티의 본고장이기도 하다.

중부 웨일스 역시 캄브리아 산맥(The Cambrian Mountains)이 중심부로 이어져 내려오는 산악지대로, 주민 수가 매우 적으며, 대부분의 정착지는 산맥의 동부지역에 있다. 338킬로미터에 달하는 세번강(The Severn)은 캄브리아 산맥에서 발원하여 브리스틀 해협(The Bristol Channel)으로 흘러든다. 이 강의 약 80퍼센트 정도가 항행(航行)에 적합하므로 템스강과 더불어 영국에서 가장 중요한 강에 속한다. 강어귀에는 철도용 수저(水底) 터널과 도로용 현수교가 있어 잉글랜드와 남웨일스를 연결하고, 상류에는 댐과 발전소 등이 있다.

남서 웨일스는 다양한 경치와 아름다운 풍광으로 인해 사람이 살기 좋은 지역으로, 스완지(Swansea, 24만 명), 카디프(Cardiff, 34만 명), 뉴포트(Newport, 14만 5,700명) 등의 대도시들이 있으며, 브레콘 비콘스 국립공원(The Brecon Beacons National Park)과 펨브로크셔 해안 국립공원(The Pembrokeshire Coast National Park) 등이 있다.

스완지는 스완지 만(灣, bay)에 접해 있는 도시로, 과거에는 항구가 있는 공업 도시로 번영을 누렸고, 지금도 도시의 동쪽에는 거대한 독(Dock)이 펼쳐져 있다. 북쪽에는 브레콘 비콘스 국립공원, 남서쪽에는 해양 스포츠를 즐길 수 있는 가워 반도(Gower Peninsula)를 끼고 있어 관광의 중심지 역할을 하고 있다. 이곳은 또한 20세기 전반에 활약했던 위대한 시인 딜런 토머스(Dylan Thomas, 1914~1953)의 출생지이기도 하다.

웨일스의 주도(主都) 카디프는 18세기 산업혁명기에 석탄과 철을 집적하는 항구 역할을 톡톡히 했고, 20세기 중반에는 쇠퇴했던 항구가 워터프런트로 부활함으로써 다시금 주목을 받는 지역이 되었으며, 오늘날에는 1999년 '웨일스 의회(자치의회)'가 출범하면서부터 새롭게 약동하고 있다.

카디프 시 청사(廳舍)

브레콘 비콘스 국립공원은 동서로 약 70킬로미터, 남북으로 약 25킬로미터에 달하며, 동과 서에는 블랙 마운틴(Black Mountains)이, 중앙에는 브레콘 비콘스의 봉우리들이 이어지는 자연의 보고이다. 골짜기에 흩어져 있는 작은 마을과 도시를 둘러싸고 있는 초원에는 양 떼들이 한가로이 풀을 뜯고, 호수, 폭포, 동굴 등이 공원의 아름다움을 더해주고 있다.

펨브로크셔 해안 국립공원은 웨일스 서쪽의 펨브로크셔 해안가에 위치한 국립공원으로, 1952년 영국에서 해안선이 절경이라는 이유로 국립공원으로 지정된 유일한 곳이다. 총면적은 629제곱킬로미터이며, 해안을 따라 길게 이어진 가파른 절벽과 끝없이 밀려드는 파도, 광대한 모래사장과 내륙의 구릉이 함께 어우러져 다양하고 멋진 풍경을 연출한다.

북쪽으로는 광대하게 펼쳐진 황무지에 큰 바위들이 솟아 있고, 서쪽으로는 절벽 해안으로 둘러싸인 만(灣)이 자리하며, 남쪽으로는 석회암으로 이루어진 고원과 캐슬마틴반도(Castlemartin Peninsula)의 날카로운 절벽이 독특한 풍경을 자아낸다. 이곳은 도보 여행, 서핑, 카약, 암벽 등반, 수영 등 다양한 레포츠 활동을 즐기는 최적의 장소이며, 특히 해변에서는 수영과 승마 등의 복합 경기가 펼쳐진다.

기후

웨일스의 기후는 대서양의 영향을 받는 해양성 기후로 변화가 심하다. 잉글랜드에 비해 따뜻한 편이지만, 남쪽과 북쪽은 상황이 조금 다르다. 남부의 브레컨 비컨스 국립공원 일대는 매우 온화하다. 다만 남서 연안은 편서풍의 영향으로 강수량이 많고, 여름철에는 섭씨 20도를 웃도는 날도 있다. 북부의 스노도니아 산지로 이어지는 고지대(스노도니아 국립공원 지역)는 날씨의 변화가 아주 심할 뿐 아니라 꽤 추운 지역이다. 연평균 강수량은 1,385밀리미터이며, 고지대는 겨울철 눈보라가 영국에서 가장 심한 곳으로 유명하다. 연평균 기온은 섭씨 10도이며, 1월에는 4도, 7~8월에는 16도 정도이다.

언어

웨일스인들은 그들 조상인 켈트족의 문화를 간직해오고 있으며, 그들 고유의 언어도 고수해오고 있다.

웨일스어(Welsh)는 스코틀랜드-게일어 및 아일랜드어와 마찬가지로 켈트어군에 속하며, 웨일스의 306만 전체 인구 중 대략 20퍼센트(주로 북부와 서부의 시골 지역에서 대략 60만 명) 정도가 사용한다. 따라서 웨일스어는 영국에서 가장 널리 쓰이는 소수 언어이다. 1967년에 발효된 '웨일스어 법(The Welsh Language Act)'은 모든 공식 문서를 웨일스어와 영어로 작성토록 하고 있으며, 1993년에 제정된 '웨일스어 법'은 웨일스어를 공적인 영역에서 영어와 동급으로 규정하고 있다. 따라서 모든 도로와 공공건물의 표지판 및 공고문 등에는 영어와 웨일스어가 함께 쓰이고 있다. 1982년에는 19세기 중반부터 시작된 웨일스어 부활 운동의 일환으로 웨일스어로만 방송하는 제4 TV 채널(S4C, Sianel[Channel] 4 Cymru[Wales])이 생겼다. 2000년대 이후로는 대부분 학교에서 영어와 웨일스어를 동시에 가르치고 있으며, 500여 개의 초등학교와 중등학교에서는 웨일스어를 교육용 언어로 사용하고 있다.

역사

🏴󠁧󠁢󠁷󠁬󠁳󠁿 초기 역사

웨일스의 초기 역사에 관해서는 별로 알려진 바가 없지만, 고고학적 유물에 의하면 BC 2000년경에 처음으로 사람들이 이주해 와서 살았던 것으로 추정된다.

웨일스 민족을 구성하고 있는 켈트족 전사들은 BC 600년경 드루이드(Druid: 켈트 시대의 종교 지도자)들과 함께 중유럽으로부터 건너왔으며, 이후 웨일스의 역사와 문화에 지대한 영향을 미쳤다. 그들은 각종 기술과 예술을 발전시켰으며, 새로운 언어를 가져왔고, 사회구조와 신앙체계를 확립했다. 시인이자 사제였던 드루이드들은 신성(神性)에 관한 식견(識見)으로 존경을 받았으며, 스토리텔링과 노래에 관한 구전(口傳, oral tradition)의 전통을 시작했는데, 이러한 문화는 오늘날까지도 면면히 이어져 내려오고 있다.

🏴󠁧󠁢󠁷󠁬󠁳󠁿 로마인들

AD 43년 로마군이 그레이트 브리튼 섬을 정복하자, 근 600년 동안 웨일스에 정착해서 살아오던 켈트족이 완강히 저항했다. 또한, 60년에는 드루이드들의 본거지인 모나(Mona: 오늘날의 Anglesey)에서 켈트족과 로마인들 사이에 격렬한 전투가 있었으나, 로마인들은 웨일스를 완전히 정복하지 못했고 단지 통치하는 데 그쳤다. 이후로 켈트족은 로마인들과 서로 어울려 지내면서 새로운 문화에 서서히 적응해 갔다.

🇬🇧 웨일스의 성립

웨일스의 본격적인 역사는 앵글로색슨시대로부터 시작된다. 5세기에 로마 제국의 멸망과 함께 앵글로색슨족이 그레이트 브리튼 섬을 침략해오자, 이에 쫓긴 켈트족은 웨일스로 몰려가서 여러 개의 왕국을 세웠다. 이들 군소 왕국들은 서로 난립하여 다투는가 하면, 앵글로색슨족과의 항쟁도 격렬하게 벌였다. 6세기경에는 앵글로색슨족의 침입에 완강히 저항했던 전설상의 영웅 아서왕의 신화가 만들어지면서, 그는 웨일스인의 저항의식에 대한 상징이 되었다. 또한, 이 시기에는 성(聖) 데이비드(St David: 웨일스의 수호성인)를 위시한 선교사들의 노력에 힘입어 기독교가 널리 전파되고, 곳곳에 교회와 수도원이 세워졌다. 이후 성 데이비드는 웨일스의 수호성인이 되었으며, 그가 지정한 리크(leek, 서양 부추)는 웨일스의 국장(國章, national emblem)이 되었다.

🇬🇧 오파의 제방

8세기 후반(770년 경), 색슨족이 웨일스의 점령에 실패하자, 잉글랜드 머시아 왕국의 오파(Offa) 왕은 웨일스인을 서쪽으로 몰아내기 위해 269킬로미터에 달하는 제방을

오파의 제방

축조했는데, 이는 오늘날까지도 '오파의 제방(Offa's Dyke)'이라 불리며, 웨일스와 잉글랜드의 경계 역할을 하고 있다. 웨일스인들은 지금도 잉글랜드를 '오파의 제방 건너편'이라고 부르고 있다.

🏴 변경(邊境) 영주들

1066년 정복자 윌리엄에 의한 노르만 정복은 웨일스까지는 미치지 못했고, 웨일스의 변경 지역은 윌리엄에 의해 임명된 3명의 변경 영주들(Marcher Lords)이 통치했다. 이들은 점차 웨일스의 대부분을 수중에 넣었으나, 북웨일스만은 루엘린 대왕(Llewellyn the Great)의 통치 하에 있었다. 웨일스인은 그들의 영토를 되찾기 위해 수차례 잉글랜드와 대적하여 싸웠다. 그리하여 13세기 후반 루엘린 대왕의 손자 루엘린 압 그루피드(Llewellyn ap Gruffydd, Llewellyn the Last, 마지막 왕 루엘린)는 웨일스의 절반 이상을 되찾음으로써 잉글랜드 왕 헨리 3세로부터 '프린스 오브 웨일스(Prince of Wales, 웨일스 왕자)'로 인정받았다.

하지만 그의 승리는 오래가지 못했고, 1283년 잉글랜드 왕 에드워드 1세와의 싸움에서 패함으로써 웨일스 왕국은 영원히 자취를 감추게 되었다. 이후 웨일스는 본토와 변토(邊土)로 나뉘었으며, 1301년 에드워드 1세는 웨일스인에게 주어지는 '프린스 오브 웨일스' 칭호를 카나번 성(城)(Caernarfon Castle)에서 자신의 장남(에드워드 2세)에게 부여하고, 본토를 그의 영지(領地)로 하사했다.

카나번 성(Caernarfon Castle)

에드워드 1세는 웨일스 북부에 '아이언 링(Iron Ring)'이라고 불리는 8개의 성을 쌓았는데, 그중에서 1283년에 축조된 카나번 성은 잉글랜드 국왕이 웨일스를 통치하는 거점 역할을 했다. 에드워드 1세의 아들 에드워드 2세가 이 성에서 태어나서 1301년에 처음으로 '프린스 오브 웨일스(Prince of Wales)'가 되었다. 왕이나 여왕의 왕세자가 '프린스 오브 웨일스'가 되는 이 전통은 오늘날까지도 이어지고 있으며, 영국의 현재 여왕 엘리자베스 2세도 찰스 황태자(Prince Charles)를 1969년에 카나번 성에서 '프린스 오브 웨일스'로 봉한 바 있다. 하지만 오늘날에는 웨일스에 대한 실질적인 권한은 전혀 없고, 그저 명목상의 지위에 그칠 뿐이다. 카나번 성과 성벽은 17세기 내전(청교도 혁명) 때에도 화를 면해 오늘날에도 여전히 예전의 위풍당당한 모습을 간직하고 있다.

카나번 성

🏴 오언 글렌다우어의 반란

에드워드 1세와의 전투에서 패한 이후에도 웨일스의 고유 언어, 문화, 전통, 관습 등은 잉글랜드와 공식적인 합병이 성사될 때까지 유지되었으며, 변토 지역에서는 웨일스인의 반항이 14세기 말까지 지속되었다. 특히 15세기 초에는 '프린스 오브 웨일스'를 자칭한 오언 글렌다우어(Owain Glyndwr, Owen Glendower)의 반란이 있었는데, 켈트 동맹군(스코틀랜드, 아일랜드, 프랑스, 노섬브리아)의 도움으로 성공과 실패를 거듭하다가 마침내 랭커스터 가문의 헨리 4세에 의해 진압되었다.

🏴 잉글랜드와의 합병

15세기 후반 잉글랜드에서 장미전쟁이 일어났을 때 웨일스인들은 그들의 운명을 바꿔줄 것을 기대하며 웨일스의 명문 가문인 튜더 가(家)의 혈통을 이은 헨리 7세를 열렬히 지지했다. 따라서 헨리 7세의 등극과 함께 웨일스인들도 잉글랜드와 동일한 혈통을 잇게 되었다. 또한, 헨리 8세의 치세기인 1536년에는 1535년에 제정된(1543년에 보완됨) '연합법'에 따라 잉글랜드에 정식으로 합병되었다. 이후 의회 대표를 런던에 파견하고, 영어가 공용어로 채택되었으며, 웨일스의 법과 관습이 폐지되면서, 문화도 점차 잉글랜드식으로 변해갔다. 하지만 이러한 상황에서도 웨일스인들은 자신들의 고유문화를 지켜내려는 노력을 꾸준히 기울여오고 있다. 특히, 18세기 후반에는 웨일스인의 정체성 회복과 고유 전통과 문화를 복원하고자 하는 국민의식이 고조되었다.

🏴󠁧󠁢󠁷󠁬󠁳󠁿 산업혁명과 사회변화

철강과 석탄 산업을 중심으로 18세기 중반부터 웨일스에 불어 닥친 산업혁명의 여파는 엄청난 사회적 변화를 몰고 왔다. 열악한 삶의 질과 노동 조건을 개선하기 위해 노동조합이 결성되었으며, 참정권에 대한 요구가 분출했고, 주권의식과 권리의식이 고조되었다. 그리하여 1839년과 1843년에는 '레베카 폭동(Rebecca Riots: 영국의 남웨일스에서 공로[公路]의 통행요금 징수에 항의하여 일어난 소요사건[騷擾事件]으로, 구약성서 「창세기」에 나오는 '레베카'의 이름을 가진 지도자의 영도 하에 소작인들이 몇 개의 집단으로 나뉘어 밤에는 여장[女裝]을 한 채 말을 타고 다니면서 통행요금 징수소[徵收所]를 파괴하거나 징수원에게 위협을 가한 폭동)'이 일어나 사회적 불안을 야기했다. 또한, 산업의 발전과 함께 감리교(Methodism)의 세가 커짐에 따라, 1851년경에는 웨일스 인구의 80퍼센트가 감리교를 신봉했다.

🏴󠁧󠁢󠁷󠁬󠁳󠁿 현대의 웨일스

웨일스는 20세기 들어 처음으로 영국의 정치무대에서 목소리를 내기 시작했다. 데이비드 로이드 조지(David Lloyd George)는 최초의 웨일스 가문 출신 총리로서 노령연금 등을 비롯한 사회개혁 프로그램을 입안했고, 광부 출신의 어나이린 베번(Aneurin Bevan)은 제2차 세계대전 이후 클레멘트 애틀리 내각의 보건장관으로 입각(入閣)하여 '국민의료서비스(The National Health Service, NHS)' 제도의 기틀을 다지는 데 일조했다.

1967년에는 '웨일스어 법(The Welsh Language Act)'이 제정되어 모든 공식 문서를 웨일스어와 영어 두 가지 언어로 작성토록 하고 있으며, 학교에서도 웨일스어를 필수과목으로 가르치도록 했다. 1982년에는 웨일스어로만 방송하는 제4 TV 채널(S4C, Sianel[Channel] 4 Cymru[Wales])이 생겼다.

1997년 토니 블레어 노동당 정부가 들어서면서 웨일스의 분리 독립을 위한 국민투표가 시행되었으나 성사되지 못했고, 1999년에 이르러서야 웨일스 문제의 해결을 위한 '웨일스 의회(The National Welsh Assembly)'가 웨일스의 주도(主都) 카디프에 설치되었다.

2007년부터는 웨일스 자치 정부가 출범하여 웨스트민스터로부터 권력을 대거 이양 받았으며, 2009년에는 자치 정부의 초대 총리(First Minister)였던 로드리 모건(Rhodri Morgan)이 퇴임함에 따라 2010년부터 카윈 존스(The Rt. Hon. Carwyn Jones AM)가 총리직을 맡고 있다.

문화

'아이스테드바드(Eisteddford, Gathering, Session)'는 사람들이 모여 춤, 노래, 시 낭송 실력을 겨루는 경연대회를 일컫는 웨일스 말이다. 1176년에 시작된 이 경연대회는 16세기 중엽에는 '연합법'으로 인해 잠시 주춤했다가, 18세기 후반에 이르러 오늘날의 형태로 부활하였다. '로열 내셔널 아이스테드바드 오브 웨일스(The Royal National Eisteddford of Wales)'는 매년 개최되는 웨일스의 민속예술축제로 1861년에 처음 개최되었으며, 유럽에서 제일 큰 문화행사이다. 이 축제는 웨일스어로만 진행되며 북웨일스와 남웨일스에서 교대로 8월 첫 주에 개최된다. '인터내셔널 뮤지컬 아이스테드

바드(The International Musical Eisteddford)'는 매년 7월 랑골렌(Llangollen)에서 40여 개국 출신의 음악가들이 모여 기량을 겨루는 음악경연대회이다. '어드 내셔널 아이스테드 바드(The Urdd National Eisteddford)'는 '아이들을 위한 공연 및 시각 예술축제'로 유럽에서 규모가 가장 큰 아이들 축제이다. 보통 웨일스 전역에서 선발된 대략 1만 5,000여 명의 공연자가 이 축제에 참가한다.

🏴󠁧󠁢󠁷󠁬󠁳󠁿 헤이 온 와이(Hay-on-Wye)

작으면서도 예쁜 도시 헤이 온 와이는 '울타리' 또는 '담장'을 의미하는 노르만-프랑스어의 'haie'에서 유래한 지명이다. 웨일스의 경계 바로 안쪽을 흐르는 와이강(The River Wye)가에 위치해서 '헤이 온 와이'라고 불리며 그냥 '헤이'라고도 한다.

'헤이 온 와이'는 잉글랜드와 웨일스의 경계지역(행정구역상으로는 웨일스에 속함)에 블랙 마운틴(Black Mountains)을 마주하고 있는 작은 도시로 전 세계의 고서 수집가들에게 유명한 곳이다. 과거에는 독립 왕국을 선언하여 한때 화제가 되기도 했으며, 지금은 매년 5월 말부터 6월 초까지 개최되는 북 페스티벌에 전 세계의 책벌레(bookworm)들이 몰려들어 북새통을 이룬다.

헤이 온 와이

평범한 농촌 마을을 영국뿐 아니라 전 세계적으로 유명한 문화도시로 탈바꿈시킨 것은 책과 책방을 사랑했던 한 청년의 열정 덕택이다. 이곳 출신의 리처드 부스(Richard Booth, 1938~)는 1961년 옥스퍼드대학을 졸업하고 고향으로 돌아와 '고서점 도시'라는 도시 활성화 방안의 하나로 헌책방을 열었다. 그는 소방서, 극장, 구빈원, 성(城), 빈집 등 쓰지 않는 마을의 건물들을 차례로 매입하여 헌책방으로 개조했다. 또한, 다른 협력자들에게도 서점을 개업할 것을 권유했으며, 미국 등지에 홍보를 열심히 해서 '헤이 온 와이'를 세계적인 브랜드로 만드는 데 성공했다. 그는 "전 세계의 책을 사서 모으면, 전 세계에서 고객들이 찾아올 것이다"라고 말했는데, 그의 말대로 정말로 꿈이 이루어진 것이다.

그 결과, 오늘날 세계에서 가장 큰 헌책방 도시로 탈바꿈 한 '헤이 온 와이'의 돌이 깔린 좁은 비탈길에는 40여 개의 고서점이 백만 권 이상의 고서들을 소장하고 있으며, 한 해 동안의 판매량만도 25만 권에 달한다고 하니, 가히 그 규모를 짐작할 수 있다.

'헤이 온 와이'는 1988년에 '헤이 문학축제(Hay Festival)'를 시작함으로써 또 한 번 도약의 계기를 마련했다. '헤이 온 와이'는 1,000여 명의 주민들이 사는 작은 마을이며, 40여 개의 헌책방이 오밀조밀하게 모여있는 곳이라서 마치 이 축제가 작은 시골 마을에서 벌이는 동네잔치처럼 보일지 모르지만, 사실은 전 세계에서 최고로 손꼽히는 문학축제이다.

헤이 온 와이에 있는 서점

매년 5월 말에서 6월 초까지 개최되는 '헤이 문학축제'에는 작가, 책 애호가, 정치가, 노벨상 수상자, 방송사, 코미디언, 음악가 등이 전 세계에서 몰려와 180여 개에 이르는 강연회, 전시회, 콘서트, 워크숍, 시 낭송회, 사인회, 인터뷰 등의 행사에 취해 11일간의 여정을 보낸 뒤 아쉬운 마음으로 발길을 돌린다. 세계적인 뮤지션 스팅(Sting)도 자신의 책을 홍보하기 위해 이곳을 찾았으며, 재디 스미스(Zadie Smith), 빌 브라이슨(Bill Bryson), 스티븐 프라이(Stephen Fry) 등의 유명 작가들도 이 축제에 참여한 바가 있다.

미국의 전임 대통령 빌 클린턴(Bill Clinton)은 2001년 이 행사를 '정신적 우드스탁(Woodstock)'이라고 칭송하며 크게 지지했고, 「뉴욕 타임스(The New York Times)」도 '헤이 문학축제'가 "영어권에서 가장 중요한 축제 중 하나로 자리매김했다"라고 평한 바 있다(최영승 227-230).

🏴󠁧󠁢󠁷󠁬󠁳󠁿 웨일스가 배출한 시인 딜런 토머스

웨일스가 배출한 위대한 시인은 딜런 토머스(Dylan Thomas, 1914~1953)이다. 그는 웨일스 남부의 스완지(Swansea)에서 태어나 어린 시절을 보낸 뒤, 18세 때 런던으로 건너가 라디오 드라마 대본(대표작으로는 「유액나무 아래서[Under Milk Wood]」가 있음)이나 영화 대본을 쓰면서 저널리스트로 활약했고, 『18편의 시(*Eighteen Poems*)』를 발표하면서 일약 천재 시인으로 인정받아 폭발적인 인기를 누렸다. 이어서 시집 『25편의 시(*Twenty-Five Poems*)』 『사랑의 지도(*The Map of Love*)』 『죽음과 입구(*Deaths and Entrances*)』 등을 발표하여 1930년대를 대표하는 영국 시인이 되었다.

토머스는 동시대 시인들과 차별화되는 개성 있는 시를 썼으며, 그 어떤 시인도 감히 시도한 적이 없는 어린 시절과 사춘기 시절의 심리상태와 분위기를 잘 표현했다. 그는 '현대시는 반낭만적이고, 대화체적이고, 합리적이어야 한다'는 주장을 단호히 거부하고, 자기 나름의 20세기적 수사학을 과감하게 시도했다. 뿐만 아니라 음주와 기행(奇行), 웅변, 충

딜런 토마스

격적 이미지들이 그의 작품과 중첩됨으로써 그는 30년대의 전설적 인물이 되었다. 그의 시의 위대성은 높은 음악성과 강렬한 이미지의 사용에 있다. 그는 제2차 세계 대전 이후 미국에서 행한 강연과 시 낭송 등으로 높은 인기를 누리다가 과로와 음주로 인해 39세의 젊은 나이에 뉴욕에서 생을 마감했다.

다음은 그가 자기 아버지의 임종(臨終)을 앞두고 쓴 시 「저 어두운 밤을 순순히 받아들이지 마라(Do Not Go Gentle into That Good Night)」의 일부이다.

Do not go gentle into that good night,
Old age should burn and rave at close of day:
Rage, rage against the dying of the light. (…)

저 어두운 밤을 순순히 받아들이지 마라.
노인은 하루가 끝날 무렵 불타올라 광분해야 한다.
그러니 분노하라, 꺼져가는 빛에 항거하여 분노하라. (…)

강혜경. 『영국문화의 이해』. 경문사, 2011.

권재현. 「동아일보 공연 리뷰」(2010. 3. 9). 동아일보사.

그랜트 제이미. 『스코틀랜드』. 휘슬러, 2005.

김기홍. 「조선경제 심층 분석」(2012. 1. 4). 조선일보사.

김순덕. 「동아일보 김순덕 칼럼」(2008. 1. 18). 동아일보사.

김양수. 『영국 시문학사』. Brain House, 2003.

김재풍. 『영국사회와 문화』. 조선대학교 출판부, 2003.

김현숙. 『영국문화의 이해』. 신아사, 2013.

도현신. 『영국이 만든 세계』, 도서출판 모시는 사람들, 2014.

론리플래닛 디스커버 시리즈. 『영국』. 안그라픽스, 2010.

론리플래닛. 『론리플래닛 베스트: 아일랜드』, 안그라픽스, 2019.

론리플래닛. 『론리플래닛 베스트: 영국』. 안그라픽스, 2017.

맥 세계사편찬위원회. 『영국사』. 느낌이 있는 책, 2008.

문유선. 「조선일보 여행 디자인」(2018. 3. 28). 조선일보사.

문희경. 『고대에서 18세기까지: 고전영문학의 흐름』. 고려대학교출판부, 2000.

박영배. 『앵글로색슨족의 역사와 언어』. 지식산업사, 2001.

박우룡. 『영국: 지역·사회·문화의 이해』. 소나무, 2002.

박일우. 『서유럽의 민속음악과 춤』. 한양대학교출판부, 2001.

박종성. 『영국문화 길잡이』. 신아사, 2016.

박종원. 『파이낸셜뉴스』. http://www.fnnews.com/news/201905241947234976

박지향. 「동아일보 동아광장」(2007. 10. 17). 동아일보사.

_____. 『영국사: 보수와 개혁의 드라마』. 까치글방, 2007.

_____. 『슬픈 아일랜드』. 새물결, 2002.

손진석. 「조선일보」(2019. 1. 28). 조선일보사.

_____. 「조선일보」(2019. 4. 22). 조선일보사.

송원문. 『영미문학 개관』. 경문사, 2011.

송현옥. 「동아일보 문화칼럼」(2006. 10. 25). 동아일보사.

수전 캠벨 바톨레티, 곽명단 옮김. 『검은 감자: 아일랜드 대기근 이야기』. 돌베개, 2001.

신은진. 「조선경제」(2018. 6. 15). 조선일보사.

CCTV 다큐멘터리 대국굴기 제작진. 대국굴기 강대국의 조건: 영국』. 안그라픽스, 2007.

아일랜드 드라마연구회. 『아일랜드, 아일랜드』. 이화여자대학교출판부, 2008.

영미문학연구회. 『영미문학의 길잡이 1: 영국문학』. 창작과비평사, 2001.

유광석. KBS 뉴스(2019. 3. 21). 특파원 리포트.

윤정모. 『슬픈 아일랜드 1』. 열림원, 2000.

이근섭. 『영문학사 I: 영국시사』. 을유문화사, 1993.

이성훈. 「조선일보」(2013. 11. 16). 조선일보사.

이승호. 『이승호 교수의 아일랜드 여행지도』. 푸른길, 2005.

이영완. 「조선일보 오피니언」(2013. 6. 13). 조선일보사.

임진평. 『두 개의 눈을 가진 아일랜드』. 위즈덤피플, 2008.

장모네. 「중앙일보 오피니언」(2019. 3. 20). 중앙일보사.

정연재. 『영미문화 사전』. 영어포럼, 2004.

조신권. 『정신사적으로 본 영미문학』. 한신문화사, 1994.

조일제. 『영미문화의 이해와 탐방』. 우용출판사, 2002.

주간조선 1848호(2005. 4. 4). 조선일보사.

최영승. 『영국사회와 문화』. 동아대학교 출판부, 2009.

_____. 『영미문화 키워드』. 동아대학교 출판부, 2004.

_____. 『영미사회와 영어권 문화여행』. 동아대학교 출판부, 2013.

테리 탄. 『영국』. 휘슬러, 2005.

페트리샤 레비, 이동진 옮김. 『아일랜드』. 휘슬러, 2005.

한일동. 『아일랜드』. 도서출판 동인, 2014.

Cannon, John(ed.). *Oxford Dictionary of British History.* Oxford UP, 2001.

Crowther, Jonathan(eds.). *Oxford Guide to British and American Culture.* Oxford UP, 1999.

Cussans, Thomas. *Kings and Queens of the British Isles.* Times Books, 2002.

Fraser, Rebecca. *The Story of Britain.* W. W. Norton & Company, 2003.

Grant, Jamie. *Culture Shock: Scotland.* Marshall Cavendish, 2001.

Grant, R. G. *History of Britain and Ireland.* DK, 2011.

Killeen, Richard. *A Short History of Ireland.* Gill & Macmillan, 1994.

Levy Pat & Sean Sheehan. *Ireland.* Footprint, 2005.

Levy, Patricia. *Culture Shock: Ireland.* Marshall Cavendish International (Asia) Private Ltd., 2005.

Lonely Planet. *British: Language & Culture.* Lonely Planet, 1999.

_____. *Discover Great Britain.* Lonely Planet, 2011.

_____. *Discover Scotland.* Lonely Planet, 2011.

_____. *London: Encounter.* Lonely Planet, 2007.

_____. *Wales.* Lonely Planet, 2011.

Madden, F. J. M. *Understand Irish History.* The McGraw-Hill Companies, Inc., 2005.

Nicholson, Louise. *National Geographic Traveller: London.* Mondadori Printing, 1999.

Norbury, Paul. *Culture Smart: Britain.* Kuperard, 2003.

O'Driscoll, James. *Britain.* Oxford, 2009.

O hEithir, Breandan. *A Pocket History of Ireland.* The O'Brien Press Ltd., 2000.

Somerville, Christopher. *National Geographic Traveller: Ireland.* Mondadori Printing, 2004.

Steves, Rick. *Scotland.* Avalon Travel, 2017.

Steves Rick & Pat O'Connor. *Ireland 2016.* Avalon Travel, 2015.

Watson, Fiona. *Scotland: From Prehistory to the Present.* Tempus, 2001.

ㄱ

ㄴ

ㄷ

■

ㅂ

ㅅ

ㅇ

ㅈ

ㅋ

ㅌ

ㅍ

ㅎ

한일동 hid27@unitel.co.kr

연세대학교 대학원 영어영문학과 졸업 후 육군 중위로 임관하여 육군 제3사관학교 교수로 군복무를 마치고, 단국대학교 대학원 영어영문학과에서 영문학 박사 학위를 취득한 뒤, 1987년 3월에 용인대학교에 부임하여 현재는 용인대학교 영어과 정교수로 재직하고 있다. 2001년에는 아일랜드 Trinity College Dublin에서 객원교수를 지냈고, 한국예이츠학회 회장, 한국동서비교문학회 회장, 한국현대영미어문학회 회장, 한국번역학회 회장 등 다수 학회 임원을 역임했다. 교내에서는 용인대학교 교육방송국 주간, 대학신문사 주간, 입학관리부장, 교양과정부장, 국제교육원장, 신문방송국장, 경영행정대학 학장 등을 역임했다. 연구 업적으로는 『아일랜드: 수난 속에 피어난 문화의 향기(저서)』『아일랜드: 켈트인의 역사와 문화를 찾아서(저서)』『영미 노벨문학 수상작가론(저서)』『한일동 교수의 세계의 명시산책(편저서)』『우리 아들과 딸이 사랑에 눈뜨던 날(편저서)』『행복한 삶을 위한 명상(역서)』『더블린 사람들(역서)』「예이츠의 문학적 이상(논문)」 등 다수가 있다.

누구나 꿈꾸는 나라
영국: 앵글로색슨인의 역사와 문화를 찾아서

초판 1쇄 발행일 2019년 9월 5일
한일동 지음

발행인 이성모
발행처 도서출판 동인
주 소 서울시 종로구 혜화로3길 5 118호
등 록 제1-1599호
TEL (02) 765-7145 / FAX (02) 765-7165
E-mail dongin60@chol.com
ISBN 978-89-5506-813-9
정 가 26,000원

※ 잘못 만들어진 책은 바꿔 드립니다.